ULUSLARARASI İLİŞKİLERDE GÜVENLİK KURAMLARI VE SORUNLARINA ÇAĞDAŞ YAKLAŞIMLAR

Editörler:

Sibel TURAN ve Nergiz ÖZKURAL KÖROĞLU

I0123908

ULUSLARARASI İLİŞKİLERDE GÜVENLİK KURAMLARI VE SORUNLARINA ÇAĞDAŞ YAKLAŞIMLAR

Editörler:

Sibel TURAN ve Nergiz ÖZKURAL KÖROĞLU

TRANSNATIONAL PRESS LONDON
2018

Uluslararası İlişkilerde Güvenlik Kuramları ve Sorunlarına Çağdaş Yaklaşımlar

Editörler: Sibel TURAN ve Nergiz ÖZKURAL KÖROĞLU

First Published in 2018 by TRANSNATIONAL PRESS LONDON in the United Kingdom, 12 Ridgeway Gardens, London, N6 5XR, UK.

www.tplondon.com

Paperback

ISBN: 978-1-910781-71-5

Cover Design: Gizem Çakır

www.tplondon.com

Content

Editörler ve Yazarlar Hakkında

SİBEL TURAN (Trakya Üniversitesi)

Prof. Dr. Sibel TURAN, Gaziantep doğumludur. Marmara Üniversitesi Siyasal Bilgiler Fakültesi Uluslararası İlişkiler Bölümü'nden 1982 yılında mezun olmuştur. Aynı üniversitenin Siyaset Bilimi Anabilim Dalı'nda yüksek lisans eğitimini tamamlayan Turan, İstanbul Üniversitesi İktisat Fakültesi Uluslararası İlişkiler Anabilim Dalı'nda doktora derecesini tamamlamıştır. 1994 yılında yardımcı doçent doktor unvanıyla Trakya Üniversitesi'nde görev alan Sibel Turan, doçentliğini 2000 yılında Siyasi Tarih alanında almış ve 2006 yılında Trakya Üniversitesi İktisadi ve İdari Bilimler Fakültesi Uluslararası İlişkiler Bölümü'ne profesör olarak atanmıştır. 1994 yılından bugüne aynı üniversitede Uluslararası İlişkiler Bölüm Başkanı olarak görevini sürdürmektedir. Turan'ın çok sayıda uluslararası hakemli dergilerde yayınlanan makalesi, uluslararası bilimsel toplantılarda sunulan ve bildiri kitabında basılan bildirileri, ulusal hakemli dergilerde yayınlanan makaleleri, ulusal bilimsel toplantılarda sunulan ve bildiri kitabında basılan bildirileri, ulusal ve uluslararası hakemli dergilerde editörlük ve bilim kurulu üyeliği bulunmaktadır. Turan'ın bir uluslararası kitabı ve ulusal kitaplarda editörlüğü ve kitap bölümleri bulunmaktadır. Turan, Uluslararası İlişkiler ile birlikte Balkanlar, Avrasya, Avrupa Birliği, Orta Doğu ve Siyasi Tarih alanlarında çalışmalarını sürdürmektedir. Ancak her minvalde kendisini bir Türk Dış Politikası çalışanı olarak addetmektedir.

NERGİZ ÖZKURAL KÖROĞLU (Trakya Üniversitesi)

1979'da Ankara'da doğmuştur. Lisans derecesini Ege Üniversitesi İletişim Fakültesi'nden 2001 yılında, Yükseklisans derecesini ise İzmir Ekonomi Üniversitesi'nde Avrupa Çalışmaları bölümünden 2004 yılında almıştır. Yükseklisans tezini danışmanı Prof. Dr. Alfred Reisch ile "Poland's Post-Cold War Eastern Foreign and Security Policy in The Framework of its European Integration and Democratization Process" başlığı ile yazmıştır. Doktora derecesini Marmara Üniversitesi AB Enstitüsü'nden 2010 yılında Prof. Dr. Beril Dedeoğlu danışmanlığında yazdığı "European Neighbourhood Policy: Constructivist and Neorealist Approaches" başlıklı tez ile almıştır. İlk yardımcı doçentlik ünvanını 2010 yılında Beykent Üniversitesi'nde almış, 2011'den 2017 yılına kadar Trakya Üniversitesi Uluslararası İlişkiler Bölümü'nde yardımcı doçent olarak çalışmış. Mart 2017'de ise Uluslararası İlişkiler alanında doçentlik ünvanına hak kazanmıştır. İlgi alanları; AB Dış Politikası, Avrupa Komşuluk Politikası, AB-Türkiye İlişkileri, Uluslararası İlişkiler Teorileri ve Post-komünist çalışmalar üzerinedir.

ABDULLAH TORUN (İnönü Üniversitesi)

1970 Malatya doğumludur. Uludağ Üniversitesi İktisadi ve İdari Bilimler Fakültesi İktisat Bölümü'nde Lisans, Trakya Üniversitesi İktisadi ve İdari Bilimler fakültesi Uluslararası İlişkiler Bölümü'nden Yüksek Lisans dereceleri almıştır. 2012 yılında Ankara Üniversitesi Siyasal Bilgiler Fakültesi Uluslararası İlişkiler Bölümü'nden Doktora derecesi almıştır. 2012 yılından itibaren İnönü Üniversitesi İktisadi ve İdari Bilimler Fakültesi Uluslararası İlişkiler Bölümü'nde öğretim üyesi olarak görev yapmaktadır. Uluslararası İlişkiler kuramları, Güvenlik Teorileri ve Türk Dış Politikası alanlarında çalışmaktadır.

ARMAĞAN ÖRKİ (Trakya Üniversitesi)

Armağan Örki 1988 İzmir doğumlu olup ilk ve orta öğrenimini İzmir'de tamamladıktan sonra KKTC'de tam burslu Siyaset Bilimi (İngilizce) eğitimini tamamladı. Yüksek lisans eğitimini Uluslararası Politik Ekonomi Bölümü'nde yaptıktan sonra Trakya Üniversitesi'nde Uluslararası İlişkiler Anabilim Dalı'nda doktora eğitimine başlamış olup hâlen buradaki eğitimine devam etmektedir.

BEGÜM ÖĞÜTTÜREN GÜVENÇ (Trakya Üniversitesi)

1982 yılında Kırklareli'nde doğdu. Lisans eğitimini İstanbul Bilgi Üni-versitesi İktisadi ve İdari Bilimler Fakültesi Siyaset Bilimi Bölümünde, Yüksek Lisans eğitimini İstanbul Bahçeşehir Üniversitesi Küresel Siyaset ve Uluslararası İlişkiler Bölümü'nde tamamladı. 2002 yılından itibaren Trakya Üniversitesi Sosyal Bilimler Enstitüsü Uluslararası İlişkiler Ana-bilim Dalı'nda Doktora eğitimine devam etmektedir. Çalışma ve ilgi alanları arasında Kadın Çalışmaları, Türkiye Siyasi Tarihi ve Siyaset Teorisi bulunmaktadır.

DEMET ŞENBAŞ

1983 yılında İzmir'de doğan Demet Şenbaş ortaokul ve liseyi İzmir Özel Türk Koleji'nde okudu, lisans eğitimini Dokuz Eylül Üniversitesi Fransızca Öğretmenliği Bölümü'nde, yüksek lisans eğitimini Yeditepe Üniversitesi Siyaset Bilimi ve Uluslararası İlişkiler Bölümünde tamamladı. Doktora eğitimine Trakya Üniversitesi Uluslararası İlişkiler Bölümü'nde devam eden Demet Şenbaş çok iyi derecede Fransızca ve İngilizce biliyor, evli ve bir çocuk sahibi.

DENİZ EROĞLU UTKU (Trakya Üniversitesi)

Trakya Üniversitesi Kamu Yönetimi Bölümü öğretim üyesidir. Hacet-tepe Üniversitesi Uluslararası İlişkiler Bölümü'nü tamamlamasının ar-dından, İngiltere'de Essex Üniversitesi Siyaset Biliminde yüksek lisans ve doktora eğitimini tamamlamıştır. Doktora derecesini "Türkiye'de Sığınma Politikalarının Yapım Süreci: Sivil Toplum Kuruluşları, Siyasi Elitler ve Bürokratların Analizi" isimli tezi ile almıştır. Doktora öğrenimi sırasında aynı üniversitede Uluslararası

İlişkilere Giriş ve Niteliksel Araştırma Metotları derslerinde asistan öğretim görevlisi olarak ders vermiştir. İltica, göç politikaları karar alma mekanizmaları ve karar alı-cıların söylemleri ile kamuoyunun göçmenlere bakış açısı başlıca ilgi alanlarıdır. Bu konularda yazılmış uluslararası makaleleri ve kitap editörlükleri bulunmaktadır.

EMRE KALAY (Trakya Üniversitesi)

2008 yılında Ankara Üniversitesi Siyasal Bilgiler Fakültesi Uluslararası İlişkiler Bölümü'nden mezun oldu. 2009-2014 arasında Kapıkule Güm-rük Muhafaza Kaçakçılık ve İstihbarat Müdürlüğü'nde görev yaptı. 2010'da Trakya Üniversitesi Sosyal Bilimler Enstitüsü Uluslararası İliş-kiler Bölümü'nde bütünleşik doktora programına başladı. 2014'te ÖYP ile Kırklareli Üniversitesi İİBF Uluslararası İlişkiler Bölümü Devletler Hukuku Anabilim Dalı'na Araştırma Görevlisi olarak atandı. Halen 2547 Sayılı Kanun'un 35. Madde'si uyarınca görevlendirildiği Trakya Üniver-sitesi'nde Araştırma Görevlisi olarak görev yapmaktadır.

HAKAN AYDIN (Kırklareli Üniversitesi)

2011 yılında Beykent Üniversitesi İktisadi ve İdari Bilimler Fakültesi Uluslararası İlişkiler Bölümü'nde yüksek onur öğrencisi derecesiyle li-sans eğitimini tamamlamıştır. 2013 yılında Harp Akademileri Komu-tanlığı Stratejik Araştırmalar Enstitüsü Uluslararası İlişkiler Ana Bilim Dalı'nda yüksek lisans tezini bitirmiştir. Doktora eğitimine Trakya Üni-versitesi Sosyal Bilimler Enstitüsü Uluslararası İlişkiler Bölümü'nde de-vam etmektedir. Halen Kırklareli Üniversitesi'nde öğretim görevlisidir. Afrika Araştırmaları Uygulama ve Araştırma Merkezi Müdürlüğü ile Babaeski Meslek Yüksekokulu Dış Ticaret Bölüm Başkanlığı görevlerini yürütmektedir. Başlıca çalışma alanları; Türk dış politikası, güvenlik, kamu diplomasisi, Afrika ekonomi politiğidir. İyi derecede İngilizce bil-mektedir. Evli ve 1 çocuk babasıdır.

HAYRİ A. EMİN (Trakya Üniversitesi)

Edirne Trakya Üniversitesi İdari ve İktisadi Bilimler Fakültesi doktora öğrencisidir. Yüksek lisansını Sofya Üniversitesi "St. Kliment Ohridski" Feslefe Fakültesi, Siyasal Bilimler ve Uluslararası Siyasi İlişkiler ve Gü-venlik bölümünde yaptı. NBU (New Bulgarian University - Sofia) İdare ve Yönetim Fakültesi Lisans mezunu. Uluslararası ilişkiler ve siyaset, güvenlik konuları, yeşil politika, Avrupa ve Balkanlar, dini ve etnik azın-lıklar, islamofobya, nefret suçları, sivil toplum konularına ilgi alanlarıdır.

MUSTAFA OZAN ŞAHİN (Gaziosmanpaşa Üniversitesi)

1973 Tokat doğumludur. 1996 yılında İstanbul Üniversitesi Siyasal Bilgi-ler Fakültesi Uluslararası İlişkiler Bölümünde lisans, 2001 yılında Mar-mara

Üniversitesi Sosyal Bilimler Enstitüsü İktisat Politikası Anabilim Dalı'nda yüksek lisans, 2011 Yılında İstanbul Üniversitesi Sosyal Bilimler Enstitüsü Uluslararası İlişkiler Anabilim Dalı'nda Doktora derecesi almıştır. 2003-2011 yılları arasında İstanbul Üniversitesi SBF Ulus-lararası İlişkiler Bölümünde Araştırma Görevlisi olarak görev yapmıştır. 2012 yılından bu yana Gaziosmanpaşa Üniversitesi İktisadi ve İdari Bi-limler Fakültesi Siyaset Bilimi ve Uluslararası İlişkiler Bölümü'nde Yrd. Doç. olarak görev yapmaktadır.

SEVİL ŞAHİN (Gaziosmanpaşa Ünivesitesi)

1996-2001 yılları arasında Doğu Akdeniz Üniversitesi İşletme ve Eko-nomi Fakültesi Uluslararası İlişkiler Bölümü'nde lisan eğitimini tamamlamıştır. 2002-2005 yılları arasında Trakya Üniversitesi İktisadi ve İdari Bilimler Fakültesi Uluslararası İlişkiler Bölümünde Araştırma Gö-revlisi olarak çalışmaya başlamış, aynı dönemde Trakya Üniversitesi Sosyal Bilimler Enstitüsü Uluslararası İlişkiler Anabilim Dalı'nda Yüksek Lisans yapmıştır. 2006-2012 yılları arasında İstanbul Üniversitesi Sosyal Bilimler Enstitüsü Uluslararası İlişkiler Anabilim Dalı'nda Doktorasını tamamlamış, bu yıllarda İstanbul Üniversitesi Siyasal Bilgiler Fakültesi Uluslararası İlişkiler Bölümü'nde Araştırma Görevlisi olarak görev yap-mıştır. 2014 yılından bu yana Gaziosmanpaşa Üniversitesi İktisadi ve İdari Bilimler Fakültesi Siyaset Bilimi ve Uluslararası İlişkiler Bölümü'nde öğretim üyesi olarak görev yapmaktadır.

SİNEM YÜKSEL ÇENDEK (İstanbul Rumeli Üniversitesi)

Lisans derecesini Kocaeli Üniversitesi, İktisadi ve İdari Bilimler Fakültesi, Uluslararası İlişkiler Bölümünden 2007 yılında aldı. Aynı yıl Kocaeli Üniversitesi, İktisadi ve İdari Bilimler Fakültesi, Siyaset Bilimi ve Kamu Yönetimi Bölümünü de çift anadal yaparak tamamladı. Yüksek Lisans derecesini, Marmara Üniversitesi, Avrupa Birliği Enstitüsü, Avrupa Birliği Siyaseti ve Uluslararası İlişkiler ana bilim dalından 2013 yılında aldı. Trakya Üniversitesi Sosyal Bilimler Enstitüsü Uluslararası İlişkiler ana bilim dalında tez aşamasında doktora öğrencisidir. Prof. Dr. Sibel TURAN danışmanlığında "Avrupa Birliği Ortak Dış ve Güvenlik Politikasının Feminist Açıdan Analizi" başlığıyla tez çalışmasını yürütmektedir. 2016 yılından beri İstanbul Rumeli Üniversitesi İktisadi İdari ve Sosyal Bilimler Fakültesi Uluslararası İlişkiler Bölümünde Araştırma Görevlisi olarak çalışmaktadır. İlgi alanları, AB-Türkiye İlişkileri, AB Dış Politikası, Uluslararası İlişkiler Teorileri ve göçtür.

TOLGA ERDEM (Trakya Üniversitesi)

1988 yılında Kırklareli'nde doğmuştur. Lisans derecesini İzmir Ekonomi Üniversitesi İktisadi ve İdari Bilimler Fakültesi Uluslararası İlişkiler ve Avrupa Birliği bölümünden ana dal ve Uluslararası Ticaret ve Finansman bölümünden çift ana dal alarak 2011 yılında tamamlamıştır. Yüksek lisans derecesini ise Trakya Üniversitesi Uluslararası İlişkiler Anabilim dalından 2015 yılında "Avrupalılaşmanın Türkiye-Avrupa Birliği İliş-kilerine Dini Kimlik Bağlamında

Etkisi" başlıklı teziyle almıştır. 2016 yılında ise Trakya Üniversitesi Uluslararası İlişkiler Anabilim dalında doktora eğitimine başlamış ve hala devam etmektedir. Aynı zamanda Trakya Üniversitesi Uluslararası İlişkiler bölümünde 2014 yılından beri araştırma görevlisi olarak çalışmaktadır. İlgi alanları; Uluslararası İlişkiler Teorileri, AB-Türkiye İlişkileri, Kültürel Çalışmalar ve Kimlik üzerinedir.

Önsöz

Uluslararası İlişkilerdeki güvenlik kuramları uluslararası sistemdeki değişimlerle birlikte sürekli güncellenmekte ve farklı boyutlar kazanmaktadır. Güvenlik yaklaşımlarının ve algılamalarının değişiminin uluslararası ilişkiler kuramlarına yansıması ve uluslararası güncel sorunlara vaka analizleri üzerinden uygulanması önemlidir. Bu sayede uluslararası İlişkiler disiplinin zenginleşerek farklı ve eleştirel bakış açıları da ortaya konulabilmesi mümkün olacaktır. Farklı teorik bakış açıları ile güvenlik sorunlarına bakılabilmesi sosyal bilimlerde tek bir doğrunun olmadığının da ortaya koyulması anlamında önemlidir. Daha önce yine Transnational Press London tarafından yayınlanan "Uluslararası İlişkilerde Güvenlik Kuramları ve Sorunlarına Temel Yaklaşımlar" kitabının devamı niteliğinde olan bu kitapta daha önce ele almadığımız eleştirel perspektif sunan eleştirel teoriler üzerinden güvenlik kuramları ve sorunlarına değerleri yazarlarımızla birlikte yaklaşmaya çalıştık.

Daha önce olduğu gibi bu kitaba katkı sunan tüm yazarlarımızın büyük emek ve özverisi sayesinde bu kitabı hazırlayabildik. Yayınevimizin de katkıları ile uzun bir editörlük aşamasının sonucunda ortaya çıkan bu derleme kitabımız ile Türkçe literatüre katkı sunabilmeyi temenni ediyoruz. Bu çalışma gibi daha farklı çalışmaların da yayınlanması heyecan ve arzusunu içimizde taşıyoruz. Belirtmek isteriz ki; bu kitabımız da daha önceki kitabımız gibi farkını birçok yazarımızın Trakya Üniversitesi Uluslararası

İlişkiler bölümünde eğitim almış ya da Trakya Üniversitesi'nde çalışmış kişilerden oluşması ile yaratmaktadır. Bu bağlamda Trakya Üniversitesi'nin çalışmalarını da uluslararası ilişkiler disiplini içerisinde öne çıkarma ümidi ile de böyle bir kitap ortaya koyulmuştur.

Kitabın editörlük ve redaksiyon aşamasında Trakya Üniversitesi İktisadi ve İdari Bilimler Fakültesi Uluslararası İlişkiler Bölümü öğretim elemanlarımız, sevgili araştırma görevlilerimizden Tolga ERDEM, Emirhan KAYA ve Emre KALAY'a özverili çalışmaları için çok teşekkür ederiz. Onların desteği bizler için çok önemli ve değerli olmuştur.

Ayrıca kitabın basım aşamasında sponsor olup katkıda bulunan ŞENBAŞ GRUP'a sonsuz teşekkürler ederiz. Onların katkısı ile uluslararası düzeyde bir kitap yayınlama fırsatını yakalayabildik. Ayrıca yayınlanma sürecinde bize destek olan yazarımız Yrd. Doç. Dr. Deniz EROĞLU UTKU'ya da teşekkürlerimizi sunarız.

Kitap içinde yer alan çalışmalardaki fikir, ifade ve alıntılardan yazarların kendileri sorumludur. Bu anlamda yazının hukukî sorumlulukları yazarına aittir ve editörleri bağlamaz. Literatüre mütevazi bir katkı sunma amacında olan kitabımızdaki ortaya çıkabilecek editöryal nitelikteki hatalar elbetteki tarafımıza aittir.

Prof. Dr. Sibel TURAN

Doç. Dr. Nergiz ÖZKURAL KÖROĞLU

Edirne, 2018.

Giriş

Sibel TURAN ve Nergiz ÖZKURAL KÖROĞLU

Uluslararası İlişkilerde güvenlik kuramlarına çağdaş yaklaşımlar uluslararası sosyal yapıdaki değişimler ve değişen "güvenlik" algılamaları sonucunda evrilerek disiplini zenginleştirmiştir. Günümüzde "güvenlik" yaklaşımları çevre, toplumsal cinsiyet veya göç gibi güncel konular etrafında incelenmeye başlanmıştır. Daha önce yine Transnational Press London'da yayınlanan "Uluslararası İlişkilerde Güvenlik Kuramları ve Sorunlarına Temel Yaklaşımlar" isimli kitabımızda daha ziyade temel güvenlik kuramlarına değinirken bu kitabımızda eleştirel yaklaşımlara yer vermeye çalıştık. Bu bağlamda "güvenlik" kavramına farklı bakış açılarını yansıtan kuramsal çerçeveleri göstererek güncel sorunları irdelemeye çalıştık.

Belirtmeliyiz ki kitabımız uluslararası ilişkiler kuramlarının güvenlik yaklaşımlarını salt kuramsal açıdan ele almamaktadır ve çeşitli örnek olaylar üzerinden analizlere de aynı oranda ağırlık vermektedir. Kitabımızın akademik alana en büyük katkısı, Uluslararası İlişkiler kuramlarının uygulanmasına dair bir eser yayınlayarak Türkçe literatürdeki yayın eksikliğinin bir nebze de olsa kapatılabilmesi ümididir. Bu kitap ile özellikle Uluslararası İlişkiler kuramlarının "güvenlik" boyutu çerçevesinde incelemeler yaparak daha önceki yayınlarımızdan farklı olarak katkımızı çeşitlendirdiğimize inanıyoruz. Kitapta yer verilen dört bölüm ve on bir makale ile güncel güvenlik sorunlarından oluşan örnek olaylar farklı teorilerin güvenlik perspektifleri bağlamında incelemesine çalışılmıştır.

Kitabın amacı, özellikle lisans ve lisansüstü öğrencilere vakaların nasıl belli bir teori çerçevesinde ele alındığına dair örnekler sunarken bir yandan da teoriye ilişkin bilgilerin de verilmesidir. Ayrıca makaleler, öğrencilerin yanı sıra akademisyenlerin ve alandaki uzmanların da ilgisini çekebilecek niteliktedir.

İlk bölüm Barış Çalışmalarıdır ve bu bölümün ilk makalesi Tolga ERDEM'in yazdığı "Myanmar/Burma'da Barış İnşa Süreci Üzerine Bir İnceleme"dir. Myanmar ya da diğer adıyla Burma, tarihi boyunca sömürgecilik hareketlerine en yoğun şekilde maruz kalan ülkelerin başlıcalarından biri olmuştur. 1948 yılına gelindiğinde ise İngiltere ve Japonya'nın boyunduruğundan kurtularak bağımsızlığını kazanmıştır. Ülke içerisindeki otoritenin bağımsızlık öncesindeki uzun yıllar boyunca sömürgeci devletler tarafından sağlanmış olması, ardından elde edilen tam bağımsızlıkla birlikte yaratılan yeni yapıda otorite boşluğunun ciddi boyutlara ulaşmasına sebep olmuştur. Sömürgeci devletler tarafından oluşturulan ve sağlam temellere dayanmayan siyaset alanı, yaşanan otorite boşluğu ortamındaki demokrasiye geçiş girişimlerini de başarısız kılmış ve 1962 yılından itibaren ülkede sıkıyönetim ve baskının hâkim olduğu bir askeri darbeler dönemi başlamıştır. Ordunun kendisini tartışmasız olarak ülkenin tek koruyucusu ve savunucusu olarak tanımlaması, ülkenin sahip olduğu yoğun etnik ve dinsel çeşitlilikle beraber hesaba katıldığında ortaya çıkan tablo; baskı, şiddet, zulüm, insan hakları ihlalleri, etnik ve dinsel çatışmalardan ibaret olmuştur. Myanmar/Burma halkının askeri yönetime karşı uzun yıllar süren özgürlük ve demokrasi mücadelesi neticesinde bir yandan ülke genelinde gerçekleştirilen genel seçimlerdeki baskı hali kırılarak normalleşme yönünde ivme sağlanmış, diğer yandan ise toplumsal anlamda etnik çatışmalar daha da şiddetlenmiş ve özellikle son dönemde bu çatışmaların dinsel farklılıklar eksenine kaymasıyla beraber İslam karşıtı öfke ve şiddet hareketleri giderek yayılmıştır. Ülke genelinde bir türlü yaratılamayan genel mutabakat ortamı göstermiştir ki barış; bireyler, toplumlar ve ülkeler açısından en temel ihtiyaçların başında gelmektedir. Bu çalışmada Myanmar/Burma'daki söz konusu karmaşa hali içerisindeki özgürlük ve demokrasi mücadelesi ile ülke genelindeki etnik ve dinsel çatışma hali eş zamanlı değerlendirilerek ülkedeki barış inşa süreci üzerine bir analizde bulunulmuştur. Bu bağlamda öncelikli olarak barış kavramına teorik açıdan temas edilmiş, ardından ülke içerisindeki sorun tanımlanarak tarihsel süreç doğrultusunda ülke içerisindeki önemli olaylarla birlikte ele alınmış ve demokrasiye geçiş çabaları detaylı olarak incelenmiştir.

Bölümün ikinci makalesini Demet ŞENBAŞ "Barış Çalışmaları Kapsamında İsrail-Filistin Sorunu" başlığı ile yazmıştır. Barış Çalışmaları üzerinde çalışan Johan Galtung negatif barış olarak ifade ettiği savaşın

Giriş

olmaması hali üzerinde yoğunlaşmıştır. Galtung barışı bir şemsiye kavram olarak tanımlar. Bu şemsiyenin altında insanların neyin iyi olması gerektiğiyle ilgili arzuları yer almaktadır. Barış kavramı 20. yüzyıla John Galtung'un negatif barış anlayışıyla taşınmıştır. "Barış Çalışmaları" ve "Çatışma Analizi ve Çözümü" ile ilgili bilimsel çalışmalar II. Dünya Savaşı'nın sonuçları, savaş sonrası dönemde artan nükleer tehditlere karşı bir arayış olarak başlatılmış olsa da asıl çabaların I. Dünya savaşı sonrası dönemden itibaren başladığı söylenebilir. 1950'li yıllar kuruluşunu, 1960 ile 1970'li yıllar inşasını ve 1990 sonrası dönemi ise yeniden inşasını oluşturur. Akımın ortaya çıkışından Soğuk Savaş dönemine kadar olan süreçte daha çok devletlerarası, 1990'lı yıllardan itibaren ise devletlerin içindeki çatışmalar üzerinde durulmuştur. Çatışmaların çözülmesi için çalışılırken, normatif uygulamalar denenmiştir. Barış ilk anlayışlarda, savaşın olmaması, çatışmanın başka coğrafyada olması, ateşkes gibi dar bakış açısıyla değerlendirilmektedir. Ancak günümüz dünyasında şiddetin olmaması, adalet, eşitlik, refah, kendi kendini yönetme hakkına sahip olmak, tanınmak, dil, din özgürlüğü gibi geniş bir bakış açısıyla tanımlanmaya başlanmıştır. Dolayısıyla günümüzde barış, sürekli değişen dinamik bir süreçtir. Soğuk Savaş sonrası dünyada ise, tarafları masaya oturtmak veya ateşkes yapmalarını sağlamak barışa ulaşmak için yeterli değildir. Sosyal değişim, adalet, yapısal şiddetin azaltılması gibi pozitif savaşla ilgili anlayışlarla barış inşa edilmeye çalışılır. Ancak bu yapılırken tarafların askeri ve siyasi güç dengeleri görülmezse, taraflar arasında yanlış hesaplamalar yapılabilir ve yapılan barış antlaşmaları hayata geçirilemeyebilir. İsrail-Filistin arasındaki barış inşası çalışmaları bu duruma iyi bir örnek olabilir. Çünkü İsrail-Filistin arası barış çalışmalarında taraflar arası güvenlik kaygıları görmezden gelinmiş ve sorunun esasına inilmemiştir. Bu nedenle de barış çalışmaları, barış sağlanması için yetersiz kalmıştır. Çalışmada taraflar arasında barışın neden sağlanamadığı sorgulanacak ve barış için güvenliğin önemine değinilecektir.

Bölümün üçüncü çalışması Sevil ŞAHİN ve Mustafa Ozan ŞAHİN "Barış Çalışmaları Bağlamında Kolombiya İç Savaşı" başlığı ile yazılmıştır. Şiddet dolu yıllar ve verilen yüz binlerce kayıptan sonra barışa karar vermek, bir barış süreci başlatmak hiç kolay değildir. Bunun yanı sıra yaşanan bir iç savaş ise ve çatışmanın tarafları statü olarak eşit değillerse, müzakere yöntemi ile bir uzlaşmaya varmak daha da zor olacaktır. Bir tarafta tüm dünyanın tanıdığı bir devlet ve karşısında dünyada pek çok ülkede terörist örgüt olarak kabul edilen FARC. Kolombiya'da yarım yüz yıl boyunca yaşanan çatışma ve şiddet ortamı bugün tam olarak sona ermiş olmasa da yaşanan barış sürecinin ardından taraflar arasında bir anlaşmaya varılmıştır. Barış sürecinde toplumun barışı destekleyen, kayıpların ve şiddetin durmasını isteyen bir kesiminin olduğu muhakkak ancak yine de yaşananları ve kayıpları kabullenemeyen bir kesiminin de var olduğu bir gerçektir. Bugün gelinen noktada barış çalışmaları bağlamında problem çözümü yaklaşımının önerdiği gibi taraflar arasında bir iletişimin ve bir diyalog çerçevesinin yaratılmaya ve karşılıklı talepler konusunda bir anlayışın yerleştirilmeye çalışıldığı bir sürecin etkili olduğu söylenebilir.

Altıncı Bölüm Eleştirel Teori üzerinedir. Deniz EROĞLU UTKU'nun yazdığı "Eleştirel Güvenlik Perspektifinden Göç ve Güvenlik İlişkisi" bölümün ilk makalesidir. Utku, güvenlik kavramını yalnızca devlet güvenliği olarak tartışan, statik ve tek boyutlu güvenlik çalışmalarının yetersizliğinin Soğuk Savaş sonrası çeşitlenen tehdit ve referans objeleri ile birlikte görünür bir şekilde ortaya çıktığını ifade etmektedir. Yazar, özellikle Eleştirel Güvenlik çatısı altındaki yaklaşımlar sayesinde, güvenlik çalışmalarında hem yöntemsel hem de ele alınan konular anlamında dikkate değer bir uyanış ve çeşitlenme yaşandığını vurgulamıştır. Utku çalışmasında, Soğuk Savaş sonrası güvenlik konusunu çok boyutlu irdeleyen ve ismini geleneksel güvenlik kavramlaştırmalarına yönelttiği eleştirel bakış açısından alan Eleştirel Güvenlik Çalışmaları çerçevesinde göç/göçmen konusunu incelemiştir. Eleştirel Güvenlik bakış açısı, özellikle kendi ülkelerinde tam bir güvenliğe kavuşamayan, gitmek zorunda kaldıkları ülkelerde ise çoğunlukla hem tehdit unsuru olarak işaret edilen, hem de siyasi, sosyal ve kültürel haklardan mahrum kalan göçmenlerin güvenliği konusunu yeniden ele almak için yol gösterici niteliktedir. Makale, birey güvenliğine odaklanarak, göçmenin ilk göçe karar vermesinden bir ülkeye yerleşmesi ve bu ülkede tam ve eksiksiz bir güvenliğe erişememe, diğer bir deyişle özgürleşememe durumuna vurgu yaparak, geleneksel devlet odaklı güvenlik çalışmalarının açıklamalarının yetersizliğini ortaya koymak-tadır.

Bu bölümdeki ikinci makale ise Abdullah TORUN'un "Eleştirel Güvenlik Yaklaşımı Bağlamında Ruanda Soykırımının Analizi" isimli makalesidir. Yazara göre Nisan 1994 tarihinde gerçekleşen Ruanda soykırım vahşeti, geleneksel güvenlik kuram ve kavramları çerçevesinde açıklanamayacak düzeydedir. Ruanda otoriter ve güçlü bir hükümetin iktidarda olduğu, devletin kurumsal yapısına ve toprak bütünlüğüne yönelik ciddi teh-ditlerin olmadığı bir dönemde soykırımı yaşamıştır. Dolayısıyla Ruan-da'da yaşanan olaylar klasik güvenlik perspektifinin ötesindedir. Tehdit

Giriş
altında olan ve korunması gereken devletin kurumsal yapısı, ideolojisi veya toprak bütünlüğü değildir.torun, güvenliği tehlike altında olan; bir toplumsal yapı ve doğrudan bireyin kendisi olduğunu ifade etmektedir. Yazara göre bireyin güvenliğini güvenlik anlayışının merkezine yerleştiren, güvenliğin sağlanmasında devleti amaç değil, araçsallaştıran Eleştirel Güvenlik düşüncesi, bu yaklaşımıyla Ruanda'da gerçekleşen güvensizliğin ve şiddetin kuramsal analizine katkı sağlayabilecek argümanlara sahiptir Bu bağlamda Eleştirel Güvenlik düşüncesi Geleneksel Güvenlik yaklaşımlarına karşı devlet-merkezli güvenlik anlayışını eleştirir ve özgürlük kavramına güvenliğin sağlanmasında özel bir önem vermektedir. Torun; Hutu ve Tutsi kimliklerin Batılı sömürgeci güçler tarafından farklılaştırılmasının bir sonucu olan Ruanda soykırımı Eleştirel Güvenlik düzleminde incelmiş, devlet güvenliği ile birey veya toplum güvenliğinin aynı durumu ifade etmediği Ruanda örneği üzerinden açıklamaya çalışmıştır.

Bu bölümde üçüncü makale ise Hakan AYDIN'ın "Eleştirel Yaklaşım ve Galler Okulu: 11 Eylül 2001 Terörist Saldırılarının Etkisinde Toplumsal Güvenlik" başlıklı makalesidir. Aydın bu çalışmada eleştirel yaklaşım içerisinde gelişen Galler Okulu'nun (Aberystwyth) güvenlik üzerindeki söylemleri, 11 Eylül 2001 terör saldırılarının toplumsal güvenliğe etkileri bağlamında değerlendirilmektedir. Neticede Galler Okulu açısından yeni güvenlik gündeminin ne olduğu tartışılmaktadır.

Yedinci bölüm ise feminist teorinin güvenlik boyutu ile alakalı makalelerdir. Begüm ÖĞÜTTÜREN GÜVENÇ'in "Feminist Uluslararası İlişkiler Yaklaşımı Açısından Mülteci Kadın Sorunu: Suriyeli Mülteci Kadınlar Örneği" ilk makaledir. Bu çalışmanın amacı feminist uluslararası ilişkiler yaklaşımının kadın mülteci sorununa ilişkin görüşlerini, eleştiri noktalarını ve çözüm önerilerini Suriyeli mülteci kadınlar örneği çer-çevesinde ortaya koymaktır. Günümüzde milyonlarca insan iç savaş, çatışmalar, şiddet olayları ve insan hakları ihlalleri gibi kendi istemleri dışında gelişen güvenlik gerekçeleriyle ülkelerini terk etmek zorunda kalmaktadır. Feminist yaklaşım, dünyadaki toplam mülteci nüfusunun çoğunluğunu oluşturan mülteci kadınların mülteci erkeklere kıyasla daha olumsuz etkilendiklerini ve özel durumlarının göz önünde bulun-durularak incelenmesi gerektiğini savunmaktadır. Mülteci kadınların mülteci erkeklere kıyasla daha özel koruma ihtiyaçlarının bulunduğunu, mültecilik süreci içerisinde kadınların ayrımcılık ve toplumsal cinsiyete dayalı şiddete daha fazla maruz kaldıklarını belirtmektedirler. Bu çalış-mada öncelikle, feminist yaklaşımın uluslararası ilişkiler disiplini içindeki gelişimi ve temel

15

argümanları ele alınacak, ardından feminist yaklaşım açısından güvenliğin tanımı ve güvenliğe ilişkin temel görüş ve eleştiri noktaları ortaya konulacaktır. Çalışmanın son bölümünde ise feminist uluslararası ilişkiler yaklaşımının kadın mülteci sorununa bakışı çer-çevesinde Suriyeli mülteci kadınların karşı karşıya kaldığı sorunlar ele alınarak feminist yaklaşımın sorunun çözümüne neler katabileceği analiz edilecektir.

Bölümdeki ikinci makale Sinem Yüksel ÇENDEK'in "Feminist Açıdan Avrupa Birliği Ortak Dış ve Güvenlik Politikası" isimli makalesidir.Bu çalışmada, feminist uluslararası ilişkiler yaklaşımı çerçevesinde Avrupa Birliği (AB) Ortak Dış ve Güvenlik Politikası (ODGP) incelenerek bu alanın nasıl feminize olduğu ortaya konulmuştur. Güvenlik alanında üye devletler ve AB'nin iki ayrı kutup gibi davrandığı, aslında maskülen (erkek egemen) olarak değerlendirilen güvenliğin, üye devletlerin egemen maskülen tutumları neticesinde, ODGP'yi feminen bir alan haline getirdiği vurgulanmıştır. Çalışmada öncelikle, feminizmin bir yaklaşım olarak gelişimi ve uluslararası ilişkiler disiplinine girişi ele alınmıştır. 1980'lerle birlikte, uluslararası ilişkilerdeki gelişmeler sonucu disiplin kapsam bakımından genişlemiş, devlet-merkezli bakış açılarının yanı sıra toplumu ve bireyi ön plana alan eleştirel teoriler disipline nüfuz etmiştir. Feminizmin uluslararası ilişkiler disiplinine girmesi de geleneksel uluslararası ilişkiler yaklaşımlarını eleştirmesiyle birlikte gerçekleşmiştir. Buna paralel olarak çalışmanın sonraki bölümünde, feminizmin uluslararası ilişkileri en çok eleştirdiği güvenlik alanına ve bu alanın da erkek egemen oluşuna değinilmiştir. Çalışmada son olarak AB ODGP feminist açıdan irdelenmiş, ODGP alanında AB ve üye devletlerin iki ayrı kutup gibi durduğu, üye devletlerin egemen maskülen tutumları nedeniyle ODGP'nin feminen bir alan haline geldiği sonucuna ula-şılmıştır.

Sekinci bölüm ise yeşil teori ve onun güvenlik boyutuna ayrılmıştır. İlk makale Hayri A. EMİN'in "Uluslararası İlişkilerde Yeşil Teori: İklim Değişimi ve Küresel Isınma Bağlamında Büyük Güçlerin Kuzey Kutbu Rekabeti: Arktika'nın Yeni Jeopolitiği" isimli makalesidir. Bu çalışma, İkinci Dünya Savaşından sonra çevresel sorunların artmasıyla ortaya çıkmaya başlayan yeşil teorinin günümüz uluslararası ilişkiler çer-çevesindeki rolünü, çevre sorunlarına ve iklim değişikliğine bir küresel güvenlik sorunu olarak bakışını analiz etmeyi amaçlamaktadır. Bu ba-ğlamda, iklim değişimiyle Arktika'nın küreselleşmesi sürecinde ülkelerin bölgedeki çıkarlarını değerlendirmekte olup, aktif bir şekilde sınır ül-keleri olarak varlığını koruyan Rusya ve ABD'nin yanı sıra, AB ve Çin gibi

Giriş

yeni aktörlerin çıkarlarını ve bölgede söz sahibi olma çabalarını da ele almaktadır. Yazara göre bunların bir örneği, Arktika'da iklim değişimi sonucu açılan eşsiz ekonomik fırsatlardan yararlanma gayreti içerisinde olan ülkelerin bölgede askerî güçleri bulundurmasının yol açtığı çevresel bozulma ve iklim değişimi ve şiddet içeren silahlı çatışmaların meydana gelme ihtimalidir.

İkinci makale ise Emre KALAY'ın "Toplumsal Ekoloji Ve Uluslararası Hiyerarşi" isimli makalesidir.günümüzdeki çevre sorunlarının genellikle Sanayi Devrimi ile başladığı kabul edilir. Sanayi Devrimi ile birlikte başlayan ve halen devam eden hammaddeye duyulan müthiş ihtiyaç ve kitlesel üretimin sonucu ortaya çıkan her türden atığın kontrolsüzce doğaya salınması doğanın hem hammadde tedarikçisi hem de çöp deposu olarak sömürülmesine varmıştır. Dünyanın hızla kirlenmesi ve kirliliğin canlı yaşamı tehdit eder hale gelmesiyle 1960 ve 70'ler ile birlikte çevreci bir duyarlılık doğmuş ve sesini yükseltmeye başlamıştır. Bunlardan biri olan toplumsal ekoloji de Murray Bookchin'in 1960'lardan itibaren toplumsal yapıyı ekolojik bir bakış açısıyla değerlendirmesi ve eleştirmesi ile gelişmiş ekolojik bir akımdır. Toplumsal ekoloji akımının ekolojik sorunların temelinde yattığını ileri sürdüğü hiyerarşik yapılar uluslararası sistemde de var olageldiğinden bu çalışmada, mevcut uluslararası sistemde devletlerarası ilişkiler toplumsal ekolojinin analizleriyle değerlendirilecek ve bir sonuç çıkarılmaya çalışılacaktır. Kalay, öncelikle Murray Bookchin'in geliştirdiği toplumsal ekolojinin analiz, öngörü ve önerilerini aktarmış, daha sonra uluslararası hiyerarşi hakkında bir değerlendirme yapmıştır. Sonuç kısmında da Türkiye'deki kimi çevre sorunlarından hareketle bir öngörüde bulunmaktadır.

Bölümün üçüncü makalesi Armağan ÖRKİ'nin "Yeşil Teori Ekseninde Küreselleşme ve Toplumsal Olaylar" başlıklı makalesidir. Çalışmada yirminci yüzyılda uluslararası ilişkiler yazınına belirgin şekilde giren yeşil teoriye ilişkin temel görüşler açıklandıktan sonra Türkiye'de önemli bir süre kamuoyunu meşgul eden Bergama yöresindeki altın madenleri örneğiyle toplumsal olaylar açıklanmaya çalışılmıştır. Sürekli el değiştiren madenlerde, işletmecileri tarafından siyanür kullanılması en az çevre kaygısı taşıyanlar ve bölgede yaşayanlar kadar, başkalarını da ilgilendirmiştir. Sonradan bir terör örgütüyle de bağlantısı ortaya çıkartılan son işletmecilerin durumu da göz önünde tutularak, toplumsal olayların farklı taraflarca nasıl yönlendirilebileceği ve gelecek kuşakların sağlıklı yaşam hakkının farklı amaçlar için nasıl suistimal edilebildiği de ifade edilmiştir.

BİRİNCİ KISIM
BARIŞ ÇALIŞMALARI VE GÜVENLİK

MYANMAR/BURMA'DA BARIŞ İNŞA SÜRECİ ÜZERİNE BİR İNCELEME

Tolga ERDEM

Giriş

Tarihi boyunca sömürgecilik hareketlerine en yoğun şekilde maruz kalan ülkelerden biri olan Myanmar/Burma, 1948 yılında İngiltere ve Japonya'nın boyunduruğundan tam anlamıyla kurtularak bağımsızlığını kazanmıştır. Ülke içerisindeki otoritenin bağımsızlık öncesindeki yıllar boyunca sömürgeci devletler tarafından sağlanmış olması, ardından elde edilen tam bağımsızlıkla birlikte yaratılan yeni yapıda otorite boşluğunun ciddi boyutlara ulaşmasına sebep olmuş ve pek çok kaçınılmaz sorunu da beraberinde getirmiştir. Sömürgeci devletler tarafından oluşturulan ve sağlam temellere dayanmayan siyaset alanı, yaşanan otorite boşluğu ortamındaki demokrasiye geçiş girişimlerini başarısız kılmış ve 1962 yılından itibaren ülke, sıkıyönetim ve baskının hâkim olduğu askeri darbeler dönemine girmiştir. Ordunun kendisini tartışmasız olarak ülkenin tek koruyucusu ve savunucusu olarak tanımlaması, ülkenin sahip olduğu yoğun etnik ve dinsel çeşitlilikle beraber hesaba katıldığında ortaya çıkan panorama; baskı, şiddet, zulüm, insan hakları ihlalleri, etnik ve dinsel çatışmalardan ibaret olmuştur. Myanmar/Burma halkının askeri yönetime karşı uzun yıllar süren özgürlük ve demokrasi mücadelesi neticesinde bir yandan ülke genelinde gerçekleştirilen genel seçimlerdeki baskı hali kırılarak normalleşme yönünde ivme sağlanmış diğer yandan ise toplumsal anlamda etnik çatışmalar daha da şiddetlenmiş ve özellikle son dönemde bu çatışmaların dinsel farklılıklar eksenine kaymasıyla beraber İslam karşıtı öfke ve şiddet hareketleri giderek yayılmıştır. Ülke genelinde bir türlü yaratılamayan genel mutabakat ve uzlaşı ortamı göstermiştir ki; barış kavramı gerek bireyler gerekse de toplumlar ve ülkeler adına en elzem ihtiyaçların en başında gelmektedir.

Bu çalışmada Myanmar/Burma'daki söz konusu karmaşa hali içerisindeki özgürlük ve demokrasi mücadelesi ile ülke genelindeki etnik ve dinsel çatışma hali eş zamanlı değerlendirilecek olup, ülkedeki barış inşa süreci üzerine bir analizde bulunulacaktır. Bu bağlamda öncelikli olarak barış kavramına temas edilecek, ardından ülke içerisindeki sorun tanımlanarak tarihsel süreç doğrultusunda ülke içerisindeki önemli olaylarla birlikte ele alınacak ve demokrasiye geçiş çabaları detaylı olarak incelenecektir.

Barış Kavramı ve Barış Çalışmaları

Barış kavramı, sosyal bilimlerin eleştirel ve çok yönlü yapısından dolayı üzerinde fikir birliği ve ortak tanımlamanın bulunmadığı en tartışmalı kavramların başında gelmektedir. Uluslararası İlişkiler disiplini içerisindeki barış algısına en geniş perspektiften bakıldığında, ana odak noktasını savaşların ve şiddet çatışmalarının anlaşılabilmesi ve gerekli olan düzenin yaratılabilmesi adına elzem olan koşulların neler olduğu ve nasıl sağlanabileceğinin oluşturduğu görülmektedir.[1] Dolayısıyla Johan Galtung'un da belirttiği üzere; barış kavramı üzerine yazmak, aynı anda hem her şey hem de hiçbir şey hakkında yazmaya benzemektedir ve ne tam anlamıyla kesinlik söz konusudur ne de ciddi bir sorgulamadan tam anlamıyla dışlanabilecek belirsizliği yeterince barındırmaktadır.[2] Bu sebeple barış ideasına yönelik karakteristik özellikler genel anlamda şu şekilde belirtilmektedir: Daha önceki jenerasyonlar da dâhil olmak üzere çok daha erken dönemlerde ortaya çıkmış olması ve dolayısıyla nadiren orijinallik özelliği taşıması; genellikle belirsiz, karmaşık ve çelişkili yapıya haiz olması; birtakım kesin amaçların barış ideasının gerçekleştirilmesine nasıl öncülük ettiğinden ziyade barış ideasının çoğu zaman birtakım amaçları yüceltmeye yönelik kullanılması.[3] Bu karmaşık ontolojik yapısından dolayı barış kavramı, kapsayıcı özelliğini de ön plana çıkarabilme adına "şemsiye konsept"[4] olarak adlandırılmakta ve tıpkı mutluluk, adalet, sağlık, sevgi, özgürlük gibi her insan ve kültür tarafından arzulanan ve saygı duyulan insan ideallerinden biri olarak kabul edilmektedir. Buna

---

[1] Oliver P. Richmond, "Patterns of Peace", *Global Society,* Cilt 20, Sayı 4, Ekim 2006, s. 367.
[2] Johan Galtung, *Theories of Peace: A Synthetic Approach to Peace Thinking,* International Peace Research Institute, Oslo 1967, *https://www.transcend.org/files/Galtung_Book_unpub_Theories _of_Peace_-_A_Synthetic_Approach_to_Peace_Thinking_1967.pdf,* (15.04.2016), s. 6.
[3] Aynı yerde.
[4] Aynı yerde.

ek olarak ise sosyal uyumun, ekonomik eşitliğin ve siyasal adaletin temel taşı olarak kabul edilmekte fakat sıklıkla savaşlar ve diğer şiddetli çatışma formlarının etkisiyle sekteye uğratılmaktadır.[5] Dolayısıyla barış kavramının tam anlamıyla idrak edilebilmesi adına "çatışma teorisi"nin geliştirilmesi kaçınılmaz olmakta ve buna göre geliştirilen barış kavramıyla şiddetin azaltılması ve şiddet içermeyen çatışmaların dönüştürülmesi, böylelikle çatışmanın özünde bulunan çelişki veya problem halinin yok edilmesi yahut da minimize edilmesi hedeflenmektedir.[6]

Öte yandan barış ideasının ulaşılabilirliği ve realize edilip edilemeyeceği hususu meselenin özünü teşkil etmektedir. Bu doğrultuda "Barış Çalışmaları", "Barış Araştırmaları" veya "Barış ve Çatışma Çözümü" gibi değişik şekillerde ifade edilen bir araştırma alanı yaratılmış ve özellikle II. Dünya Savaşı sonrasında başlayan Soğuk Savaş döneminden itibaren hızla gelişme göstermiş ve bu dönemde süper güçlerin arasındaki çatışma hali ve nükleer silahların kontrolü ve azaltılması konularına odaklanılmıştır. Farklı disiplinlere mensup bir grup öncü tarafından genel bir fenomen olarak çatışma üzerine çalışmanın değeri fark edilmiş ve Kuzey Amerika ve Avrupa'da bu fikirleri geliştirmek üzere çeşitli araştırma grupları kurulmaya başlamıştır.[7] Michigan Üniversitesi'nde oluşturulan Çatışma Çözümleme Araştırma Merkezi (*Center for Research on Conflict Resolution*), New York'ta kurulan Uluslararası Düzen Enstitüsü (*Institute for International Order*), Duke Üniversitesi'ndeki Dünya Barış Merkezi (*Center for World Peace Through World Law*) ve Washington'daki Barış Araştırma Enstitüsü (*Peace Research Institute*) bunlara örnek olarak gösterilebilir.[8]

Diğer taraftan Oslo'daki Uluslararası Barış Enstitüsü'nün (*Peace Research Institute Oslo*) kurucusu olan Johan Galtung, Barış Çalışmaları'nın oluşmasındaki en önemli isimlerin başında gelmektedir. Galtung'a göre barış kavramı, ulaşılması oldukça zor fakat imkânsız olmayan sosyal amaçlar için kullanılır ve en basit haliyle şiddetin yokluğu olarak tasvir edilebilir.[9] Şiddet kavramı; insanların fiziksel ve

---

[5] Charles Webel, "Introduction: Toward a Philosophy and Metapsychology of Peace", *Handbook of Peace and Conflict Studies,* Editörler: Charles Webel & Johan Galtung, 1. Baskı, Routledge, Oxon 2007, ss. 5-6.

[6] Johan Galtung, *Peace By Peaceful Means: Peace and Conflict, Development and Civilization,* Sage Publications, International Peace Research Institute, Oslo 1996, s. 70.

[7] Oliver Ramsbotham, Tom Woodhouse & Hugh Miall, *Contemporary Conflict Resolution: The Prevention, Management and Transformation of Deadly Conflicts,* 2. Baskı, Polity Press, Cambridge 2006, s. 3.

[8] Kenneth E. Boulding, "Is Peace Researchable?", *Background,* Cilt 6, Sayı 4, 1963, s. 70.

zihinsel farkındalıklarının potansiyel değerlerinin altında kalmasıyla oluşan fiziksel ya da psikolojik hasarları kapsayan "bireylerarası şiddet" ile insanların içinde yaşadıkları toplum tarafından tanınan kısıtlanmış hareket alanları –sosyal adaletsizlik gibi– sebebiyle tecrübe ettikleri "yapısal şiddet" şeklinde ikiye ayrılırken, bu şiddet ayrımına barışsal karşılık olarak ise "pozitif barış" ve "negatif barış" ayrımı tanımlanmıştır.[10] Buna göre pozitif barış; tolere edilebilir istisnai şiddet hali dışındaki tüm temel fiziksel şiddet durumlarının yokluğu anlamına gelmektedir. Genel olarak bu kavram, daha az statüko odaklı ve ayrıcalık taşımayan gruplardan oluşan topluluklarda kullanılmaktadır. Çünkü bu tarz gruplar için esası istikrar, hukuk ve düzen oluştururken, kendilerine yönelik doğrudan şiddet uygulanmadıkça şiddete asla başvurmazlar ve ortak yaşama arzusuyla uyum içinde yaşamaya çalışırlar.[11] Negatif barışta ise; organize olmuş kolektif şiddet yoksunluğuna asgari düzeyde işaret edilmektedir. Bir başka deyişle; uluslar, sınıflar, ırklar, dinsel ve etnik gruplar gibi temel insan grupları arasındaki kolektif şiddet halinin bulunmaması fakat toplumsal kutuplaşmanın ve karşılıklı olumsuz duyguların kuvvetli olması hali söz konusudur.[12] Dolayısıyla bir çeşit barış hali söz konusudur ama ideal ve nitelikli barış ile kast edilen negatif barış değildir. İşte Barış Çalışmaları bağlamında gerçekleştirilen süreç planlaması; öncelikle çatışma veya şiddet halinin durdurulması, ardından mümkünse doğrudan pozitif barış ortamının inşası, eğer mümkün değilse öncelikli olarak negatif barış ortamının yaratılması ve uygun koşullarla desteklenerek pozitif barışa dönüşümün sağlanmasını içermektedir. Özellikle farklı yapıdaki çok sayıda grupları bünyesinde barındıran ülkelerdeki çatışma ve şiddet halinin sona erdirilmesi ve pozitif barış ortamının inşası oldukça meşakkatli bir süreci içermektedir. Buna göre Güneydoğu Asya'nın en karmaşık yapısına sahip ve en fazla şiddet unsurunu taşıyan ülkelerinden biri olan Myanmar/Burma'daki şiddet hali ve ülke içerisindeki barış inşa çabalarının analizi, Barış Çalışmaları araştırmacıları adına barış ideasının teorik boyutuyla barış inşasının pratik düzleminin buluşması açısından son derece büyük önem arz etmektedir.

---

[9] Johan Galtung, "Violence, Peace and Peace Research", *Journal of Peace Research,* Cilt 6, Sayı 3, 1969, s. 167.
[10] Trudy Govier, "Violence, Nonviolence, and Definitions: A Dilemma for Peace Studies", *Peace Research: The Canadian Journal of Peace and Conflict Studies,* Cilt 40, Sayı 2, 2008, ss. 64-65.
[11] Johan Galtung, *Theories of Peace: A Synthetic Approach to Peace Thinking,* s. 12.
[12] Aynı yerde.

Myanmar/Burma Sorunu:

Literatürde Myanmar, Burma veya Birmanya gibi farklı isimlerle ifade edilen bu devlet, içinde bulunduğu coğrafya, sahip olduğu etnik ve dini çeşitlilik ve tecrübe ettiği siyasal dönüşüm süreciyle birlikte bugünün dünyasında anlaşılması en zor devletlerden biri olarak kabul edilmektedir. Sadece isim çeşitliliği göz önüne alındığında bile ne derece problemli bir devlet olduğu kolaylıkla tahayyül edilebilmektedir. 1989 yılında Devlet Hukuk ve Düzenin Teşkili Konseyi (SLORC) tarafından çıkarılan İfadeler Kanununa göre; ülkenin çoğunluğunu oluşturan Birmanların dilinden türeyen ve 12. yüzyıl yazıtlarına kadar dayandırılan "Burma" ismi "Myanmar" olarak değiştirilmiştir.[13] Bu isim değişikliğine rağmen kimi parti –Demokrasi İçin Ulusal Birlik (NLD)– ve gruplar, yönetime el koyan askeri cuntanın meşruiyetini ve otoritesi kabul etmeme adına "Burma" ismini kullanmaya devam ederken kimi etnik gruplar ise çoğunluğu oluşturan Birmanların dillerinden türemiş olan bu isim yerine "Myanmar"ı kullanmayı tercih etmişlerdir. Uluslararası İlişkiler disiplini içerisinde isimlerin rastlantısal uygunluğun birer parçası olduğuna inanan dilsel adcılık (*linguistic nominalism*) akımı ile isimlerin mutlak suretle anlam yüklü olduğuna inanan gerçekçi (*realist*) akım arasındaki ayrım, bu ülke örneğinde görüldüğü üzere oldukça derinleşmiştir.[14] Birleşmiş Milletler[15], Güneydoğu Asya Uluslar Birliği (ASEAN)[16], Türkiye[17], Japonya[18], Hindistan[19] gibi ülkeler ve uluslararası organizasyonlar "Myanmar" adını kullanmayı tercih ederlerken Amerika Birleşik Devletleri (ABD)[20], Birleşik Krallık[21], Kanada[22]

---

[13] Lowell Dittner, "Burma vs. Myanmar: What's in a Name?", in (ed.) Lowell Dittner, *Burma or Myanmar? The Struggle for National Identity,* World Scientific, Singapur, 2010, s. 1.

[14] Lowell Dittner, *a.g.m.,* s. 2.

[15] United Nations Development Programme in Myanmar, "About Myanmar", *http://www.mm. undp.org/content/myanmar/en/home/countryinfo/,* (20.04.2016).

[16] Association of Southeast Asian Nations, "ASEAN Member States", *http://asean.org/asean/asean-member-states/,* (20.04.2016).

[17] Türkiye Cumhuriyeti Dışişleri Bakanlığı, "Myanmar", *http://www.mfa.gov.tr/sub.tr. mfa?f687ba18-ca71-48ea-99a8-73c599a2a06f,* (20.04.2016).

[18] Ministry of Foreign Affairs of Japan, "Japan-Myanmar Relations", *http://www.mofa.go.jp/region/asia-paci/myanmar/index.html,* (20.04.2016).

[19] Government of India, Ministry of External Affairs, "India-Myanmar Relations", *http://www.mea.gov.in/Portal/ForeignRelation/Myanamr_Feb_2016.pdf,* (20.04.2016).

[20] U.S. Department of State, Diplomacy in Action, "Burma", *http://www.state.gov/p/eap/ci/bm/,* (20.04.2016).

[21] Government of United Kingdom, Foreign & Commonwealth Office, "World Location: UK and Burma", *https://www.gov.uk/government/world/burma,* (20.04.2016).

[22] Government of Canada, Global Affairs of Canada, "Burma (Myanmar)", *http://www.international.gc.ca/development-developpement/countries-pays/burma-birmanie.aspx?lang=eng,* (20.04.2016).

gibi ülkeler askeri cuntanın meşruiyetini reddettiklerini resmi olarak gösterme adına "Burma"yı tercih etmişlerdir.[23] Söz konusu terminoloji karışıklığını çözme adına en rasyonel yaklaşımı Avrupa Birliği (AB)[24] geliştirerek "Myanmar/Burma" şeklindeki kapsamlı kullanımı ön plana çıkarmış ve bu çalışmada da söz konusu kullanım tercih edilmiştir.

Myanmar/Burma, yaklaşık 56 milyonluk nüfusuyla güneydoğu Asya'nın en kalabalık ülkelerinden biri konumundadır.[25] Andaman Denizi ve Bengal Körfezi kıyısında yer alan Myanmar/Burma'nın komşularını Bangladeş, Hindistan, Çin Halk Cumhuriyeti, Laos ve Tayland oluşturmaktadır. Etnik olarak nüfusun sadece %68'ini Birmanlar oluşturmakta, geriye kalan %32'lik kısım ise 135 farklı etnik grubu kapsamaktadır. Bunların arasında en belirgin olanları; Shanlar (%9), Kayinler/Karenler (%7), Rakhinler/Arakanlar (%4), Monlar (%2), Kayahlar (1.75), Karenniler (%1.25) ve Kachinler (%1.5) şeklinde sıralanmakta ve Birmanlara kıyasla azınlıkta olan bu etnik gruplar Myanmar/Burma topraklarının yaklaşık olarak %60'lık kısmına – çoğunlukla sınır boylarına– hâkim konumdadırlar.[26] Dini olarak dağılım ise şu şekilde gerçekleşmektedir: Budizm (%89), Hristiyanlık (%4), İslamiyet (%4), Animizm (%1) ve diğerleri (%2).[27] Bu derece etnik ve dini çeşitliliğe haiz bir devletin iç ilişkilerinin sorunlu ve gergin olması, tarihinin iç savaşlar, karışıklıklar ve darbelerle dolu olması kaçınılmazdır.

Myanmar/Burma'nın İngiliz sömürgesi olduğu dönemde etnik gruplar arasındaki ilişkiler olumsuz yönde giderek yoğunlaşmış ve söz konusu İngiliz sömürgesinin 1942-1945 yılları arasında Japonlar tarafından işgal edilmesiyle farklı bir boyut kazanmıştır. Myanmar/Burma içindeki milliyetçilik ve bağımsızlık fikirlerine dair farkındalık seviyesi, bu işgalin ardından iyice ivme kazanmış ve General Aung San liderliğinde bağımsızlık hedefli milliyetçilik akımı haline gelerek güçlenmiştir.[28] Öte yandan Myanmar/Burma'nın 1940'lı yıllardaki bu dönüşüm sürecinin

---

[23] Lowell Dittner, a.g.m., ss. 1-2.
[24] The European Union, "Myanmar/Burma & the EU: Political & Economic Relations", http://eeas.europa.eu/delegations/myanmar/eu_myanmar/political_relations/index_en.htm, (20.04.2016).
[25] Central Intelligence Agency, The World Factbook, "Burma: People and Society", https://www.cia.gov/library/publications/the-world-factbook/geos/bm.html, (21.04.2016).
[26] Lowell Dittner, a.g.m., ss. 2-3.
[27] Central Intelligence Agency, The World Factbook, "Burma: People and Society", https://www.cia.gov/library/publications/the-world-factbook/geos/bm.html, (21.04.2016).
[28] Mohamad Faisol Keling, Mohamad Nasir Saludin, Otto F. Von Feigenblatti Mohd Na'eim Ajis & Md. Shukri Shuib, "A Historical Approach to Myanmar's Democratic Process", Journal of Asia Pasific Studies, sayı 2, Cilt 1, 2010, ss. 132-133.

kökeninde sömürge döneminde İngilizler tarafından gerçekleştirilen ve sonraları Myanmar/Burma'yı özerkliğe hazırlayan birtakım girişimlerin varlığı söz konusudur. Örneğin; yerel yönetimde oy kullanımı 1882 yılında İngilizler tarafından sınırlı olarak tesis edilmiş ve 1921 yılındaki reformlarla beraber dikkate değer boyutta genişletilmiştir. Yine yerel yönetimin seçimle belirlenme prensibi 1909 yılında hayata geçirilmiş ve 1923 yılına gelindiğinde Yasama Meclisinin üye sayısı 15'den 103'e çıkarılmış ve bunların 78'i cinsiyet ayrımı olmaksızın 18 yaşına gelenler tarafından seçilmiştir. 1937 yılına gelindiğinde ise Myanmar/Burma, Hindistan'dan ayrılarak kısmi özerkliğe sahip bir İngiliz sömürgesi pozisyonuna gelmiştir.[29] İngilizlerin bu ülke üzerindeki sömürge politikası göstermiştir ki; Batılı ekonomik güçler ve toplumsal fikirler yerli toplumu ayrıştırmış, sömürge toprağında dört farklı sosyal grubun –Avrupalı, Çinli, Hintli ve yerli– sosyokültürel bağları olmaksızın salt ekonomik tabanlı bir arada bulunduğu çoklu toplum oluşturulmuştur. Bu çoklu yapı pazar eksenli inşa edildiğinden, bir zamanlar bu bölgede var olan toplumsal organik birlik artık organize edilmiş yönetimsel bir makineye dönüşmüş ve söz konusu makinenin işler kılınabilmesi için gerekli olan tekli irade, Batı tarafından çoklu hale getirilmiştir.[30] Bu sebeple Myanmar/Burma adına tek bir ulusal iradenin geliştirilmesi neredeyse imkânsız olarak kabul edilmiş, Myanmar/Burma'nın bağımsızlık mücadelesi boyunca ve bağımsızlığını elde ettikten sonraki dönemde kapsayıcı bir Birman milliyetçiliği yerine sömürge dönemindeki çoklu yapının barındırdığı farklı etnik oluşumlar ön plana çıkmış ve çatışma hali giderek şiddetlenmiştir.[31]

1942 yılında Japonlar tarafından işgal edilen Myanmar/Burma'da General Aung San ve ordusu "Anti-Faşist Halkların Özgürlüğü Birliği" (AFPFL), 1945 yılında Japonları topraklarından çıkarabilme adına İngilizlerin yanında savaşa katılmıştır. 1947 yılının Temmuz ayında General Aung San'ın muhalifler tarafından öldürülmesinin ardından yerine geçen U Nu, General Aung San'ın hedefleri doğrultusunda 4 Ocak 1948 tarihinde Japon işgalini sonlandırıp Myanmar/Burma'nın bağımsızlığını ilan etmiş ve cumhuriyeti kurmuştur.[32]

---

[29] Ian Holliday, "Voting and Violence in Myanmar: Nation Building for a Transition to Democracy", in (ed.) Lowell Dittner, *Burma or Myanmar? The Struggle for National Identity,* World Scientific, Singapur, 2010, ss. 28-29.

[30] W. K. Hancock, "Colonial Policy", *The Economic History Review, New Series,* Cilt 2, Sayı 1, 1949, s. 99.

[31] Ian Holliday, *a.g.m.,* s. 29.

[32] Özkan Gökcan, "Myanmar (Burma): Karanlıkta Yazılan Tarih", *Dünya Çatışmaları: Çatışma Bölgeleri ve Konuları 2. Cilt,* Editörler: Kemal İnat, Burhanettin Duran & Muhittin Ataman, Nobel

Bağımsızlık Sonrası

Myanmar/Burma'nın bağımsızlığını ilan etmesinin ardından devletin ilk başbakanı olan U Nu, bir yandan artan etno-milliyetçi çatışmaların bir yandan da patlak veren toplumsal ve dini şiddetin etkisiyle oluşan bir iç savaş ortamıyla karşılaşmıştır. Öte yandan ise uluslararası konjonktüre bakıldığında, II. Dünya Savaşı 1945 yılında sona ermiş olmasına rağmen Amerika Birleşik Devletleri ile Sovyetler Birliği arasındaki çatışma hali Soğuk Savaş ortamına taşınmış ve bu iki süper güç arasındaki mücadele sıcak çatışma halinden daha farklı şekillerde devam etmiştir. Ek olarak, Batılı devletlerin sömürgelerini kaybetmeme adına anti-sömürgeci ve anti-emperyalist hareketleri bastırma girişimleri Çinhindi, Kore Yarımadası, Malezya, Tayland, Singapur, Filistin gibi Asya ve Afrika'nın çeşitli yerlerinde yeni çatışma alanlarının oluşmasına sebep olmuştur. İşte böyle bir ortamda Myanmar/Burma'nın sivil yönetiminin liderleri tarafından savaş sonrası dönemdeki Batılı devletlerin ve Sovyet sömürgeciliğinin ve emperyalizminin son bulması ve küresel gelişmelere alternatif vizyonlar kazandırılması adına çeşitli konferanslar gerçekleştirilmiştir.[33] Örneğin; 1955 yılında Myanmar/Burma'nın ilk Başbakanı olan U Nu, Endonezya'nın ilk Başkanı olan Soekarno ve Hindistan'ın ilk Başbakanı olan Jawaharhal Nehru'nun Endonezya'nın Bandung kentinde birlikte organize ettikleri "Bandung Konferansı" büyük ölçekli ilk Asya-Afrika konferansı özelliği taşımaktadır. Bu konferans ile birlikte süper güçlerin sömürgeciliğine karşı İnsan Hakları Evrensel Bildirisi'nin insan haklarına dair en temel maddeleri benimsenmiş ve ortak bir ifade birliği geliştirilmiştir.[34]

Myanmar/Burma'nın demokrasi ve insan hakları kavramlarının gelişimine yönelik uluslararası arenadaki katkı çabaları bu şekilde seyrederken ülke içerisindeki şiddet de giderek artış göstermiştir. Etnik grupların başkaldırıları –1949 yılında ilk olarak Kayahlar ayaklanmış, ardından Kayinler/Karenler ve Monlar isyan etmiş ve 1961 yılında Kachinler ve diğer etnik gruplar onları takip etmiştir– ile birlikte General Aung San'ın öldürülmesinden rahatsız olan ulusal orduya bağlı olmayan askerler ve Komünist Partinin 1948 yılında başlattığı devrim çalışmaları ülkeyi şiddetli çatışmaların ve karışıklıkların yaşandığı bir iç savaşın içine sürüklemiştir.[35] Başbakan U Nu'nun Budizmi ülkenin resmi dini haline

---

Yayın Dağıtım, 1. Basım, Ankara 2010, s. 533.

[33] John G. Dale, *Free Burma: Transnational Legal Action and Corporate Accountability,* University of Minnesota Press, Minneapolis 2011, ss. 43-44.

[34] Aynı yerde.

[35] Helene Maria Kyed & Mikael Gravers, "Non-State Armed Groups in the Myanmar Peace Process:

getirmesiyle birlikte ülke içindeki diğer dini azınlıkların endişeleri giderek artmış, bununla birlikte Rakhine ve Mon eyaletlerine yönelik bağımsızlık vaatleri ve başbakanın 1962 yılında etnik özerklikle ilgili bir konferansa katılması General Ne Win komutasındaki ulusal ordu adına bardağı taşıran son nokta olmuştur. 2 Mart 1962 tarihinde gerçekleşen askeri darbeyle birlikte Başbakan U Nu tutuklanmış ve ülke içerisindeki isyancılara yönelik çok şiddetli askeri müdahalelerde bulunulmuştur.[36] General Ne Win, bu süreç içerisinde ayaklanan tüm silahlı grupların koşulsuz teslim olmalarını talep etmiş, bunu gerçekleştirebilme adına da baskıyla çalıştırılan çocuk askerler ve canlı bombalar kullanmış ve büyük bir zulüm gerçekleştirmiştir. Bu dönemde Myanmar/Burma içerisindeki yersiz yurtsuz kalan insanların ve mültecilerin sayısında dramatik bir artış gerçekleşmiştir. General Ne Win'in "ülke içerisindeki genel düzenin sadece tek millete dayanan bir devlet tarafından gerçekleştirilebileceği" düşüncesi neticesinde tek partili –Burma Sosyalist Program Partisi (BSPP)– sosyalist birlik kurulmuş ve Myanmar/Burma dünyadan izole edilmiştir.[37] Bu durum Myanmar/Burma'da demokrasi ve insan hakları açısından günümüze dek sürecek olan uzun ve karanlık bir dönemin başlangıcı olmuştur.[38]

1972 yılına gelindiğinde General Ne Win ordudan ayrılarak çevresindeki asker kökenli liderlerle beraber Ulusal Mutabakat oluşturmuş ve iktidar, askeri yönetim tarafından 1974 yılında yürürlüğe konulan yeni anayasa ile birlikte söz konusu oluşuma devredilmiştir.[39] 1974'ten itibaren Myanmar/Burma hükümeti, sosyalist sistemi güçlendirebilmek adına "Sosyalizme Burma Yolu" olarak da bilinen radikal tabanlı siyaset ve ekonomi politikaları izlemeye başlamıştır. Söz konusu sosyalist politikaların zaten zayıf olan Myanmar/Burma ekonomisini daha da istikrarsız hale getirmesi neticesinde halk içerisinde yönetime karşı olan tahammülsüzlük iyice artmış ve 1980'li yıllardan itibaren özellikle öğrenci ve işçilerden oluşan gruplar tarafından organize edilen adalet talebi odaklı yoğun protesto gösterilerine rastlanmıştır.[40] 1981 yılında General Ne Win BSPP'den istifa etmiş ama Myanmar/Burma'nın

---

What are the Future Options?", *Danish Institute for International Studies Working Paper,* Sayı 7, 2014, s. 10.

[36] Su-Ann Oh, "Competing Forms of Sovereignty in the Karen State of Myanmar", *Institute of Southeast Asian Studies Working Paper,* Sayı 1, 2013, ss. 7-8.

[37] Helene Maria Kyed & Mikael Gravers, *a.g.m., ss.* 11-12.

[38] John G. Dale, *a.g.e.,* s. 44.

[39] Özkan Gökcan, *a.g.m.,* s. 533.

[40] Mohamad Faisol Keling, Mohamad Nasir Saludin, Otto F. Von Feigenblatti Mohd Na'eim Ajis & Md. Shukri Shuib, *a.g.m.,* s. 133.

başbakanı olarak kalmaya devam etmiş ve General Sein Lwin, General Saw Maung ve Dr Maung Maung gibi dönemin önemli liderleri tarafından büyük destek görmüştür. Bilhassa insanların desteklerinin ve anarşi halinin kontrolü ve yönetilmesi gayesiyle Devlet Hukuk ve Düzenin Teşkili Konseyi'nin (SLORC) kurulmasında General Saw Maung'un etkisi oldukça fazla olmuştur. 1987 yılında gerçekleştirilen develüasyon sonrası Myanmar/Burma'nın ekonomisi resmi olarak çökmüş ve binlerce insanın birikimleri yok olmuştur.[41] Bu durum neticesinde de 8 Ağustos 1988 tarihinde askeri yönetimin baskısından kurtulmak ve demokrasiye kavuşmak isteyen ve büyük çoğunluğunu da öğrencilerin ve keşişlerin oluşturduğu yüz binlerce kişi tarafından başkent Rangoon sokaklarında "8888 Ayaklanması" olarak da bilinen büyük protesto gösterileri düzenlenmiştir.[42] Altı hafta süren bu gösterilere 18 Eylül 1988 tarihinde General Saw Maung komutasındaki Devlet Hukuk ve Düzenin Teşkili Konseyi (SLORC) tarafından çok sert ve kanlı bir şekilde müdahale edilmiştir. Bu müdahale neticesinde içerisinde çeşitli etnik gruplardan kadın, çocuk, öğrenci ve din insanlarının da bulunduğu yaklaşık 3000 kişi katledilmiştir.[43] Bu olaylar sonrasında askeri yönetim kanadında değişiklikler yaşanmış, General Saw Maung yeni askeri rejimin başkanı olmuş ve ülkede sıkıyönetim ilan ederek General Ne Win'e kıyasla çok daha şiddetli ve baskıcı politikalar izlenmiş ve bu doğrultuda da protestolara katılmış veya muhalif olduğu düşünülen binlerce kişi tutuklanmıştır.[44]

1990 Seçimleri ve Demokratikleşme Çabaları

"8888 Ayaklanması"nın kanlı bir şekilde bastırılmasının ardından uluslararası arenadan da giderek artan baskı neticesinde askeri cunta tarafından 27 Mayıs 1990 tarihinde genel seçimlerin yapılması kararı alınmıştır. 1962 yılından beri ülkede hâkim olan askeri yönetim, yapılacak seçimlerde yine askeri yönetime tabi olan seçilmiş bir partinin iktidar olması gayesiyle 1988 yılında askeri yönetime muhalif olarak kurulan Demokrasi İçin Ulusal Birlik (NLD) partisinin lideri olan Aung San Suu Kyi'yi –bağımsız Myanmar/Burma'nın kurucusu olarak kabul

---

[41] The International Human Rights Clinic, Harvard Law School, "Crimes in Burma", Mayıs 2009, http://hrp.law.harvard.edu/wp-content/uploads/2009/05/Crimes-in-Burma.pdf, (28.04.2016), s. 11.

[42] Federico Ferrara, "Why Regimes Create Disorder: Hobbes's Dilemma during a Rangoon Summer", The Journal of Conflict Resolution, Cilt 47, Sayı 3, 2003, ss. 304-305.

[43] David I. Steinberg, Burma: The State of Myanmar, Georgetown University Press, Washington, D.C. 2001, s. 9.

[44] Helene Maria Kyed & Mikael Gravers, a.g.m., s. 11.

edilen General Aung San'ın kızı– ve partinin diğer önde gelen isimlerini 20 Temmuz 1989 tarihinde ev hapsine almış ve ülke genelinde seçime yönelik baskısını arttırmıştır.[45] Tüm bu engellemelere rağmen 1990 seçimlerinin galibi NLD olmuş ve oyların %59.87'sini alarak 485 sandalyeli Ulusal Parlamento'da 392 sandalyeye sahip olmuştur. NLD'nin en yakın rakibi, BSPP'nin halefi olan ve askeri cunta tarafından desteklenen Ulusal Birlik Partisi (NUP) %21.16 oy ile sadece 10 sandalye kazanabilmiş ve geriye kalan 83 sandalye bağımsızlar ve seçime katılan diğer partiler (Demokrasi İçin Arakan Birliği, Demokrasi İçin Shan Milletleri, Mon Demokratik Hareketi) arasında dağılmıştır.[46]

NLD'nin bu büyük zaferine rağmen askeri cunta (SLORC), seçim sonuçlarını tanımayarak yönetimi devretmeyi reddetmiştir. Bununla da kalmayarak 1990 yılının Mayıs ayından Aralık ayına kadar yaklaşık 2000 parti mensubu ve sivili tutuklamıştır. 1991 yılında ise halkın oyları ile seçilmiş 25 milletvekili ulusal güvenliği tehdit etmek suçundan gözaltına alınmıştır. Ayrıca ülke içerisindeki çeşitli azınlık grupların sınırlara yönelerek Tayland, Komboçya, Malezya gibi ülkelere kaçmaları yönünde ciddi baskılar oluşturulmuştur.[47] 1992 yılında General Saw Maung'un yerine geçen General Than Shwe, ülke genelindeki sıkı kontrole devam etmiştir. 1997 yılında SLORC, ismini Devlet Barış ve Kalkınma Konseyi (SPDC) olarak değiştirmiş fakat insanların desteğini alabilme konusunda yine başarısız olmuş ve ülke genelindeki siyasal baskı ve insan hakları ihlallerinde herhangi bir azalma yaşanmamıştır. İşte böyle bir ortam içerisindeki Myanmar/Burma, enteresan şekilde aynı yıl Güneydoğu Asya Uluslar Birliği'ne (ASEAN) kabul edilmiştir.[48] Öte yandan uluslararası kamuoyu, Myanmar/Burma'da yaşanan bu büyük krizi daha fazla görmezden gelememiş ve 1989 yılından itibaren askeri rejime yönelik Amerikalı yetkililer tarafından dile getirilen rahatsızlıklar, 1993 yılında silah ambargosu uygulanması kararının alınmasını sağlamıştır.[49] Buna ek olarak; Avrupa Birliği (AB) tarafından Birleşmiş Milletler'e (BM) yapılan baskı neticesinde 1999 yılında

---

[45] Priscilla Clapp, "Burma's Long Road to Democracy", Special Report 193, *United States Institute of Peace,* Kasım 2007, *http://www.usip.org/sites/default/files/resources/sr193_0.pdf,* (29.04.2016), ss. 3-4.

[46] Derek Tonkin, "The 1990 Elections in Myanmar: Broken Promises or a Failure of Communication", *Contemporary Southeast Asia,* Cilt 29, Sayı 1, 2007, ss. 34-35.

[47] Mohamad Faisol Keling, Mohamad Nasir Saludin, Otto F. Von Feigenblatti Mohd Na'eim Ajis & Md. Shukri Shuib, *a.g.m.,* ss. 142-143.

[48] The International Human Rights Clinic, Harvard Law School, *a.g.m.,* ss. 12-13.

[49] U.S. Department of State Bureau of Political-Military Affairs, Public Notice 1820, "Suspension of Munitions Export Licenses to Burma", Cilt 58, Sayı 114, 16.06.1993, *https://www.pmddtc.state.gov/FR/1993/58FR33293.pdf,* (30.04.2016).

Cenova'daki Birleşmiş Milletler İnsan Hakları Komisyonu'nda Myanmar/Burma krizinin ele alınması sağlanmıştır.[50] Diğer taraftan ise ASEAN'ın Myanmar/Burma'daki bu krizi görmezden gelmesi, Uluslararası Çalışma Örgütü (ILO) gibi pek çok uluslararası örgütün tepkisini çekmiş hatta bu ülkenin ASEAN'a alınmaması yönünde ikazlarda bile bulunulmuş fakat bunların hepsi ASEAN tarafından yok sayılmıştır.[51]

2000 yılının sonuna gelindiğinde SPDC, iktidardaki on ikinci yılını doldurmuş ve ülke içindeki siyasi muhaliflere olan tutumunu az da olsa yumuşatmış fakat 1996 yılından beri hedeflenen kalıcı bir devlet anayasasının temel prensiplerinin oluşturulması gayesine yönelik hala müspet adımlar atamamıştır. Öte yandan ise, askeri yönetim tarafından Myanmar/Burma içindeki sosyoekonomik koşulların geliştirilmeye çalışıldığı ve istikrara dayalı çok partili bir siyasal sistemin temellerinin atılması yönündeki çalışmaların ciddiyetle sürdürüldüğü belirtilmiştir. Buna ek olarak; Batılı hükümetler ve liberal demokrasi savunucuları tarafından dile getirilen insan hakları ihlalleri ve siyasal muhalefetin bastırılması eylemleri ise "yalan" olarak addedilmiş ve şiddetle reddedilmiştir.[52] Dahası Batılı demokrasiler tarafından arttırılan baskılara ve devam etmekte olan yaptırımlara rağmen önemli derecede ekonomik büyümenin gerçekleştirildiği ve dış ilişkilerde olumlu gelişmelerin yaşandığı belirtilmiştir.[53] Askeri yönetimin bu gerçek dışı söylemlerine karşılık Myanmar/Burma'da anayasal çalışmalar hem siyaset hem de kamu nezdinde yıllardan beri oldukça yavaş olarak süregelmiş ve söz konusu ağırdan alma hali 2003 yılının Ağustos ayına gelindiğinde önemli bir açılım ile ivme kazanmıştır: "Yedi Adımlık Demokrasi Yol Haritası".[54] Fakat söz konusu bu yol haritasının odak noktasını ülke genelinde geniş çaplı bir gelişme yaratılması anlayışından ziyade şu anda yönetme gücünü elinde bulunduran ordu ile gelecekte yapılması öngörülen özgür seçimlerde seçilecekler arasında mevcut yönetme erkinin nasıl dağılacağı hususu oluşturmuştur.[55] Diğer taraftan

---

[50] United Nations Commision on Human Rights, "Report on the Fifty-Fifth Session", Economic and Social Council Official Records, 1999, Supplement No. 3, http://www.un.org/en/terrorism/pdfs/2/G9914457.pdf, (30.04.2016).

[51] Mohamad Faisol Keling, Mohamad Nasir Saludin, Otto F. Von Feigenblatti Mohd Na'eim Ajis & Md. Shukri Shuib, a.g.m., s. 143.

[52] Tin Maung Maung Than, "Myanmar (Burma) in 2000: More of the Same?", Asian Survey, Cilt 41, Sayı 1, Ocak/Şubat 2001, s. 148.

[53] Aynı yerde.

[54] Ian Holliday, a.g.m., s. 33.

[55] Morten B. Pedersen, "The Politics of Burma's 'Democratic' Transition: Prospects for Change and Options for Democrats", Critical Asian Studies, Cilt 43, Sayı 1, 2011, s. 52.

şöyle bir gerçek vardır ki; Myanmar/Burma, kendi siyasi tarihi içerisinde taşımış olduğu koloni ülkesi gerçeğini ve bağımsızlık mücadelesi sonucunda ülke içerisinde oluşan otorite boşluğunu çeşitli iç mücadelelerle tecrübe etmiş ve söz konusu iç mücadele çeşitliliğini bastırabilme adına uzun yıllar askeri yönetim boyunduruğu altında kalmıştır. Ancak Birman askeri yönetimleri, hiçbir zaman devleti kendi başına *per se* olarak yönetme hakkına sahip olduğunu iddia etmemiştir. Aksine Myanmar/Burma'da ordu imgesi, "devletin koruyucusu" şeklinde olup kriz zamanlarında ülkeyi kontrol altına alarak tam anlamıyla düzen sağlanana kadar yönetimden uzak kalmamayı içermektedir. Bu karakteristiğinden dolayı ordu, yönetim üzerindeki *de facto* askeri kontrolünden tam anlamıyla vazgeçmeden resmi olarak sivil yönetime geçişi realize edebilme gayesini "Yedi Adımlık Demokrasi Yol Haritası" ile amaçlamıştır.[56] Söz konusu yol haritasının adımlarını şunlar oluşturmaktadır:

- Ulusal Mutabakatın yeniden oluşturulması,
- Gerçek ve disiplinli bir demokratik sürecin oluşmasına imkân verecek koşulların sağlanması,
- Yeni bir anayasanın hazırlanması,
- Hazırlanan yeni anayasanın ulusal bir referandum yoluyla kabul edilmesi,
- Özgür ve adil seçimlerin gerçekleştirilmesi,
- Seçilmiş organların bir araya gelmesi,
- Yasama organı tarafından tesis edilen devlet organlarının oluşturulması.[57]

Ancak 2007 yılına gelindiğinde söz konusu demokrasi yol haritası hala tam anlamıyla hayata geçirilememiştir. Bununla beraber yine aynı yıl ortaya çıkan ve "Safran Devrimi" olarak da adlandırılan geniş çaplı protestolar neticesinde Myanmar/Burma'nın demokratikleşme sürecine yeniden büyük bir darbe indirilmiştir.

2007 Safran Devrimi

15 Ağustos 2007 tarihinde askeri yönetim tarafından alınan karara göre; ülkedeki enerji üretimine ve ülke içindeki ulaşımın ana kaynağı olan ithal dizel ve doğal gaza olan devlet sübvansiyonları kaldırılmış ve bunun neticesinde dizel yakıt maliyeti yaklaşık olarak iki katına çıkarken

---

[56] Morten B. Pedersen, *a.g.m.*, ss. 52-53.
[57] The Irrawaddy, "Into the Unknown", Cilt 16, Sayı 1, Ocak 2008, *http://www2.irrawaddy.com/article.php?art_id=9800&page=2*, (10.05.2016), s. 2.

doğal gaz maliyeti ise neredeyse %500 oranında artış göstermiştir. Bu maliyet artışlarına bağlı olarak pirinç, yağ ve diğer gıda maddeleri gibi temel emtiada ciddi oranlarda enflasyon dalgası yaratılmıştır. Ulaşım fiyatlarındaki olağanüstü artış sebebiyle insanlar iş yerlerine yürüyerek gitmek zorunda kalmışlardır. Bunun üzerine geçmiş yıllarda kentlerde küçük çaplı protesto gösterileri gerçekleştiren birtakım siyasi aktivistler, hükümeti söz konusu yüksek fiyatlar ve oldukça kötüleşen ekonomik koşullara yönelik derhal müdahale etmeye davet ederken, bu tarz dramatik ekonomik kararların tek taraflı olmaktan ziyade toplumsal diyalog ile alınması yönünde çağrıda bulunmuştur.[58] Andrew Selth'in belirttiği üzere; 2007 Protestolarını üç safhaya ayırmak oldukça yerinde olacaktır. Buna göre ilk safhayı 15 Ağustos 2007 tarihinde askeri yönetim tarafından alınan ekonomik kararları protesto etmek amacıyla 19 Ağustos'ta başkent Rangoon sokaklarına inen yüzlerce aktivistin protestoları oluşturmaktadır. 1990 Seçimlerinde parlamentodaki koltukların %80'ininden fazlası kazanan Demokrasi İçin Ulusal Birlik (NLD) partisi ile "88 Öğrencileri" olarak adlandırılan 8888 Ayaklanmasına öncülük eden aktivistlerin yönlendirdiği bu protestolara, SPDC tarafından izin verilmesine rağmen polis, diğer güvenlik görevlileri ve rejimin en büyük sivil organizasyonlarından olan Birlik Dayanışma Kalkınma Topluluğu (USDA) üyeleri tarafından protestocular taciz edilmiş ve nihayetinde de söz konusu aktivist grupların öncüleri tutuklanmışlardır.[59] İkinci safhayı ise, 5 Eylül 2007 tarihinde Pakoku kasabasında Budist rahiplerin de katıldığı protestolara güvenlik güçleri ve USDA tarafından saldırılması oluşturmaktadır. Bu olay üzerine – ülkenin %89'unun Budizm inancına mensup olduğu da göz önünde bulundurulduğunda– Budist ruhban sınıfı olan *sangha*, gerçekleştirilen bu saygısız davranışa karşılık askeri yönetimden resmi özür talebinde bulunmuş fakat askeri yönetim özür dilemek yerine tutuklamalara devam etmiştir. Bunun üzerine *sangha* tarafından ülke genelindeki rahiplere mevcut askeri yönetimi boykot çağrısında bulunulmuş ve ülke genelinde binlerce rahip bu çağrıya karşılık vererek sokaklarda safran rengi giysileriyle gösteriler düzenlemiştir.[60] Üçüncü ve son safhayı ise, 22 Eylül 2007 tarihinde on binlerce Budist rahip ile rejimi protesto eden diğer binlerce aktivistin, 1990 Seçimlerinin galibi olan ve ömrünün son 20 yılının 12 yılını ev hapsinde geçiren Aung San Suu Kyi'nin evininde

---

[58] Priscilla Clapp, "Burma's Long Road to Democracy", s. 2.
[59] Andrew Selth, "Burma's 'Saffron Revolution' and The Limits of International Influence", *Australian Journal of International Affairs*, Cilt 62, Sayı 3, Eylül 2008, s. 282.
[60] Andrew Selth, *a.g.m.*, ss. 282-283.

önünde buluşması oluşturmaktadır. Bu olayın ardından 24 Eylül günü başkent Rangoon'da 50.000'den fazla insan demokrasi talebiyle sokaklarda toplanmış, ülke genelinde ise yüz binlerce insan gerçekleştirdiği protestolar ile seslerini duyurmaya çalışmıştır.[61] Myanmar/Burma Budist Rahipler Birliği, askeri yönetimi insanlığın düşmanı olarak ilan etmiş, halkı bu eylemlere katılmaya davet etmiş ve mevcut yönetimin Myanmar/Burma topraklarını terk edene kadar mücadelenin devam edeceğini duyurmuştur.[62] Bunun üzerine 27 Eylül günü askeri yönetim tarafından sokağa çıkma yasağı ilan edilmesine rağmen protestocular sokakları boşaltmamış ve polis, ordu ve USDA güçlerinin sert müdahaleleri ile karşılaşmışlardır. 1988 yılındaki "8888 Ayaklanması"nın aksine dünya, 2007 yılındaki Safran Devrimi'ni akıllı telefonlar, dijital kameralar ve internet sayesinde çok yakından izlemiştir.[63] 2 Ekim günü tamamıyla kontrol altına alınan bu gösteriler neticesinde askeri yönetim, 10 kişinin hayatını kaybettiğini 3000 kişinin ise tutuklandığını duyurmuştur. Birleşmiş Milletler'in verisine göre ise 31 kişi hayatını kaybetmiş, yaklaşık 1000'i Budist rahip olmak üzere 4000 civarı kişi tutuklanmıştır.[64] Bu bağlamda Safran Devrimi, Myanmar/ Burma açısında tanımlayıcı bir tecrübe olmuş ve uluslararası kamuoyu nezdindeki görüntüsünde tektonik kaymalara sebebiyet vermiştir. Bundan dolayıdır ki Safran Devrimi, Myanmar/Burma'nın "9/11"i olarak tanımlanmış ve SPDC'nin disipline olmuş sistematik bir demokrasiye ulaşmayı gaye edinen yedi adımlık yol haritasının orduya atfettiği siyasi rolü daha da yoğun hale getirmiştir.[65]

2008 yılının Şubat ayında askeri yönetim tarafından yayımlanan bildiride; "daha barışçı, modern, gelişmiş ve disipline olmuş demokratik bir ulus" inşası adına önceden hazırlanmış "Yedi Adımlık Demokrasi Yol Haritası" doğrultusunda 10 Mayıs 2008 tarihinde yeni anayasa referandumu ve 2010 yılında da çok partili, adil ve eşit koşullarda bir genel seçim düzenleneceği ilan edilmiştir.[66] Fakat 2 Mayıs 2008 tarihinde gerçekleşen Nergis Kasırgası, iki gün boyunca özellikle ülkenin güneyini ve Ayeyarwardy Deltasını yerle bir etmiş ve resmi verilere göre 84.500 kişi hayatını kaybederken 53.800 kişi ise kaybolmuştur.

---

[61] Andrew Selth, *a.g.m.*, s. 283.
[62] Benedict Rogers, "The Saffron Revolution: The Role of Religion in Burma's Movement for Peace and Democracy", *Totalitarian Movements and Political Religions*, Cilt 9, Sayı 1, Mart 2008, s. 116.
[63] Priscilla Clapp, *a.g.m.*, s. 3.
[64] Ardeth Maung Thawnghmund & Maung Aung Myoe, "Myanmar in 2007: A Turning Point in the 'Roadmap'?", *Asian Survey*, Cilt 48, Sayı 1, Ocak/Şubat 2008, s. 16.
[65] Jeff Kingston, "Burma's Despair", *Critical Asian Studies*, Cilt 40, Sayı 1, 2008, s. 6.
[66] Ian Holliday, *a.g.m.*, ss. 33-34.

Toplamda 37 kasaba söz konusu kasırganın şiddetini yoğun olarak yaşamış ve yaklaşık iki buçuk milyon insanın yaşamı doğrudan etkilenmiştir.[67] Öte yandan Myanmar/Burma askeri yönetiminin felaketten zarar gören bölgelere yardımlar konusunda yavaş davranması ve 10 Mayıs'ta gerçekleştirilecek olan referandumu ertelememesi ve hatta ülke genelinde çoktan normal hayata dönüldüğü şeklindeki söylemleri gerek ülke içindeki muhalif kesimin gerekse uluslararası toplumun tepkisini çekmiştir.[68] SPDC'nin özgür ve adil bir referandum süreci yaşanması adına gerekli olan temel koşulları sağlama hususunda oldukça başarısız olduğu ve aksine halka söz konusu anayasa taslağı referandumunu desteklemeleri yönünde şiddetli baskıların yapıldığı, bağımsız gözlemcilerin yer almadığı, tehdit ve korkunun hâkim olduğu bir ortamda gerçekleşen bu referandum neticesinde %98'lik katılım sağlanmış ve %92,4'lük destekle yeni anayasa kabul edilmiştir.[69] Kabul edilen bu yeni anayasaya göre ülkenin resmi adı olan "Myanmar Birliği", "Myanmar Birliği Cumhuriyeti" olarak değiştirilmiş, siyasal sistem "disipline olan gerçek çok partili sistem" olarak tanımlanmış ve parlamento içerisindeki koltukların %25'i ordu temsilcilerine tahsis edilmiştir.[70] Böylelikle ülke yönetiminin başındaki ordunun varlığı, sahte demokrasi enstrümanı aracılığıyla meşru kisve altında konsolide edilmiş ve 2010 yılında yapılması planlanan Genel Seçimler öncesindeki yeri ve pozisyonu daha da sağlamlaştırılmıştır.

2010, 2012 ve 2015 Seçimleri

7 Kasım 2010 tarihinde gerçekleştirilen Genel Seçimler, Myanmar/ Burma halkı için geçen 20 yıllık anti-demokratik dönemin ardından ilk defa oy kullanabilme ve yönetimi belirleyebilme fırsatı anlamına gelmesine rağmen demokrasi yolunda bir adım mı olacağı yoksa mevcut askeri yönetimin güçlenerek yerleşmesine mi vesile olacağı şeklindeki çeşitli spekülasyonları da beraberinde getirmiştir. 2010 Genel Seçimleri, mevcut askeri yönetimin kontrolü altında gerçekleştiren

---

[67] International Federation of Red Cross and Red Crescent Societies, "Myanmar: Cyclone Nargis 2008 Facts and Figures", 3 Mayıs 2011, *http://www.ifrc.org/en/news-and-media/news-stories/asia-pacific/myanmar/myanmar-cyclone-nargis-2008-facts-and-figures/*, (13.05.2016).
[68] Time, "Burma Holds Vote Despite Cyclone Aftermath", 10 Mayıs 2008, *http://content.time.com/time/world/article/0,8599,1739066,00.html*, (14.05.2016).
[69] The Public International Law & Policy Group, "Burmese Constitutional Referendum: Neither Free Nor Fair", Rapor, Mayıs 2008, *http://www.burmalibrary.org/docs5/PILPG_Report_Burmese _Constitutional_Referendum_Neither_Free_Nor_Fair-11_May_2008.pdf*, (15.05.2006), ss. 3-7.
[70] Derek Tonkin, "The 2008 Constitution in the Context of the Myanmar Reality", in (ed.) Li Chenyang & Wilhelm Hofmeister, *Myanmar: Prospect for Change,* Select Publishing, Kunming, 2009, s. 61.

ikinci seçimler olmuştur. Bilindiği üzere; 1990 yılında gerçekleştirilen son Genel Seçimlerde Aung San Suu Kyi liderliğindeki Demokrasi İçin Ulusal Birlik (NLD) partisi parlamentodaki koltukların %80'ininden fazlasını kazanmış, eski iktidar olan Burma Sosyalist Programı Partisi (BSPP) Ulusal Birlik Partisi (NUP) adıyla ve askeri yönetimin açık desteğiyle seçime girmesine rağmen parlamentodaki koltukların sadece %2'lik kısmını kazanabilmiş ve bunun üzerine askeri yönetim, parlamentonun toplanabilmesi için yeni bir anayasanın hazırlanması gerektiğini bahane ederek yönetimi Aung San Suu Kyi iktidarına teslim etmemiştir. Ardından uzun yıllar süren yeni anayasa tartışmaları neticesinde 2008 yılında gerçekleştirilen referandum ile yeni anayasa kabul edilmiş ve 2010 Genel Seçimleri bu anayasaya dayandırılmıştır.

SPDC tarafından oluşturulan Birlik Dayanışma ve Kalkınma Partisi (USDP), 2010 Genel Seçim sürecinin başlangıcından sonuna dek zaferi elde eden tek taraf olabilmesi adına çeşitli şekillerde desteklenmiştir. Buna göre askeri yönetim, muhalif tüm partilere ve oluşumlara yönelik yoğun taciz ve tehditlerde bulunurken USDP'nin seçim kurallarını istediği gibi çiğneyebilmesine müsamaha göstermiştir. Seçimler öncesinde askeri cuntanın etkisini daha da kalıcı hale getirebilme adına oluşturulan anayasal yapılar sayesinde muhalif partilere üyelik engellenmiş ve seçim kampanyalarını özgürce gerçekleştirmelerine müsaade edilmemiştir. Seçim boyunca ise, USDP'nin kazanabilme ihtimalinin düşük olduğu yerlerde erken oylama ve seçmenleri çeşitli şekillerde tehdit ederek manipülasyonda bulunulmuştur. Seçim sonrasında ise, muhalif adayların önde olduğu yerlerde oy sayılarına müdahale edilerek sonuçlara hile karıştırılmıştır.[71] Dahası Siyasi Partiler Kanununa göre devlete ait olan malların ve fonların seçim kampanyası süresince herhangi bir parti adına kullanılması yasak olmasına rağmen Başbakan Thein Sein liderliğindeki USDP, devlete ait olan USDA ofislerinden, araçlarından, hizmetlerinden, medyadan ve hatta kamu çalışanlarından bile istifade etmiştir. Söz konusu kanun ihlallerine meşruiyet kazandırabilme adına ise USDA'nın tüm varlıkları özelleştirme adı altında USDP'ye devredilmiş ve daha da ilginci Savunma Bakanlığı tarafından yapılan açıklamada bu devir işleminin seçim kanunu gereğince ve usullere uygun olarak gerçekleştirildiği belirtilmiştir.[72] Bütün bu engeller ve seçimlerin özgür ve adil olmadığına

---

[71] Neil A. Englehart, "Two Cheers for Burma's Rigged Election", *Asian Survey,* Cilt 52, Sayı 4, Temmuz/Ağustos 2012, s. 667.
[72] The Irrawaddy, "Regime Seperates Assets of USDA and USDP", 8 Temmuz 2010, *http://election.irrawaddy.com/news/363-regime-separates-assets-of-usda-and-usdp.html,*

dair genel kanaatten dolayı Myanmar/Burma'daki en güçlü askeri rejim karşıtı ve aynı zamanda 1990 yılındaki seçimlerin açık ara galibi olan Aung San Suu Kyi liderliğindeki Demokrasi İçin Ulusal Birlik Partisi (NLD) seçimlere katılmama kararı almış[73] ve 2009 yılının Mart ayında Amerikalı John Yettaw isimli bir şahsın habersizce Aung San Suu Kyi'nin ev hapis cezasını çekmekte olduğu göl kıyısındaki evine yüzerek geçmesi ve orada yakalanması neticesinde mahkeme tarafından koşulları ihlal etmekten 18 ay daha hapis cezası alan Aung San Suu Kyi'nin[74] ve diğer tüm siyasi hükümlülerin derhal ve koşulsuz olarak serbest bırakılmaları talep edilmiş fakat söz konusu talep reddedilmiştir.[75]

Seçim sonuçlarının sayılması süreci de aynı şekilde şeffaflıktan uzak ve çeşitli bölgelerin sonuçlarında gerçekleşen dramatik değişikliklerden de anlaşılacağı üzere manipülasyona açık olarak gerçekleştirilmiştir. Neticede askeri yönetimin desteğini doğrudan alan USDP, toplam oyların %76,5'ini alarak birinci parti olmuş, onu sırasıyla eski Burma Sosyalist Program Partisinin üyeleri ve General Nu Win'e sadakatini sürdüren kişilerce oluşturulan Ulusal Birlik Partisi (NUP) %5,5, demokrasi yanlısı Shan Milliyetleri Demokratik Partisi %5, Rakhine Ulusal Kalkınma Partisi %3 ve NLD'den ayrılarak kurulan Ulusal Demokratik Güç Partisi (NDF) ise %1,4 ile izlemiştir. Seçimlerin ardından tüm muhalefet partileri tarafından Seçim Birliği Komisyonu'na (UEC) seçim sürecinde USDP adayları, üyeleri ve SPDC çalışanları tarafından geniş çaplı hile ve yolsuzluk yapıldığı gerekçesiyle resmi şikâyette bulunulmasına rağmen netice alınamamıştır.[76] Seçim sonuçlarının ilan edilmesinden birkaç gün sonra ise NLD'nin demokrasi yanlısı lideri Aung San Suu Kyi, yaklaşık 15 yıl süren ev hapsi cezasını tamamlayarak serbest bırakılmıştır.[77] Bu gelişme bir taraftan askeri cunta desteğini yoğun şekilde bünyesinde barındıran USDP'nin uluslararası arenadaki meşruiyetini arttırabilme adına bir fırsat olarak nitelendirilirken diğer

(17.05.2016).

[73] Central Executive Committee National League for Democracy, *Special Statement No 4/03/10*, 30 Mart 2010, *http://www.burmalibrary.org/docs08/NLDStatement2010-03-31.PDF*, (17.05.2016).

[74] The Guardian, "Man Who Crossed Lake to Aung San Suu Kyi Home Leaves Burma", 16 Ağustos 2009, *https://www.theguardian.com/world/2009/aug/16/john-yettaw-leaves-burma*, (18.05.2016).

[75] Central Executive Committee National League for Democracy, *Special Statement No 4/03/10*, 30 Mart 2010, *http://www.burmalibrary.org/docs08/NLDStatement2010-03-31.PDF*, (17.05.2016).

[76] The Burma Fund UN Office, "Burma's 2010 Elections: A Comprehensive Report", 31 Ocak 2011, *http://www.burmalibrary.org/docs11/BurmaFund-Election_Report-text.pdf*, (17.05.2016), ss. 6-7.

[77] The Guardian, "Aung San Suu Kyi 'Released from House Arrest'", 13 Kasım 2010, *https://www.theguardian.com/world/2010/nov/13/aung-san-suu-kyi-released*, (17.05.2016).

taraftan ise Myanmar/ Burma içerisindeki sindirilmiş muhalif kesimin demokrasi idealine yönelik umutlarının yeniden oluşmasına vesile olmuştur.[78]

En son toplantısını 22 yıl önce gerçekleştiren parlamento, 7 Kasım 2010 Genel Seçimlerinden sonra ilk toplantısını 31 Ocak 2011 tarihinde gerçekleştirmiş ve son derece yoğun ve baskıcı geçen seçim döneminin aksine şaşırtıcı şekilde birtakım pozitif değişikliklerin yaşanacağı bir dönemin başlangıcı olmuştur.[79] Buna göre meşruiyeti Batı ve ülke içerisindeki çeşitli muhalif gruplarca sorgulanan Başkan U Thein Sein, siyasi ve ekonomik reformlara ağırlık vermiş, ülkede siyasi uzlaşma ortamının yaratılabilmesi adına 58'i siyasi hükümlü olan toplam 14,578 hükümlüye af getirmiştir.[80] Buna ek olarak; ülke genelinde belirlenen yeni kurallara göre sansür uygulaması azaltılmış ve yönetimin şeffaflık alanı az da olsa genişletilmiştir. Örneğin; gazetecilere yönelik yıllardır uygulanan Aung San Suu Kyi ile ilgili haber yasağı kaldırılarak artık özgür olan NLD lideri ile yapılan röportajlar içerik ve boyut kurallarına yine katı şekilde uyulmak şartıyla yayınlanabilir kılınmış, kuralları ihlal eden yayın organları ve gazeteciler ise yine en ağır şekilde cezalandırılmıştır.[81] USDP'nin siyasi uzlaşı ortamı oluşturma gayesiyle NLD'ye karşı gösterdiği toleranslı yaklaşım sayesinde Başkan U Thein Sein ile NLD lideri Aung San Suu Kyi 19 Ağustos 2011 tarihinde Başkanlık makamında önemli bir politik diyalog gerçekleştirmiş ve tarafların ulusun çıkarları doğrultusunda ortak paydalar oluşturma ve birlikte çalışmaya istekli olduğu duyurulmuştur.[82]

Öte yandan UEC tarafından 2010 Genel Seçimleri esnasında bazı bölgelerdeki güvenlik sorunları öne sürülerek gerçekleştirilmeyen seçimlerin 1 Nisan 2012 tarihinde ara seçim olarak gerçekleştirilmesine karar verilmiş ve 2008 Anayasasını protesto ederek 2010 Genel Seçimlerine katılmayan NLD, artık özgür olan lideri Aung San Suu Kyi önderliğinde ve ülke genelinde genel olarak hâkim olmaya başlayan uzlaşı ve reform havasının da etkisiyle 2012 Ara Seçimlerine katılma kararı almıştır.[83] 2012 Ara Seçimleri, gerek uluslararası camia gerekse

---

[78] Aynı yerde.
[79] The Burma Fund UN Office, *a.g.m.*, s. 7.
[80] Tin Maung Maung Than, "Myanmar's 2012 By-Elections: The Return of NLD", *Southeast Asian Affairs*, Cilt 2013, ss. 205-206.
[81] Michael Lidauer, "Democratic Dawn? Civil Society and Elections in Myanmar 2010-2012", *Journal of Current Southeast Asian Affairs*, Cilt 31, Sayı 2, 2012, s. 97.
[82] Nay Pyi Taw, "President U Thein Sein, Daw Aung San Suu Kyi vow to cooperate for national interest", *The New Light of Myanmar*, Cilt 19, Sayı 121, 20 Ağustos 2011, http://www.burmalibrary.org/docs11/NLM2011-08-20.pdf, (18.05.2016), s. 9.

ülke içerisindeki bastırılmış muhalif kesim adına beklenilenin ötesinde, 2010 Seçimlerine kıyasla çok daha özgür ve adil bir ortamda gerçekleştirilmiştir. Toplamda açık olan 45 koltuk için gerçekleştirilen bu seçimlerin tartışmasız galibi 43 koltuğu kazanan NLD olmuştur. NLD'nin 1990 yılından bu yana geçen zaman dilimi boyunca popülaritesinden bir şey kaybetmemesi, uluslararası gözlemciler ve USDP tarafından sürpriz olarak addedilmiştir.[84] Ülke içerisindeki normalleşme çabaları özellikle uluslararası camia tarafından yakından takip edilmekle beraber takdirle karşılanmış ve 2012 yılının Kasım ayında Amerika Birleşik Devletleri Başkanı Barack Obama Myanmar/Burma'yı ziyaret ederek bu ülkeye gelen ilk Amerikan Başkanı olmuştur.[85] Obama'nın ziyareti ve NLD lideri Aung San Suu Kyi ile uzlaşı ortamının yaratılması, Myanmar/Burma hükümetinin 2015 yılında gerçekleştirilecek olan Genel Seçimlerde özgürlük ve adalet ortamının tam anlamıyla sağlanarak Myanmar/Burma yönetiminin demokrasi ile bütünleşmesi hedefini ortaya koymasına vesile olmuş ve UEC'nin bu doğrultuda çalışmalarına başlaması talimatı verilmiştir.[86] Tüm bu olumlu gelişmelere rağmen Myanmar/Burma sınır bölgelerinde silahlı etnik gruplar arasındaki çatışmalar ve şiddet sürmeye devam etmiş, özellikle 2012 Ara Seçimlerinden sonraki iki yıl boyunca ülke genelindeki kalıcı ateşkes arayışı, söz konusu çatışmanın tarafları olan etnik grupların ortak paydada buluşamamaları sebebiyle başarısız olmuştur. Bilhassa bu dönemde Myanmar/Burma'nın batısında yer alan Rohingya'da Budist radikaller tarafından Bangladeş kökenli Müslüman azınlığa uygulanan ayrımcılık ve şiddet[87] giderek artış göstermiş, hükümet ise bu kaosu bastırma hususunda sonuç elde edememiş ve daha da enteresanı Myanmar/Burma'daki siyasal elitler —tam demokratik ve özgürlükçü Myanmar/Burma hedefleyen ve demokrasi öncüsü kabul edilen NLD lideri Aung San Suu Kyi de dâhil olmak üzere— yaşanan bu kıyıma sessiz kalmayı tercih etmişlerdir.[88] Ülke içerisindeki

---

[83] Tin Maung Maung Than, *a.g.m.*, s. 206.

[84] Hunter Marston, "Myanmar's Electoral System: Reviewing the 2010 and 2012 Elections and Looking Ahead to the 2015 General Elections", *Asian Journal of Political Science,* Cilt 21, Sayı 3, 2013, s. 275.

[85] Newsweek, "The Generals' Election: November Voting Will Show If Myanmar's March to Democracy is Real", Cilt 165, Sayı 16, 11 Haziran 2015, *https://ia902507.us.archive.org/2/items/ Newsweek_October_30_2015/Newsweek_October_30_2015.pdf*, (19.05.2016), s. 21.

[86] Aynı yerde.

[87] The Telegraph, "Burmese Security Filled Mass Graves With Muslims", 22 Nisan 2013, *http://www.telegraph.co.uk/news/worldnews/asia/burmamyanmar/10008702/Burmese-security-filled-mass-graves-with-Muslims.html*, (19.05.2016); BBC, "Why are Buddhist Monks Attacking Muslims?", 2 Mayıs 2013, *http://www.bbc.com/news/magazine-22356306*, (19.05.2016).

[88] CNN, "Aung San Suu Kyi's 'Silence' on the Rohingya: Has 'The Lady' Lost Her Voice?", 1 Haziran

etnik çatışma halinin dinsel farklılıklar merkezli olmaya başlamasıyla yaklaşık olarak bir milyon civarı Rohingyalı Müslümanın vatandaşlık hakları ellerinden alınarak 2015 Genel Seçimlerinde oy kullanmalarının önüne geçilmiştir.[89] Böyle bir ortamda gerçekleştirilen 2015 Genel Seçimleri neticesinde; çift meclisli yapıya sahip Myanmar/Burma yönetimindeki toplam 664 koltuğun 166'sı (%25'i) 2008 Anayasasına göre "demokrasi güvencesi" adına orduya tahsis edilmiş, geriye kalan 498 koltuk (%75'i) ise seçim sonuçlarına göre tespit edilmiştir. Buna göre; NLD toplamda 390 koltuk (%79'u) kazanarak birinci parti olurken, ordunun partisi olan USDP 41 koltuk (%8'i) elde ederek ikinci parti olmuştur.[90] Bu sonuçların ardından USDP yenilgiyi kabul etmiş ve NLD liderine bundan sonraki süreçte her türlü katkı ve desteğin verileceğini bildirmiştir. ABD, Japonya ve diğer önde gelen ülkeler, seçim sonuçlarından ve sonuçlara USDP'nin göstermiş olduğu tavırdan hoşnut olduklarını, söz konusu seçimi Myanmar/Burma'nın demokratikleşme sürecindeki en önemli ve en büyük adım olarak niteleyerek göstermişlerdir.[91] Öte yandan ise 2015 Genel Seçimlerinin kaybedenleri başta vatandaşlık hakları ellerinden alınarak seçimlere katılmaları engellenen Rohingya Müslümanları olmakla beraber seçime katılım sağlayabilen ancak koltukların %10'undan daha azını kazanabilen diğer ana etnik azınlık partileri olmuştur. Dolayısıyla Myanmar/Burma'nın demokratikleşme süreci hala ciddi sorunlar içermekle birlikte seçimlerin meşru addedilen çoğunluğu tarafından yok sayılan ve şiddete maruz bırakılan dinsel ve etnik azınlıkların hakları teslim edilmedikçe ve normalleşme kapsamına alınmadıkça bu ülkedeki demokratikleşme süreci sadece seçim eksenli ve yapay görünmekten öteye geçemeyecek ve tarihsel olarak devamedegelen kleptokratik damar hükmünü sürmeye devam edecektir.

Sonuç

Myanmar/Burma, bünyesinde barındırdığı çeşitli etnik gruplardan (Birman, Shan, Kayin, Rakhin, Mon, Kayah, Kachin, Çin, Hint vb.) dolayı değişik geleneklerin, yaşam şekillerinin ve kültürlerin bir arada

---

2014, http://edition.cnn.com/2014/04/15/world/asia/myanmar-aung-san-suu-kyi-rohingya-disappointment/, (19.05.2016).

[89] Tin Maung Maung Than, "Myanmar's General Election 2015: Change Was the Name of the Game", *Southeast Asian Affairs*, 2016, s. 245.

[90] The Irrawaddy, "Burma Results 2015", 17 Aralık 2015, http://www.irrawaddy.com/election/results, (20.05.2016).

[91] Udai Bhanu Singh, "Significance of the November 2015 Myanmar Elections", *Strategic Analysis*, Cilt 40, Sayı 2, 2016, s. 90.

bulunmaya çalıştığı bir ülke görüntüsündedir. Söz konusu farklılıklardan kaynaklanan "öteki" algısı ve bu ötekileştirmenin beraberinde getirdiği belirsizlik halinin oluşturduğu korku sebebiyle çeşitli gruplar arasında yükselen tansiyon, çeşitli çatışmaların ve şiddet eylemlerinin oluşmasına vesile olmaktadır. Sömürgeci devletlerden miras kalan travma hali, bu ülkenin çok ırklı ve çok dinli karakteristiği ile birleşince yeni yönetim alanının teşkili ve algısı hususunda çok daha büyük travmalar oluşmasına neden olmuş ve ülkedeki ana aktör olan ordunun devlet yönetiminde mutlak hakim olmasını sağlamıştır. Yaratılan baskı rejiminde, yönetilenler tarafından dile getirilen her türlü demokrasi, özgürlük ve barış istemi, yöneten pozisyonundaki askeri cuntalar tarafından 1960 yılından bu yana en sert ve acımasız şekilde karşılık görmüştür. Yaşanan büyük acılara, ıstıraplara ve trajedilere rağmen ülke genelinde hala total anlamda bir normalleşmeden söz edilememektedir. Normalleşme adı altında 2010 Genel Seçimlerinden sonra askeri yönetim tarafından beyan edilen ve gerçekleştirilmeye çalışılan reform hareketleri, bu zamana kadar yaşanan insan hakları felaketleriyle kıyaslandığında olumlu sinyaller vermesine rağmen hala yetersiz ve rasyonaliteden uzak görünmektedir. Diğer yandan askeri yönetime karşı çeşitli gruplar tarafından gösterilen direnç ve demokrasi yanlısı mücadele, özellikle son yıllarda hedefinden saparak gruplar arasındaki dinsel azınlıklara yönelik şiddet uygulamalarına dönüşmüş ve bu durumdan en büyük zararı Rohingya Müslümanları görmüştür. Uzun yıllar boyunca demokrasi mücadelesi veren, yoğun şekilde siyasal lince uğrayan ve her daim özgürlük ve temel insan haklarının savunucusu olduğunu belirten NLD lideri Aung San Suu Kyi'nin Rohingya Müslümanlarına uygulanan bu şiddete sessiz kalmasıysa ülkenin içinde bulunduğu addedilen normalleşme ve demokratikleşme sürecinin başarısızlığını en açık şekilde ortaya koymaktadır. Unutulmamalıdır ki; demokrasi ve özgürlük idealleri, toplumu oluşturan bireyler ve çeşitli gruplar arasında tam anlamıyla bir mutabakat ve barış ortamının tesis edilmesiyle gerçekleştirilebilir. Toplumsal barışın inşası ise gerçekleştirilmesi en zor insan ideallerinden olmakla birlikte aynı zamanda anlamı ve değeri en fazla olandır.

KAYNAKÇA

Boulding, Kenneth E., "Is Peace Researchable?", *Background,* Cilt 6, Sayı 4, 1963, ss. 70-77.

Dale, John G., *Free Burma: Transnational Legal Action and Corporate Accountability,* University of Minnesota Press, Minneapolis 2011.

Dittner, Lowell, "Burma vs. Myanmar: What's in a Name?", in (ed.) Lowell Dittner, *Burma or Myanmar? The Struggle for National Identity*, World Scientific, Singapur, 2010, ss. 1-20.

Englehart, Neil A., "Two Cheers for Burma's Rigged Election", *Asian Survey*, Cilt 52, Sayı 4, Temmuz/Ağustos 2012, s. 666-686.

Ferrara, Federico, "Why Regimes Create Disorder: Hobbes's Dilemma during a Rangoon Summer", *The Journal of Conflict Resolution*, Cilt 47, Sayı 3, 2003, ss. 302-325.

Galtung, Johan, "Violence, Peace and Peace Research", *Journal of Peace Research*, Cilt 6, Sayı 3, 1969, s. 167-191.

Galtung, Johan, *Peace By Peaceful Means: Peace and Conflict, Development and Civilization*, Sage Publications, International Peace Research Institute, Oslo 1996.

Govier, Trudy, "Violence, Nonviolence, and Definitions: A Dilemma for Peace Studies", *Peace Research: The Canadian Journal of Peace and Conflict Studies*, Cilt 40, Sayı 2, 2008, s. 61-83.

Gökcan, Özkan, "Myanmar (Burma): Karanlıkta Yazılan Tarih", *Dünya Çatışmaları: Çatışma Bölgeleri ve Konuları 2. Cilt*, Editörler: Kemal İnat, Burhanettin Duran & Muhittin Ataman, Nobel Yayın Dağıtım, 1. Basım, Ankara 2010, ss. 531-545.

Holliday, Ian, "Voting and Violence in Myanmar: Nation Building for a Transition to Democracy", in (ed.) Lowell Dittner, *Burma or Myanmar? The Struggle for National Identity*, World Scientific, Singapur, 2010, ss. 23-50.

Hancock, W. K., "Colonial Policy-Review: J. S. Furnivall, Colonial Policy and Practice: A Comparative Study of Burma and Netherlands India", *The Economic History Review, New Series*, Cilt 2, Sayı 1, 1949, ss. 99-101.

Keling, M. F., Saludin, M. N., Feigenblatti, O. F. V., Ajis, M. N. & Shuib, Md. S., "A Historical Approach to Myanmar's Democratic Process", *Journal of Asia Pasific Studies*, sayı 2, Cilt 1, 2010, ss. 132-148.

Kingston, Jeff, "Burma's Despair", *Critical Asian Studies*, Cilt 40, Sayı 1, 2008, ss. 3-43.

Kyed, H. M. & Gravers, M., "Non-State Armed Groups in the Myanmar Peace Process: What are the Future Options?", *Danish Institute for International Studies Working Paper*, Sayı 7, 2014.

Lidauer, Michael, "Democratic Dawn? Civil Society and Elections in Myanmar 2010-2012", *Journal of Current Southeast Asian Affairs*, Cilt 31, Sayı 2, 2012, ss. 87-114.

Marston, Hunter, "Myanmar's Electoral System: Reviewing the 2010 and 2012 Elections and Looking Ahead to the 2015 General Elections", *Asian Journal of Political Science*, Cilt 21, Sayı 3, 2013, s. 268-284.

Oh, Su-Ann, "Competing Forms of Sovereignty in the Karen State of Myanmar", *Institute of Southeast Asian Studies Working Paper*, Sayı 1, 2013.

Pedersen, Morten B., "The Politics of Burma's 'Democratic' Transition: Prospects for Change and Options for Democrats", *Critical Asian Studies*, Cilt 43, Sayı 1, 2011, s. 49-68.

Ramsbotham, O., Woodhouse, T., & Miall, H., *Contemporary Conflict Resolution: The Prevention, Management and Transformation of Deadly Conflicts*, 2. Baskı, Polity Press, Cambridge 2006.

Richmond, Oliver P., "Patterns of Peace", *Global Society*, Cilt 20, Sayı 4, Ekim 2006, ss. 367-394.

Rogers, Benedict, "The Saffron Revolution: The Role of Religion in Burma's Movement for Peace and Democracy", *Totalitarian Movements and Political Religions*, Cilt 9, Sayı 1, Mart 2008, ss. 115-118.

Selth, Andrew, "Burma's 'Saffron Revolution' and The Limits of International Influence", *Australian Journal of International Affairs*, Cilt 62, Sayı 3, Eylül 2008, ss. 281-297.

Singh, Udai Bhanu, "Significance of the November 2015 Myanmar Elections", *Strategic Analysis*, Cilt 40, Sayı 2, 2016, s. 88-91.

Steinberg, David I., *Burma: The State of Myanmar*, Georgetown University Press, Washington, D.C. 2001.

Than, Tin Maung Maung, "Myanmar (Burma) in 2000: More of the Same?", *Asian Survey*, Cilt 41, Sayı 1, Ocak/Şubat 2001, ss. 148-155.

Than, Tin Maung Maung, "Myanmar's 2012 By-Elections: The Return of NLD", *Southeast Asian Affairs*, Cilt 2013, ss. 204-219.

Than, Tin Maung Maung, "Myanmar's General Election 2015: Change Was the Name of the Game", *Southeast Asian Affairs*, 2016, ss. 241-264.

Thawnghmund, A. M., & Myoe, M. A., "Myanmar in 2007: A Turning Point in the 'Roadmap'?", *Asian Survey*, Cilt 48, Sayı 1, Ocak/Şubat 2008, ss. 13-19.

Tonkin, Derek, "The 1990 Elections in Myanmar: Broken Promises or a Failure of Communication", *Contemporary Southeast Asia*, Cilt 29, Sayı 1, 2007, ss. 33-54.

Tonkin, Derek, "The 2008 Constitution in the Context of the Myanmar Reality", in (ed.) Li Chenyang & Wilhelm Hofmeister, *Myanmar: Prospect for Change*, Select Publishing, Kunming, 2009, ss. 53-66.

Webel, Charles, "Introduction: Toward a Philosophy and Metapsychology of Peace", *Handbook of Peace and Conflict Studies*, Editörler: Charles Webel & Johan Galtung, 1. Baskı, Routledge, Oxon 2007, ss. 3-13.

Association of Southeast Asian Nations, "ASEAN Member States", *http://asean. org/asean/asean-member-states/*, (20.04.2016).

BBC, "Why are Buddhist Monks Attacking Muslims?", 2 Mayıs 2013, *http:// www.bbc.com/news/magazine-22356306*, (Erişim tarihi: 19.05.2016).

Central Intelligence Agency, The World Factbook, "Burma: People and Society", *https://www.cia.gov/library/publications/the-world-factbook/geos/bm.html*, (21.04.2016).

Clapp, Priscilla, "Burma's Long Road to Democracy", Special Report 193, *United States Institute of Peace*, Kasım 2007, *http://www.usip.org/sites/default/files/ resources/sr193_0.pdf*, (Erişim tarihi: 29.04.2016).

CNN, "Aung San Suu Kyi's 'Silence' on the Rohingya: Has 'The Lady' Lost Her Voice?", 1 Haziran 2014, *http://edition.cnn.com/2014/04/15/world/asia/myanmar-aung-san-suu-kyi-rohingya-disappointment/*, (Erişim tarihi: 19.05.2016).

Central Executive Committee National League for Democracy, *Special Statement No 4/03/10*, 30 Mart 2010, *http://www.burmalibrary.org/docs08/NLDStatement2010-03-31.PDF*, (Erişim tarihi: 17.05.2016).

Galtung, Johan, *Theories of Peace: A Synthetic Approach to Peace Thinking*, International Peace Research Institute, Oslo 1967, *https://www.transcend.org/files/Galtung_ Book_unpub_Theories_of_Peace_-_A_Synthetic_Approach_to_Peace_Thinking_ 1967.pdf*, (Erişim tarihi: 15.04.2016).

Government of Canada, Global Affairs of Canada, "Burma (Myanmar)", *http://www. international.gc.ca/development-developpement/countries-pays/burma-birmanie.aspx?lang=eng*, (20.04.2016).

Government of India, Ministry of External Affairs, "India-Myanmar Relations", *http:// www.mea.gov.in/Portal/ForeignRelation/Myanamr_Feb_2016.pdf*, (20.04.2016).

Government of United Kingdom, Foreign & Commonwealth Office, "World Location: UK and Burma", *https://www.gov.uk/government/world/burma*, (20.04.2016).

International Federation of Red Cross and Red Crescent Societies, "Myanmar: Cyclone Nargis 2008 Facts and Figures", 3 Mayıs 2011, *http://www.ifrc.org/en/news-and-media/news-stories/asia-pacific/myanmar/myanmar-cyclone-nargis-2008-facts-and-figures/*, (Erişim tarihi: 13.05.2016).

Ministry of Foreign Affairs of Japan, "Japan-Myanmar Relations", *http://www.mofa.go.jp/region/asia-paci/myanmar/index.html*, (Erişim tarihi:20.04.2016).

Newsweek, "The Generals' Election: November Voting Will Show If Myanmar's March to Democracy is Real", Cilt 165, Sayı 16, 11 Haziran 2015, *https://ia902507.us.archive.org/2/items/Newsweek_October_30_2015/Newsweek_October_30_2015.pdf*, (Erişim tarihi: 19.05.2016).

Taw, Nay Pyi, "President U Thein Sein, Daw Aung San Suu Kyi vow to cooperate for national interest", *The New Light of Myanmar*, Cilt 19, Sayı 121, 20 Ağustos 2011, *http://www.burmalibrary.org/docs11/NLM2011-08-20.pdf*, (Erişim tarihi: 18.05.2016).

The Burma Fund UN Office, "Burma's 2010 Elections: A Comprehensive Report", 31 Ocak 2011, *http://www.burmalibrary.org/docs11/BurmaFund-Election_Report-text.pdf*, (Erişim tarihi: 17.05.2016).

The European Union, "Myanmar/Burma & the EU: Political & Economic Relations", *http://eeas.europa.eu/delegations/myanmar/eu_myanmar/political_relations/index_en.htm*, (Erişim tarihi:20.04.2016).

The Guardian, "Man Who Crossed Lake to Aung San Suu Kyi Home Leaves Burma", 16 Ağustos 2009, *https://www.theguardian.com/world/2009/aug/16/john-yettaw-leaves-burma*, (Erişim tarihi: 18.05.2016).

The Guardian, "Aung San Suu Kyi 'Released from House Arrest'", 13 Kasım 2010, *https://www.theguardian.com/world/2010/nov/13/aung-san-suu-kyi-released*, (Erişim tarihi: 17.05.2016).

The International Human Rights Clinic, Harvard Law School, "Crimes in Burma", Mayıs 2009, *http://hrp.law.harvard.edu/wp-content/uploads/2009/05/Crimes-in-Burma.pdf*, (Erişim tarihi: 28.04.2016).

The Irrawaddy, "Into the Unknown", Cilt 16, Sayı 1, Ocak 2008, *http://www2.irrawaddy.com/article.php?art_id=9800&page=2*, (Erişim tarihi: 10.05.2016).

The Irrawaddy, "Regime Seperates Assets of USDA and USDP", 8 Temmuz 2010, *http://election.irrawaddy.com/news/363-regime-separates-assets-of-usda-and-usdp.html*, (Erişim tarihi: 17.05.2016).

The Irrawaddy, "Burma Results 2015", 17 Aralık 2015, *http://www.irrawaddy.com/election/results*, (Erişim tarihi: 20.05.2016).

The Public International Law & Policy Group, "Burmese Constitutional Referendum: Neither Free Nor Fair", Rapor, Mayıs 2008, *http://www.burmalibrary.org/docs5/PILPG_Report_Burmese_Constitutional_Referendum_Neither_Free_Nor_Fair-11_May_2008.pdf*, (Erişim tarihi: 15.05.2006).

The Telegraph, "Burmese Security Filled Mass Graves With Muslims", 22 Nisan 2013, *http://www.telegraph.co.uk/news/worldnews/asia/burmamyanmar/10008702/Burmese-security-filled-mass-graves-with-Muslims.html*, (Erişim tarihi: 19.5.2016).

Time, "Burma Holds Vote Despite Cyclone Aftermath", 10 Mayıs 2008, *http://content.time.com/time/world/article/0,8599,1739066,00.html*, (Erişim tarihi: 14.5.2016).

Türkiye Cumhuriyeti Dışişleri Bakanlığı, "Myanmar", *http://www.mfa.gov.tr/sub.tr.mfa?f687ba18-ca71-48ea-99a8-73c599a2a06f*, (20.04.2016).

United Nations Commision on Human Rights, "Report on the Fifty-Fifth Session", Economic and Social Council Official Records, 1999, Supplement No. 3, *http://www.un.org/en/terrorism/pdfs/2/G9914457.pdf*, (Erişim tarihi: 30.4.2016).

United Nations Development Programme in Myanmar, "About Myanmar", *http://www.mm.undp.org/content/myanmar/en/home/countryinfo/*, (20.4.2016).

U.S. Department of State Bureau of Political-Military Affairs, Public Notice 1820, "Suspension of Munitions Export Licenses to Burma", Cilt 58, Sayı 114, 16.6.1993, *https://www.pmddtc.state.gov/FR/1993/58FR33293.pdf*, (Erişim tarihi: 30.4.2016).

U.S. Department of State, Diplomacy in Action, "Burma", *http://www.state.gov/p/eap/ci/bm/*, (20.04.2016).

BARIŞ ÇALIŞMALARI KAPSAMINDA İSRAİL-FİLİSTİN SORUNU

Demet ŞENBAŞ

Giriş

Barış ve savaş kavramları uluslararası ilişkilerde çok uzun zamandır tanımlanmaya çalışılan kavramlardır. Ancak barış kavramı en çok İkinci Dünya Savaşı sonrasında daha sistemli bir şekilde çalışılmaya başlanmıştır. Barış çalışmaları literatüründe üç temel barış tanımı öne çıkmaktadır. Bunlar; John Burton'ın "ihtiyaç teorisine göre barış", Johan Galtung'un barışçıl yollarla barış yaklaşımında ortaya koyduğu "negatif barış"-"pozitif barış" ayrımı ve Kenneth Boulding'in "istikrarlı/sürdürülebilir barış" kavramlarıdır. Günümüzde barış çalışmaları sadece tarafları masaya oturtmaktan ibaret değildir. Tarafların çatışma sebepleri etraflıca değerlendirilmelidir. Çatışma çözümü, çatışan taraflar arasındaki şiddeti önlemeyi veya hafifletmeyi amaçlar. Barışı sağlamak ve çatışmayı önlemek için müzakere ve arabuluculuk gibi yöntemler vardır. Günümüz barış çalışmalarında; sosyal değişim, adalet ve yapısal şiddetin azaltılması gibi pozitif barışla ilgili kavramlar vurgulanmaktadır. Barış çalışmalarında taraflar arasında askeri, siyasal güç dengelerinin ve güvenlik kaygılarının önemsenmesi gereklidir. Aksi halde bir barış anlaşması yapılsa da hayata geçirilememektedir. Bu duruma İsrail-Filistin arasındaki Oslo Barış Görüşmeleri iyi bir örnek olarak gösterilebilir. Çalışmada barış kavramına değinilecek, barış çalışmalarına ve barış çalışmaları açısından İsrail-Filistin anlaşmazlığına yer verilecek ve Oslo Süreci değerlendirilecektir. Bu konuda Oslo Süreci'nin seçilmesindeki amaç, barış çalışmaları konusunda iyi bir örnek oluşturmaktadır. İsrail-Filistin arasındaki anlaşmazlık, güvenlik kaygıları ortadan kaldırılmadıkça düzelmeyecektir. Oslo Süreci'nin başarıya ulaşamamasının temel nedeni güvenlik kaygılarının giderilmesi yerine tarafların sorunlarına kısa vadeli sonuçlar üretmesidir. Bu çalışma, barış çalışmaları ve güvenlik ilişkisini ele alarak, İsrail-Filistin anlaşmazlığı ve Oslo süreci üzerinden, güvenliğin barış çalışmaları açısından önemini ortaya koymaya çalışacaktır.

Barış Kavramı

Barış Çalışmaları konusundaki ilk yaklaşımlar Johan Galtung tarafından ortaya konmuştur. Barış Çalışmaları üzerinde çalışan Galtung negatif barış olarak ifade ettiği savaşın olmaması hali üzerinde yoğunlaşmıştır. Johan Galtung barışı bir şemsiye kavram olarak tanımlar. Bu şemsiyenin altında insanların neyin iyi olması gerektiğiyle ilgili arzuları yer almaktadır. O'na göre insanoğlu daima hedeflerinin peşinden gider. Bunlardan bazıları somutken, bazıları soyuttur. Galtung mutluluğu kişisel boyutuyla değerlendirirken, barışı uluslararası boyutta ele alır. Eğer barış kavramına sadece organize olmuş grupların şiddet davranışlarının olmaması hali tanımı verilirse, barış kavramı tam olarak anlamlandırılamaz.[1] Dolayısıyla Galtung barış kavramını şu şekilde tanımlamıştır[2]:

Ülke, millet (kültür, etniklik), ırk, sınıf veya ideolojiyle tanımlanmış gruplar arasında savaşın, yani örgütlü şiddetin, olmaması durumudur. Uluslararası ya da harici barış ülkeler arası veya uluslararası dış savaşların olmaması durumudur. Sosyal ve dâhili barış etnik, ırksal, sınıfsal ya da ideolojik iç savaşların olmaması durumudur.

Bununla beraber, barış kavramı birçok farklı dönemde ve disiplinde kullanılmıştır. Platon savaşı ve çatışmaları polis içerisinde önlenecek bir kavram olarak görürken, Aristoteles tüm siyasi amaçların barış koşullarında gerçekleştirilebileceğini savunarak barışı siyasetle birleştirmiştir. Aristoteles'e göre savaş, polisin savunmasında bir araç olarak kullanılabilir. Ayrıca, Thomas More "Ütopya" adlı eserinde, William Penn'in "Avrupa'da Hâlihazırda ve Gelecekte Barış Üzerine Deneme" adlı eserinde, Faydacı Jeremy Bentham, sosyalist Jean Baptiste Joseph Fourier ve Saint-Simon'un eserlerinde yer alan barış önerilerinde, bir prensler federasyonu oluşturularak kalıcı barışın sağlanması önerisi yer almaktadır. Immanuel Kant kalıcı barış üzerine yaptığı incelemelerde demokratik bir yönetim tarzı ve Milletler Cemiyeti gibi uluslararası bir örgütlenme önermiş; insan haklarına saygıyı içeren hukuksal bir çerçeve geliştirmiştir. I. Dünya Savaşı'ndan sonra, Woodrow Wilson Versay Barış Konferansı'nda bu görüşleri desteklemiş ve Milletler Cemiyeti'nin kurulmasına ön ayak olmuştur. Soğuk Savaş'ın sona ermesiyle savaş kavramı ortadan kalkmamış, yeni bir uluslararası barış ve güvenlik düzeni önerilerinin yerini aşamalı olarak önleyici savaş kavramları almıştır.[3]

---

[1] Johan Galtung, *Theories of Peace: A Synthetic Approach to Peace Thinking*, International Peace Research Institute, Oslo, September 1967, s. 6.
[2] Johan Galtung, "Peace", der. Joel Krieger, *The Oxford Companion to Politics of the World*, Oxford University Press, New York, 1993, s. 688-689.

Uzun yıllar uluslararası ve devletlerarası ilişkilerde ele alınan barış kavramı, daha önceki çalışmalarda genellikle "savaş" kavramının karşıtı olarak ele alınmıştır. Ancak 1960'larda gelişen ve "eleştirel barış çalışmaları" adıyla ortaya çıkan akımın öncüsü olan Galtung ise, "barış" kavramını "savaş" kavramından ayrı bir biçimde "pozitif-negatif barış" olarak ele aldığı "Theories of Peace" adlı eserinde, üç görüş üzerinden barışı tanımlamaya çalışmıştır. İlki barış konusundaki eski anlayıştır. Buna göre, barış istikrar ve tarafsızlığın eş anlamlısıdır. Bu anlayışta, kişi kendiyle barış içindedir ve kural ve düzen anlayışını da içinde barındırır. Diğer bir barış anlayışına göreyse barış; organize olmuş toplu bir şiddet durumunun olmayışıdır. Bu tanımda barış; şiddetin büyük insan grupları arasında, milletler arasında, dini ve etnik gruplar ve sınıflar arasında iç savaş tehdidi dolayısıyla olmayışı şeklinde tanımlanır. Bu barış tanımını Galtung "negatif barış" olarak adlandırır. Üçüncü bir barış anlayışı olarak Galtung, barış kavramını dünya toplumundaki tüm iyi şeylerin karşılığı olarak tanımlar. İnsan grupları arasında etkileşim ve işbirliği vardır. Bu anlayışta şiddetin yokluğuna daha az odaklanır. Bu tip barışı "pozitif barış" olarak nitelendirir. Bu anlayışta büyük şiddetler dışlanır, ancak geçici şiddet durumlarına müsamaha gösterilebilir. Galtung bu üç anlayışı karşılaştırdığı zaman, barış konusundaki ilk anlayışı, son günlerde daha az önemsenen istikrar ve dengeyi içerdiği ve barışı sadece şiddetin olmaması durumu olarak adlandırdığı için yetersiz bulur. Üçüncü anlayış olan "pozitif barış" kavramını ise problemli ve bulanık bulduğunu belirtir ve organize olmuş işbirliği içinde bir şiddet durumunun olmayışı anlamında kullandığı "negatif barış" kavramı üzerinde durur. Galtung'a göre barış kavramının karşıtı sadece savaş değil, şiddettir. Bununla birlikte negatif barış, kırılgan bir yapıya sahiptir. Fiziksel ve yapısal şiddetin ortadan kaldırılarak adaletin oluşturulduğu bir durum olarak tanımlanan "pozitif barış"a geçişi sağlayacak düzenlemeler yapılmadıkça, çatışmaların yeniden canlanması önemli bir tehdit unsurudur. [4]

Johan Galtung, şiddetin birbiriyle ilişkili üç türü olduğunu savunur. Bunlar; "kültürel şiddet", "doğrudan şiddet" ve "yapısal şiddet"tir. Bu üç şiddetin tanımına da çalışmalarında yer vermiştir. Kültürel şiddet kavramı içinde kültürün tüm şekillerine yer verir. Bunlar içinde ideolojiler, dil ve sanat, empirik bilim gibi özellikler yer alır. Kültürel

---

[3] Hans Günter Brauch, "Güvenliğin Yeniden Kavramsallaştırılması: Barış, Güvenlik, Kalkınma ve Çevre Kavramsal Dörtlüsü", Uluslararası İlişkiler, Yaz 2008, Cilt 5, Sayı 18, s. 28-30.
[4] Galtung, *Theories of Peace: A Synthetic Approach to Peace Thinking*, International Peace Research Institute, s. 12-17.

şiddet direkt ve yapısal bir görünüşe sahiptir. Siyaset bilimi gibi iki problemle ilişkilidir; güç kullanımı ve güç kullanımı hakkı. "Doğrudan şiddet", belli bir özne tarafından gerçekleştirilen fiziksel şiddettir. Bu şiddet kavramının içinde hayatta kalmak için öldürme güdüsü vardır. Bu şiddet tipine örnek olarak Hitler verilmektedir. "Yapısal şiddet" ise, temel insani ihtiyaçların, potansiyel olarak mümkün olanın altında bir düzeyde karşılanmasına yol açan önlenebilir bir şiddet tipidir. Yapısal şiddet sadece insan vücudunda değil, zihinlerde ve ruhlarda da iz bırakır. Bu tip şiddette yapısal olarak dört koşul ortaya çıkar. Bunlar "yaygınlık", "bölünme", "aşırılık" ve "parçalara ayrılma"dır. Galtung bu tip şiddete İkinci Dünya Savaşı'nı örnek göstermektedir.[5] Calusewitz'e göre ise, savaş yenilgi ve yenilen tarafın silahsızlandırılması ile son bulabilir.[6]

Yukarıdaki bilgiler ışığında değerlendirildiğinde barış kavramı 20. yüzyıla John Galtung'un negatif barış anlayışıyla taşınmıştır. İki Dünya Savaşı arası dönem ve Soğuk Savaş yılları boyunca barış negatif barış çerçevesinde düşünülmüştür. Bu nedenle de barış çalışmaları uzlaşmaya değil, zafere odaklanmıştır. Soğuk Savaş yıllarında iki kamp vardı ve bu kamplar birbirlerine kötü ve yanlış taraf olarak bakarlardı. Bu çerçevede, müzakere yapmak demek kötüyle masa başına oturmak demekti ve bu durum müzakerelerin tıkanma noktasıydı. İkinci Dünya Savaşı öncesinde İngiltere ve Fransa'nın Almanya'nın Çekoslovakya'yı işgal etmesine izin vermeleri müzakere ile yatıştırma kelimesinin eş anlamlı olduğunun düşünülmesine yol açmıştır. Dolayısıyla barışın, müzakere yolu yerine sorun çıkaran tarafı güç kullanarak etkisiz hale getirerek kurulmaya çalışılması gerektiği fikri yaygınlaşmıştır. [7]

Barış Çalışmaları ve İsrail-Filistin Sorunu

Soğuk Savaş döneminde uluslararası ilişkiler disiplininde, ABD ve Kuzey Avrupa'da Hobbes'çu bakış açısı hâkim olmuştur. Barış çalışmaları; savaş çalışmaları, stratejik çalışmalar ve güvenlik çalışmalarının içinde ortaya çıkmıştır.[8] Soğuk Savaş yıllarında barış çalışmalarının odak noktası silahsızlanma veya silahlanmayı azaltmadır. Soğuk Savaş

---

[5] Johan Galtung, "Cultural Violence", *Journal of Peace Research*, August 1990, Volume 27, No 3, pp. 291-305, s. 291-294.

[6] Carl Von Clausewitz, *Savaş Üzerine*, çev. H. Fahri Çeliker, Genel Kurmay Basımevi, Ankara, 1991, s. 36.

[7] Bora Bayraktar, "Barış Çalışmaları Perspektifinden İsrail-Filistin Sorunu", ed. Atilla Sandıklı, *Teoriler Işığında Güvenlik, Savaş, Barış ve Çatışma Çözümleri*, BİLGESAM Bilge Adamlar Stratejik Araştırmalar Merkezi, İstanbul, 2012, s. 259-260.

[8] Brauch, a.g.e., s. 31.

döneminde iki süper güç arasındaki sorunları çözmek değil, çıkabilecek olası bir nükleer savaşı önlemek üzerinde durulmuştur. Bu görüşmelerin amacı iki süper güç arasındaki ilişkilerin kontrolden çıkmasını önlemektir. Çünkü Soğuk Savaş yeni krizlere gebedir. Güvensizlik kısa bir süre içinde nükleer bir savaşa dönüşebilmektedir. Bunun yanı sıra basit bir yerel anlaşmazlık kısa sürede uluslararası bir boyut kazanıp bir nükleer savaş doğurma potansiyeline sahiptir. Bu dönemdeki barış çalışmalarını Peter Wallenstein "çatışma yönetimi" olarak nitelendirir. "Çatışma çözümü", krizlerin yaratabileceği tehlikeleri güven ortamı oluşturarak azaltabilir ancak çatışma yönetimine göre daha sonuca odaklıdır. Çünkü Çatışma çözümü temel sorunları ortadan kaldırmayı hedefler. Wallenstein da "çatışma yönetimi" ve "çatışma çözümü" arasındaki farkı bu şekilde ortaya koymaktadır. [9] Barış antlaşmaları çatışma çözümünün bir parçasıdır. Ancak barış antlaşmaları çözüm noktasına giden bir adımdır. Çünkü barış sadece taraflar arasında yapılan bir uzlaşma değildir. Wallenstein "çatışma çözümü"nü çatışan tarafların temel anlaşmazlıklarını çözmek, karşı tarafın varlığını kabul etmek ve birbirlerine karşı şiddet eylemlerini durdurmak için girilen anlaşma ve süreç olarak tanımlamaktadır. Burada bir çatışma çözümlemesi olması için çatışmanın olması gereklidir ve çatışmayı çözümlemek için çatışma nedenleri üzerinde durmak gerekir.[10] Çatışma çözümü teorisinde, içinde aktörlerin, değerler ve çıkarlardan oluşan amaçların bulunduğu bloklar ortaya konmaktadır. Beklentiler ve davranışlar araştırılarak belirlenir, taraflarla yapılan sözlü görüşmelerle aralarında bir uzlaşma noktası bulunmaya çalışılır. Kabul edilebilir veya edilemez olan yönler belirlenir. Bir çatışmanın neden ve biçimleri ne kadar çok bilinirse, çözüme ulaşmak o kadar mümkün olur.[11]

"Barış Çalışmaları" ve "Çatışma Analizi ve Çözümü" ile ilgili bilimsel çalışmalar II. Dünya Savaşı sonrası dönemde artan nükleer tehditlere karşı bir arayış olarak başlatılmış olsa da asıl çabaların I. Dünya savaşı sonrası dönemden itibaren başladığı söylenebilir. 1950'li yıllar kuruluşunu, 1960 ile 1970'li yıllar inşasını ve 1990 sonrası dönemi ise yeniden inşasını oluşturur. Akımın ortaya çıkışından Soğuk Savaş dönemine kadar olan süreçte daha çok devletlerarası, 1990'lı yıllardan itibaren ise devletlerin içindeki çatışmalar üzerinde durulmuştur.

---

[9] Wallenstein, *Understanding Conflict Resolution, War, Peace and the Global System*, s. 4-5.
[10] Aynı eser, s. 8.
[11] Johan Galtung, *Theories of Conflict: Definitions, Dimensions, Negations, Formations*, Colombia University, 1958, s. 39.

Çatışmaların çözülmesi için çalışılırken, normatif uygulamalar denenmiştir. Bu çerçevede Kuzey Amerika ekolü çatışmaların analizi ve çözümünde daha çok pragmatik, geçici çözümlere yönelmiş ve bu nedenle "pragmatikler" olarak nitelendirilmişlerdir. İskandinav ekolü ise çatışmaların çözümünde tarihselci, normatif ve yapısalcı analizler yapmıştır ve bu nedenle "yapısalcılar" olarak anılmışlardır.[12]

Barış ilk anlayışlarda, savaşın olmaması, çatışmanın başka coğrafyada olması, ateşkes gibi dar bakış açısıyla değerlendirilmektedir. Ancak günümüz dünyasında şiddetin olmaması, adalet, eşitlik, refah, kendi kendini yönetme hakkına sahip olmak, tanınmak, dil, din özgürlüğü gibi geniş bir bakış açısıyla tanımlanmaya başlanmıştır. Dolayısıyla günümüzde barış, sürekli değişen dinamik bir süreçtir.[13]

Uluslararası ilişkiler disiplininde barış ve çatışma ile ilgili çok farklı görüşler ortaya atılmıştır. Realizme göre, güçlü bir hegemon güç kullanarak veya güç tehdidiyle sınırlı bir coğrafyaya dayalı bir barış yaratana kadar, uluslararası anarşi söz konusudur. Bu durum da küçük ölçekli sınır çatışmalarını, toprak çatışmalarını ve kimlik çatışmalarını önleyemez. Realizmin barış anlayışına göre barış; çatışmayı engelleyecek güç dengelerinin kurulması, hâkimiyet, tehdit algısı ve askeri gücün zaferine dayanmaktadır. İdealizmde barış, sosyal, siyasi ve ekonomik uyuma dayalı ulusal ve uluslararası bir barış öngörüsünde bulunur. Bu istenen bir barıştır ancak ulaşılması oldukça zordur. İdealizmin barış anlayışına "ideal barış şekli" denebilir. Liberalizm ve neo-liberalizm için barış; bireyselcilik, özgürlük, sosyal, siyasi ve ekonomik hak sorumluluklara, adalete dayalı genel bir tanım oluşturur. Bu tip barışta barış kavramının adaletsizlik, terör ve gerilla savaşları tarafından zarar görebileceği göz önünde bulundurulmaz. Ancak bu tip barış oluşturulabilir bir ideal barış şekli olarak sunulmaktadır. Post-modernizm, yapısalcılık ve Marksizm'in etkisindeki eleştirel teorilerde ise barış; kadınlar, çocuklar ve azınlıklar gibi guruplara yönelik sosyal ve ekonomik adalete, kimliklerin temsiline ve özgürleştirmeye dayalıdır. [14]

Barış çalışmalarında üç temel barış tanımı öne çıkar. Bunlar John Burton'ın ihtiyaç teorisine göre barış, Galtung'un barışçıl yollarla barış yaklaşımında ortaya koyduğu negatif barış-pozitif barış ayrımı ve Boulding'in istikrarlı barış kavramlarıdır. Oliver Richmond'a göreyse

---

[12] Charles Webel, "Toward a Philosophy and Metaphilosophy of Peace", ed. Charles Webel, Johan Galtung, *Handbook of Peace and Conflict Studies*, Routledge, New York, 2007, s. 3-12.

[13] Bayraktar, a.g.e., s. 254.

[14] Oliver P. Richmond, "Patterns of Peace", *Global Society*, 2004, 20(4), ss. 367-394 ve 369-370.

barış farklı meşruiyet ve kabul, egemenlik, güç ya da tehdit kullanımına dayanan bir tür sosyal sözleşmedir. Barış kavramını açıklarken, barış ve savaş arasındaki ayrım ona göre görmezden gelinmektedir. Barış çalışmalarında Burton'ın ihtiyaç teorisi problem çözümü yaklaşımını ortaya koymuştur. Burton'un teorisinde insan davranışları ihtiyaçlara göre biçimlenir. İnsanın kimlik, gelişme ve anlam gibi evrensel ve genetik olan engellenemeyecek ihtiyaçları vardır. Bu temel ihtiyaçlara ulaşmak için insan sonuçlarını umursamadan mücadele eder. Bunları elde etmesi engellendiğinde de çatışmayla karşılık verebilir. Bu ihtiyaçları sağlayan ve kaynakları kontrol eden bir grup seçkin vardır ve bunlar diğer grupların taleplerine direnir. Dolayısıyla çatışmaya ihtiyaçların karşılanama-masından doğan bıkkınlık neden olur. Bu ihtiyaçları belirlemek için de problem çözümü yöntemi kullanılmalıdır. Kısacası Burton'a göre barışa temel ihtiyaçlar karşılanarak ulaşılabilir. [15]

Barış kavramıyla ilgili çalışmalarda bulunan bir diğer isim de Galtung'dur. Galtung negatif-pozitif barış ayrımını ortaya koymuştur. Negatif barışı fiziksel veya kişisel bir şiddetin ya da savaşın olmaması olarak tanımlarken; pozitif barışı yapısal şiddet, adaletsizlik ve baskının olmaması durumu olarak nitelendirir. Yapısal şiddet kavramı ile de barışın daha geniş bir anlam kazanmasını sağlamıştır. Barış fikrini ortaya koyarken üç temel prensipten faydalanır. Öncelikle barış birçokları tarafından kabul edilen sosyal amaçlar için kullanılmalıdır. Bu sosyal amaçlar karışık ve zor olabilir ancak başarılması imkânsız değildir. "Barış şiddetin olmaması durumudur." cümlesi temel alınmalıdır. Galtung'a göre şiddet insanların gerçek bedensel ve zihinsel gerçekliklerinin potansiyellerinin altında kalması sonucu oluşan durumdur. Şiddet kavramının esas sözcükleri "gerçek" ve "potansiyel"dir. Şiddete potansiyel ve gerçek arasındaki farklılık neden olur. Bir başka deyişle "ne olduğu" ve "ne olabileceği" arasındaki farklılık şiddeti doğurur. Dolayısıyla barış potansiyelin hayata geçirilmesidir. [16] Galtung'a göre eğer bir aktör şiddete direk maruz kalıyorsa bu "doğrudan şiddet"tir. Bu tip bir şiddetin olmadığı durum da "dolaylı şiddet"tir. Dolaylı şiddeti Galtung "yapısal şiddet"le beraber değerlendirir. Dolaylı şiddet sosyal yapının kendisinden ortaya çıkar. Bu şiddet insanlar arası olabilir, insan grupları ve toplumlar arasında olabilir. Ona göre eğer şiddeti gerçekleştiren birey değil, mevcut yapıysa bu yapısal şiddettir. Eşit olmayan güç, fırsat eşitliğinin olmaması, kaynakların dengesiz dağılımı

---

[15] Bayraktar, a.g.e., s.254-255.

[16] Johan Galtung, "Violence, Peace and Peace Research", *Journal of Peace Research*, 1969, 6(3), s. 167-168.

yapısal şiddete örnek gösterilebilir. Bu yönüyle yapısal şiddet Ona göre sosyal adaletsizlik olarak nitelendirilebilir.[17]

Boulding'e göre barış araştırmasının ilk şartı sistemin kimliğinin belirlenmesidir. Çünkü farklı sistemlerde farklı barış tanımları vardır ve her çatışmanın farklı barış arayışı olması gereklidir. Ona göre barış bir çatışma sisteminin, belirlenen süreç içinde bir başkasına dönüştüğü nokta olarak tanımlanan sınır içinde kalmasını sağlar. Sınır kavramına örnek olarak Boulding; sanayi çatışmasında grev, kişisel çatışmada yumruklaşma, uluslararası çatışmada savaşı vermektedir. Önemli olan sistemin sınırını çizen yer değil, sistemdeki kırılma sınırıdır. Barıştan söz edebilmek için çatışma çıktıktan sonra sınıra sürüklenmesini engellenmelidir. Bu da ancak bir mekanizma sayesinde olabilir. Ancak birçok sistemde çatışma sürecinde sınıra gitmeyi önleyecek mekanizma olmadığı için, çatışma sınırı aşacaktır. Ulusal yapıda bu tip mekanizmalar vardır, anarşik olarak nitelendirilen uluslararası sistemde ise yoktur. Bir sistem için barış tanımlandıktan sonra bilgi-enformasyon geliştirme aşamasına geçilir. Enformasyon çatışma sisteminin nereye gittiğini gösterir. Uluslararası barış sistemindeyse savaşa doğru gidişi algılayacak ve durduracak bir mekanizma olmalıdır. Bu mekanizma bilgiyi işleyen ve bilgiyle işlenen bir mekanizma olmalıdır.[18]

Dünya, İkinci Dünya Savaşı'ndan sonra hızlı bir değişim sürecine girmiştir. İki kutuplu ortam ortadan kalkmış, demokratikleşme akımı hız kazanmış, ekonomik gücün ve iletişimin önemi artmış ve güvenlik konusunda uluslararası işbirliği potansiyeli yükselmiştir. Bu değişiklikler dünyayı değiştirirken, şiddete de yeni bir boyut kazandırmış ve hükümetlerin sınırlarını şekillendirmiştir. Soğuk Savaş döneminde devlet sistemlerini yansıtan uluslararası çatışmalar söz konusuydu. Bu süreçte uluslararası çatışmaları üniter yapı içinde ulus devletlerin coğrafya, doğal kaynaklar gibi konulara dayanan milli çıkarları yönlendirmekteydi. Dolayısıyla iki devlet çatışma içinde olduğunda aslında bu onların çatışan çıkarlarını yansıtmaktaydı. Bu tip çatışmalar sıfır sonuçluydu. Bir devlet ne kadar çok kazanıyorsa, rakibi o kadar kaybediyordu. Milli çıkarların dünyasında uluslararası çatışma yönetimi geleneksel diplomasi, askeri ve ekonomik baskı ve güç tehdidi veya kullanımına dayanmaktaydı. Ulusal çıkarların dünyasında görüşmeler çatışan çıkarları dengelemek ve değiştirmek üzerinden gerçekleştirilirdi. Bunun için de ortak bir çıkar noktası bulunmaya çalışılırdı. Bu tip

---

[17] Johan Galtung, *Peace by Peaceful Means*, Sage, Delhi, 1996, s.2.
[18] Kenneth E. Boulding, "Is Peace Reserchable?", *Background*, Winter 1963, 6(4), s. 73-74.

görüşmeler Soğuk Savaş'ın karakterini yansıtmaktaydı. Soğuk Savaş sonrası dünyada ise, tarafları masaya oturtmak veya ateşkes yapmalarını sağlamak barışa ulaşmak için yeterli değildir.[19] Sosyal değişim, adalet, yapısal şiddetin azaltılması gibi pozitif savaşla ilgili anlayışlarla barış inşa edilmeye çalışılır. Ancak bu yapılırken tarafların askeri ve siyasi güç dengeleri görülmezse, taraflar arasında yanlış hesaplamalar yapılabilir ve yapılan barış antlaşmaları hayat geçirilemeyebilir. İsrail-Filistin arasındaki barış inşası çalışmaları bu duruma iyi bir örnek olabilir.[20]

İsrail'in Filistin halkının varlığını sorgulaması, Filistin topraklarını işgal etmeleri ve Batı Şeria'daki Yahudi yerleşim birimlerinin güvenliği gerekçesiyle Filistin kentlerinin birbirinden kopuk bir durumda olması nedeniyle Burton'ın tanımladığı temel ihtiyaçlara Filistin halkının ulaşamadığı söylenebilir. Gazze'deki abluka ve Batı Şeria kentlerindeki kuşatma gıda ve sağlık malzemeleri başta olmak üzere insani yardımların halka ulaşmasına engel olmaktadır. Filistin yönetimi Oslo sürecinde kurulmuştur ve bu yönetim Filistin toplumunu güvence altına alamamaktadır. Bir devlet yapısı yoktur. Bu nedenle silah ve güç kullanımı meşru yollardan yapılamamaktadır. Buna karşılık Yahudiler rahatlıkla silahlanmaktadır. Bu açıdan bakıldığında ihtiyaç teorisi açısından bölgede Filistin halkının temel ihtiyaçları karşılanmadan bir barışın kurulması mümkün görünmemektedir. Dolayısıyla barış inşa etmek için Galtung'un barış kavramını açıklarken bahsettiği taraflar arasındaki açık ve gizli şiddet unsurlarının ortadan kaldırılması gerekmektedir. İsrail işgali ve devlet yapısının olmaması nedeniyle Filistinlilerin potansiyelleri ortaya çıkarılamamakta, yapılan ayrımcılık yaşam koşullarını güçleşmektedir. Sadece işgal altındaki Filistinliler değil, İsrail'de yaşayan Filistinliler de aynı baskıyı hissetmektedir. Bunlara ikinci sınıf vatandaş muamelesi yapılmakta, birçok kamu hizmetinin dışında tutulmakta ve eğitim hizmetlerinden sınırlı ölçüde yararlanmaktadırlar. Boulding çatışmanın belli bir sınırda tutulması gerektiğinin altını çizmekte ve sistemin şiddete ve savaşa sürüklenmesinin önlenmesi için gerekli mekanizmaların kurulmasını önermektedir. Bu açıdan bakıldığında eğer gerekli mekanizmaları kurmak mümkün olursa İsrail-Filistin arasındaki güven arttırılabilir, iletişim güçlenebilir. Böylece iki tarafın da hedeflerini net bir şekilde ortaya koyması sağlanabilir. Aslında Oslo süreci yaşanılan tüm

---

[19] Paul C. Stern, Daniel Druckman, *International Conflict After the Cold War*, National Academies Press, Washington D.C., 2000, s. 1-4.
[20] Bayraktar, a.g.e., s.260.

saldırılara rağmen devam edebilmiştir. Bu da kurulan mekanizma ile ilişkilerin sürdürülebildiğini gösterir. Ancak 2000'deki Camp David görüşmelerinden sonra sistem çökmüş ve şiddet yeniden başlamıştır. Oslo süreci aslında taraflar arasındaki barış çalışmalarının doğru mekanizmalar kurulduğu takdirde sonuca ulaşabileceğini göstermektedir. Bu nedenle yeniden başlayacak bir süreçte bu mekanizmaların kurulmasına öncelik verilmelidir.[21]

M.S. 70 ve 135 yıllarında Roma'nın Kudüs'ü kuşatması üzerine Yahudiler Kudüs ve çevresini terk ederek dünyanın çeşitli yerlerine dağılmış ve bu yaşam tarzlarını diaspora olarak adlandırmışlardır. Bu süreçten sonra Yahudiler Tanrı'nın kendilerine vadettiğine inandıkları bu topraklara geri dönmeye çalışmışlardır.[22] Yurda geri dönme fikri 19. yüzyılda Siyonizm hareketi tarafından somut bir hale getirilmiştir. Bu hareket milli-seküler düşüncelerden beslenmiştir. Bu hareket bir Yahudi devletinin kurulması gerektiği üzerine vurgu yapmıştır. Bu hareket Avrupa'daki Yahudilerin statülerinin ve yasal haklarının tartışıldığı bir ortamda, çözüme yönelik fikirler geliştirmiştir. Bu da Siyonizm içinde farklı bakış açılarının oluşmasına neden olmuştur. Örneğin, Theodor Herzl 1896'da yazdığı "Yahudi Devleti" adlı kitabında bir Yahudi devletinin kurulması gerektiği ve Avrupa'daki Yahudilerin buraya yerleştirilmesi üzerinde durmuştur. O'na göre bu topraklar Tevrat'ta bahsedilen topraklar olmak zorunda değildir. Bir başka Siyonist Asher Gingsberg ise yeni bir Yahudi devletinin ancak Filistin toprakları üzerinde kurulabileceğini savunmaktaydı. Siyonizm bu şekliyle dini bir duruştan öte siyasi bir duruşu andırmaktadır.[23]

Siyonist akımların içindeki farklılıklara rağmen, ortak olarak buluştukları tek nokta Filistin topraklarına yapılacak bir Yahudi göçüydü. Bu düşünceye, İbranice "yükselmek" anlamına gelen "aliyah" demekteydiler. Önce Osmanlı döneminde İngiliz manda yönetiminin sınırlamaları altında kaldılar.[24] 1881'de Rus Çarı II. Alexandre'ın öldürülmesinden Yahudilerin sorumlu tutulmasıyla birlikte Yahudiler kitleler halinde sürülmeye başlamışlardır. Buna Pogrom denilmektedir.[25] Bu olayla birlikte 1882 yılından itibaren dünyanın dört bir yanından

---

[21] Aynı eser, s. 257-258.

[22] Ufuk Ulutaş, Selin M. Bölme, et. al., *"İsrail Siyasetini Anlama Kılavuzu"*, Seta Yayınları, Aralık 2012, Ankara, s. 15-17.

[23] Jean-Christophe Attias, Esther Benbassa, *Paylaşılamayan Kutsal Topraklar ve İsrail*, çev. Nihal Öner, İletişim Yayınları, İstanbul, 2002, s. 176.

[24] Ulutaş, Bölme, et. al., a.g.e., s. 18.

[25] Walter Laquer, *A history of Zionism, From the French Revolution to the Establishment of the State of Israel*, Schocken Books, New York, 2003, s. 58.

Filistin'e sürülmeye başlandılar. 1882'de Hovevey Sion ve Bilu hareketlerine bağlı 25.000 kişiden oluşan "olim" adı verilen Yahudi göçmen grubu, 2500 Yemen Yahudisi ile beraber 1882-1903 yılları arasında olan birinci dalga Siyonist Aliyahı oluşturdular.[26] O dönemde, Rusya'da beş milyon kadar Yahudi yaşamaktaydı ve bir kısmı Aliyaya katılamamıştı. Dolayısıyla, bu olayla beraber Siyonist düşünürler halk desteği almaya başladı. Bu dönemdeki ilk Siyonist kuruluş olan Siyon Aşıkları adlı örgüt, Rus Yahudisi Leo Pinsker tarafından 1882'de kurulmuştur. Ancak bu grup Filistin'de önemli bir etkinlik kazanamamıştır.[27] 1904-1914 yılları arasında Rusya ve Polonya'dan Filistin'e göç eden Yahudiler ikinci dalga Siyonist Aliyah'ı oluşturmuşlardır. 1919-1923 yılları arasında üçüncü dalga ve 1924-1929 yılları arasında dördüncü dalga, 1929-1939 yılları arasında da Avrupa'dan 250.000 kişinin göç ettiği beşinci dalga Siyonist Aliyah gerçekleştirilmiştir. Bu son akım daha çok Siyonist düşünceyle yapılmıştır.[28]

Siyonist akımlar önceleri dağınıktır ve bu akımları Macar Yahudisi Theodor Herzl biraraya getirmiştir. 1887'de Herzl'in oluşturduğu Siyonizmin amacı Yahudi halkı için Filistin'de kanunen tanınmış bir yurt kurmaktır.[29] Ancak bu yeni Yahudi devletinin büyük bir devletin desteğini almadan kurulamayacağı anlaşılınca, Herzl'in 1905'teki ölümü sonrasında başka bir Siyonist lider Chaim Weizmann, bu büyük devletin İngiltere olabileceğini düşünmüş ve bu yönde kulis yapmaya başlamıştır. Weizmann'ın çabaları sonucunda, 1 Kasım 1917'de İngiliz hükümetinin Siyonist Dernekler Başkanı Lord Rotschild'e "Majesteleri Hükümeti, Filistin'de Yahudi halkı için ulusal yurt kurulmasını uygun bulmaktadır ve söz konusu hedefin gerçekleşmesini kolaylaştıracak herşeyi yapacaktır" vaadini içeren bir mektup gelmiştir. Bu mektup Balfour Deklarasyonu olarak isimlendirilir. Bu mektupla, İngiltere Filistin'de bir Yahudi yurdu kurmanın taahhüdünü vermiştir.[30] İkinci Dünya Savaşı sonrası İngiltere Filistin mandasını almış ve böylece Balfour Deklarasyonunun önemi daha da artmıştır. Paris Barış Antlaşması'yla; Filistin'e self-determinasyon hakkının verilmemesi, Filistin'in İngiliz mandası altına alınması ve Filistin'e yönelik Yahudi göçünün sınırlandırılmaması istekleri gerçekleştirilmiştir.[31]

[26] Ulutaş, Bölme, et. al, a.g.e., s. 18.
[27] Athena S. Leoussi ve David Aberbach, "Helenism and Jewish Nationalism: Ambviance and Its Ancient Roots", Ethnic and Radical Studies, September, Volume 25, No 5, s. 763.
[28] Ulutaş, Bölme, et. al, a.g.e., s. 19.
[29] Mim Kemal Öke, Siyonizmden Uygarlık Çatışmasına Filistin Sorunu, Ufuk Kitapları, İstanbul, 2002, s. 41-48.
[30] Laqueur, a.g.e., s. 181-205.

1920 San Remo Konferansı'nda İngiltere'ye verilen manda yönetimi, 1922'de Milletler Cemiyeti'nce kabul edilmesiyle uluslararası alanda meşrulaşmıştır. Bundan sonra bölgeye büyük kitleler halinde Yahudi göçü olmuştur. 1922-1947 arası manda döneminde bölgeye gelen Yahudi sayısı önemli ölçüde artmıştır. 1946'da nüfusun %31'ini Yahudiler oluşturmaktadır.[32] Bu durum karşısında Filistinli Araplar isyan etmeye başlamıştır. İkinci Dünya Savaşı'nın yaklaşması nedeniyle Araplara yönelik bir politika izlemek isteyen İngiltere, 1939'da Yahudi göçünü sınırlayan Beyaz Kağıt'ı yayınlamıştır.[33] Buna göre gelecek beş yılda Yahudi göçü 75.000 kişiyle sınırlanacak, on yıl içinde bağımsız Filistin devleti kurulacak ve Yahudilere yönelik toprak satışına sınırlama getirilecektir.[34] Beyaz Kağıt'tan sonra Yahudiler yeraltı örgütleri kurmaya ve 1948 savaşını kazanacak silahlı gücün alt yapısını oluşturmaya başlamışlardır. Bir taraftan da ABD'nin dostluğunu kazanmaya yönelmişlerdir.[35] İkinci Dünya Savaşı'ndan İsrail Devleti'nin kurulmasına kadar olan zamanda Beyaz Kağıt nedeniyle Filistin'e girişleri zorlaşan Yahudiler, bölgeye yasal olmayan yollardan girmeye başlamıştır. Buna Aliya Bet denir ve bu dönemde 110.000 kadar Yahudi çoğunlukla gemi ile Filistin'e gelmiştir.[36]

İngiltere 1947'de Filistin sorununu BM'ye devrettiğini açıklamıştır.[37] Bu tarihten sonra İsrail bağımsız İsrail'in kuruluşunu ilan etmiş ve ABD başta olmak üzere büyük güçler varlığını hızlıca tanımıştır. En büyük göç de bu süreçte olmuş ve 700.000 Yahudi Ortadoğu ve Avrupa'dan Filistin'e göç etmiştir. 1950-1960 yılları arasında 240.000 Yahudi Kuzey Afrika'dan göç ederken, 1967 Savaşı'nda İsrail'in yenilmezliği olduğu düşüncesi gelişmiş ve ABD ve SSCB'den de Filistin'e Yahudi göçü başlamıştır. SSCB'nin çözülmesiyle beraber 700.000 Rus Yahudi daha bölgeye gelmiş ve İsrail'deki en kalabalık uyruğu oluşturmuştur. Aliyahın dinamikleri incelendiğinde Avrupa'daki antisemitizm, İkinci Dünya Savaşı'nın oluşturduğu güvensizlik ortamı, Siyonist hareketlerin faaliyetleri ve göç teşviklerinin Aliyahların gelişimi ve göçmen sayısı üzerinde etkili olduğu söylenebilir.[38] İsrail'in kuruluşuyla beraber

---

[31] Fred J. Khouri, *Arab-Israeli Dilemma*, Syracuse University Press, New York, 1985, s.4.
[32] Charles Townshend, "The First Intifada, Rebellion in Palestine 1936-1939", *History Today*, July 1989, Volume 39, No 7, s. 15.
[33] Ritchie Ovendale, "The Origins of the Arab Israeli Conflict", *Historian*, Winter 2002, Vol.76, s. 24.
[34] Khouri, a.g.e., s.27.
[35] Ilan Pappe, *A History of Modern Palestine, One Land, Two People*, Cambridge University Press, Cambridge, 2004, s. 121.
[36] Ulutaş, Bölme, et. al., a.g.e., s. 20.
[37] Khouri, a.g.e., s. 33.
[38] Ulutaş, Bölme, et. al., a.g.e., s. 20-21.

Aliyahların da etkisiyle iki taraf arasında çatışmalar devam etmiştir. 60 yılı aşkındır süren bu sorun barış çalışmaları açısından dikkat çekici bir alan olmuştur. Konuyla ilgili, negatif barış anlamında şiddetin durması ve pozitif barış anlamında tam bir barışın kurulması hedeflenerek çözüm üretilmeye çalışılmıştır.

Burton ve Kelman hem İsrailli hem de Filistinlilerden oluşturdukları çalışma gruplarıyla ve yaptıkları saha araştırmalarıyla sosyal bir laboratuvar ortamı hazırlamışlardır. Burton'un ihtiyaç teorisinden yola çıkarak hazırlanan bu gruplarla temel ihtiyaçlar belirlenmiş ve bulgular taraflarla ve kamuoyuyla paylaşılmıştır. Bu şekilde barışın sağlanabileceği yönünde bazı adımlar atmışlardır. Bunu yanı sıra Filistin okullarının eğitim sistemleri incelenmiş, taraflarla ve halkla yapılan saha araştırmaları sonrasında temel ihtiyaçların en önemlisi kimliğin tanınması sorunu olarak belirlenmiştir. Tarafların ulusal kimlik tarifleri barış yapılmasının önündeki en önemli engel olarak görülmektedir. Kimlik ve güvenlik gibi temel ihtiyaçlar üzerine çatışma var olduğu için bu çatışma çözümü zor çatışma grubundadır. Dolayısıyla geleneksel müzakere ve arabuluculuk yöntemleriyle çözülmesi zordur. Dolayısıyla Oslo Barış sürecinin üzerine kurulduğu temel olan "barış için toprak" anlayışı barış kurulması için yeterli bir yaklaşım değildir. Sorun toprak sorunundan ziyade, Filistin milliyetçiliği ve Siyonizm arasında toprak, kendi kendini idare hakkı ve devlet olma çabası etrafında şekillenen bir sorundur. [39]

Birleşmiş Milletler Kasım 1947'de Filistin'deki İngiliz mandasını onaylamış ve Genel Kurul 15 Mayıs 1948'de bu kararı resmen tanımıştır. Bu kararla birlikte Birinci Dünya Savaşı'nın bitiminin ardından Arap ve Yahudi Devleti kurulmuştur. Siyonistler paylaşım planını kabul etmiş, ancak Arap tarafı bu planı reddetmiştir. İki taraf arasındaki çatışmalar İngiltere'nin bölgeden çekildiği ve İsrail tarafının bağımsızlığını ilan ettiği 15 Mayıs 1948 tarihi itibariyle başlamıştır. 1949'da imzalanan ateşkes antlaşmasıyla İsrail ve Arap tarafı arasındaki sınırlar belirlenmiştir. Ancak 1949 sınırları, 1967 Arap-İsrail savaşında Batı Şeria, Gazze ve Doğu Kudüs'ün alınmasıyla bugünkü şekline bürünmüştür. Yahudi yerle-şimlerinin başlaması ve artmasıyla, Filistin milliyetçiliğinin de geliş-mesiyle sorun Siyonizm-Filistin milliyetçiliği sorunu halini almıştır. Taraflar birbirlerinin varlığını kabul etmezken, bir yandan da aynı topraklar üzerinde hak iddia etmeye başlamıştır. 1948-1967 arasında konu Avrupa devletlerinin de içinde olduğu uluslararası

---

[39] Bayraktar, a.g.e., s. 261.

bir problem olmaktan ziyade Arap Devletlerinin içinde olduğu bir sorun olarak ortaya çıkmıştır. 1967'de İsrail'in komşuları kaybettikleri savaşla beraber bazı topraklardan çekilmiştir. Mısır Sina Yarımadasını bırakmış, Suriye Golan Tepelerinden çekilmiş ve Gazze ile Batı Şeria, İsrail kontrolün verilmiştir. Mısır Devlet Başkanı Enver Sedat 1979'da İsrail ile yaptığı barış anlaşmasıyla ilişkilerini yumuşatmıştır. Mısır'ın desteğini kaybeden Filistin Yaser Arafat öncülüğünde bir hareket başlatmıştır. 1949-1967 yılları arasında bölge içi bir nitelik sergileyen Filistin-İsrail sorunu Gazze ve Batı Şeria'nın işgaliyle ve İsrail'in yerleşimleri başlatmasıyla, uluslararası bir boyut kazanmıştır. [40] Bu noktada çözüm için arayışlar başlamış ve BM iki devletli çözüm modeline odaklanmıştır. İsrail 1967 sınırlarına dönme istemediğini her platformda açıklamış, Filistin direnişi ise hedefini İsrail'i yok ederek tüm Filistin'de bir Arap devleti kurulmasından Batı Şeria ve Gazze'de bağımsız bir devlet kurmak fikrine döndürmüştür.

Barış çalışmaları konusunda iki taraf arasındaki en olumlu adım olan Oslo süreci bu çalışma kapsamında değerlendirilecektir. Bundan önce tarafları barış görüşmelerine götüren sürece değinmek yerinde olacaktır.

İsrail-Filistin Barış Görüşmeleri

1977'ye kadar İsrail'i İşçi Partisi (Mapai) yönetmiştir. İşçi Partisi yöneticileri genellikle İsrail'in ilk yöneticileridir ve bu nedenle İsrail 1948-1977 yılları arasında İsrail'i devlet öncesi kadro yönetmiştir.[41] İşçi Partisi'nin ideolojik tutumunda İsrail'in sosyalist ideolojinin uzantısı olduğu fikri hâkimdir. 1960'lara kadar Mapai (İşçi Partisi) yönetiminde kalması ve Histadrut adındaki İsrail Devleti Genel İşçi Konfederasyonu'nun ekonomiye hakim olması nedeniyle oluşmuştur.[42] Bunun yanı sıra İsrail Savunma Kuvvetleri (Tsahal) İşçi Partisi ile birlikte yönetimde söz sahibi olmuştur.[43] İşçi Partisi yönetimi altındaki devlet merkezli ekonomik yönetim, sosyalist yapılanmadan çok, İsrail burjuvazisinin tam olarak kurulamamış olması nedeniyle devlet yatırımlarını kontrol etmek amacıyla var olmuştur.[44] Ekonomi için 1967 Arap-İsrail Savaşı da önem taşımaktadır. Bu savaş sonrası İsrail Batı

---

[40] Herbert C. Kelman, "The Israeli-Palestinian Peace Process and Its Vicissitudes", *American Psychologist*, May-June 2007, Volume 62, No 4, s. 289-290.
[41] Ulutaş, Bölme, et. al., a.g.e., s. 25.
[42] Adam Hanieh, "From State-Led Growth to Globalization: the Evolution of Israel Capitalism", *Journal of Palestine Studies*, 2003, Volume 32, No 3, ss. 5-21, s. 6.
[43] Ulutaş, Bölme, et. al., a.g.e., s. 25.
[44] Hanieh, a.g.e., s. 6.

Şeria ve Gazze'yi işgal etmiş ve yerleşim yerlerini buraya doğru genişletmeye başlamış, bu da ekonomi üzerine bir yük bindirmiştir. Bunun yanı sıra yerleşimler nedeniyle İsrail ekonomisine çok sayıda Filistinli girmiş ve bunlar İsraillilerle beraber İsrail'in işçi sınıfını oluşturmuştur. Böylece İsrail ekonomisi yükselmiş, Filistinliler ise işçi sınıfını oluşturmaya başladığından ekonomileri İsrail'e bağımlı olmak zorunda kalmıştır. Filistinliler Körfez Savaşı'na dek Arap ülkelerinden yardım almaktayken, Körfez Savaşı'nın ardından yardımlar kesilmeye başlayınca, Filistin yönetimi mali krizle karşı karşıya kalmıştır. Bu durum Filistin Kurtuluş Örgütü'nün İsrail'le masaya oturmasında etkili olmuştur.[45] 1973'teki Arap-İsrail Savaşı (Yom Kipur Savaşı) sırasında İşçi Partisi yıpranmış ve muhalefet partileriyle birlikte seçime giren Likud Partisi yönetime gelmiştir.[46] Bunun yanı sıra, 1980'lerde dünya ekonomilerinde yaşanan kriz İsrailli burjuvazinin kendi egemenliğini elde etmesine neden olmuş ve İsrail işçi hareketi 1970'lerin sonunda ve 1980'lerin başında büyük bir değişim geçirmiştir. Bu da liberal ekonomiye entegre olan Likud Partisi'nin yönetime gelmesinde etkili olmuştur. Bu süreçte özel-leştirmeler hızlanmış, devletin ekonomideki baskısı kırılmıştır. Kendini liberal ekonomiye entegre etmeye çalışan İsrail içinde, İsrail'in Araplarla sorunlarına derhal çözüm getirmesi gerektiği fikri yüksek sesle dile getirilmeye başlanmıştır. İsrail içindeki bu ekonomik değişim de Oslo sürecinin başlamasında etkili olmuştur. [47]

Barış süreci Filistin Kurtuluş Örgütü'nün (FKÖ) geçirdiği dönüşüm sürecinden de etkilenmiştir. 1967 Arap-İsrail Savaşı sonrasında Filistin davasındaki en önemli aktör olmuştur. Bu dönemde FKÖ İsrail'i topraklarında yaşayan ve meşru olmayan bir varlık olarak nite-lendirmiştir.[48] Ancak 1982'de İsrail'in Lübnan'ı işgal etmesi ve FKÖ'nün Beyrut'tan çıkarılmasıyla FKÖ lideri Yaser Arafat Tunus'a; silah gücü ise Yemen ve Cezayir gibi Arap ülkelerine yerleşmiş ve yönetimle silahlı kuvvetlerin ilişkisi zora girmiştir. FKÖ Batı Şeria ve Gazze'ye yerleşme ihtiyacı duyduğu için, meşrulaştırılması gerektiğinin farkına varmıştır.[49] Mısır'ın İsrail'i tanımasıyla Arap milliyetçiliği zayıflamaya başlamış, FKÖ en büyük desteğini kaybetmiştir. FKÖ'nün Beyrut'tan çıkarılması sonrasında oluşan boşluktan yararlanan HAMAS güç kazanmaya başlamıştır. HAMAS, FKÖ'nün laik duruşunun aksine İslam'ı kendine

---

[45] Aynı eser, s. 8.
[46] Ulutaş, Bölme, et. al., a.g.e., s. 25.
[47] Hanieh, a.g.e., s. 8.
[48] Lutz Digeorgio, A. Joann, "The PLO and the Peace Process", ed. Ilan Peleg, *The Middle East Peace Process*, State of University of New York Press, USA, 1998, s. 123.
[49] Mete Çubukçu, *Bizim Filistin: Bir Direniş Tarihçesi*, Metis Yayınları, İstanbul, 2002, s. 69.

temel alan bir yaklaşım sergilemiştir. HAMAS için iki devletli bir çözüm olanaksızdır. Din vurgusu yapması FKÖ'nün direnişe yön veren konumuna zarar vermiştir. Bu durumda İsrail daha radikal olan HAMAS ve onun gibi grupların varlığındansa FKÖ gibi nispeten daha yumuşak bir grubun direnişe yön vermesini tercih etmiştir. Bu durumda, İsrail'in FKÖ'yü Filistin halkının resmi temsilcisi kabul edeceği sürecin önü açılmıştır. Böylece İsrail açısından FKÖ, hem Filistin halkının resmi temsilcisi olarak tek söz sahibi grup olacaktır, hem de İsrail HAMAS gibi FKÖ'ye göre çok daha sert ve radikal olan gruplara göre daha ılıman bir grupla temas içinde olacaktır.[50] Bu dönemde 1967 Savaşı sonrasında Ortadoğu'nun politik ortamında da değişimler yaşanmıştır. Artık Ortadoğu'da iki devletli çözüme daha yakın bir duruş sergilenmeye başlanmıştır. Bu durumda FKÖ de değişime uğramış ve silahlı direniş inancı yerini Batı Şeria ve Gazze'de kurulacak bir Filistin Devleti planına uymaya bırakmıştır.[51] Uluslararası sistemdeki değişim de etkili olmuş, Soğuk Savaş'ın bitiminin artık iyiden iyiye hissedildiği ortam da barış görüşmelerine zemin hazırlamıştır.

Soğuk Savaş ardından oluşan ortamın Ortadoğu açısından en önemli sonucu Ortadoğu Barış Sürecidir. Ortadoğu Barış Süreci, ABD'nin bölgede gücünü arttırıcı, İsrail ile Arap dünyası arasında kalıcı bir çözümün bulunması ve adil bir barışın sağlanması için atılan adımların oluşturduğu süreçtir. Soğuk Savaş sonrası oluşan tek kutuplu ortamda, ABD'nin, artık SSCB'nin bölgede bir tehdit unsuru olduğunu iddia ederek bölge ülkelerini kendi çatısı altında toplaması mümkün değildir. Filistin sorunuysa, İran'ın bölge ülkeleri üzerindeki etkisini arttırdığından derhal çözülmesi gereken bir sorundur.[52] Ürdün'ün de Batı Şeria ile ilişkisini kestiğini açıklamasından sonra 15 Kasım 1988'de Filistin Ulusal Konseyi Cezayir'deki toplantısında BM Güvenlik Konseyi'nin 242 no'lu kararını (bu karara göre İsrail 1967 yılı öncesi sınırlarına dönecekti ve bölgedeki her devletin egemenliği ve güvenliği kabul edilecekti) kabul ettiğini ve barış içinde birarada yaşama çağrısı yaparak Filistin Devleti'ni kurduğunu ilan etti. Ancak bu hem İsrail'in varlığın kabul etmekti, hem de pazarlığı 1948 sınırları yerine, 1967 sınırları üzerinden yürütmek anlamına geliyordu. Dolayısıyla FKÖ

---

[50] William L. Cleveland, *Modern Ortadoğu Tarihi*, çev. Mehmet Harmancı, Agora Kitaplığı, İstanbul, 2008, s. 520-522.

[51] Herbert C. Kelman, "The Israeli-Palestinian Peace Process and Its Vicissitudes", *American Psychologist*, May-June 2007, Volume 62, No 4, s. 290.

[52] Çağrı Erhan, Ömer Kürkçüoğlu, "Ortadoğu'yla İlişkiler", ed. Baskın Oran, *Türk Dış Politikası, Kurtuluş Savaşı'ndan Bugüne Olgular, Belgeler, Yorumlar*, İletişim Yayınları, Cilt 2, İstanbul, 2008, s. 570.

devrimci görünümünden çıkarak, söz hakkı elde etmek uğruna sistemin içine çekilmişti.[53]

Körfez Savaşı'ndan sonra ABD'nin; bölge güvenliği, silahların kontrolü, Arap-İsrail barışı, ekonomik gelişme ve siyasi değişimi içeren yeni bir Ortadoğu politikası geliştirdiğini söyleyebiliriz. George Bush Körfez Savaşı sırasında İsrail ve Arap dünyasının ortak bir düşmanla karşılaştığını iddia etmektedir. Bu yeni politika, 242 ve 338 nolu kararların ve "toprak karşılığında barış" prensibini temel alan bir barışı, Filistinlilere meşru haklarını vermeyi ve İsrail'in bütün Arap devletlerince tanınarak güvenliğinin sağlanmasını içermektedir. Barış Konferansı 30 Ekim 1991'de Madrid'de toplanmıştır. Görüşmelerde bir taraftan İsrail-Filistin görüşmeleri gerçekleşecek, diğer taraftan İsrail Arap ülkeleriyle görüşülecek ve ardından bölgenin kontrolü, mülteci sorunu ve suyun paylaşımı gibi sorunlar çok yönlü görüşmelerle çözüme ulaşacaktır.[54]

Filistinliler ve İsrail arasındaki beş oturumluk görüşmelerde gözle görülür bir sonuç ortaya çıkmadı. İsrail Filistinlilere işgal altındaki topraklarda kısıtlı bir özerklik verme niyetindeydi. Filistinlilerse bağımsız bir devlete varabilecek daha kapsamlı bir özerklik ve kurulacak devletin başkenti olarak da Doğu Kudüs'ü istiyorlardı. Görüşmelerin askıya alınması hayal kırıklığı yaratsa da Filistin için barış bir zorunluluktu. Madrid Konferansı boyunca İsrail başkanı Şamir işgal altındaki topraklardaki yerleşim sayısını ABD'nin itirazlarına rağmen arttırdı. 1992'de toprak karşılığı barış ilkesini savunan Rabin'le beraber barış görüşmeleri yeniden başlamak için zemin buldu. Dolayısıyla yumuşamaya başlayan İsrail-Filistin ilişkileri ABD baskısı ve Rabin yönetimiyle yedi yıl sürecek bir barış sürecine doğru adım attı. Ocak 1993'te Oslo'da İsrail-Filistin arasında yapılan gizli görüşmelerle işgal altındaki topraklarda kontrolü sağlayacak tek kurumun FKÖ olduğunu gören İsrail değişiklik yaparak FKÖ'yü resmen tanımaya gidecek sürecin önünü açtı.[55] Norveç aracılığıyla farklı kanallardan gelişen müzakereler sonunda FKÖ VE İsrail 1993'te Oslo Antlaşması olarak bilinen Prensipler Antlaşması'nı imzaladı. Bu anlaşma, tarafların bundan sonraki müzakerelerinin çerçevesini belirleyen bir anlaşmaydı. Buna göre; Filistin'de beş yıl içinde geçici özerk yönetim kurulması onaylanıyor, Filistin tarafına güvenlikle ilgili bazı yüküm-lülükler getiriliyor ve nihai

---

[53] Cleveland, a.g.e., s. 522-524.
[54] Berna Özen Süer, "İsrail-Suriye İlişkileri", ed. Türel Yılmaz, Mehmet Şahin, *Ortadoğu Siyasetinde Suriye*, Platin Yayınları, Ankara, 2004, s. 150
[55] Cleaveland, a.g.e., s. 547

statü müzakerelerinin de bu beş yılın sonunda yapılması öngörülüyordu.

Oslo Anlaşması, İsrail-Filistin sorununun dört temel konusu olan mülteciler durumu, Kudüs'ün statüsü, sınırlar ve Yahudi yerleşim yerlerinin geleceği ile ilgili hiçbir hüküm içermiyordu. Anlaşmanın tek önemi tarafların birbirlerini tanımalarıydı.[56] Bu anlaşma sonrasında taraflar İsrail'in işgal ettiği toprakların bir kısmından çekilmesi ve Filistin yönetimine bırakacağı toprak ve yetkilerle ilgili başka anlaşmalar da imzalamışlardır. Bunlardan ilki Kahire'de imzalanan Gazze-Eriha Antlaşmasıdır. 1995 yılında Oslo 2 adıyla Taba'da imzalanan anlaşmaya göreyse İsrail Batı Şeria'nın %13'ünü Filistinlilere bırakacaktır. Bu anlaşmadan kısa süre sonra Izak Rabin barış karşıtı bir kişi tarafından suikasta uğramış ve öldürülmüştür. Bundan sonra süreç askıya alınmıştır.[57] Bu süreçten sonra 2000 Camp David'de nihai statü konusundaki barış görüşmelerinin başarısızlıkla sonuçlanmasına kadar çeşitli protokoller ve memorandumlar yapılmıştır. Oslo Barış görüşmeleri ve sonrasındaki süreç için arabuluculuk, müzakere ve barış inşası çabalarının yoğun bir şekilde yapıldığı bir denemesi yapılmıştır. Ancak barış çalışmaları her iki taraftan da hem sürecin içinden hem sürecin dışından güçler tarafından engellenmiştir. Sürecin en büyük eksikliği sorunu sadece paylaşım sorunu olarak görmesidir. Asıl önemli olan şeyin kimliklere verilen önemler olduğu gözden kaçırılmıştır.

Oslo Barış Görüşmelerinin Barış Çalışmaları Kapsamında Değerlendirilmesi

1967 Savaşı'nda her ne kadar iki devletli çözüm için gerekli ortam hazırlanmış olsa da, Mısır-İsrail barışını, işgal edilmiş bölgelerdeki İsrail yerleşim planını, 1982 Lübnan Savaşı'nı ve 1980 İntifadasını içeren bir barış görüşmesi yapmak uzun yıllar almıştır. Bunun nedeni Kelman'a göre, İsrail-Filistin sorununun 1967 savaşı sonrasında "ya hep ya hiç" felsefesiyle çözülmeye çalışılmasıdır. 1967'den sonra barış görüşmeleri ne olabileceği ve ne olması gerektiği üzerinden yürütülmüştür. Bu inanış Oslo Barış Görüşmelerinin de temel taşlarıdır. Her iki taraf da barış anlaşması imzalamaları gerektiği konusunda ikna edilmeye çalışılmıştır. Oysa burada, aynı topraklar üzerinde devlet kurmak için hak iddia edildiği bir kimlik sorunu söz konusudur. Her iki taraf da birbirlerinin milli kimliğini ve milli haklarını kabul etme konusunda

---

[56] Cleaveland, a.g.e., s. 549-552
[57] Aynı eser, s. 552-554

direnç göstermiştir. Dolayısıyla İsrail-Filistin sorunu kimlik üzerinde müzakerelerin yapılması gereken bir çalışmadır. İsrail-Filistin sorunu iki halkın da var olma mücadelesini yansıtır. Taraflar diğerinin kimlik ve varlığını kendi kimlik ve varlığına tehdit olarak görmektedir. Bir taraf diğerinin o topraklar üzerindeki hak iddiasını reddetmektedir. Çatışma sadece toprak üzerinde değil, varlık ve kimlik üzerinde de sıfır toplamlıdır. İki taraf da aynı topraklarda sadece bir milletin var olacağına inanmıştır. Buna göre "öteki" yalnızca "bizim" aleyhimizedir. Bu nedenle de İsrail ve Filistinliler diğerinin varlığını ve kimliğini inkâr etmektedir.[58]

Oslo Barış Görüşmelerinin devamlılığı için birbirlerinin varlık ve kimliklerini kabul etmenin gerekliliği görülmüştür. Dolayısıyla görüşmelerin daha başında, her iki taraf da diğerinin ulusal haklarını ve kimliğini tanımıştır. Ancak iki taraf için de bunu kabullenmek kolay olmamıştır. Kelman'a göre Oslo tarafların siyasi düşüncelerini temelden değiştiren değil, davranışlarını yeniden biçimlendiren bir süreç olmuştur. Oslo Barış Görüşmelerinin temel çıkış noktası iki devletli çözümdür. Bu çözümün çatışmayı sonlandıracağı görüşü etkindir. Ancak her iki taraf da açık bir şekilde bu çözümü kabul etmeye hazır değildir. Dolayısıyla iki taraf da Filistin'de işgal edilen topraklarda ara bir yönetim kurmayı ve zamanla Filistin'e ayrılan bölgenin genişletilmesi üzerinde uzlaşmıştır. Kelman bu sonucu çatışmaların son bulması ve iki devletli çözüm için olumlu bir adım olarak görmektedir. Ancak, Oslo'nun Prensipler Anlaşması'yla sonuçlanması yeni ve olumlu davranışlar gelişmesine yol açarken, eski olumsuz davranışlar da tamamıyla kaybolmamıştır. Değişen olaylar bu eski olumsuz davranış kalıplarının tamamen su yüzüne çıkmasını sağlamıştır.[59] Barış görüşmelerinin Shulz'a göre birkaç zaaf noktası vardır. Öncelikle görüşmelerden çıkabilecek sonuçların başka bir İsrail hükümeti tarafından nasıl karşılanacağı üzerinde durulmamıştır. Ayrıca barış görüşmeleri sürecinde sorunu ortadan kaldıracağına inanılan toprağın ulusal kimlikler için anlamı üzerinde yeterince düşünülmemiştir. Bu nedenle de toprak paylaşımına dayanan çözüm süreci sonuca ulaşamamıştır. Toprağın devamlılığının ve ülkenin bütünlüğünün ulusal kimlik ve güvenlikle ilişkisi değerlendirilememiştir. İki taraf da sürecin sonunda yapılacak anlaşmanın kendi ulusal kimliğini tehdit edeceğini ve

---

[58] Kelman, a.g.e., s. 288-289
[59] Aynı eser, s. 292

güvenliklerini tehlikeye sokacağını düşünmüştür. Bu nedenle de her iki taraf da şiddete dönmüştür.[60]

Sonuç

Barış kavramı, geleneksel barış araştırmaları ekolünde uzun yıllar uluslararası ya da devletlerarası ilişkiler çerçevesinde ele alınmış ve savaşın karşıtı olarak kullanılmıştır. 1960'ların ortalarından itibaren gelişmeye başlayan ve "eleştirel barış araştırmaları" olarak adlandırılan yönelimde, bu dar kapsamlı barış kavramı yerine, iç çatışmaları da kapsayan yeni kavramlar ortaya atılmıştır. Barışın toplumsal boyutunu da araştırmalarına dâhil eden bu kavramsallaştırmalardan biri Galtung'un "negatif barış-pozitif barış" tanımıdır. Burada barışın karşıt kavramı sadece savaş değil, şiddettir. Negatif barış, savaşın veya örgütlü fiziksel şiddetin olmaması durumudur. Çatışmaları yaratan nedenlerin değil, sadece çatışmaların ortadan kalktığı bir durumu ifade eden negatif barış, kırılgan bir yapıya sahiptir. Hem fiziksel hem yapısal şiddetin ortadan kaldırıldığı ve adaletin tesis edildiği bir durum olarak tanımlanan "pozitif barış"a geçişi sağlayacak düzenlemeler yapılmadıkça, çatışmaların yeniden canlanması ihtimali ciddi bir tehdit ve yıkıcı bir tehlike olarak varlığını korumaktadır.

Çalışmada barış çalışmaları açısından İsrail-Filistin sorununa değinilmiştir. Bu kapsamda Oslo Barış süreci değerlendirilmiş, bu süreç sonunda yapılan Barış antlaşmalarının neden geçerliliğini koruyamadığı ve barış çalışmalarının başarısızlıkla sonuçlandırıldığı üstünde durulmuştur. İsrail-Filistin arasında 60 yılı aşkın bir süredir devam eden çatışma hali, sadece bir toprak taksimi sorunu değil, aynı zamanda bir güvenlik ve varlık sorunudur. Her iki taraf da diğerinin kimliğini ve varlığını kendi güvenliği için tehdit olarak görmektedir. Dolayısıyla barış çalışmalarında üzerinde durulması gereken konular bunlardır. Ancak İsrail-Filistin arasındaki sorunların güvenlik boyutu göz ardı edilmekte, sorun sadece bir toprak taksimi sorunu olarak görülmektedir. Bundan sonra oluşabilecek bir barış sürecinde, müzakereler ve arabuluculuklar bu boyutta değerlendirilirse, sonuca daha kolay gidilebilecektir.

KAYNAKÇA

Attias, Jean-Christophe, Benbassa, Esther, *Paylaşılamayan Kutsal Topraklar ve İsrail*, çev. Nihal Öner, İletişim Yayınları, İstanbul, 2002.

---

[60] Helena Lindholm Shulz, "The Politics of Fear and the Collapse of the Mideast Peace Process", International Journal of Peace Studies, Spring-Summer 2004, Volume 9, No 1, s. 91-101, s. 96-97

Bayraktar, Bora, "Barış Çalışmaları Perspektifinden İsrail-Filistin Sorunu", ed. Atilla Samdıklı, *Teoriler Işığında Güvenlik, Savaş, Barış ve Çatışma Çözümleri*, BİLGESAM Bilge Adamlar Stratejik Araştırmalar Merkezi, İstanbul, 2012.

Boulding, Kenneth E., "Is Peace Reserchable?", *Background*, Winter 1963, 6(4).

Brauch, Hans Günter, "Güvenliğin Yeniden Kavramsallaştırılması: Barış, Güvenlik, Kalkınma ve Çevre Kavramsal Dörtlüsü", *Uluslararası İlişkiler*, Yaz 2008, 5(18), ss. 1-47.

Clausewitz, Carl Von, *Savaş Üzerine*, çev. H. Fahri Çeliker, Genel Kurmay Basımevi, Ankara, 1991.

Cleveland, William L., *Modern Ortadoğu Tarihi*, çev. Mehmet Harmancı, Agora Kitaplığı, İstanbul, 2008.

Çubukçu, Mete, *Bizim Filistin: Bir Direniş Tarihçesi*, Metis Yayınları, İstanbul, 2002.

Digeorgio, Lutz, Joann, A., "The PLO and the Peace Process", ed. Ilan Peleg, *The Middle East Peace Process*, State of University of New York Press, USA, 1998.

Erhan, Çağrı, Kürkçüoğlu, Ömer, "Ortadoğu'yla İlişkiler", ed. Baskın Oran, *Türk Dış Politikası, Kurtuluş Savaşı'ndan Bugüne Olgular, Belgeler, Yorumlar*, İletişim Yayınları, Cilt 2, İstanbul, 2008.

Galtung, Johan, *Theories of Conflict: Definitions, Dimensions, Negations, Formations*, Colombia University, 1958.

Galtung, Johan, *Theories of Peace: A Synthetic Approach to Peace Thinking*, International Peace Research Institute, Oslo, September 1967.

Galtung, Johan, "Violence, Peace and Peace Research", *Journal of Peace Research*, 1969, 6(3).

Galtung, Johan, "Cultural Violence", *Journal of Peace Research*, August 1990, 27(3), pp. 291-305.

Galtung, Johan, "Peace", *The Oxford Companion to Politics of the World*, der. Joel Krieger, Oxford University Press, New York, 1993.

Galtung, Johan, *Peace by Peaceful Means*, Sage, Delhi, 1996.

Hanieh, Adam, "From State-Led Growth to Globalization: the Evolution of Israel Capitalism", *Journal of Palestine Studies*, 2003, 32(3), ss. 5-21.

Khouri, Fred J., *Arab-Israeli Dilemma*, Syracuse University Press, New York, 1985.

Kelman, Herbert C., "The Israeli-Palestinian Peace Process and Its Vicşssitudes", *American Psychologist*, May-June 2007, 62(4).

Laquer, Walter, *A history of Zionism, From the French Revolution to the Establishment of the State of Israel*, Schocken Books, New York, 2003.

Leoussi Athena S. ve Aberbach, David, "Helenism and Jewish Nationalism: Ambviance and Its Ancient Roots", *Ethnic and Radical Studies*, September, 25(5).

Ovendale, Ritchie, "The Origins of the Arab Israeli Conflict", *Historian*, Winter 2002, Volume 76.

Öke, Mim Kemal, *Siyonizmden Uygarlık Çatışmasına Filistin Sorunu*, Ufuk Kitapları, İstanbul, 2002.

Pappe, İlan, A History of Modern Palestine, One Land, Two People, Cambridge University Press, Cambridge, 2004.

Richmond, Oliver P., "Patterns of Peace", *Global Society*, October 2004, 20(4), ss. 367-394.

Shulz, Helena Lindholm, "The Politics of Fear and the Collapse of the Mideast Peace Process", *International Journal of Peace Studies*, Spring-Summer 2004, 9(1).

Stern, Paul C., Druckman, Daniel, *International Conflict After the Cold War*, National Academies Press, Washington D.C., 2000.

Süer, Berna Özen, "Suriye-İsrail İlişkileri", ed. Türel Yılmaz, Mehmet Şahin, *Ortadoğu Siyasetinde Suriye*, Platin Yayınları, Ankara, 2004.

Townshend, Charles, "The First Intifada, Rebellion in Palestine 1936-1939", *History Today*, July 1989, 39(7).

Ulutaş, Ufuk, Bölme, Selin M., et. al., "İsrail Siyasetini Anlama Kılavuzu", Seta Yayınları, Ankara, Aralık 2012.

Wallenstein, Peter, *Understanding Conflict Resolution: War, Peace and the Global System*, Sage Publications, London, 2002.

Webel, Charles, "Toward a Philosophy and Metaphilosophy of Peace", *Handbook of Peace and Conflict Studies*, ed. Charles Webel, Johan Galtung, Routledge, New York, 2007.

BARIŞ ÇALIŞMALARI BAĞLAMINDA KOLOMBİYA İÇ SAVAŞI

Sevil ŞAHİN ve Mustafa Ozan ŞAHİN

Giriş

Çatışan taraflar için, hiç şüphe yok ki barışa karar vermek ya da çatışmayı sonlandırıp gerçek bir barış sağlamak son derece zorlu bir süreci de beraberinde getirecektir. Özellikle de yaşanan çatışma sürecinde şiddet dolu uzun yıllar varsa, yüz binlerce kayıp verilmişse ve bunlar toplumun hafızasına kazınmışsa. Böylesi bir çatışmada barışa varmak adına çok güçlü bir motivasyon şarttır çünkü barış ancak ve ancak tarafların bu yönde samimi bir niyet taşımaları sonucu mümkün olabilir. Diplomasi seçeneğine yönelmek, özel olarak müzakere seçeneğini kullanmak tarafların süreç üzerinde kontrol sahibi olduğu bir yöntemdir ve sonuç tarafların niyeti, sahip oldukları güç, mücadele verdikleri amaçlar ve uluslararası toplumun çatışmaya yönelik bakış açısı ile yakından ilgilidir. Barışı sağlamak adına çatışan tarafların basitçe al ver mantığına odaklandığı bir çözüm sürecinin işlemesi yeterli olmayacaktır.

Barışı basitçe savaşın ya da şiddetin yokluğu olarak tanımlamak eksik bir tanımlamadır. "Barış" göreceli bir kavramdır. Bu durumda barış, "devletlerarasında çatışmanın olmadığı bir durumu değil, sistemin bir girdisi olarak farklı alanlarda dostça ilişkilerden çatışmaya kadar varan ve farklı seviyelerde yaşanan gerilimin kontrol edildiği, karmaşık bir ilişkiler ağı" olarak kabul edilebilir[1].

Farklı tanımlamalar mevcut olmakla birlikte barış hakkında negatif barış ve pozitif barış ayrımı yapılmaktadır. Buna göre *negatif barış*, şiddet içeren eylemlerin önlenmesi ya da genel olarak düşmanlığın sona erdirilmesi ve savaşın yokluğu olarak tanımlanabilirken, *pozitif barış* şiddet içeren çatışmaların arkasında yatan yapısal nedenlerin ortaya çıkarılması ve bunların ortadan kaldırılması olarak tanımlanabilir[2]. Bu

---

[1] George L. Sherry, "The United Nations, International Conflict, and American Security", *Political Science Quarterly*, Reflections on Providing for "The Common Defense", Vol. 101, No. 5, 1986, p.759.

[2] Dennis J. D. Sandole, "Conflict Resolution: A Unique U.S Role for the 21th Century", *U.S. Foreign Policy Agenda, USIA Electronic Journals*, Vol. 1, No. 19, (Dec., 1996), p. 19.
http://www.usembassy-mexico.gov/bbf/ej/ijpe1296.pdf

doğrultuda Herbert Kellman da "pozitif barış" kapsamında taraflar açısından dört bileşenin önemini vurgulamaktadır; karşılıklı kabullenme ve uzlaşma; taraflar için güven ve değer duygusunun yaratılması; taraflar arasında işbirlikçi bir etkileşim ve dinamik bir problem çözüm sürecinin kurumsallaştırılması[3].

Farklı kavramsallaştırmalardan bir diğeri "istikrarlı barış"tır. Burada ifade edilmek istenen savaş olasılığının yok denecek kadar az olduğu bir durumdur. Bu konuda yapılan bir çalışmada dört aşama belirlenmiştir. Bunlar, "süre giden savaş durumu", "istikrarsız savaş", "istikrarsız barış" ve "istikrarlı barış". Süre giden savaş durumunda savaşın aralıksız sürdüğü bir durum; istikrarsız savaşta zaman zaman savaşın barış dönemleri ile kesilmesi; istikrarsız barış durumunda ise savaşın sona ermesi durumunda barışın sağlanacağına dair bir inancın olması; son olarak istikrarlı barış durumunda ise barışın en üst seviyesine işaret edilmektedir[4].

Barışı çok katmanlı ve karmaşık bir olgu olarak tanımlamayan bir çalışmada barışın seviyelerinden bahsedilmektedir. Bu çalışmada üç barış seviyesi ortaya konmuştur. Bunlar, donmuş barış, soğuk barış ve sıcak barıştır. Donmuş barışta, taraflar birbirini eşit statüde kabul etmiyorlar ve ikili ilişkiler pek gelişmemiştir. Yapıcı bir etkileşim bulunmadığı gibi karşılıklı suçlamalar devam etmektedir[5]. Etkileşim resmi kanallar aracılığı ile yapılmaktadır. Karşılıklı olarak bir tehdit algılaması söz konusu olmakla birlikte, savaş ihtimal dâhilindedir. Önemli ölçüde askeri yığınaklar bulunmaktadır, anlaşmazlık konuları çözüm-lenmemiş, uzlaşma süreci başlamamış[6] ve ikili ilişkiler uzun yıllar geçmesine rağmen hala normalleşmemiştir[7]. Soğuk Barışta ise taraflar birbirlerinin var olma hakkını tanırlar ancak temelde var olan ihtilaf konuları halen çözümlenmiş değildir. Geçmişten kaynaklanan düşmanlıklar var olsa da ikili ilişkilerde belli bir mesafe kaydedilmiştir,

[3] Herbert C. Kelman, "Transforming the Relationship between Former Enemies: A Social-Psychological Analysis", R. L. Rothstein (ed.) *After the Peace: Resistance and Reconciliation*, Lynee Rienner, Boulder Co.,1999, p. 197.
[4] Kenneth Ewart Boulding, *Stable Peace*, University of Texas, Austin, Texas, 1978, pp. 12-13
[5] Bertram I. Spector, "Deciding to Negotiate with Villains", *Negotiation Journal*, 1998, 14:43-59 aktaran Reşat Bayer, "Barış ve İhtilaf Çözümü", *Çatışmadan Uzlaşmaya*, Der. Nimet Beriker, İstanbul Bilgi Üniversitesi Yayınları, İstanbul, 2009, s.48
[6] Alice Ackermann, "Reconciliation as a Peace Building Process in a Post-War Europe: The Franco-German Case", *Peace and Change*, 1994, 19: 229-250 aktaran Reşat Bayer, "Barış ve İhtilaf Çözümü", *Çatışmadan Uzlaşmaya*, Der. Nimet Beriker, İstanbul Bilgi Üniversitesi Yayınları, İstanbul, 2009, s.48
[7] Reşat Bayer, "Barış ve İhtilaf Çözümü", *Çatışmadan Uzlaşmaya*, Der. Nimet Beriker, İstanbul Bilgi Üniversitesi Yayınları, İstanbul, 2009, s.48

sınırlı da olsa toplumlar arası etkileşim söz konusudur[8]. Sıcak Barış ise tarafların birbirini tanıdığı, ihtilaf konularını çözümlediği ve yapıcı bir etkileşimin sağlandığı bir durumu tanımlamaktadır[9].

Barış Çalışmaları

Barışın sağlanması ve korunması her zaman öncelikli bir amaç olarak var olsa da barış çalışmaları ihmal edilen bir alan olmuş ve II. Dünya Savaşı'na kadar bu yönde ciddi girişimler olmamıştır. 1950'li yıllarda Kenneth Boulding'in öncülüğünde Michigan Üniversitesinde kurulan Çatışmaların Çözümü Araştırma Merkezi (Center for Research on Conflict Resolution) ve Johan Galtung'un kurduğu Uluslararası Barış Araştırmaları Enstitüsü (International Peace Research Institute) bu yöndeki ilk önemli girişimlerdir.

Günümüzde halen akademisyenler ve araştırmacılar barış çalışmalarının disiplinlerarası bir çalışma alanı olarak tanınması için çalışmaktadırlar. Barış çalışmalarının uygulama alanı pek çok disiplinden girdilere ihtiyaç göstermektedir. Örneğin psikoloji, sosyoloji, iletişim, güvenlik çalışmaları, uluslararası ilişkiler ve dış politika gibi farklı araştırma alanları ile arasındaki ilişki göz ardı edilemeyeceği gibi her birinin farklı katkılar sağlayacağı da muhakkaktır. Savaş ve barış konusunda yapılan çalışmalara antik çağlardan itibaren rastlansa da barış çalışmalarının kökenine baktığımızda özellikle uluslararası arenaya odaklanmış olanların iki dünya savaşı ve sonrasında ortaya çıkan etkilere ağırlık verdiklerini görebiliriz. İki dünya savaşı sonrasında ortaya çıkan yıkımın, korku ve acının boyutları realist akıma bir alternatif aranmasına yol açmıştır. Bu arayışlar da uluslararası ilişkilerde kaçınılmaz olarak var olan çatışma ve işbirliğinin kökeni ve doğası üzerine günümüze kadar sürecek olan tartışmaları da beraberinde getirmiştir. Barış araştırmalarının gelişmesinde aslında daha çok II. Dünya Savaşı'nın etkilerinin olduğunu söyleyebiliriz. Bunun en önemli nedeni de savaşta ölen sivillerin sayısının ulaştığı korkunç rakamlardır. Askeri kayıplar iki savaşta aynı olsa da sivil kayıplar II. Dünya Savaşı'nda yedi kat artmıştır. 1940'ların ortalarından 1960'lı yılların ortalarına kadar dünya politikasında hâkim olan güç politikası pek fazla sorgulanmamış, öncelik, savaş ve savaşın nedenlerine ilişkin yapılan çalışmalara verilmiştir. Bu dönemde barış savaşın yokluğu olarak tanımlanmaya devam etmiştir. Oysaki sosyal bilimciler, savaşın bilimsel bir

---

[8] Bayer, a.g.e., s.49
[9] Bayer, a.g.e., s.49

açıklamasının yapılabileceğini öne sürerek, gerek savaş gerekse sonuçları bağlamında nicel yöntemleri kullanmaya yönel-mişlerdir. 1960'lardan itibaren barış çalışmaları alanının gelişmesinde etkili olan önemli bazı dönüm noktaları vardır. Bunlar, Vietnam Savaşı karşıtı barış hareketleri; Soğuk Savaş boyunca zaman zaman ortaya çıkan silahlanma karşıtı kampanyalar; Soğuk Savaş'ın sonu ve Doğu Bloğunun dağılması. Barış çalışmaları başlangıçta geleneksel çalışmalara uygulanmak üzere eleştirel bir çalışma alanı olarak algılanmıştır. Barış üzerine yapılan çalışmaların sistemik bazı değişimleri uyarabileceğini, sosyal ve siyasal yapıları temel insani ihtiyaçlarını karşılayacak biçimde dönüştürebileceği belirtilmiştir[10].

"Bu alanda çalışanlar barış çalışmalarının eşitlik, sosyal ve ekonomik adalet ilkeleri temelinde siyasal değişimi sağlamak adına iletişim ağları oluşturmayı (networking), koalisyon inşasını ve halkın siyasal olarak seferber edilmesini (mobilisation) sağlayacak bir araç olarak düşünmüşlerdir. Geleneksel yaklaşımlardan barış kuramına ve pratiğine geçiş var olan yazına yeni perspektifler katmaktan öte bir çabayı gerektirmektedir. Barış çalışmaları sosyal ve siyasal gerçeklerin alternatif açıklaması için çabalayan ve bu yüzden kuram, araştırma, uygulama ve eylemlilik alanlarının hepsinde aynı anda yer alan dönüştürücü bir projedir"[11].

Soğuk Savaş döneminin ideolojik bölünmüşlüğü göz önüne alındığında karşı kamplarda yer alan tarafların sorunların çözümü için müzakere seçeneğine yönelmesi ve bu doğrultuda bir uzlaşı arayışı zayıf olmuştur. Büyük güçler bu dönemde uzlaşı yerine zafere odaklanmayı tercih etmişlerdir. Soğuk Savaş döneminde ortaya konan barış çalışmalarının da daha çok silahların kontrolü ve azaltılması/sınırlandırılması üzerine yoğunlaştığını söyleyebiliriz. Burada amaç iki süper güç arasında var olan sorunları çözmek değil, ortaya çıkabilecek bir savaşın yıkıcılığını azaltmak olmuştur. Bu dönem için barış çalışmalarına "çatışma yönetimi" adını vermek daha yerinde olacaktır[12].

Çatışan tarafların çıkarları bir noktada uzlaştırılamıyorsa bir şekilde çatışmayı yönetilebilir kılma konusunda yönlendirilmeleri gerekmektedir. Çatışma ve barış çalışmaları yapanlar çatışma yönetimi

[10] Martin Griffiths, Tery O'Callaghan, Steven C. Roach, Uluslararası İlişkilerde Temel Kavramlar, Çev: CESRAN, Nobel Yayın, Ankara, 2013, s.25-26.
[11] Griffiths ve O'Callaghan, a.g.e., s.26.
[12] Peter Wallensteen, Understanding Conflict Resolution: War, Peace and the Global System, Sage Publications, London, 2002, s.4-5

(*conflict management*) ve çatışma çözümü (*conflict resolution*) kavramları arasında bir ayrım yapmaktadırlar. Çatışma yönetiminde hedeflenen, yıkıcı davranışların ve şiddet içeren eylemlerin kontrol edilmesi ve sınırlandırılmasıdır. Çatışma yönetimi, çatışmanın sebeplerini ortadan kaldırmaz ancak çözüme doğru giden yolda yardımcı olabilir. Çatışmanın tarafları kendilerince haklı buldukları sebeple bir çözüme sıcak bakmıyorlarsa çatışma yönetimi bir çatışmanın şiddetini azaltacak en iyi yoldur. Çatışma yönetimi aslında çözüm seçeneğinin çok zor ulaşılacağı "derin köklere sahip çatışmalar" için daha uygundur ve daha çok tercih edilir. Uzun bir zaman boyunca devam eden hatta kronik bir hal almış bir çatışmada, askerî seçenek çözüm olarak görülüyorsa çatışma yönetimi çok zordur. Ancak çatışmanın tarafları, tek taraflı eylemlerle ya da askerî seçeneklerle amaçlarına ulaşabileceklerini düşünmüyorlarsa o zaman çatışma yönetimi mümkün olabilir[13].

Çatışmanın tarafları eğer hayati kabul ettikleri amaçlar uğruna mücadele veriyorlarsa müzakere etmelerini beklemek çok zordur. Hayati kabul ettikleri bu amaçlar insani ihtiyaçlar kategorisinde yer almaktadır ve bunlar tüm taraflar için her zaman önceliklidir. Hayatta kalmak, özgürlük, güvenlik, kimlik ve siyasi sürece katılım gibi amaçları bu kategoride sayabiliriz[14]. Burton bu amaçların öncelikli olduğu çatışmaları "derin köklü çatışmalar" (*deep-rooted conflicts*) olarak adlandırmaktadır. Burada ifade edilmek istenen, çatışma ile doğrudan ilgili olan bu insani ihtiyaçlar konusunda bir uzlaşmaya varılmasının son derece zor olduğudur çünkü bu ihtiyaçlar müzakere edilebilecek amaçlardan çok farklıdır. İnsani ihtiyaçlar konusunda taraflar esnek davranmazlar [15] hele ki çatışma sürecinde şiddet de yaşandıysa müzakere etmek daha da zordur çünkü bu tür durumlarda taraflar genellikle çözüme değil kazanmaya odaklanırlar[16]. Temel ihtiyaçların tehdit altında olduğu durumlarda müzakerelerde ilerleme sağlanması çok zordur. Uzlaşmak belli noktalarda taviz vermeyi gerektirir ancak temel amaçlar tarafların taviz verilebileceği konuların dışında kabul

---

[13] Yaacov Bar-Siman Tov, "Arab-Israeli Conflict: Learning Conflict Resolution", *Journal of Peace Research*, Vol. 31, No.1, (Feb., 1994), p. 74.

[14] Johan Galtung, *Çatışmaları Aşarak Dönüştürmek*, Çev: Havva Kök, Ankara, USAK Yayınları, 2009.s. 4.

[15] John W. Burton, *Conflict Resolution: Its Language and Process*, Lanham, Md. & London, The Scarecrow Press Ltd., 1996.p. 24.

[16] George L. Sherry, "The United Nations, International Conflict, and American Security" *Political Science Quarterly*, Vol. 101, No. 5, Reflections on Providing for "The Common Defense" 1986, p. 757.

edilir. Taraflar temel ihti-yaçların meşruiyetini savunmak zorundadır. Ne var ki, müzakerecilerden her biri bunu ne kadar iyi yaparsa yapsın, hangi temellere dayandırırsa dayandırsın amaçların meşruiyetini kabul etmek ya da anlamak/ algılamak karşısındaki tarafın niyeti ve objektif değerlendirmesine bağlıdır.

İnsani ihtiyaçlar karşılanmadığı sürece anlamlı sosyal ilişkilerin kurulması beklenemez. İnsani ihtiyaçlara ulaşmak öncelikli amaçtır ve bunlara ulaşmak için çatışmadan kaçınılmaz. Bütün toplumlarda bu ihtiyaçların sağlanmasını sağlayacak olan kaynakları kontrol eden bir elit tabaka vardır. O halde çatışma ihtiyaçlardan değil ihtiyaçların karşılan-mamasından dolayı ortaya çıkar. Bu ihtiyaçların ortaya çıkarılması için ise problem çözümü yaklaşımı benimsenmelidir. Temel ihtiyaçların belir-lenmesi için taraflar arasında anlamlı bir iletişimin sağlanması son derece önemlidir. John Burton'a göre barış temel ihtiyaçların karşılanması ile sağlanabilir[17].

Problem Çözümü Yaklaşımı

Barış çalışmaları bağlamında bir teorik çerçeve yaratma çabalarına John Burton'ın insani ihtiyaçlar teorisi öncülük etmekle kalmamış, bu teori alana problem çözümü yaklaşımını getirmiştir. Bu bakış açısı geleneksel yöntemlerin çatışma çözümünde etkin olmadığı düşüncesinden hare-ketle geliştirilmiştir.

Burada amaç çözümden önce, bir diyalog çerçevesi oluşturabilmek ve tarafların birbirini rakip olarak algıladıkları pozisyondan, problem çözmeye yönelik ilişkileri geliştirebilecekleri bir noktaya geçmek ve tarafların çatışmanın yatıştırılması için yapılabilecek küçük hareketlerin farkına varmasını sağlamaktır[18].

Bir çatışmada taraflar barışçıl yöntemlere başvurarak çözüme ulaşmayı düşünüyorlarsa, gerek çözüm sürecinde gerekse sonuç üzerinde kontrol sahibi olacaklarını düşündükleri diplomatik yöntemlere başvurmayı tercih etmektedirler ki bunlardan en sık başvurulanı da müzakeredir. Tarafların müzakere seçeneğine yönelmelerinin pek çok nedeni vardır. Uluslararası çatışmaların genelde sıfır toplamlı bir karakter sergi-lememesi, tarafların karşılıklı olarak birbirini yok etme kapasiteleri,

---

[17] Richard E. Rubictein, "Basic Human Needs: The Next Steps in Theory Development", *The International Journal of Peace Studies*, 6, 1, (Spring 2001)
[18] Lawrence, Susskind, Eileen Babbitt, "Overcoming the Obstacles to Effective Mediation of International Disputes", *Mediation in International Relations*, Ed. by., Jacob Bercovitch, Jeffrey Z. Rubin, New York, St. Martin's Press, 1992, p. 45.

karşılıklı bağımlılık gibi pek çok nedenin birleşimi çatışmanın taraflarını müzakere seçeneğine yöneltmektedir. Bu noktada üçüncü tarafın rolünün kaynağına ulaşmış oluruz[19]. Ne var ki bir çatışmanın diplomatik yöntemlerle özellikle de müzakere ve arabuluculuk ile çözümlenmesi son derece zordur. Bunun pek çok nedeni vardır[20]. Tarafların sahip olduğu kültürel, tarihsel, ideolojik, siyasi ve ekonomik özellikler, çatışmanın konusu ve ona yüklenen önem derecesi, bir arabulucu olarak rol oynayan kişi ya da kurumun sahip olduğu güç ve etki kapasitesi bir çatışmanın çözümünde kolaylaştırıcı ya da zorlaştırıcı etkide bulunmaktadır. Bu özelliklerin yanında tarafların karar alma mekanizması ve karar alıcılarının sahip olduğu kişisel özellikler de bir çatışmanın çözümünde son derece önemli etkileri olmaktadır. Son olarak çatışmanın sürmesi ya da çözülmesi ile ilgili olarak farklı çıkarlara sahip diğer devletlerin de bu süreçte önemli etkileri olmaktadır. Çıkarları çatışmanın çözümünü gerektiriyorsa, bu yönde gerekli çabaları gösterip hatta baskı uygu-layabilirler. Uygulayabilecekleri baskı da uluslararası sistemde sahip olduğu güç ve etki derecesi ile ilişkili olacaktır. Ancak bir çatışmanın çözümünü etkileyen en önemli faktör çatışmanın doğası yani tarafların uğrunda mücadele verdikleri amaçlara yükledikleri önemdir. Tarafların müzakere masasına oturması hatta bir arabulucunun varlığı ve çabaları çatışmanın doğası ile yakından ilgilidir.

Başarılı ve etkin bir arabuluculuk için öncelikle yapılması gereken müzakerelere geçmeden önce tarafları anlamlı müzakereler için hazırlayacak ve arabulucunun çabalarını ya da karşı tarafın düşün-celerini, tekliflerini, doğru şekilde algılamalarını sağlayacak olan alternatif bir yönteme başvurmaktır. Bu alternatif yöntemi uygulayacak olanlar da "ikinci yol", "track two" olarak nitelenen organizasyonlardır. Bu gruplar müzakere öncesi aşamada ya da resmî konuşmalar boyunca tamamlayıcı/destekleyici olarak daha etkin olurlar. İşte bu noktada Herbert Kelman tarafından geliştirilen problem çözümü yaklaşımı devreye sokulmalıdır[21].

Uluslararası ilişkiler, gruplar arası ilişkiler gibi farklı sosyo-psikolojik süreçlerin katkılarıyla inşa edilmektedir ve bu nedenle küçük gruplarda problem çözümü metodunun uygulanması önerilir ve önemli kabul edilir. Problem çözümü yaklaşımı genelde "çatışma çözümü yaklaşımı"

---

[19] Oran Young, *The Intermediaries: Third Parties in International Crises*, Princeton, New Jersey, Princeton University Press, 1967pp. 25-26.
[20] John W. Burton, *Conflict Resolution: Its Language and Process*, Lanham, Md. & London, The Scarecrow Press Ltd., 1996, p. 4.
[21] Susskind ve Babbitt, *a.g.e.*, p. 45.

olarak adlandırılan ancak hem felsefi ve teorik anlamda hem de uygulama anlamında birbirinden farklı iki ekolden birini temsil etmektedir. İlki oyun teorisine dayalı realist yaklaşımla ve caydırıcılık teorisi ile iç içe geçen çatışma ve çatışma çözümü analizidir. Oyun teorisine dayalı çatışma çözümünde taraflar, müzakere öncesi ciddi anlamda bir fayda maliyet analizi yaparlar ve çatışmanın diğer tarafının talebi ya da talepleri ve davranışları konusunda fikir sahibi olurlar. Problem çözümü yak-laşımında esas mesele tarafların birbirini gerçekten anlaması ise bu nasıl başarılabilir. Oyun teorisine dayalı analizlerde iletişim faktörü taraflar arasında önceden var olan işbirliğini güçlendirici bir öğe olarak ele alınırken, problem çözümü yaklaşımında iletişim, tarafların birbirlerinin ihtiyaçlarının anlaşılması ve çözüme gidecek yolda en önemli araç olarak görülür. Oyun teorisine göre çatışmanın tarafları rasyonel düşünen ve hareket eden aktörler olarak kabul edilirken, problem çözümü yaklaşımına göre tarafların irrasyonel olabileceği ve bu bağlamda işbirliğine gitmekten kaçınabilecekleri de hesaba katılmaktadır. Oyun teorisinde tarafların çıkarlarının müzakere edilmesi esas mesele iken, problem çözümünde ihtiyaçlar pazarlık konusu edilemez çünkü insani ihtiyaçların karşılanmaması çatışmanın temelinde yer alan neden olarak kabul edilir[22].

Problem Çözümü Yaklaşımının merkezinde insani ihtiyaçlar teorisinin yer aldığını daha önce ifade etmiştik. Burada ihtiyaçlar kelimesi evrensel bir içeriğe sahiptir. İnsani ihtiyaçlar toplumsal normlar dâhilinde karşı-lanmazsa, insanlar toplumun yasal normları dışında hareket etme eğilimi içine girebilirler ve bu davranışlar genetik ya da çevresel faktörler tarafından motive edilebilir ancak toplumun taleplerini karşılamak bağlamında kontrol edilemeyebilirler. İhtiyaçlar tarafların sahip olduğu değerlerden (alışkanlık, kültür, inanç gibi) farklıdır. Değerler, -alışkanlık, kültür ve inanç- ihtiyaçlar gibi evrensel ya da genetik değildir. Çıkarlar değişebilir, müzakere edilebilir çünkü ihtiyaçlar gibi kalıtımsal değildir[23].

Bu noktadan hareketle Problem Çözümü Yaklaşımı kalıcı ve gerçek bir çözüme ancak tarafların karşılıklı olarak birbirlerinin insani

---

[22] Gülden Ayman, "Uluslararası İlişkilerde Problem Çözümü Yaklaşımı", *Uluslararası Politikada Yeni Alanlar Yeni Bakışlar*, Ed., Faruk Sönmezoğlu İstanbul, Der Yayınları, 1998, 169-170; Herbert C. Kelman " A Social-Psychological Approach to Conflict Analysis and Resolution", *Handbook of Conflict Analysis and Resolution*, Ed. by., Dennis Sandole, Sean Byrne, Ingrid Sandole, Jessica Senehi, London, New York, Routledge, 2009, p. 172.

[23] John W.: Burton, *Conflict: Resolution and Provention*, Mac Millan Press Ltd., London, 1990, pp. 36-38.

ihtiyaçlarının farkına varmaları halinde gerçekleşebileceğine inanır ve *resolution* yani gerçek ve kalıcı bir çözüm ile *settlement* yani geçici hal çareleri arasında bir ayrım yapmak gerektiğini düşünür[24].

Problem Çözümü Yaklaşımın amacı çatışma çözümünde genel kabul gören bakış açısı ile bir senteze ulaşmaya çalışmaktır. Bu da çatışmanın karşılıklı olarak bir mücadele olarak değil çözülecek bir problem olarak algılanmasını gerekli kılar. Diğer bir ifade ile bu yaklaşıma göre durum sıfır toplamlı bir çatışma olarak değil *positive-sum* olarak yeniden formüle edilmelidir[25]. Genel kanı barışçıl yöntemlerle çatışma çözümünde, geleneksel diplomatik görüşmeler çerçevesinde tarafları bir araya getirmenin yetersiz olduğu yönündedir. Taraflar kendi tezlerini destekleyecek pek çok belge sunabilirler ancak birbirlerini anlamaya ve dinlemeye çalışmazlarsa başarılı olmaları beklenemez. Problem çözümü yaklaşımına göre geleneksel metotların kullanıldığı çözüm süreçlerinde taraflar genelde enerjilerini birbirlerini anlamaya ve muhtemel çözüm seçeneklerini değerlendirmeye değil, kendi tezlerini en etkili şekilde savunmaya harcarlar[26]. Oysaki problem çözümü yaklaşımının amacı öncelikle taraflar arasında anlamlı bir iletişim sağlamak, tarafların "biz-onlar" algısını ortadan kaldırmaya çalışmak,[27] hedefleri net bir şekilde ortaya koymak, şartları analiz etmek ve alternatifler geliştirmeye çalışmaktır[28].

Problem çözümü yaklaşımı çatışma kavramını tanımlanırken sadece fiziksel şiddeti ele almaz, daha geniş bir tanımlama yapmaya çalışır. Çatışmayı tüm yaratıcı ve yıkıcı manifestoları ile birlikte toplumsal bir fenomen olarak kabul eder[29]. Problem çözümü yaklaşımında üçüncü tarafın rolüne ilişkin bazı sınırlamalar vardır. Üçüncü tarafın öncelikle yapması gerekenler, çatışmanın tırmanmasını önleyecek şekilde bir iletişim kanalı olmak, bir görüşme zemini yaratmaya çalışmak ve fonksiyonel işbirliği için alternatifler üretmektir. Üçüncü taraf tabii ki doğası gereği her zaman tarafsız olmalı ve herhangi bir değerlendirme

---

[24]Scoth Thompson, James Laue, Brian Urquhart, Chester Crocker, *Dialogues on Conflict Resolution: Bridging Theory and Practice*, Washington, United States Institute of Peace Publications, 1994, p. 24.

[25] Barbara Hill, "An Analysis of Conflict Resolution Techniques From Problem Solving Workshop to Theory", *The Journal of Conflict Resolution*, Vol. 26, No.1 (March 1982), p.114.

[26] Ayman, *a.g.e.*, p.180.

[27] Chester Crocker, Fen Olser Hampson, Pamela R. Aall, "Leashing the Dogs of War", *Leashing the Dogs of War: Conflict Management in a Divided World*, Ed. by., Chester Crocker, Fen Olser Hampson, Pamela R. Aall, Washington, United States Institute of Peace, 2007, p. 41.

[28] Harold D. Laswell, Richard Arens, "The Role of Sanction in Conflict Resolution", *The Journal of Conflict Resolution*, Vol. 2, No.1, (March, 1967), p. 27.

[29] B. Hill, *a.g.e.*, p. 113.

ya da yargıda bulunmaktan kaçınmalıdır. Arabuluculuğun özüne uygun olarak zorlayıcı tavırlar içine girmemeli, kendi çatışma tanımını yapmamalı ve kendi önerdiği çözümün kesin ve vazgeçilmez olduğu önyargısında bulunmamalıdır. Tarafsız olmalı ancak bu tarafsızlık ilgisizlik derecesinde de olmamalıdır. Aktif olarak çözümle ilgilenmeli, aksi halde taraflar negatif reaksiyon gösterebilir ve birbirlerine karşı mesafeli kalabilirler. "En önemli görevlerinden biri herhangi bir olayda ortaya çıkarılmış gerçekler, norm ya da pratikler doğrultusunda çalışmak yerine, çatışma ve insan davranışları hakkında genel teorileri duruma uygulamak ve taraflara analiz imkânı sunmaktır. Bu sayede, çatışmanın tarafları üçüncü tarafın normatif gözlemlerine dayanmak yerine detaylı bir analiz yapabileceklerdir"[30].

Problem çözümü yaklaşımına göre üçüncü tarafın varlığı çatışmaya bir anlam, bir anlayış kazandırmak için çok önemlidir ancak çok da kolay değildir. Üçüncü taraf hem çatışmanın doğası hem de çatışma süreci hakkında detaylı bilgi sahibi olmalı ve taraflara da bunu gösterebilmelidir. Tarafların çelişen amaçları ve çıkarlarının farkında olarak bir denge kurmak, yaratıcı ve birleştirici çözümler için tarafları cesaretlendirmek, alternatif davranış biçimleri geliştirmelerine yardımcı olmak da yapması gerekenler arasındadır[31]. Tarafların korkularına yönelik empati ve yaratıcılık da sağlaması gereken unsurlar arasındadır[32]. Üçüncü tarafın öncelikle yapması gereken taraflar arasındaki iletişimi geliştirmek ve ilişkilerin temelini analiz etmektir. Yapmaması gerekenler ise kendi çözümünü taraflara empoze etmek ve yönlendirici bir pozisyonda olmaktır. Bu nedenle problem çözümü atölyeleri geleneksel üçüncü taraf müdahalelerinden kabul edilen arabuluculuktan çok farklıdır[33]. "Danışman temel ilişkilerde yaratıcı/yapıcı bir problem çözümü sunmaya çalışırken, arabuluculuk bazı spesifik konularda görüşme zemininde bir çözüm yönünde çabalar. Hakemlik de bu çeşit bir çözüm empoze eder. Bu yüzden hakemliğin rolü hem yönlendirici hem de zorlayıcıdır hatta değerlendirmeye açık olarak bir tarafın kazandığı diğer tarafın kaybettiği anlamında da okunabilir"[34].

---

[30] Burton (1990), a.g.e., pp. 204-205.
[31] B. Hill, a.g.e., pp. 118, 132.
[32] Javier Perez de Cuellar, "The Role of the UN Secretary General", *The Politics of Global Governance*, Ed. by. Paul Diehl, Boulder London, Lynne Rienner Publishers, 1997, p. 97.
[33] Hampson vd. a.g.e., p. 42.
[34] Roger Fisher, "Third Party Consultation as a Method of Intergroup Conflict Resolution: A Review of Studies", *Journal of Conflict Resolution*, Vol. 27, No. 2, (June, 1983), p. 305.

Problem çözümü yaklaşımın bu farklı kimliği üçüncü taraf danışmanlığı (*third party consultation*) teriminden de anlaşılmaktadır[35]. Üçüncü tarafın danışmanlığı modeli ilk olarak Roger Fisher tarafından tanımlanmıştır. Öncü uygulamalar bireylerarası[36], gruplar arası[37] ve uluslararası seviyede[38] olmak üzere çeşitli bilim adamları ve çalışma arkadaşları tarafından gerçekleştirilmiştir. Bir danışman vasfı ile üçüncü taraf, yetenekli bir bilim insanı, geçmişi ve davranışlarıyla tarafsızlığını kanıtlamış, profesyonel bilgisi ve uzmanlığı ile görevinin gereklerini karşılamalıdır[39] İşlevlerini ve stratejilerini düşündüğümüzde hem arabulucu hem de danışman, tarafları motive etmeye, aralarındaki iletişimi geliştirmeye ve etkileşimi yönetmeye çabalarlar fakat bunları yaparken farklı taktikler ve prosedürler uygularlar[40]. "Danışman farklılıklar için bir tartışma ortamı hazırlar. Arabuluculuk problemi halletme (*settlement*) yönünde taktikler kullanır, hakemlik de benzer şekilde hareket eder. Arabuluculukta kullanılan taktiklerin bazıları manipülasyona açıktır. Örneğin ikna motivasyonu, Wall'ın işaret ettiği gibi maliyet hesabı ya da abartılmış ödüller, net bir kazanç garantisi ya da görüşmeyi reddetme halinde katlanılacak maliyet. Bu tür taktikler bazı etik noktaları işaret eder; aldatma, çarpıtma ya da tarafların davranışlarını kontrol etmek için bazı ödül ya da ceza kullanımı. Arabuluculuk ve hakemlik bazı spesifik konularda bir düzenlemeye gidilmesi yönünde çabalarken, danışmanlık ise daha çok pozitif davranışların ve ilişkilerin geliştirilmesine çabalar ve çatışmayı daha uzun vadede çözmeyi hedefler. Sonuç olarak arabuluculuk ve hakemlik toplumsal çatışma süreci ile ilgili çalışmalara daha az ilgi göstermektedir"[41].

Problem çözümü atölyeleri sonucunda bireylerin algılama ve tavırlarında değişiklik, çatışma çözümü için geliştirilen fikir ve öneriler, potansiyel olarak kullanışlı kurumsal düzenlemeler gibi bazı kazanımlar elde edilebilir. Atölye katılımcılara algılamalarını ve tavırlarını

---

[35] Fisher (1983), *a.g.e.*, p. 302.
[36] Bknz. Richard E. Walton, *Interpersonal Peacemaking: Confrontations and Third Party Consultation*, London, Addison-Wesley, 1969.
[37] Bknz. R. R. Blake, H. A. Shepard, J. S. Mouton, *Managing Intergroup Conflict in Industry*, Houston, TX: Gulf., 1964.
[38] Bknz. J. W. Burton, *Conflict and communication: The Use of Controlled Communication in International Relations*. London, Macmillan, 1969; L.W. Doob, *Resolving Conflict in Africa: The Fermeda Workshop*, New Haven, Yale University Press, 1970.
[39] Fisher (1983) *a.g.e.*, p. 302.
[40] Fisher (1983) *a.g.e.*, p. 305.
[41] James A. Wall, "Mediation: an analysis, review and proposed research", *The Journal of Conflict Resolution*, Vol. 25, No.1, (March 1981), pp. 157-180.

değiştirecek yeni bilgiler sunar ve karşı tarafın amaçları, niyeti, endişeleri ve limitleri konusunda yeni bir anlayış kazandırır. Katılımcılar kendi özel çatışma çözümü önerilerini geliştirmeleri konusunda cesaretlendirilir. Atölyenin diğer katkısı müzakere süreci ile ilgilidir. Müzakerenin farklı aşamalarına- öncesi, müzakere aşaması ve sonrası- bazı girdiler sağlar. Taraflar birbirlerinin reaksiyonlarını izleme fırsatları bulurlar ve müzakere sürecinde karşı tarafın davranışlarını tahmin edebilmek için tecrübe kazanırlar. Resmi bir müzakere sürecinin baskısı olmadan her türlü detayı konuşabilecekleri bir forum olabilmesi açısından bu sürecin önemi büyüktür[42].

Çalışmamızın barış çalışmaları bağlamında yer verdiğimiz bu teorik kısmından sonra uygulama kısmında Kolombiya İç Savaşı'nın öncelikle nedenleri ve çatışma sürecine yer verilecek, son olarak da barış süreci gerek birinci derece taraflar gerekse ikinci derece taraflar açısından analiz edilmeye çalışılacaktır.

Kolombiya İç Savaşı

Kolombiya'da 20. yüzyılın ilk yarısında bazı ekonomik ve toplumsal sıkıntılar yaşanmış olsa da, 1899-1903 yıllarında Liberal ve Muhafazakâr Parti yanlıları arasında yaşanan *Bin Gün Savaşı (Guerra de los Mil Dias)* adı verilen ve 300 binden fazla insanın hayatını kaybettiği iç savaştan sonra görece bir siyasal istikrar dönemi yaşanmıştır. Bu dönem II. Dünya Savaşı'na kadar sürmüştür. Kolombiya iç savaşını tetikleyen olay ise toprak sahiplerinin desteklediği Muhafazakâr Parti'nin karşısında, köylünün desteğine sahip olan ve gelecek seçimlerde de muhtemelen iktidar olmaya en güçlü aday olan Liberal Parti'nin lideri Jorge Eliecer Gaitan'ın 9 Nisan 1948'de bir suikast sonucu öldürülmesi olmuştur. Ülkede var olan oligarşik yapıyı hedef alan söylemleri, sosyal adaleti sağlamaya yönelik toprak reformu ve değişim çağrılarına kulak veren geniş bir halk kitlesine sahip olan Gaitan'ın ölümü ile Liberaller ve Muhafazakârlar arasında ikinci bir mücadele dönemi başlamış[43] ve 10 yıllık şiddet dolu bir döneme *"La Violencia"* (Şiddet Dönemi) dönemine girilmiştir.

Aslında sorunun temelinde ülkede yönetim üzerinde söz sahibi olmak isteyen farklı siyasi görüşlerin, farklı güçlerin varlığı ve bu güçlerin

---

[42] Herbert Kelman, Stephan Cohen, "The Problem Solving Workshop: A Social-Psychological Contribution to the Resolution of Conflicts", *Journal of Peace Research*, Vol. 13, No. 2, 1976, p. 88.
[43] Ebru Afat, "Kolombiya: Latin Amerika'da En Uzu Savaş", *Dünya Çatışmaları*, 1. Cilt, Editörler: Kemal İnat, Burhanettin Duran, Muhittin Ataman, Nobel Yayın, Ankara, 2010, s.830-831

uygulanması gereken yönetim konusundaki uzlaşmazlıkları sonucunda ortaya çıkan bir mücadele yatmaktadır. Bunun doğal bir sonucu olarak da ortaya dengesiz ve istikrarsız bir siyasi yapı çıkmış, köklü bir siyasi geleneğin yerleşmesi de mümkün olamamıştır.

Liberaller her zaman sömürüye karşı bir duruş benimsemiş ve Kolombiya'yı modern bir ulus devlete dönüştürmeyi, liberal bir devlet anlayışı ile devletin yetkilerinin sınırlandırılmasını, devlet ile kilisenin ayrışmasını, eğitim, basın, din ve ticari alanda özgürlüklerin yayılmasını, idam cezasının kaldırılmasını istemişlerdir. Bu doğrultuda tüccarlar, üreticiler, küçük toprak sahipleri ve çiftçiler tarafından da desteklenmişlerdir[44]. Buna karşın Muhafazakâr kesim her zaman İspanyol sömürge sistemini ve Roma Katolik Kilisesi'nin otoritesini korumayı istemiştir. Kolonyal yapı ve kurumların devamı ile kilise ve devlet arasındaki bağın güçlenmesinden yana olmuşlardır. Kölelik sistemini desteklemişler ve otoriter bir devleti savunmuşlardır. Bu doğrultuda Roma Katolik Kilisesi, büyük toprak sahipleri tarafından da desteklenmişlerdir[45]. Bu bağlamda da farklı tabanlardan gelen farklı talepler, çatışmaların kaynağı olmuş ve karşılanmayan talepler iç savaşın daha da derinleşmesine neden olmuştur. Farklı motivasyonların yer aldığı bir iç savaşta ülke bir kaosa sürüklenmiş ve büyük bir yıkıma yol açmıştır. Ülkede var olan oligarşik yapıya karşı duyulan öfke, özel mülkiyet haklarının korunması, toprak reformu talepleri, siyasi sadakat gibi birbirinden farklı motivasyonların varlığının yanı sıra, devlet düzenine karşı anarşik eğilimlerle ülkenin bu durumundan pay çıkarmaya çalışan bazı grupların varlığı da devlet düzenini tamamen sarsmıştır. "La Violencia" döneminde yaşanan kaos ve şiddet tüm toplumu etkilemiş ve ülkede kelimenin tam manasıyla toplumsal bir çöküş yaşanmıştır. Tüm bu yaşananların sonucu olarak da "La Violencia" dönemi "ülkede ulus inşası ve demokratikleşme sürecini zayıflatarak bugünkü mevcut siyasi-ekonomik ve sosyal sorunların temelini de atmıştır"[46]. Bu dönemde toprak sahiplerinin kontrolünde bulunan paramiliter güçler tarafından hem topraklarından hem de canlarından edilen köylüler 1950'li yıllarda Kolombiya'nın yerleşim yapılmayan bölgelerine göç etmişler ve bu-ralarda adına "Marquetalia Cumhuriyeti" adı verilen bağımsız koloniler kurmuşlardır[47].

---

[44] http://countrystudies.us/colombia/15.htm
[45] http://countrystudies.us/colombia/15.htm
[46] Rıdvan Türkoğlu, "Kolombiya'da La Violencia Dönemi, Rojas Pinilla Askeri Rejimi ve Ulusal Cephe", Latin Amerika Çalışmaları Araştırma Ve Uygulama Merkezi, Ankara, 2014
[47] http://www.cnnturk.com/dunya/kolombiyada-silah-birakan-farcin-yarim-asirlik-oykusu?page=4

Gaitan'ın 1948 yılında ölümünün ardından Bogota'da başlayan şiddet olayları tüm ülkeye yayılınca Başkan Ospina Perez sıkı yönetim ilan etmiş ve Kongre'yi kapatma kararı almıştır. Bu dönemde yaşanan en önemli gelişme kırsal kesimin kontrolünü ele geçirebilmek için Liberaller ve Muhafazakârlar tarafından ülke çapında silahlı gruplar kurulması olmuştur. 1950 yılında yapılan seçimlerde Liberallerin Başkanlık Seçimleri'ni boykot etmeleri sonucu, anti-liberal politikaları ile bilinen Muhafazakâr Laureano Gomez seçimleri kazanmıştır. Ne var ki, yeni başkanın özellikle liberalleri hedef alan baskıcı politikaları iç savaşın daha da şiddetlenmesine neden olmuş, 1953 yılında General Gustavo Rojas Pinilla önderliğinde gerçekleşen darbeyle Kolombiya'da askeri bir yönetim kurulmuştur. Pinilla, ilk başlarda şiddetin azaltılması, Liberal savaşçıların silahları bırakması gibi konularda başarılı olmuş ve silah bırakmayı kabul eden taraflara genel af ve hükümet yardımı teklifinde bulunmuştur. Bu çağrısının olumlu karşılık bulması sonucu darbe sonrası kısa bir süre de olsa sakin bir süreç yaşanmış ancak 1953 yılının sonlarına doğru kırsal kesimde şiddet yeniden baş gösterince, Pinilla bunları sert önlemlere bastırmayı tercih etmiştir. Baskı politikalarına yönelen rejimin, basına sansür uygulamak, sosyal reform politikalarını askıya almak gibi uygulamaları da olmuştur. Adeta bir diktatörlüğe dönüşen rejimin daha pek çok aşırı uygulamaları sonucu ülkede durum git gide kötüleşince[48] Pinilla cuntası Liberaller ve Muhafazakârlar tarafından desteklenen bir darbe ile sonlandırılmıştır. 1958 yılında Liberal Parti ve Muhafazakâr Partinin kurdukları Ulusal Cephe'nin adayı Alberto Lleras Camargo'nun devlet başkanı seçilmesiyle *La Violencia* dönemi sona ermiştir[49].

Yukarıda ifade ettiğimiz gibi Marquetalia Cumhuriyeti'nin varlığı, Pinilla'nın diktatörlüğü ve ortaya çıkardığı sonuçlarıyla birlikte ülkenin içinde bulunduğu durum Liberalleri ve Muhafazakârları bir şekilde bir anlaşmaya varmaya mecbur bırakmıştır. Bu yönde bir girişim olarak Ulusal Cephe hükümetleri kurulmuştur. Amaç, Liberaller ve Muha-fazakârlar arasında var olan farklılıkları ortadan kaldırarak etkili ve barışçıl bir yönetim kurmaktı[50]. 1958 yılında kurulan Ulusal Cephe hükümetinde ve daha sonra kurulacak olanlarda da, Liberaller ve Muhafazakârlar her iki partinin de dengeli bir şekilde yer almasını

---

[48] Türkoğlu, *a.g.e.*
[49] Afat, *a.g.e.*, s. 831
[50] David Bushnell, *Colombia: A country study* / Federal Research Division, Library of Congress, Rex A. Hudson (Ed), 5th ed., Area Handbook of the US Library of Congress, History of Colombia https://www.loc.gov/rr/frd/cs/pdf/CS_Colombia.pdf

hedeflemiş ve bu hedef doğrultusunda başkanlık makamı ve önemli hükümet mercilerinin iki parti arasında sırayla el değiştirmesi konusunda anlaşmaya varmışlardır[51]. Bu uygulama ile 1946 seçimleri sonrası partiler arasında başlayan şiddet olayları sonucu zarar gören demokratik sistemin yeniden güçlendirilmesi ve partiler arasındaki güvenin yeniden tesis edilmesi hedeflenmiştir[52]. Ancak çatışma partiler arası çatışma boyutunu aşarak gerilla çatışmasına dönüşmüş ve düşük yoğunluklu bu çatışma ortamı 1960'lara kadar devam etmiştir. Ulusal Cephe hükümeti yukarıda ifade ettiğimiz olumlu bazı uygulamalarının yanı sıra iç savaşta temel meselelerden biri olan köylü ayaklanmasının taleplerine bir çözüm getirememiştir. Bunun yanı sıra sistemde iki partinin dışında başka partilerin katılımını önleyici bir politika içinde olmuş, siyasi çoğulculuğun engellendiği ve önemli bir seçmen kitlesinin adeta dışlandığı demokratik olmayan uygulamaları bağlamında da eleştirilmiştir. Bu durumda da istediklerini elde edemeyen köylü hareketinin silahlı gerilla grupları oluşturmasına engel olamamıştır. Bu gruplar içinde politik sistemden dışlandığını düşünen halk kitlelerinin savunuculuğuna soyunan ve toplumda geniş bir desteğe sahip olan Komünist Partisinin silahlı kanadı FARC (Kolombiya Devrimci Silahlı Güçleri/Fuerzas Armadas Revo-lucionarias de Colombia/Revolutionary Armed Forces of Colombia) bunlardan en önemlisiydi[53]. Bu dönemde silahlı mücadeleye girişen tek yasa dışı örgüt FARC değildi. Yine 1964 yılında kurulan ELN, (Ejercito Libercion de de Nacional) 1967 yılında kurulan Halk Kurtuluş Ordusu-EPL (Ejercito Popular de Libercion) Kolombiya'nın Komünist Partisi'nin silahlı kanadı olan bir başka örgüttü. Tüm bu silahlı örgütlerin yarattığı şiddet dolayısıyla Kolombiya Hükümeti de bu örgütlere yönelik olarak güç kullanma yoluna gitmek zorunda kalmıştı[54].

FARC'ın lideri Manuel Marulanda bir tarım işçisiydi. FARC Kolombiya'da yaşanan iç savaşının tarafı olan silahlı güçlerden en büyüğü ve en çok bilinenidir. FARC kurulduğu yıllarda böylesine uzun süreli bir çatışmanın tarafı olacağı tabii ki kimsenin aklının ucundan geçmiş olamazdı. Yoksul

---

[51] Robert H. Dix, The Politics of Colombia, New York: Praeger, 1987, p 40 aktaran Cynthia A. Watson, "Political Violence in Colombia: Another Argentina?" *Third World Quarterly*, Vol. 12, No. 3/4 (1990 - 1991), p. 26

[52] Dennis M. Hanratty,.; Sandra W. Meditz, *Colombia: A Country Study,* GPO for the Library of Congress, Washington: 1988 aktaran Türkoğlu, *a.g.e.*

[53] Garry M. Leech,, Killing Peace, *Colombia's Conflict and The Failure of U.S. Intervention,* Information Network of the Americas (INOTA), New York 2002, 1. bs.,s.14 aktaran Türkoğlu, *a.g.e.*

[54] Opposition to the National Front. Erişmek için: http://www.country-studies. com/colombia/opposition-to-the-national-front.html

köylülere dayanan geniş bir tabana sahip olan FARC'ın, 1964 yılında kurulduğunda, hükümeti yapılan anayasa değişiklikleri, kırsal kesimin sorunlarının göz ardı edilmesi, toprak sorunları ve etnik sorunlar konusunda duyarsız kalmakla eleştiriyordu. Başta FARC olmak üzere diğer örgütler Hükümete karşı verdikleri mücadelede yoksul halkın çıkarlarını savunduklarını ve sosyalizm yolu ile adalet getirecekleri iddiasını gündemde tutmuşlardı.

1980'li yıllarlara gelindiğinde FARC kontrol sağladığı bölgelerde önemli bir güç haline gelmişti hatta legal olarak siyasete girmeyi de denemişti. Bu doğrultuda bir girişim olarak Komünist Parti ile birleşmesi sonucu 1985 yılında Yurtseverler Birliği (Union Patriotica) kurulmuştu ancak bu girişimler seçimler yaklaştığı sırada paramiliter güçlerce Yurtseverler Birliği'ne karşı girişilen saldırılarla sonuçsuz kalmıştı. Bunun ardından FARC dağlara çekildi. Bu dönemde belirtilmesi gereken önemli bir husus da Kolombiya Hükümeti'nin FARC'a silah bırakması yönünde çağrıda bulunmasıdır. Hatta örgüt ile hükümet arasında gizli görüşmelerin ilk olarak bu dönemde başladığı söylenebilir[55].

1980'ler boyunca öncelikle Kolombiya ordusunu ve FARC'ı bir tehdit olarak algılayan toprak sahipleri ve uyuşturucu baronlarının desteklediği paramiliter güçlerin hem FARC'a yönelik hem de sivil halka yönelik olarak giriştiği şiddet eylemleri Kolombiya'da yaşanan iç savaşı daha da karmaşık bir hale getirmişti. Ülkenin güney kısmında yetiştirilen koka ve afyon alanlarının kontrolü de silahlı güçler arasında ayrı bir mücadele konusu olarak ortaya çıkmıştı. Bu ortamda FARC mücadele taktiklerinde değişikliklere giderek eylemlerine adam kaçırma ve banka soygunlarını da ekledi. Bu dönemde bir anlamda FARC'ın güç kaybetmeye başladığını da söyleyebiliriz. Bunun ardındaki nedenler arasında öncelikle Alvaro Uribe'nin politikaları ve ABD'nin 2000 tarihli Plan Colombiya kapsamında uyuşturucu ile mücadele konusunda Kolombiya hükümetine sağladığı destek sayılabilir. Bunların yanı sıra FARC'ın eylemlerinin halk üzerinde yarattığı dehşet ve korku da FARC'a yönelik tepkinin yükselmesinin en önemli nedenidir. Muhafazakâr Başkan Andres Pastrana döneminde geliştirilen ve uygulamaya konulan Plan Colombia asıl olarak Uribe döneminde uygulamaya konulmuş ve her yıl kapsamı biraz daha genişletilmeye çalışılmıştır[56].

Uribe 2002 yılında iktidara geldiğinde FARC ve ELN'ye karşı kararlı bir tutum sergileyerek süre gelen çatışmadan ve yaşanan şiddet

---

[55] http://www.cnnturk.com/dunya/kolombiyada-silah-birakan-farcin-yarim-asirlik-oykusu?page=9
[56] Afat, a.g.e., 834-837

ortamından kurtulmak isteyen halkın desteğini kazanmayı başarmıştır. 2002 yılında Alvaro Uribe'nin devlet başkanı seçilmesi FARC için çok önemli sonuçlar doğurmuştur. Alvaro Uribe'nin babası zengin bir toprak sahibiydi ve 1983 yılında FARC tarafından kaçırılma girişimi sırasında öldürülmüştü. Yaşanan bu olay Alvaro Uribe'nin FARC'a yönelik mücadelesinde sahip olduğu sert pozisyonunda şüphesiz etkili olmuştur.

Ayrıca Uribe, ABD'nin 11 Eylül terör saldırıları sonrası küresel terör mücadelesi bağlamında da ABD'den gelecek desteğin bilincinde olarak mücadelesinde bu kozu kullanmayı da bilmiştir. Uribe döneminde FARC'a yönelik operasyonlar örgütü önemli ölçüde zayıflatmıştır. Ne var ki, Uribe uyuşturucu ile mücadele konusunda özellikle ABD'nin kendisinden beklediği başarıyı sağlayamamıştır. Kolombiya'da çetelerle ilgili yapılan meclis araştırmaları sonucunda parlamentodaki vekillerin üçte birinin çetelerle ilişkisi olduğu çıkmıştı ve ilginç olan da bu milletvekillerinin Devlet Başkanı Alvaro Uribe'nin partisine mensup olmalarıydı. Bunun yanı sıra Uribe'nin ünlü uyuşturucu baronu Mario Escobar ile ilgili bazı sırlarının da ortaya çıktığı bu dönemde Başkan Uribe, ülkedeki bütün çete reislerini ABD'ye teslim etmişti ancak Kolombiya'da örgütlü terörden ve cinayetten yargılanacak olan bu çete reisleri, ABD'de kara para aklama, uyuşturucu ticareti gibi suçlardan yargılanmış ve birçoğu da beraat ederek, daha sonra ülkeye dönmüşlerdir[57].

2010 yılında yapılan seçimlerde Uribe döneminde savunma bakanlığı görevinde bulunan ve FARC'ı önemli ölçüde zayıflatan operasyonlarda da payı olan Juan Manuel Santos başkan seçilmiş ve barış sürecinde yeni bir dönem başlamıştır.

Barış Süreci

Kolombiya'da yarım yüz yılı aşkın bir süre boyunca Kolombiya Hükümeti, Kolombiya Devrimci Silahlı Güçleri (FARC/Revolutionary Armed Forces of Colombia) ve Ulusal Kurtuluş Ordusu (ELN) arasında yaşanan çatışma maddi manevi maliyeti ile korkunç boyutlara ulaşmıştır. İç savaş 260000 kişinin ölümüne ve 7.3 milyon insanın evlerinden olmasına neden olmuştur[58]. Her hangi bir çatışmada tarafların çözüm seçeneğini düşün-meleri ve müzakere seçeneğine yönelmeleri fayda maliyet analizi ile yakından ilgilidir. Devletin

---

[57] http://www.cnnturk.com/dunya/kolombiyada-silah-birakan-farcin-yarim-asirlik-oykusu?page=8
[58] http://tr.euronews.com/2017/03/16/kolombiya-da-son-durum

operasyonlarını yoğunlaştırmasıyla örgütün güç kaybetmeye başlaması, tek taraflı eylemlerle istediğini elde edemeyeceğini kabullenmesi, devletin de askeri seçeneğin çözüm getirmeyeceğini kabul edip, çatışmanın sürmesi halinde getireceği ekonomik maliyeti de düşünüp müzakereyi mantıklı bir yol olarak kabul etmiş olması mümkündür. Bunların yanı sıra bölge ülkelerinin de çözüm yönündeki baskıları bugün gelinen noktada pay sahibidirler.

1980-2000 yılları arasında bazı barış girişimleri söz konusu olmuş olsa da bunlar sorunu sona erdirmek adına başarılı olamamışlardır. Sivil toplum örgütleri 1980'lerden itibaren hükümete FARC ile barış görüşmelerine başlaması yönünde çağrıda bulunmuşlardır. 1990-1994 yılları arasında Kolombiya devlet başkanı Cesar Gaviria Turujillo FARC ve ELN ile görüşmelerde bulunmuş ancak somut bir gelişme elde edilememiştir. 2000'li yıllarda barış görüşmelerinde bir hareketlilik yaşanmış olsa da barışı sağlamak yine mümkün olmamıştır. Genelde sağ kanadı temsil eden Muhafazakâr hükümetler barış görüşmelerini sürdürmeye çalışmışlardır.

2010 yılında iktidara gelen Juan Manuel Santos müzakere seçeneğine yönelerek önce 2011'de bir süre gizli olarak sürdürülen barış görüşmelerine başlamış ve FARC 19 Kasım 2012'de ilk tek taraflı ateşkesi ilan etmiştir. Ateşkes dönemleri zaman zaman kesintiye uğrasa da bunları yeni ateşkes ilanları izlemiştir. (Kolombiya hükümeti'nin ateşkes ilanı için Temmuz 2016 tarihi beklenecektir.)

Kolombiya Hükümeti tarafından 2012 yılında yapılan bir açıklama aracılığıyla FARC ile görüşmelerin yürütüldüğü kamuoyuna duyurulmuştu. Resmi olarak barış süreci daha başlamadan önce Venezuela'nın eski devlet başkanı Hugo Chavez'in arabuluculuğu söz konusu olmuş, Venezuela ile Kolombiya sınırında ilk görüşmeler yapılmıştır. FARC ile barış sürecinin başlatıldığı ve resmi olarak görüşmelerin sürdürüldüğü kamuoyuna açıklandıktan sonra ise resmi görüşmeler Oslo'da başlamış ve Havana'da devam etmiştir. Müzakere sürecinde Küba ve Norveç garantör ülkeler olarak yer almışlar, FARC Venezuela'yı, Kolombiya ise Şili'yi kolaylaştırıcı ülke olarak seçmiştir. Süreçte kolaylaştırıcı olarak bölge ülkelerinin seçilmesi soruna olumlu katkı sağlayacağı düşünüldüğü için tercih edilmiştir. Bölgede barışın sağlanması tüm bölge ülkelerinin de arzu ettiği bir durum ortaya çıkaracağı için süreçte arabulucu olarak bu ülkelerin önemli katkıları olmuş, müzakerelerin devamının sağlanması noktasında da gerektiğinde baskı uygulamışlardır.

2016 yılının Eylül ayında iç savaşı sonlandıran anlaşma Devlet başkanı Juan Manuel Santos ve "Timoşenko" yani asıl adıyla Timoleon Jimenez tarafından mermiden yapılan bir kalemle imzalanmıştır. Çatışmayı sonlandırmak ve anlaşmaya varmak için yaşanan süreçte Santos'un katkıları çok büyüktür. Ülkeye verdiği maddi manevi kayıpların son bulması için başlatılan barış sürecinde, silahlı bir örgüt olan FARC ile müzakere etmek uluslararası toplumun meşru bir üyesi olan bir ülkenin lideri için elbette kolay olmamıştır.

2016 yılının Eylül ayında Kolombiya Hükümeti ile FARC arasında varılan antlaşma Ekim ayında referanduma sunulmuş ve %40'ın altında bir katılımın sağlandığı referandumda %50,24 hayır oyu kullanılmıştır. Bu sonuç aslında ülkenin ikiye bölünmüşlüğünü de gözler önüne sermiştir. Hayır diyen kesim aslında çatışma sürecinde yaşananları affedemeyenler ve verilen kayıpları unutamayanlar, FARC'ın sözlerini tutmayacağını ve antlaşma ile çok fazla kazanımlar elde ettiğini düşünenlerdir. Hayır diyen tarafta yer alan eski devlet başkanı Uribe de bu noktada olmakla birlikte hükümetin FARC'a fazla taviz verdiğini düşünen ve FARC'ın cezasız kalmasını kabullenemeyenlerden.

Referandum sonrası çatışmanın kurbanları, siyasi partiler, sivil toplum kuruluşları ve kilise ile tekrar görüşen Santos bu grupların taleplerini ve çekincelerini tekrar dinledikten sonra FARC ile tekrar müzakere etmiş 12 Kasım 2016'da yeni bir antlaşmaya varmışlardır. Yeni antlaşma 24 Kasım 2016'da Kolombiya Devlet başkanı Santos ve FARC lideri Rodrigo Londono arasında imzalanmıştır. Antlaşma bu defa referanduma değil önce Senato'nun ardından Temsilciler Meclisi'nin de onayını alarak 2016 yılı sona ermeden kabul edilmiştir.

Eski antlaşmanın gözden geçirilmesiyle referandumda hem evet diyen hem de hayır diyen kesiminin istekleri doğrultusunda yeni bir antlaşma imzalanmıştır. İki tarafın da talepleri ve endişelerini göz önünde bulundurarak yeniden düzenlenmeye çalışılan yeni antlaşma toplumun farklı kesimlerini memnun etmeye çalışmıştır. İş adamları, toprak sahipleri ve din adamlarının talepleri doğrultusunda bazı değişiklikler yapılmıştır. Eğer bir barış anlaşması hazırlanmaya çalışılıyorsa anlaşmanın muhatabı olacak kesimlerin anlaşmanın içeriğinde kendilerinden bir şeyler bulması onaylanmasını kolaylaştıracağı gibi kabul edilebilirliği de artacaktır. Santos'un tüm kesimlere mesajı bölünmüşlükleri ve kutuplaşmayı terk etmenin çok zor olduğu ancak barışa giden yolun da ancak bundan geçtiği yönünde olmuştur.

Antlaşmaya göre FARC tüm malvarlığını teslim etmekle kalmayacak bu mal varlığı çatışmanın mağdurlarının yararına kullanılacaktı. Daha önce referandumda reddedilen anlaşmanın FARC'a parlamentoda temsil imkânı sağlayacak olması hayır diyen kesimin kabullenemediği konulardan biriydi. Santos bu kez bu konuda fazla detaylı bir açıklama yapmadan bu konuda da toplumun endişelerinin giderileceğini ifade etmekle yetinmişti. Santos müzakere sürecinde ilerleme sağlayabilmek için toplumun hassas olduğu bu konuda çok detaylı açıklamalarda bulunmadan uzlaşmaya varılabilecek maddelere yönelmeyi seçmişti.

Yapılan referandumda hayır diyen kesimin hassas olduğu konular FARC'ın parlamentoda temsil imkânına kavuşması ve örgüt üyelerinin toprak ve mülk sahibi olmasıydı. Santos bu konularda çok detay vermemekle birlikte, Kolombiyalı yargıçlardan oluşacak özel barış mahkemelerinin kurulacağını ve 10 yıl süreyle çalışacağını, ilk 2 yıl araştırma taleplerini kabul edeceğini açıklamakla yetinmişti[59].

"Yeni anlaşma anayasada yer almayacak ancak insan haklarına dair düzenlemelere anayasada yer verilecekti. Barış Mahkemesi FARC militanlarına verilecek cezaları ve uygulanacağı yerleri seçerek, yaptırımların uygulanmasını denetleyecekti. Süreçte özel mülkiyet hakkına saygı gösterilecek ve toprak sorununu ele almak üzere uzman bir heyet oluşturulacaktı. İş adamlarının barış sürecine dair ekonomik endişelerini gidermek adına da yeni anlaşmanın uygulanmasında 10 yıl süreyle vergi baskısını azaltacak önlemler yer alacaktı. FARC'ın kuracağı siyasi partiye ilk antlaşmada yapılması öngörülen yardım %30 oranında düşürülecek; FARC üyeleri seçimler yoluyla Meclisteki 16 geçici sandalye için siyasi görevler üstlenebilecek; FARC tarafından kurulacak siyasi partinin üyeleri, Mecliste köylüler ve azınlıklar için ayrılmış kontenjanlar için aday olamayacaklardı"[60].

Değerlendirme

Kolombiya'da şiddetin tamamen durduğunu söylemek mümkün olmasa da gelinen nokta son derece önemlidir. Bugün varılan noktada Kolombiya Hükümeti ve özel olarak Devlet başkanı Santos'un barışı sağlamak yönünde güçlü bir motivasyona sahip olmasının payı çok

---

[59] http://www.birgun.net/haber-detay/kolombiya-da-yeni-anlasma-56-madde-patronlarin-ve-toprak-sahiplerinin-lehine-degistirildi-135542.html
[60] http://www.birgun.net/haber-detay/kolombiya-da-yeni-anlasma-56-madde-patronlarin-ve-toprak-sahiplerinin-lehine-degistirildi-135542.html

büyüktür. Çalışmamızın başında belirttiğimiz gibi barışa karar vermek ya da barışı sağlamak çatışma ya da savaştan daha zordur çünkü barışı sağlayabilmek için tarafların mutlaka bazı tavizler vermesi gerekecektir. Özellikle de şiddet dolu yıllar ve verilen yüz binlerce kayıptan sonra bu daha da zordur. Bunun yanı sıra yaşanan bir iç savaş ise ve çatışmanın tarafları statü olarak eşit değillerse, müzakere yöntemi ile bir uzlaşmaya varmak daha da zor olacaktır. Müzakere eden tarafların eşit statüde olması müzakerelerin seyri açısından çok önemlidir. Bir tarafta tüm dünyanın tanıdığı bir devlet ve karşısında pek çok ülkenin terörist örgüt listesinde bulunan FARC. Kolombiya hükümeti pek çok ülke ve Kolombiya halkının önemli bir kesimi tarafından terörist olarak kabul edilen silahlı bir örgüte fazla taviz verdiği gerekçesi ile eleştirilere hedef olabilirdi ki olmuştur. Müzakere sürecinde hem devlet hem de devlet başkanı için prestijin korunması ve halkın hassasiyetleri her zaman göz önünde bulundurulması gereken faktörler olmuştur. İşte bu noktada Santos'un girişimleri ve süreçteki tavrı çok önemlidir ki Nobel Barış Ödülüne layık görülmesinde de bu çabalarının payı büyüktür.

FARC çatışmanın güçlü taraflarından biri olarak ortaya koyduğu amaçları doğrultusunda hükümete karşı mücadelesinde finansman için yasa dışı yollara başvurmaktan çekinmemiştir. Yol açtığı şiddet binlerce masum insanın hayatını kaybetmesine neden olmuştur. Ne var ki 50 yıldır yol açtığı şiddeti sona erdirme niyetiyle barış sürecine dâhil olması tamamen öteki kavramsallaştırmasının güçlü olduğu bu çatışmada Kolombiya Hükümeti ile uzlaşma arayışına yönelmesi çok önemli bir adımdır. Fayda maliyet analizi bağlamında çatışmanın tarafları çatışmanın sürmesi halinde ortaya çıkacak maliyete artık katlanmak istemediklerinde müzakere seçeneğine yönelirler. Temelde tarafları uzlaşı arayışına gö-türen en önemli neden budur.

Bazı çatışmalarda çatışan taraflar dışında ikinci üçüncü derece tarafların, farklı statüde bazı aktörlerin varlığı söz konusu olmaktadır. Çıkarları çatışmanın sona ermesini gerektiriyorsa bu yönde çabalayacaklar hatta gerekirse güçleri oranında baskı uygulayacaklardır. Kolombiya'da yaşanan çatışmada da böyle bir durum söz konusudur. Hem bölgeden hem de bölge dışından farklı ülkeler barış sürecinde yer almışlardır. Bölge ülkelerinin özellikle de Kolombiya ile sınırı olan bazı ülkelerin temel motivasyonu yanı başlarında devam eden bu çatışmanın sona erdirilmesi güvenlik açısından önemli bir amaç olmuştur.

Kolombiya'da yaşanan çatışma hem bölgesel hem de küresel bir çatışma olarak kabul edilmektedir. Ne var ki, uluslararası toplumun

Kolombiya çatışması ile ilgili olarak etkin bir aktör olarak kabul edildiğini söylemek güçtür. Uluslararası toplum 1995 yılında Ulusal Uzlaşma Komisyonu (National Conciliaton Comission-CCN) tarafından bir aktör olarak önerilmiştir. Günümüzde uluslararası alanda etkileşimin barışa giden yolda barışa yönelik olarak sürdürülen çabalarda uluslararası örgütlerin, dost hükümetlerin ve sivil toplumun önemi anlaşılmıştır. Ülkedeki sivil toplum pek çok şekilde şiddeti reddedip barışa giden yolda önemli katkılar sağlamıştır. Toplum da şiddet karşıtı gösterilere destek vererek bu anlamda sürece katkı sağlamış, barış için düzenlenen gösterilere 30 milyondan fazla insan katılmıştır[61].

Toplumun barış sürecine destek vermesi hükümetin FARC ile yürüttüğü müzakerelerde daha rahat hareket etmesini sağlamıştır. Burada toplumun temel motivasyonu, kayıpların sona ermesi ve şiddetin durması olmuştur. Hükümet FARC ile yürüttüğü müzakerelerde hem kendi hedeflerini gerçekleştirmek, hem de toplumun farklı kesimlerinin beklenti ve çıkarları arasında bir denge kurmak zorunda kalmıştır. Problem çözümü yaklaşımının amacı öncelikle taraflar arasında anlamlı bir iletişim sağlamak, tarafların "biz-onlar" algısını ortadan kaldırmaya çalışmak,[62] hedefleri net bir şekilde ortaya koymak, şartları analiz etmek ve alternatifler geliştirmeye çalışmaktır[63]. Kolombiya hükümetinin son barış anlaşmasında toplumun farklı kesimleri ile görüşerek taleplerini ve endişelerini dile getirmelerine fırsat vermesi ve elde ettiği verilere göre FARC ile yeniden müzakere edip, anlaşmayı yeniden şekillendirmesi bu bağlamda değerlendirilmelidir.

Toplumda barışı destekleyen, kayıpların ve şiddetin durmasını isteyen bir kesimin olduğu muhakkak ancak yine de yaşananlarını ve kayıpları kabullenemeyen bir kesimin var olduğu da bir gerçektir. Bu konuda yapılan araştırmalara göre toplumun önemli bir kesimi FARC liderleri ve üyeleri için af sağlanmasını ve siyasi sürece katılmasını istemiyor ve aslında barışı desteklemekle birlikte FARC'ın cezasız kalmasını kabul edemiyorlar.

Varılan anlaşmada yer alan en önemli konular toprak reformu, siyasi sürece katılım, silahsızlanma, uyuşturucu sorununun çözümlenmesi,

---

[61] http://www.democraticprogress.org/wp-content/uploads/2013/06/Colombia-Paper-Turkish.pdf, p. 27, 33
[62] Chester Crocker, Fen Olser Hampson, Pamela R. Aall, "Leashing the Dogs of War", *Leashing the Dogs of War: Conflict Management in a Divided World*, Ed. by., Chester Crocker, Fen Olser Hampson, Pamela R. Aall, Washington, United States Institute of Peace, 2007, p. 41.
[63] Harold D. Laswell, Richard Arens, "The Role of Sanction in Conflict Resolution", *The Journal of Conflict Resolution*, Vol. 2, No.1, (March, 1967), p. 27.

savaşın kurbanlarının hakları ve varılan barış anlaşmasının uygulanma süreciydi. Teorik kısımda belirtildiği gibi çatışma yönetimi çözüme ulaşmanın çok zor olduğu derin köklere sahip yani uzun yıllardır devam eden adeta kronikleşmiş diğer bir ifade ile derin köklere sahip çatışmalar için daha uygundur. Taraflar artık askeri seçeneklerle amaçlarına ulaşmayı düşünmüyorlarsa çatışma yönetimi mümkün olabilir. Hayati kabul edilen amaçlar uğruna verilen bir mücadele söz konusu ise -ki Kolombiya'da durum böyledir- müzakere sürecinin çok zorlu geçeceği muhakkaktır ancak Kolombiya özelinde bir yorum yapmak gerekirse son yıllarda yaşanan barış sürecinde, tarafların temel ihtiyaçlarının belir-lenmeye çalışıldığı söylenebilir.

Çalışmamızın teorik kısmında ifade ettiğimiz gibi barış göreceli bir kavramdır. İdeal olan "pozitif barış", "istikrarlı barış" ya da "sıcak barış" olarak kavramsallaştırılmış ve barışın en üst seviyesi yani taraflar arasında güven duygusun yerleştiği, öteki kavramsallaştırmasının ol-madığı, anlamlı ilişkilerin kurulduğu ve işbirlikçi bir sürecin hâkim olduğu bir durumdur. Bu durumun bugün Kolombiya için söz konusu olmadığını söyleyebiliriz. Kolombiya için bugün negatif barıştan pozitif barışa doğru giden bir noktada olduğu yorumunu yapabiliriz. Genel bir yorum yapmak gerekirse Kolombiya'da henüz düşmanlığın tamamen sona erdirildiği, karşılıklı kabullenmenin var olduğu ve değer duygusunun yaratıldığı bir durum olduğunu söyleyemeyiz. Ancak bugün gelinen noktanın basitçe al ver mantığına odaklanmış bir süreçle değil, problem çözümü yakla-şımının önerdiği gibi taraflar arasında bir iletişimin ve bir diyalog çerçevesinin sağlanmaya ve karşılıklı talepler konusunda bir anlayışın yerleştirilmeye çalışıldığı bir süreçle sağlandığı söylenebilir.

KAYNAKÇA

Ackermann, Alice,"Reconciliation as a Peace Building Process in a Post-War Europe: The Franco-German Case", *Peace and Change*, 1994, 19: 229-250.

Afat, Ebru "Kolombiya: Latin Amerika'da En Uzu Savaş", *Dünya Çatışmaları*, 1. Cilt, Editörler: Kemal İnat, Burhanettin Duran, Muhittin Ataman, Nobel Yayın, Ankara, 2010, ss. 823-846.

Ayman, Gülden, "Uluslararası İlişkilerde Problem Çözümü Yaklaşımı", *Uluslararası Politikada Yeni Alanlar Yeni Bakışlar*, Ed., Faruk Sönmezoğlu İstanbul, Der Yayınları, 1998, ss.167-196.

Bar-Siman Tov, Yaacov, "Arab-Israeli Conflict: Learning Conflict Resolution", *Journal of Peace Research*, Vol. 31, No.1, (Feb., 1994), pp. 75-92.

Blake, R. R., H. A. Shepard, J. S. Mouton, *Managing Intergroup Conflict in Industry*, Houston, TX: Gulf., 1964.

Bayer, Reşat, "Barış ve İhtilaf Çözümü", *Çatışmadan Uzlaşmaya*, Der. Nimet Beriker, İstanbul Bilgi Üniversitesi Yayınları, İstanbul, 2009, ss.33-69.

Boulding, Kenneth Ewart, *Stable Peace*, University of Texas, Austin, Texas, 1978.

Burton, J. W. *Conflict and communication: The Use of Controlled Communication in International Relations*. London, Macmillan, 1969.

Burton, John W., *Conflict: Resolution and Provention*, Mac Millan Press Ltd., London, 1990.

Burton, John W., *Conflict Resolution: Its Language and Process*, Lanham, Md. & London, The Scarecrow Press Ltd., 1996.

Bushnell, David, *Colombia: A Country Study* / Federal Research Division, Library of Congress, Rex A. Hudson,, Area Handbook of the US Library of Congress, History of Colombia, 5th. Ed., 2010, pp. 1-62. https://www.loc.gov/rr/frd/cs/ pdf/ CS_Colombia.pdf

Crocker, Chester; Fen Olser Hampson, Pamela R. Aall, "Leashing the Dogs of War", *Leashing the Dogs of War: Conflict Management in a Divided World*, Ed. by., Chester Crocker, Fen Olser Hampson, Pamela R. Aall, Washington, United States Institute of Peace, 2007, pp. 3-13.

de Cuellar, Javier Perez "The Role of the UN Secretary General", *The Politics of Global Governance*, Ed. by. Paul Diehl, Boulder London, Lynne Rienner Publishers, 1997, pp. 91-101.

Dix, Robert H., *The Politics of Colombia*, New York: Praeger, 1987.

Doob, L.W. *Resolving Conflict in Africa: The Fermeda Workshop*, New Haven, Yale University Press, 1970.

Fisher, Roger, "Third Party Consultation as a Method of Intergroup Conflict Resolution: A Review of Studies", *Journal of Conflict Resolution*, Vol. 27, No. 2, (June, 1983), pp. 301-334.

Galtung, Johan, *Çatışmaları Aşarak Dönüştürmek*, Çev: Havva Kök, Ankara, USAK Yayınları, 2009.

Griffiths, Martin; Tery O'Callaghan, Steven C. Roach, *Uluslararası İlişkilerde Temel Kavramlar*, Çev: CESRAN, Nobel Yayın, Ankara, 2013.

Hanratty, Dennis M. ; Sandra W. Meditz, *Colombia: A Country Study,* GPO for the Library of Congress, Washington: 1988. http://countrystudies.us/colombia/

Hill, Barbara "An Analysis of Conflict Resolution Techniques From Problem Solving Workshop to Theory", *The Journal of Conflict Resolution*, Vol. 26, No.1 (March 1982), pp.109-138.

Kelman, Herbert; Stephan Cohen, "The Problem Solving Workshop: A Social-Psychological Contribution to the Resolution of Conflicts", *Journal of Peace Research*, Vol. 13, No. 2, 1976, pp. 79-90.

Kelman, Herbert C., "Transforming the Relationship between Former Enemies: A Social-Psychological Analysis", R. L. Rothstein (ed.) *After the Peace: Resistance and Reconciliation*, Lynee Rienner, Boulder Co.,1999.

Kelman, Herbert C.,"A Social-Psychological Approach to Conflict Analysis and Resolution", *Handbook of Conflict Analysis and Resolution*, Ed. by., Dennis Sandole, Sean Byrne, Ingrid Sandole, Jessica Senehi, London, New York, Routledge, 2009, pp. 170-183.

Laswell, Harold D.; Richard Arens, "The Role of Sanction in Conflict Resolution", *The Journal of Conflict Resolution,* Vol. 2, No.1, (March, 1967), pp.27-39.

Leech, Garry M., Killing Peace, *Colombia's Conflict and The Failure of U.S. Intervention*, Information Network of the Americas (INOTA), New York, 1. bs. 2002.

Rubictein, Richard E., "Basic Human Needs: The Next Steps in Theory Development", *The International Journal of Peace Studies*, 6, 1, (Spring 2001)

Sandole, Dennis J. D., "Conflict Resolution: A Unique U.S Role for the 21th Century", *U.S. Foreign Policy Agenda, USIA Electronic Journals*, Vol. 1, No. 19, (Dec., 1996), pp. 19-23. http://www.usembassy-mexico.gov/bbf/ej/ijpe1296.pdf

Sherry, George L., "The United Nations, International Conflict, and American Security", *Political Science Quarterly*, Reflections on Providing for "The Common Defense", Vol. 101, No. 5, 1986, pp. 753-771.

Spector, Bertram I. "Deciding to Negotiate with Villains", *Negotiation Journal*, 1998, 14:43-59.

Susskind, Lawrence; Eileen Babbitt, "Overcoming the Obstacles to Effective Mediation of International Disputes", *Mediation in International Relations*, Ed. by., Jacob Bercovitch, Jeffrey Z. Rubin, New York, St. Martin's Press, 1992, pp. 30-51.

Thompson, Scoth James Laue, Brian Urquhart, Chester Crocker, *Dialogues on Conflict Resolution: Bridging Theory and Practice*, Washington, United States Institute of Peace Publications, 1994.

Türkoğlu, Rıdvan, "Kolombiya'da La Violencia Dönemi, Rojas Pinilla Askeri Rejimi ve Ulusal Cephe", Latin Amerika Çalışmaları Araştırma Ve Uygulama Merkezi, Ankara, 2014.

Wall, James A., "Mediation: an analysis, review and proposed research", *The Journal of Conflict Resolution*, Vol. 25, No.1, (March 1981), pp. 157-180.

Wallensteen, Peter, *Understanding Conflict Resolution: War, Peace and the Global System*, Sage Publications, London, 2002.

Walton, Richard E., *Interpersonal Peacemaking: Confrontations and Third Party Consultation*, London, Addison-Wesley, 1969.

Watson, Cynthia A., "Political Violence in Colombia: Another Argentina?" *Third World Quarterly*, Vol. 12, No. 3/4 (1990 - 1991), pp. 25-39.

Young, Oran, *The Intermediaries: Third Parties in International Crises*, Princeton, New Jersey, Princeton University Press, 1967.

http://www.cnnturk.com/dunya/kolombiyada-silah-birakan-farcin-yarim-asirlik-

http://tr.euronews.com/2017/03/16/kolombiya-da-son-durum

http://countrystudies.us/colombia/15.htm

Kolombiya'da Siyasal Şiddet ve Henüz Olgunlaşmayan Barış Süreci, Democratic Progress Institute. http://www.democraticprogress.org/wp-content/uploads/2013/06/Colombia-Paper-Turkish.pdf

Kolombiya'da Barış, Democratic Progress Institute, https://docs.wixstatic.com/ugd/7b839a_6b705812b2544a24b0b7421e2bf46a7d.pdf

http://www.birgun.net/haber-detay/kolombiya-da-yeni-anlasma-56-madde-patronlarin-ve-toprak-sahiplerinin-lehine-degistirildi-135542.html

İKİNCİ KISIM
ELEŞTİREL KURAM VE GÜVENLİK

ELEŞTİREL GÜVENLİK PERSPEKTİFİNDEN GÖÇ VE GÜVENLİK İLİŞKİSİ

Deniz EROĞLU UTKU

Giriş

11 Eylül 2001 olayları sonrasında yoğun olarak terörizm ile birlikte tartışılan göç ve göçmen kavramları, Arap Baharı olarak adlandırılan süreçten bu yana yeniden ülkelerin öncelikli politika konuları arasında yer almaya başladı. Özellikle Avrupa Birliği üye ülkelerinde yaşanan peş peşe terör saldırıları ilgiyi yine "diğerlerine" çevirmiş, göçmenler güvenlikle ilgili politik söylemlerin hedefi haline gelmiştir.

Bu çalışma, Soğuk Savaş sonrası güvenlik konusunu çok boyutlu irdeleyen ve ismini geleneksel güvenlik kavramlaştırmalarına yönelttiği eleştirel bakış açısından alan Eleştirel Güvenlik Çalışmaları çerçevesinde göç/göçmen konusunu inceleyecektir. Bu çerçevede, tehdit ve güvenlik sorunsalı içinde hedef olarak gösterilen göçmenler, başlı başına güvenliği tehdit altında olan referans objeleridir. Ancak, birey güvenliğini ihmal eden klasik güvenlik çalışmaları içerisinde çoğunlukla görmezden gelinirler. Diğer bir deyişle, göçmenler, tehdit unsuru oluşturan değil bizatihi tehditten kaçanlardır. Çalışma, Eleştirel Güvenlik çalışmaları içerisindeki farklı görüşleri göz önünde bulundurmakla birlikte, C.A.S.E Collective bakış açısıyla bu ayrılıkların ortaklıklardan daha az önemli olduğunu düşünmekte, bu okul çatısı altındaki görüşlerin günümüz sorunlu bir şekilde ele alınan göç-güvenlik eşleştirmesini ve göçmenin güvenliğini tehlikeye atan politikalara adının hakkını veren bir bakış sağladığını ileri sürmektedir.

Çalışma üç bölümden oluşmaktadır. Birinci bölümde giderek artan bir şekilde birlikte ele alınan göç konusunun bir güvenlik konusu olarak ülke politikalarının gündemine gelmeleri ile göç ve güvenlik konusunu analiz eden yazına değinilecek, ardından eleştirel güvenlik çalışmalarının gelişiminden bahsedilecektir. Son bölümde ise, Eleştirel Güvenlik Okulu'nun ışığında, asıl güvenlik konusu olarak görülen göçmenin güvenliği mercek altına alınacaktır.

Güvenlik Çalışmalarında Uluslararası Göçün Yeri

1980'lerden bu yana artan bir şekilde uluslararası göç ülke bütünlüğüne ve kamu düzenine tehdit olarak işaret edilmektedir.[1] 1990'lara geldiğimizde ise göçün Avrupalılaşması, göç, terörizm ve organize suç konuları birbirleriyle ilintili ele alınmaktadır. 11 Eylül 2001 olayları göçün ulus devlet güvenliğine tehdit arz ettiği konusunda eğilimleri daha da arttırmış, ulusal ve uluslararası aktörler göç ve terörü önleme politikalarını beraber ele almaya başlamış ve özellikle Batı Avrupa ve ABD'de göçü kısıtlayıcı yeni politikalar hayata geçirilmiştir.[2] Böylelikle, uluslararası göç ve mülteci hareketleri, yüksek politika konuları arasında yerini alarak, devletlerin iç ve dış güvenlikten sorumlu kilit organlarının ilgi alanına girmiştir.[3] Dahası bu organlar tarafından gerçekleştirilen olağan dışı ve hatta insan haklarına zarar veren uygulamalar 'güvenlik' adı altında kabul ettirilebilmektedir.[4]

11 Eylül 2001 sonrasında güvenlik konusu ile birlikte düşünülen göç olgusu, Arap Baharı olarak adlandırılan süreçle beraber ülkelerin yeniden gündemine taşınmıştır. Bu defa iç savaş yaşayan ülkelerden kaçmak zorunda kalan göçmenlerin getireceği ekonomik ve sosyal yükler tartışılmaya başlandı.[5] Ekonomik ve sosyal alanda ülke sorumluluklarına odaklanan tartışmalar Avrupa'nın farklı kentlerinde yaşanan terör saldırıları sonrasında yerini güvenlik tartışmalarına bıraktı. Philip Martin, Avrupa ülkelerinin sığınma politikalarını etkileyen

---

[1] Jef Huysmans, "The European Union and Securitization of Migration", *Journal of Common Market Studies*, Volume 38, No 5, 2000, s. 751.
[2] Bknz: Georgios Karyotis, "European Migration Policy in The Aftermath of September 11, The Security-migration nexus". *Innovation*, Volume 20, No1, 2007, ss. 1-17. Fiona.B. Adamson, "Crossing Borders: International Migration and National Security", *International Security*, 31: 1, 2006, 165-199., Matthew J. Gibney, "Security and the Ethics of Asylum after 11 September", *Forced Migration Review*, Volume 13, ss.40-42.
[3] Myron Weiner, "Security, Stability, and International Migration", *International Security*, Volume 17, No. 3, 1992-1993, s.91.
[4] Alexander Betts, 2009, *Forced Migration and Global Politics*, Wiley Blackwell, 2009, UK, s.72
[5] Pınar Yazgan, Deniz Eroglu Utku, İbrahim Sirkeci, "Syrian Crisis and Migration", *Migration Letters*, Volume 12, No. 3, 2015. ss. 181-192.

iki güvenlik olayına dikkat çekmektedir. Bu olaylardan ilki, 13 Kasım 2015 günü Paris'te gerçekleşen terör saldırısı sonunda, saldırıyı gerçekleştiren sekiz teröristin ikisinin göçmenlerin kullandığı Türkiye-Yunanistan hattı üzerinden geldiğinin ortaya çıkmasıdır. Bu durum göçmenlerin arasına teröristlerin girebileceği düşüncesini artırmıştır.[6] İkincisi ise, Kuzey Afrikalı göçmenlerin yeni yıl gecesi, Köln merkez tren garı etrafında Alman kadınları taciz olayıdır.[7] Bu iki olaya, Brüksel'de gerçekleştirilen terör eylemlerini ekleyebiliriz. Ortak nokta şudur ki, bu eylemlerin ardından ilk suçlananlar göçmenler olmuş, ülke güvenliği için göçmenlerin kabul edilmemesi yolunda eylemler yapılmıştır.[8]

Uluslararası göçü ülke huzur ve güvenliğine tehdit olarak algılayan bakış açısının yükselmesi ile beraber güvenlikten sorumlu kilit devlet organlarını bu alanda görevlendirme, göçmenlere yönelik politikaları derinden etkilemiştir. Güvenlik konusu ile birlikte düşünülen göç, alanda önleyici ve caydırıcı politikaların hayata geçirilmesine yol açmıştır. Caydırmaya yönelik, yasal ve sosyal yardımların kesilmesi, hızlandırılmış iltica prosedürlerinin uygulanması, düzensiz göçmenlerin suçla iliş-kilendirilmesi gibi tedbirler uygulanırken, önlemeye yönelik, daha katı vize rejimleri hayata geçirilmiştir.[9]

1980'lerden itibaren artan şekilde göçmenlere yönelik algının değişmesi ve güvenliğin çalışma konuları ulus devlet ötesine geçmeye başladı. Ancak güvenlik alanı çalışmalarında ulus devlete arz edilen önem değişmedi, ulus devlet güvenliği merkeze konularak tehdit olabilecek faktörlerde çeşitlendirme yapılmaya başlandı. Bu noktada uluslararası göç ulus devlet güvenlik ilişkisi sorgulanmaya başlandı. Ulus devlet güvenliğine vurgu yapan çalışmalar, insan hareketlerini ulus devlet güvenliğine tehdit oluşturan yeni unsurlar olarak görmeye başladılar.

---

[6] Philip L. Martin, "Amerikan Gözüyle Avrupa'nın Göç Krizi", *Göç Dergisi*, 2016, Türkçeleştiren: Deniz Eroğlu ve İbrahim Sirkeci, Volume 3, Sayı 1, s.125.
Ayrıca Bknz. James Slack. "Staggering' number of European jihadis: EU's own border agency admits terrorists are exploiting refugee crisis and lax controls - but has no idea how many illegal immigrants there are', 2016, http://www.dailymail.co.uk/news/article-3525279/Mass-migration-allowing-terrorists-pour-Europe-EU-s-border-agency-admits-s-revealed-false-documents-not-facing-thorough-checks.html (20.04.2016).
[7] Martin, a.g.e. s.125.
[8] Bknz Steven Enlanger, "Brussels Attacks Fuel Debate Over Migrants in a Fractured Europe" http://www.nytimes.com/2016/03/23/world/europe/belgium-attacks-migrants.html?module=ArrowsNav&contentCollection=Europe&action=keypress&region=FixedLeft&pgtype=article, (23.04.2016), Kimi zaman anti-göçmen eylemler çok daha şiddetli ve radikal bir hale gelmiştir bknz. Phil Black, Joshua Berlinger and Eliott C. McLaughlin, http://edition.cnn.com/2016/03/27/europe/brussels-investigation-main/ (23.05.2016).
[9] François Crepeau, Delphine Nakache, İdil Atak, "International Migration: Security Concerns and Human Rights Standards", *Transcultural Psychiatry*, 44(3), 2007. ss.319-323, Karyotis a.g.e. ss.6-8.

Yöntemsel olarak ise yazındaki çalışmaların çoğu, mülteci hareketlerini bağımsız değişken olarak ele alıp, devlete yönelik askeri tehdit ile aralarındaki ilişkiyi incelediler.[10]

Güvenlik göç ilişkisini ele alan çalışmalara baktığımız zaman uluslararası göçün ülkelerin güvenliğini hangi yönlerden etkileyebileceğine dair farklı görüşlerin öne sürüldüğünü görmekteyiz. Fiona Adamson uluslararası göçün güvenlikle ilişkisini, göçün devlet otonomisi, devletler arasındaki güç dengesi ve uluslararası sistemdeki çatışmaları etkilemede rolünü analiz ederken,[11] Anna Kicinger, güvenliğin beş bileşenin -sosyal istikrar, demografik güvenlik, kültürel kimlik, sosyal güvenlik ve refah devleti ve iç güvenlik- uluslararası göççe tehdit edildiğini belirtmektedir.[12]

Görülen odur ki, 1980'lerde başlayan göç ve güvenlik konusunu bir arada düşünme eğilimi bugün de devam etmektedir. Buna bağlı olarak da ilgi göçmenlerin gittikleri yerlerde güvenliği nasıl etkiledikleri sorusudur. Ancak, hedef ülkelerin güvenliklerine vurgu yapılırken ihmal edilen çok önemli bir konu vardır: iç savaşlar nedeniyle sayısı gün geçtikçe artan göçmenlerin kendi güvenlikleri.

Ulus devletlerin güvenliklerini hedef alan önlemler artarak alınıyor ve gün geçtikçe daha korumacı politikalar uygulanıyor iken, göçmenlerin güvenliği için ne diyebiliriz? Bu noktada güvenlik kavramını ulus devlet sınırlarından geniş düşünmek ve 'kimin güvenliği ?' sorusunu yeniden sorma ihtiyacı doğmaktadır. Konuyu göçmen düzeyinde ele alarak, devlet odaklı geleneksel güvenlik anlayışlarından ayrılarak alana yeni bir bakış açısı getiren Eleştirel Güvenlik Çalışmalarına göz atmak gerekmektedir.

Eleştirel Güvenlik Çalışmaları

1970'lerin sonu 1980'lerin başından itibaren, güvenlik çalışmaları önemli değişiklikler yaşanmış, güvenliği salt askeri güvenlik olarak ele alan teorilerin tahtını sarsacak, demokrasi, insan hakları, sivil toplum, silahsızlanma gibi konulara odaklanan alternatif çalışmalar türetilmiştir.[13] Barry Buzan 1980'lerdeki bu gelişmelerin ilerleyen yıllarda

---

[10] Betts, a.g.e s.62.
[11] Adamson, a.g.e.,, ss.165-199.
[12] Anna Kicinger, International Migration as a non-traditional Security Threat and the EU Responses to this Phenomenon. *Central European Forum*, CEFMR Working Paper, 2/2004 http://www.cefmr.pan.pl/docs/cefmr_wp_2004-02.pdf (24.03.2016).
[13] Ken Booth, "Security and Self", *in* (ed) Keith Krause ve Michael C. Williams. *Critical Security Studies: Concepts and Cases*. UCL Press, 1997. s.85., Rita Floyd, "Towards a Consequentialist

güvenlik çalışmalarının 'genişlemesi' ve 'derinleşmesine' zemin hazırlayan, önemli adımlar olduğunu savunmaktadır.[14] Soğuk Savaş sonrasına geldiğimiz de ise daha 'ilerlemeci' kuramsal çalışmaların öne sürüldüğünü görmekteyiz.[15] Bu noktada, Eleştirel Güvenlik çalışmaları, güvenliği 'baştan aşağı' yeniden düşündüren bir teori olarak karşımıza çıkmaktadır.[16]

Eleştirel Güvenlik Çalışmaları, Keith Krause, Michael Williams, Ken Booth, Richard Wyn Jones gibi yazarların çalışmaları ile şekillenmiş, Robert Cox'un çalışmalarından Frankfurt Okulu ve uluslararası ilişkilerin post-pozitivist yaklaşımlarından ilham almıştır.[17] Eleştirel Güvenlik Çalışmaları yekpare bir bütünsellik içerisinde düşünülmemeli; zira okul içerisinde birbirinden farklı bakış açıları yer almaktadır (Paris, Aberystwth, Kopenhag,) Ancak, C.A.S.E Collective ve Ole Weaver eleştirel çatı altında yer alan bu okullar arasında keskin bir çizgi çizilemeyeceğini ifade etmektedirler.[18]

Eleştirel Güvenlik Çalışmaları, uluslararası ilişkilerin ulus-devlet odaklı teorilerine ve bu teorilerin ontolojik duruşlarına tepki olarak doğmuştur. Bu anlamda başlıca karşı duruşu, uluslararası ilişkilerin dominant teorilerinden olan Realizmdir. Her şeyden önce, 'güvenlik' tanımı Realizmden ayrılmaktadır. Eleştirel Güvenlik çatısı altında birleşen okullar, güvenlik kavramını sabit, değişmez ve içeriği verilmiş olarak kabul eden bir anlayışa karşı çıkmaktadırlar.[19] Bu nokta da, eleştirel güvenlik çalışmaları, güvenliğin nasıl çalışılması gerektiği sorusuna yanıt ararken, -Realizmin aksine- güvenliğin 'türetilmiş' bir

---

Evaluation of Security: Bringing Together the Copenhagen and the Welsh Schools of Security Studies " , *Review of International Studies*, Volume 33, No 2, 2007, ss.327-328.

[14] Barry Buzan ve Lene Hansen, *The Evolution of International Security Studies,* Cambridge University Press, Cambridge, 2009, s.4

[15] Floyd, a.g.e. s.328.

[16] Ken Booth, "Critical Exploration", (ed.) Ken Booth, *Critical Security Studies and World Politics,* UK. 2005. s.16

[17] C.A.S.E Collective, "Critical Approaches to Security in Europe: A Networked Manifesto", *Security Dialogue,* Volume 37, No4, s.448.

[18] *C.A.S.E Collective bu farklılaşmanın çok da abartılmasını doğru bulmamakta, benzerliklere daha çok vurgu yapmaktadır. Aynı Eser, s. 450, Ole Wæver, "Aberystwyth, Paris, Copenhagen: New "Schools" in Security Theory and Their Origins Between Core and Periphery", paper presented at the 45th Annual Convention of the International Studies Association, Montreal, Canada, 17–20 March. 2004 http://citation.allacademic.com//meta/p_mla_apa_research_citation/0/7/4/4/6/ pages74461/p74461-21.php (18.06.2016) Bu görüşe karşın Booth, Kopenhag Okulu'ndan Eleştirel Okulu daha ilerlemeci olduğu iddiası ile ayrıştırmaktadır. Booth'a göre Kopenhag okulunda tanımlanan 'güvenlikleştirme' kavramı statiktir. Ken Booth, Theory of World Security, Cambridge University Press, 2007.*

[19] Columba Peoples ve Nick Vaughan-Williams, *Critical Secuirty Studies: An Introduction,* London, 2010, s.2.

kavram olduğuna dikkat çekerler. Diğer bir deyişle, Eleştirel Güvenlik Okulu'nun ilk ve en önemli iddiası güvenliğin bizim neyi tehdit, neyi korunması gereken olarak gördüğümüzle doğrudan ilgili olduğudur.[20]

Eleştirel güvenlik çalışmalarının Realizme karşı duruşu 'kimin güvenliği' konusunda oldukça belirgindir. Karuse ve Williams güvenliği bireylerin yararlandıkları durum olduğunu ve bu bağlamda eleştirel güvenlik çalışmalarının hem güvenliğin tanımına hem de kimin (neyin) güvenliğinin korunacağı konularına öncelik verdiklerini belirtirler.[21] Bireyin güvenliği söz konusu iken karşımıza 'bireyin' tanımlanması çıkmaktadır.

Eleştirel okul teorisyenleri, güvenliğe sabit ve değişmez bir anlam yüklemekten kaçınırlar. Booth, güvenliği biz insanların türettiği bir olgu olarak görür, dolayısıyla kişiden kişiye değişen karakterine dikkat çeker. Farklı dünya görüşleri ve söylemler, güvenlik tanımlamalarını değiştirmektedir.[22] Güvenliğin türetilen bir kavram olduğunu ve nasıl türetildiği sorusuna sistematik olarak yanıt arayan başlıca okul Kopenhag Okulu'dur. Kopenhag yaklaşımının önderleri Barry Buzan ve Ole Weale, güvenliğin nasıl türetildiği ve uluslararası politikada nasıl işlediği sorusuna yanıt ararlar. Bu noktada 'güvenlikleştirme' kavramı açıklayıcıdır. '.....güvenlikleştirme bir aktörün bir referans objesine karşı belli bir konuyu, dinamiği ya da aktörü 'var olan tehdit' olarak açıkladığı süreç olarak tanımlanabilir."[23] Bu süreçte, mekan, kurumsal yapı ve söylemi gerçekleştiren elit önemlidir.[24] Güvenlikleştirme de söylem merkezi bir aracı rolündedir[25]. Hayatta kalması gerektiği düşünülen obje 'referans' objesi iken, Weaver'in söylemi ile önemli siyasi aktörlerin 'söz eylem' ile güvenlik tehdidi olarak gösterilmesi ile başlar. Diğer bir deyişle bir konunun tehdit olması onun doğasından değil, tehdit olarak sunulmasından ileri gelmektedir. Bu sunum aşamasında, güvenlikleştirmenin başarıya ulaşmasında ilgili dinleyicilerin kabulü de önemli rol oynamaktadır.[26] Kimi yazarlarca Eleştirel Güvenlik yaklaşımı çatısı altında

---

[20] *Aynı eser*, s.22

[21] K. Krause ve M.C. Williams. *"From Strategy to Security: Foundations of Critical Security Studies".* in (ed) K. Krause ve M.C. Williams. *Critical Security Studies: Concepts and Cases.* UCL Press, 1997. s.43.

[22] Booth, "Security and Self", a.g.e., s.106.

[23] M. McDonald, Constructivism, in (ed) P. D. Williams, *Security Studies: An Introduction*, New York, 2008, s.69.

[24] O. Weaver, "Securitization and Desecuritization", in (ed) R. D. Lipschutz , On Security, New York, 1995, s. 57.

[25] N. Mandacı ve G. Özerim *",Uluslararası Göçlerin Bir Güvenlik Konusuna Dönüşümü: Avrupa'da Radikal Sağ Partiler ve Göçün Güvenlikleştirilmesi",Uluslararası İlişkiler*, 10(39), 2013, s. 108.

[26] Peoples ve Williams, a.g.e. ss. 77-78.

olması tartışmalı görülen Kopenhag Okulu'nun bu görüşü, Krause gibi eleştirel okulun önderleri tarafından paylaşılmaktadır. Güvenlikleştirme teorisi, güvenliğin pozitivist bir yaklaşımdan, söylemsel bir inceleme alanında ele alır.

Eleştirel Okulun güvenlik çalışmalarında iki gelişmenin etkisi kuşkusuz çok önemlidir. Bunlardan ilki Soğuk Savaş'ın sona ermesi iken, bir diğeri sosyal bilimlere ve uluslararası ilişkilerin doğasına, yöntem ve amaçlarına yönelik tartışmaların artmasıdır.[27] Soğuk Savaş'ın sona ermesi ile beraber geleneksel güvenlik anlayışı, bir başka deyişle devleti merkeze koyan güvenlik çalışmalarına yönelik kuşkucu ve eleştirel yaklaşımlar ortaya çıkmıştır. Bu anlamda ilk hedef Soğuk Savaş dönemi boyunca uluslararası ilişkilerin başat teorisi olan Realizmdir. Realizm özellikle üç unsura vurgu yapar. Bunlar, askeri tehdit, güçlü bir karşıtın varlığı ve devletlerdir.[28]

Geleneksel güvenlik çalışmaları devleti odak noktasına koyarak, 'korunması gereken şey -referans objesi-' olarak devleti işaret etmek-tedir.[29] Bu anlayış, bireyin güvenliğinin sağlanması konusuna da bu bakış açısıyla açıklama getirir. "Güvenlik vatandaş olmaktan ileri gelir, tehdit ise başka ülkelerin vatandaşlarından gelir".[30] Bu noktada, eleştirel güvenlik yaklaşımının alana getirdiği belki de en temel iddia egemen devletin güvenlik sağlayıcı aktör olarak gören geleneksel güvenlik anlayışından ayrılarak devletin ve neo-liberal ekonomik yapının, bireysel güvenliğe tehdit oluşturabileceği ihtimalini düşünmesidir.[31] Devlet me-rkezli çalışmalara daha soğuk savaş döneminde eleştiri getiren Mohammed Ayoob, devletlerin kendi vatandaşlarının güvenliğine en büyük tehlike olabileceğini işaret etmiştir[32]. Buzan da tıpkı Ayoob gibi birey güvenliği ve devlet güvenliği arasında mecburi bir uyum olmadığına aksine devletlerin güvenlik sağlamasının dahi tehdit uygulayarak oldu-ğuna dikkat çeker.[33]

---

[27] Paul Williams, Critical Security Studies, in (ed) Alex J. Bellamy, International Society and Its Critics, Oxford University Press, Oxford, 2005, s.136

[28] Ken Booth, "Security and Emancipation," *Review of International Studies*, Volume:17, No:4, s.318.

[29] David Mutimer, "Critical Security Studies: Schismatic History", in (ed) Alan Collins, *Contemporary Security Studies*, Oxford, 2013, s.68..

[30] Krause ve Williams, a.g.e, s.43

[31] Booth, "Security and Emancipation", *a.g.e.* s. 318, Buzan ve Hansen, *a.g.e*, s. 206.

[32] Mohammed Ayoob, "Security in the Third World: The Worm about to Truth?", *International Affairs (Royal Institute of International Affairs 1944-)*, Vol. 60, No. 1 (Winter, 1983-1984), ss.41-51

[33] Barry Buzan, *People, States and . Fear, The National Security Problem in International Relations*, Wheatsheaf Books, 1983, s. 30

Devletlerin güvenliği tesis etmede yetersiz kalabileceğini, hatta güvensizliğin bizatihi kaynağı olabileceklerine ilişkin Andrew Linklater üç hususa dikkat çekmektedir. Bunlardan ilki, göçmenlerin, azınlıkların, çingenelerin hukukun üstünlüğü tarafından korunamadığı ya da siyasi ve ekonomik haklardan toplumun diğer üyeleri ölçüsünde faydalanamamaları sorunsalıdır. İkincisi, ülkelerin uluslararası arenada saldırgan ve düşüncesiz dış politikalar yürüttüklerinde ve bu politikaları savaşla son bulduğunda, kendi ülke vatandaşlarının güvensizliğinin kaynağı olmaktadırlar. Üçüncü olarak ise –ki bu kısım realistlerin de argümanlarında yer alır- devletlerin çoğu zaman bilinçli olmasa da güvenlik ikilemi ile mücadele ederken diğer devletlere tehdit oluşturmasıdır.[34] Böylelikle Linklater, devletin güvenliği sağlamada yegane aktör olduğu tezini çürütmektedir.

Uzun yıllar alana hakim olan devletlerin güvenlik sağlayıcı aktör olduğu iddiasının sorgulanması ile eleştirel çalışmalar odak noktasına bireyi alır. Bu yaklaşımla eleştirel güvenlik çalışmaları, daha adil ve barışçıl bir dünya düzeni hayal etmektedir.[35] Eleştirel okul teorisyenleri, güvenlik kav-ramını dar anlamda, 'tehdidin bulunmaması hali[36]' yerine, 'özgürleşme' kavramı ile tanımlarlar. Özgürleşme ise,

> *"insanların onları özgürce yapmak istediklerinden kısıtlayan fiziksel ya da insani kısıtlardan kurtulmalarıdır. Savaş ya da savaş tehdidi yoksulluk, eğitim eksikliği, siyasi baskı vb. ile beraber bu kısıtlardandır. Güvenlik ve özgürleşme bir paranın iki yüzü gibidir. Özgürleşme, güç ve düzen demek değildir, gerçek güven-liği üretir. Teorik olarak, özgürleşme güvenliktir"[37]*

Booth'un bireyden başlayarak tanımladığı 'özgürleşme', özünde küresel bir hedefe sahiptir. Tüm bireylerin özgürleşmesi, ortak güvenliğin sağlanacağı ve organik olarak inşa edilmiş toplumlarla küresel güvenliği sağlanacağı inancını taşır.[38] Küresel hedefi taşıyan bu özgürleşme yolunda Booth, insan hakları ve küresel uluslararası örgütlerin faaliyetleri gibi ulus-devlet sınırlarını aşan, bireyin gelişilmişine katkı sağlayacak, en önemlisi biz/öteki ayrımını ortadan kaldıracak çalışmalara dikkat çeker[39] Özgürleşmeyi ütopik bir ideal

---

[34] Andrew Linklater, "Political Community and Human Security", in (ed) Ken Booth. *Critical Security Studies and World Politics*, 2005. s. 116

[35] Buzan and Hansen, *a.g.e*, s. 205.

[36] Booth, "Security and Emancipation", s. 319.

[37] *Aynı yerde.*

[38] Buzan ve Hansen , a.g.e. 206-207.

[39] Booth, "Security and Emancipation", ss.323-324.

olarak görmeyen diğer bir isim olan Linklater, Kant felsefesinden esinlendiği kozmopolitan vatandaşlık (*cosmopolitan citizenship*) kavramını işaret eder. Linklater, bireylerin hak ve görevlerini incelerken evrensel bir bakış açısıyla yaklaşır ve bireyin görevinin yalnızca ulus devlete olduğu görüşüne karşı çıkar. Kosmopolitan vatandaşlık 'evrensel haklar arayışı ve bütün insanları daha adil bir dünyada bir araya getirebilecek sorumlulukları' tanımlar.[40] Bu noktada, ulusal sınırlar içerisindeki vatandaşların evrensel etik değerleri olduğu konusunda ikna edilmesi önemlidir. Tıpkı Booth gibi, Linklater de küresel sivil toplum örgütlerinin artan rollerine ve dünya politikasında demokratikleşme çabalarına dikkat çekmektedir.[41]

Özgürleşmeden bahsetmek, eleştirel bakışın ilk iddialarından olan güvenliği sabit ve değişmez olarak ele alınamayacağı konusuna bizi geri götürmektedir. Özgürleşme adalet ve insan haklarına vurguyu önemser.[42] Sonuç olarak her türlü baskıdan kurtulmayı karşılayan özgürleşme, eleştirel teorinin merkezinde yer alır ve bu yönüyle teoriye ilerlemeci karakterini kazandırır.[43]

Odak noktasına bireyi koymak, güvenlik çalışmalarının referans objesini de değiştirmektedir. Uluslararası ilişkilerin iki başat teorisinin aksine, artık birey ve bireylerin kollektifliği gibi farklı referans objeleri güvenlik çalışmalarının ilgi alanına girmeye başlamıştır.[44] Referans objelerinin çeşitlendiği bu sürecin yaşanmasında yine Soğuk Savaş sonrasında ortaya çıkan "genişleme" ve "yenilenme" ihtiyacı etkilidir.[45] Booth bu ihtiyacı doğuran iki kaynağı işaret etmektedir. Bu kaynaklardan ilki askeri güçle tanımlanmış dar güvenlik anlayışının giderek yetersiz kaldığının su yüzüne çıkmasıdır. Gerçek olan şudur ki, askeri anlamda güce yatırım yapıldıkça artan bir güvenlik söz konusu olmamaktadır.[46]

İkinci kaynak ise, farklı konuların güvenlik sorunsalı olarak dahil edilmesi yönünde artan iddialardır. Güvenliğin zaman içerisinde değişen çehresi bu ihtiyacı doğurmuştur. Soğuk Savaş sonrası

---

[40] Andrew Linklater, *Critical Theory and World Politics: citizenship, sovereignty and humanity,* Oxon, 2007, s.109.

[41] Linklater, *Critical Theory and World Politics: citizenship, sovereignty and humanity,* s.124

[42] Paul D. Williams, "Security Studies an Introduction", in (ed) Paul D. Williams *Security Studies: An Introduction,* , New York, 2008, s.6.

[43] David Mutimer, "Critical Security",in (ed),Victor Mauner ve Myriam Dunn Cavelly, *The Routledge Handbook of Security Studies,* Oxon, 2012, s.45.

[44] Mutimer, "Critical Security Studies", s. 89.

[45] Booth, "Security and Emancipation", s.318

[46] Konu ile ilgili "Güvenlik İkilemi" kavramına bakınız , Randall L. Schweller, "Neorealism's Status-quo Bias: What Security Dilemma ?", Security Studies, Volume 5, Sayı 3, 1996.

güvenliğin yeni yüzünü anlatan en önemli teorisyenlerden biri Barry Buzan'dır. Buzan 1980 sonrası azalan askeri –siyasi odaklı güvenlik anlayışının yerini uluslararası ekonomi ve çevresel konularda güvenlikleştirmeye bıraktığına dikkat çeker.[47] Buzan'ın işaret ettiği yeni güvenlik konuları, eleştirel çalış-maların altını çizdiği farklı konularla genişlemiştir. Yeni düzen içerisinde, geleneksel anlayışın vurgu yaptığı teritoryal tehdidin yanında, terörden ekonomik çöküntüye bireylerin güvenliğine yönelik tehdit konuları belirginleşmesi olmuştur.[48] Burada altı çizilmesi gerekir ki, eleştirel güvenlik yaklaşımı güvenliğin askeri boyutunu ihmal etmez, yalnızca konuların çeşitliliğine vurgu yaparak yalnızca askeri güvenliğin bireysel güvelik için yeterli olmayacağına dikkat çeker. Örneğin, Booth, yoksulluğun günlük olarak insanların yaşamını savaşlardan daha aldığını, küresel bir bakışın ekonomi ve toplumu ihmal etmeden içine alması gerektiğini söyler.[49]

Bu noktada eleştirel güvenlik çalışmalarının bir başka iddiası karşımıza çıkmaktadır: daha evrensel ve herkesi kapsayacak bir analizin gerekliliği. Linklater, ulus devlet ve güvenlik ikilisinde sıkışıp kalan güvenlik analizlerine karşı çıkarak, güvenliğin toplum boyutunda yeniden düşünülmesini gerektiğine dikkat çeker. Güvenliğin toplumsal boyutla ilişkisine vurgu yapan Linklater, birbirine saygı duyan ve yaşamı şekillendirmede aynı söz hakkına sahip bireylerin oluşturduğu top-lumların gerekliliğine inanır.[50] Habermasçı bir bakış açısıyla yola çıkan Linklater için, iletişimsel eylem böylesi bir toplum için kilit unsurdur, 'kamusallık, diyalog ve rıza' prensipleri etrafında tesis edilen bir dünya düzeni ile tam bir özgürleşme başarılacaktır. Linklater'in tasvir ettiği düzende, kararlar zorlama ve tek bir grubun istek ve çıkarlarına göre değil, etkili bir katılım sürecinin yaşandığı diyalogların sonucunda alınmaktadır. Geniş anlamda tüm toplumun haklarını koruyacak, Kant'ın işaret ettiği 'genel güvenlik için kozmopolitan şart' yerine getirilmiş olacaktır.[51] Bu noktada Eleştirel Güvenlik, bir kez daha, geleneksel ulus devlet anlayışını, hakların ve karar alma mekanizmalarında aktör çeşitliliğin sağlanması konusunda eleştirir. Eleştirel Teori, daha da iddialı bir şekilde, herkesin daha çok temsil edildiği bir toplumu ve azınlıkların haklarını koruyacak demokratik uluslararası kurumları savunur.[52]

---

[47] Buzan ve Hansen, "The Evolution of International Security Studies", s.2
[48] Booth, "Security and Emancipation", s.318.
[49] Booth, Crtical Security Studies and World Politics, s.110.
[50] Linklater, "Political Community and Human Security", s.113.
[51] Linklater, , Critical Theory and World Politics: citizenship, sovereignty and humanity, s.7.
[52] Aynı eser, s. 99.

Toparlamak gerekirse, Eleştirel Güvenlik Çalışmaları, derinleşen ve genişleyen dolayısıyla hem ontolojik hem de epistemolojik olarak güvenliği önceki çalışmalardan ve geleneksel teorilerden farklı olarak ele alan bir yaklaşıma sahiptir. Ontolojik olarak, çalışma alanına giren referans objeleri çeşitlenmiş, epistemolojik olarak ise sosyal dünyanın, doğa bilimlerinden farklı çalışılması gerektiğine inanmıştır. Bir başka deyişle 'objektif gerçeklik' değil 'var olan davranış ve tutumları daha derinden anlamayı' vaat etmektedir.[53] Teorik açıklamalarla sınırlı kalmayan Eleştirel okul çalışmaları değişimin ve gelişimin gerçekleşeceği konusunda umudunu yitirmemekte, insanın gerçek güvenliğinin 'özgürleşme' ile sağlanacağı inancını taşımaktadır.

Eleştirel Güvenlik Çalışmaları Çerçevesinde Uluslararası Göç

Bir yandan ülkelerin uluslararası göçe yaklaşımları güvenlik kaygıları ile şekillenirken, diğer yandan güvenliği salt devlet güvenliği olarak ele almanın Soğuk Savaş sonrası değişen dünya düzenini açıklamadaki yetersizliği eleştirel güvenlik okulunca vurgulanmakta, bu durum insanı merkeze koyan göç ve güvenlik ikilisine eleştirel yaklaşan çalışmaların doğmasına yol açmaktadır.[54] Göç ve ulus devlet güvenliği konusunu ele alan çalışmaların pek çoğunda tehdit unsuru olarak gösterilen uluslararası göç, aslında bizatihi kendi güvenlikleri tehlikede olan bireylerce gerçekleştirilmekte ve çoğu zaman bu kişiler, ev sahibi ülkeye vardıklarında dahi tam ve eksiksiz olarak güvenliğe ulaşamamaktadırlar. Diğer bir deyişle, göçmen tehditten kaçar, en tehlikeli yolları aşar ve ulaşmak istediği yere vardığında da ülkelerin koruyucu politikaları ile bir kez daha kendini tehdit altında bulur.

Öncelikle, güvenliğin derinleşmesi ile, göçmenlerin birey olarak güvenliklerinin incelenmesi ihtiyacını doğurmuştur. Jeffrey Cohen ve İbrahim Sirkeci neo-fonksiyonel göç açıklamalarının eksik kalan yönüne işaret ederek, ekonomik motivasyonların yanı sıra 'çatışma ve güvenliksizliğin' insanları göç etmeye zorlayıcı rolüne dikkat çekmektedirler. Bu özellik yalnızca mültecilerin göç motivasyonu ile sınırlı değildir. Göçmenlerin çoğu için güvensizlik ortamı göç kararları üzerinde belirleyicidir.[55] Buna göre, 'insanlar yaşadıkları çevrenin ciddi şekilde güvensiz olduğuna inanırlarsa, göç stratejik bir seçenek olarak ortaya

---

[53] Ken Booth, "Critical Explorations", s. 14-16.
[54] Bknz. Elspeth Guild, *Security and Migration in the 21st Century*, 2009. Cambridge . İngiltere.
[55] Bkz. Sirkeci, İbrahim. "Transnational mobility and conflict." *Migration Letters* 6(1), 2009, sf. 3-14. ve J. H Cohen, ve İ. Sirkeci. *Cultures of Migration: The Global Nature of Contemporary Mobility*. Austion: University of Texas., 2011, s: 2-3.

çıkar.'[56] O halde, geleneksel güvenlik çalışmalarının sözünü ettiği, devlet güvenliği toplumun bazı kesimleri için yeterli gelmemektedir. Bu noktada göçmen bizatihi güvenliği risk altında olan kişidir, kendini 'güvende hissetmeyen'[57] kişidir.

İncelemeye göçmenin daha ülkesinden ayrılmadan önceki güvenliksiz ortamına bakarak devam edersek yine eleştirel teorinin iddiası olan çeşitlenmiş tehdit unsurları karşımıza çıkmaktadır. Bireylerin güven-liksizlik durumunu ortaya çıkaran nedenler çok çeşitli olabilir; 'fırsat eksikliği, sağlık ve eğitim hizmetlerinin kötü olması, etnik ayrımcılık, siyasi baskı, etnik temizlik, veya asimilasyon politikaları ya da uygu-lamaları'.[58] Booth'un işaret ettiği üzere ekonomik çöküntüler ve insan haklarının ihlalleri devlet içi çatışmalara neden olmakta sonuçta mülteci akınları görülmektedir.[59] Yine Mültecilerin Hukuki Durumuna Dair 1951 Cenevre Sözleşmesi'nde de yer aldığı üzere, ırkı, dini, tabiiyeti, belli bir toplumsal gruba mensubiyeti veya siyasi düşüncesi yüzünden bir kişi zulme uğruyor olabilir.[60] Tüm bu sayılan durumlar bir devletin dışarıdan bir devlet tarafından tehdit edilmediği halde, kişinin güvenli şekilde hayatına devam etme ihtimalini ortadan kaldırmaktadır. Geleneksel güvenlik yaklaşımlarına göre vatandaşlığın güvenliği sağlayacağı görüşü Birleşmiş Milletler Mülteciler Yüksek Komiserliği (BMMYK)'nın yer-lerinden edilmiş ve mülteci durumuna düşmüş kişiler için verdiği verilerle uyumlu görünmemektedir. BMMYK 2014 yılında 13.9 milyon kişinin yerinden edildiğini, dünya genelinde 19.5 milyon kişinin mülteci ol-duğunu, 38.2 milyon kişinin kendi ülkeleri içinde yerinden edildiğini, ve 1.8 milyon kişinin iltica taleplerinin sonucunu beklediğini belirt-mektedir.[61]

Kendi ülkelerindeki —Cohen ve Sirkeci'in tabiriyle- "güvenliksizlikten" kaçıp, başka ülkelere giden kimselerin önünde uzun ve zorlu bir yol bulunur. Sığınma prosedürüne ulaşmak bu aşamada önlerine çıkan ilk engel olarak yer alır. Devletlerin bireylere adil ve etkili mülteci statüsü belirleme görevleri başta 1951 Mültecilerin Hukuki Durumuna Dair 1951 Cenevre Sözleşmesi olmak üzere çeşitli uluslararası enstrümanlarca düzenlenmiştir.[62] Ancak yine uluslararası belgelerle

---

[56] J. H Cohen, ve İ. Sirkeci. *Cultures of Migration: The Global Nature of Contemporary Mobility*, s.107.
[57] Sirkeci, Ibrahim. "Transnational mobility and conflict.", sf. 3-14.
[58] *Aynı yerde.*
[59] Ken Booth, "Security and Emancipation", s.318.
[60] bknz. Mültecilerin Hukuki Durumuna Dair Cenevre Sözleşmesi, Madde 1 A(2)
[61] BMMYK, 2015, UNHCR Küresel Eğilimler Raporu, Basın Açıklaması, 2015 http://www.unhcr.org/turkey/home.php?content=640 (24.08.2016).

düzenlenen 'ilk iltica ülkesi' 'güvenli ülke' kavramları meşru yollarla sığınma prosedürlerine ulaşmayı güçleştirir. Geri Kabul Anlaşmaları ise Uluslararası korumaya ihtiyaç duyanların adil ve etkin mülteci statüsüne ulaşma konusunda risklerin başında yer alır.

Geri Kabul Anlaşmalarının uygulamasının yol açacağı olası hak ihlalleri akademisyenler ve sivil toplum kuruluşları tarafından endişeyle karşılanmaktadır.[63] Bu konuda temel korku bireysel değerlendirmelere tabii tutulmadan içerisinde uluslararası korumaya ihtiyaç duyanlarla birlikte kişilerin önce anlaşmanın tarafı olan ülkeye, ardından da insan haklarının ihlal edilme riski olan diğer ülkelere gönderilmeleri olarak tabir edilen 'domino etkisi'dir.[64] Oysaki, Sirkeci ve diğerleri, göç kararının verilmesinin ardında, bireylerin yaşadıkları zorlukların, anlaşmazlıkların, gerginliklerin, çatışma ortamlarının rolüne dikkat çekmiş, insanların rahat ve hayatlarından tatmin oldukları zaman böylesi bir karar ver-meyeceklerini ifade etmektedirler.[65] Zira Ege Denizi'nde yaşanan ölüm-ler bize, böylesine riskli bir kararın arkasında yatan güvenlik endişesinin büyüklüğü hakkında ip ucu vermektedir.[66] Ancak bu anlaşmalar, in-sanların yeniden kendilerini güvende hissetmedikleri yerlere gönde-rilmesi riskini taşır.

Farklı ülkeler arasında gerçekleştirilen geri kabul anlaşmaları bulunmakla beraber, AB ve Türkiye arasında 2011 Şubat ayında müzakereleri tamamlanan, 2013'de imzalanan ve 1 Haziran 2016'da tam olarak uygulanması uygun görülen Geri Kabul Anlaşması, özellikle Arap Baharı sonrası birey güvenliğinin giderek daha tehlikede olduğu Orta Doğu ülkeleri kaynaklı mültecilerin hakları ve güvenlikleri konusunda en-dişeleri artırmıştır. Bu anlaşmanın uygulanmasına yönelik sivil toplum kuruluşları 'göçmen ve mültecilerin uluslararası hukuk, AB standartları ve Türkiye'nin ulusal mevzuatlarından kaynaklanan haklarının korun-ması' konularında kaygılarını ifade etmektedirler.[67] Bir yanda vize muafiyeti ve para yardımı talepleri ile

---

[62] Bu konuda ayrıntılı bilgi için bknz. Guy S. Goodwin-Gill, Jane McAdam, The Refugee in International Law, Oxford Press London, UK, 2007.

[63] bknz. Human Rights Watch AB: Türkiye'yle Toplu Geri Kabul Anlaşması Hakları Tehdit Ediyor, https://www.hrw.org/tr/news/2016/03/15/287645, (07.10.2016).

[64] Mehdi Rais, "European Union Readmission Agreement", FMR, Volume 51, 2016, s. 45.

[65] İbrahim Sirkeci, Jeffrey H. Cohen, Pınar Yazgan, Natalia Zotova, "Introduction", Conflict Insecurity and Mobility, London, 2006 s.1.

[66] CNN Türk, "Ege Denizi'nde 2 yılda 519 mülteci öldü", http://www.cnnturk.com/turkiye/ege-denizinde-2-yilda-519-multeci-oldu (2.01.2017)

[67] Mülteci Hakları Koordinasyonu, http://amnesty.org.tr/icerik/2/1376/multecilerin-haklarini-ihlal-edeceginden-kaygilandigimiz-turkiye-ab-geri-kabul-anlasmasi-bugun-tbmm-gundeminde, 2014, (7.10.2016)

Suriye iç savaşından kaynaklanan sözde mülteci krizini fırsata çevirmeye çalışan Türkiye dururken, öte yanda ise AB ülkelerinin "kriz"[68] olarak gördüğü mültecilerin sayısını azaltma isteği görülmektedir. Ancak bu denklemde birey güvenliği, ülkelerin öncelikleri arasında yer almamaktadır.

Birey güvenliğine odaklanmaya devam edersek, bu ve buna benzer, devleti referans objesi olarak ele alan göç politikaları birey güvenliklerini olumsuz yönde etkilemektedir. Göç alan ülkelerdeki kısıtlayıcı poli-tikaların artması uluslararası göçmenler için yasal yolları da azaltmakta, tek çaresi göç etmek olan insanları daha tehlikeli yollar aramaya yöneltmektedir.[69] Bu konuda Douglas Massey'in Meksika- ABD göç yolları üzerindeki ampirik çalışması bize göçün dinamik bir unsur olduğunu, önleme konusunda artan çabaların, yalnızca maliyetler, riskler ve kağıtsız göçmen sayısında artışa neden olduğunu göstermektedir.[70]

Buraya kadar, birey güvenliğini klasik güvenlik anlayışından farklı olarak ele alan Eleştirel Güvenlik perspektifinden, bir mültecinin güvenliğinin - ülkesi başka bir ülke tarafından tehdit altında olmasa dahi- tehdit altında olabileceğini ancak güvenliğini sağlamak için gittiği yerlerde ise ülkelerin engelleyici politikaları ile başka risklerle karşı karşıya kalma ihtimalleri olduğunu gördük. Peki ya ülkelerinde zulüm tehdidinden kaçıp, herhangi bir geri göndermeye maruz kalmadan, bir ülkede mülteci olabilmiş kişilerin güvenliklerinin 'tam ve eksiksiz olarak' sağlandığını iddia edebilir miyiz?'

Hatırlanacağı üzere Eleştirel Okul gerçek güvenliği özgürleşmeye ulaşma hali olarak görmektedir. Bireyler üzerinde siyasi kısıtlar ve yoksulluk gibi karar almaları üzerinde baskı oluşturan unsurlar var oldukça gerçek güvenliğe ulaşılamayacağı iddia edilmektedir. Linklater, mültecilerin şiddetten kaçarak başka bir ülkeye sığınmanın güvenliğin acil ihtiyacını karşıladığını ancak tüm güvenliksizlikleri ortadan kaldırmadığına dikkat çekmektedir. Bu noktada Linklater, gerçek güvenlik için, kabul eden ülkede yaşama hakkının yanında tüm yasal, siyasi ve sosyal haklara sahip olmaları gerektiğinin altını çizer.[71] Ancak birçok göçmen varış ülkelerinde özgürleşmenin sağlanacağı tam bir

---

[68] bknz. http://ec.europa.eu/echo/refugee-crisis_en (14.10.2016).
[69] François Crepeau ve diğerleri, "International Migration: Security Concerns and Human Rights Standards", s.312.
[70] Douglas S. Massey, "A Missing Element in Migration Theories", *Migration Letters*, Volume 12 Sayı 3, 2015. ss.279-299.
[71] Linklater, "Political Community and Human Security", s.113.

güvenlik ortamından mahrumdur. Pınar Yazgan'ın da dikkat çektiği üzere göçmen politikaları ulus-vatandaşlık ayrımına dayanmakta ve bireylere biz-öteki arasına keskin bir sınır çizmektedir.[72] Böylesi bir ayrımın mevcudiyetinde tüm haklara erişmenin, Eleştirel Güvenlik anlayışınca özgürleşmenin sağlandığından söz etmek mümkün değildir.

Pek çok ülkede mültecilerin fakirlik sınırının altında yaşadığı bilinmektedir. BMMYK ve Dünya Bankası'nın Ürdün ve Lübnan'da Suriyeli mülteciler özelinde yaptığı çalışma bu tezi sayılarla doğrulamaktadır.[73] Yine 2016'da, BMMMY tarafından ev sahibi ülkelerde yaşayan Suriyelilerin, temel ihtiyaç malzemelerine ulaşabilmelerini kritik seviyede tutacak kadar yoksul olduklarını ortaya koyan çalışma gerçekleştirilmiştir[74]. Yine BMMYK verileri ile korması altındaki 6 milyon okul çağındaki çocuktan 3.7 milyon eğitim alamamakta. Mültecilerin okula gidememe oranları, küresel ortalama orandan beş kat daha fazladır.[75]

Güvenlik ve göç ilişkisine eleştirel bakış açısıyla yaklaşırken güvenliğin objektif değil inşaa edilen bir kavram olduğunu bu anlamda da göçün 'güvenlikleştirilmesi' süreci bir çok çalışmanın da analiz konusu olmuştur.[76] Öte yandan göçmenlerin gittikleri ülkede gerçekten tehdit oluşturup oluşturmadıkları da eleştirel güvenlik bakış açısıyla sorgulanmaktadır. Diğer bir deyişle, göçmenler gittikleri ülkelerde tehditten kaçan gruplar olarak değil, aksine tehdit oluşturan gruplar olarak işaret edilmektedirler.

Yukarıda ifade edildiği üzere, Eleştirel Okul yalnızca mevcut güvenlik çalışmalarının eksikliklerini açığa çıkarmakla kalmamakta, ilerlemeci bir çözüm yolu da önermektedir. İşte bu nokta da önerilen özgürleştirici siyaset *(emancipatory politics)*, Linklater'in ifadesi ile iletişimsel eylemi geliştirmeli ve özellikle toplumun zayıf ve savunmasız kesimlerinin ihtiyaçlarına cevap verecek bir diyalog sürecinin ürünü olmalıdır[77]. Oysa

---

[72] Pınar, Yazgan, " Hareketlilik Kimlik İnşasına Yönelik Analitik Bir Çerçeve", *Göç Dergisi,* Cilt 3, Sayı 2, 2016, s.287..

[73] Paolo Verme, Chiara Gigliarano, Christina Wieser, Kerren Hedlund Marc Petzoldt, Marco Santacroce, *The Welfare of Syrian Refugees: Evidence from Jordan and Lebanon*, World Bank Publications, 2015.

[74] UNHCR and partners warn in Syria report of growing poverty, refugee needs, http://www.unhcr.org/news/press/2016/7/577b717a4/unhcr-partners-warn-syria-report-growing-poverty-refugee-needs.html, (5.10.2016)

[75] UNHCR UNHCR reports crisis in refugee education http://www.unhcr.org/news/press/2016/9/57d7d6f34/unhcr-reports-crisis-refugee-education.html

[76] Örnek çalışmalar için bknz, Mandacı ve Özerim, a.g.e., Didier Bigo , "Migration and Security", in (ed.) Virginie Guiraudon,Christian Joppke. *Controlling a New Migration World*, Londra 2001. Guild, a.g.e.

göç politikaları, bir çok ülkede sınırlı sayıda aktörün dahil olduğu bir sürecin sonunda oluşturulmaktadır. Türkiye'de, göç alanında temel mevzuat olan Uluslararası Koruma ve Yabancılar Kanunu (2013) , farklı aktörlerin karar alma mekanizmasına dahil olması ile hazırlanmıştır. Ancak, göçmenlerin güvenliği ile birebir ilgisi olan Geri Kabul Anlaşmaları[78] üst düzey bürokrasi tarafından tartışılmaktadır.[79] Bununla birlikte hem Uluslararası Koruma ve Yabancılar Kanunu hem de Geri Kabul Anlaşmaları'nda , uygalamalardan etkilenecek olanlar yerine uygulayıcaların karar alma makanizmalarına katılımı söz konusudur. Diğer bir deyişle, Eleştirel Teorinin ilham aldığı normatif dayanaklardan biri olan Habermas'ın 'normlar bunlardan çıkarları etkilenebilecek herkesin kabulü olmadan geçerli olamaz'[80] ilkesi göç politikaları oluşturulurken yerini devlet güvenliğini önde tutan bir yaklaşıma bırakmaktadır.

Sonuç

Eleştirel Güvenlik çatısı altındaki yaklaşımlar, güvenlik konusuna, çok boyutlu ve ulus devletlerin sınırları ötesinde bir bakış açısı sağlayarak güvenlik yazınına dinamizm katmıştır. Güvenliği sabit ve değişmez bir unsur olarak ele alan geleneksel çalışmaların kabuğundan sıyrılan bu yaklaşımlar, güvenliğin yaratılan bir kavram olmasına ve yaratılma sürecinde yer alan söylemlere dikkat çeker. Devletlerin birey güvenliğini sağlamada tek ve koşulsuz aktörler olduğu görüşüne karşı çıkan Eleştirel Güvenlik, aksine birey güvenliği için devletin bizatihi tehdit oluş-turabileceğinin altını çizmektedir. Bu kilit noktalarla, Eleştirel Güvenlik, kendi ülkelerinde tam bir güvenliğe kavuşamayan, gitmek zorunda kaldıkları ülkelerde ise çoğunlukla hem tehdit unsuru olarak işaret edilen, hem de siyasi, sosyal ve kültürel haklardan mahrum kalan göçmenlerin güvenliği konusunu yeniden ele almak için yol gösterici niteliktedir.

---

[77] Linklater Andrew, "Political Community and Human Security", s.120.

[78] Avrupa Birliği ile Geri Kabul Anlaşmaları, AB ülkelerinde düzensiz halde bulunan göçmenlerin menşe ülke ya da transit ülkelere gönderilmelerini sağlayan ikili anlaşmalardır . http://www.europarl.europa.eu/thinktank/en/document.html?reference=EPRS_BRI(2015)554212 (05.10.2016)

[79] Deniz Eroğlu, "The Making of Asylum Policies in Turkey: Analysis of Non-Governmental Organisations, Political Elites and Bureaucrats", *Essex Universitesi yayımlanmamış* Doktora Tezi, 2013, İngiltere.

[80] Jurgen Habermas, *The Theory of Communicative Action*, Vol. 2, *The Critique of Functionalist Reason*. Cambridge: Polity Press, 1989. s. 82 içinde Linklater Andrew, Critical Theory and World Politics, The principle of citizenship, s.97.

Eleştirel Güvenlik yaklaşımı ile göç konusu ele alınırken birey güvenliğine odaklanarak, göçmenin ilk göçe karar vermesinden bir ülkeye yerleşmesi ve bu ülkede tam ve eksiksiz bir güvenliğe erişememe, diğer bir deyişle özgürleşmeme, durumu geleneksel devlet odaklı güvenlik çalışmalarının açıklamalarının yetersizliğini ortaya koymaktadır. Ancak, belirtildiği üzere Eleştirel Güvenlik yaklaşımları ilerlemeci ve gelişmeye inançlıdır. Bu noktada, Eleştirel Güvenlik anlayışı 'ütopyacı' olmadığını, uluslararası politikanın değişen yüzünü işaret ederek gösterir. Artan devlet dışı aktörler göç alanında da oldukça aktif kimi zaman da devlet kurumlarını politika değiştirme konusunda baskılayıcı olmaya başlamışlardır. Bu konuda, Helsinki Yurttaşlar Derneği, Uluslararası Af Örgütü, Uluslararası Mülteci Hakları gibi kuruluşlar evrensel etik değerler çerçevesinde mülteci hakları için çalışmaktadırlar.[81] Bugün geldiğimiz noktada, bir yandan güvenlik söylemi ile göçmen güvenliğini tehlikeye atan ulus devlet uygulamaları giderek yoğunlaşırken, bu uygulamaların karşısında göçmen ve mülteci haklarının ulus devlet çıkarları adı altında ihmal edilmesini önlemeye çalışan, evrensel temelli ilkelerle hareket eden örgütler çalışmalarına aynı ölçüde yoğunlaştırarak devam etmektedir.

KAYNAKÇA

Adamson, B. Fiona, "Crossing Borders: International Migration and National Security", *International Security,* Volume 31, No 1, 2006, ss.165-199.

Ayoob, Mohammed , "Security in the Third World: The Worm about to Truth?", *International Affairs (Royal Institute of International Affairs 1944-),* Vol. 60, No. 1 (Winter, 1983-1984), ss.41-51.

Betts, Alexander, *Forced Migration and Global Politics,* Wiley Blackwell, 2009, UK.

Black, Phil, Joshua Berlinger and Eliott C. McLaughlin, http://edition.cnn.com/ 2016/03/27/europe/brussels-investigation-main/ (23.05.2016)

BMMYK, UNHCR Küresel Eğilimler Raporu, Basın Açıklaması, 2015, http://www.unhcr. org/turkey/home.php?content=640 (24.08.2016).

Booth, Ken, "Security and Self : Reflections of a Fallen Realist", (ed.) Keith Krause, Michael C. Williams, *Critical Security Studies: Concepts and Cases,* USL Press, 1997.

Booth, Ken, "Critical Exploration", (ed.) Ken Booth, *Critical Security Studies and World Politics,* UK, 2005.

Booth, Ken "Security and Self", *in* (ed) Keith Krause ve Michael C. Williams. *Critical Security Studies: Concepts and Cases.* UCL Press, 1997.

Booth, Ken, "Security and Emancipation," *Review of International Studies,* Volume 17, No 4, ss.313-326.

---

[81] Bu noktada, Yasemin Soysal'ın 'ulus ötesi yurttaşlık' kuramsallaştırması önemlidir. Artık göçmenlerin ulus devlet sınırlarını aşan, evrensel vatandaşlıktan ileri gelen hakları olduğu, ulus-ötesi vatandaşlık ile ayrıntılandırılır. Bknz. Yasemin Soysal, Limits of Citizenship: Migrants and Postnational Membership in Europe, Chicago. 1994.

Buzan, Barry ve Lene Hansen, *The Evolution of International Security Studies,* Cambridge University Press, Cambridge, 2009.

Buzan, Barry, *People, States and . Fear, The National Security Problem in International Relations,* Wheatsheaf Books, 1983.

C.A.S.E Collective, "Critical Approaches to Security in Europe: A Networked Manifesto", *Security Dialogue,* Volume 37, No4, ss.443-487.

CNN Türk, "Ege Denizi'nde 2 yılda 519 mülteci öldü", http://www.cnnturk.com/turkiye/ege-denizinde-2-yilda-519-multeci-oldu (2.01.2017)

Cohen, Jeffrey.H ve Sirkeci, İbrahim. *Cultures of Migration: The Global Nature of Contemporary Mobility.* Austin: University of Texas. 2011.

Crepeau, François, Delphine, Nakache, İdil Atak, "International Migration: Security Concerns and Human Rights Standards", *Transcultural Psychiatry,* Volume 44, No 3, 2007. ss.311-337.

Enlanger, Steven, "Brussels Attacks Fuel Debate Over Migrants in a Fractured Europe" http://www.nytimes.com/2016/03/23/world/europe/belgium-attacks-migrants.html?module=ArrowsNav&contentCollection=Europe&action=keypress&region=FixedLeft&pgtype=article, (23.04.2016),

Eroğlu, Deniz, "The Making of Asylum Policies in Turkey: Analysis of Non-Governmental Organisations, Political Elites and Bureaucrats", *Essex Universitesi yayımlanmamış Doktora Tezi,* 2013, İngiltere.

Floyd, Rita, "Towards a Consequentialist Evaluation of Security: Bringing Together the Copenhagen and the Welsh Schools of Security Studies", *Review of International Studies,* Volume 33, No 2, 2007, 327-350.

Gibney, J. Matthew, "Security and the Ethics of Asylum after 11 September", *Forced Migration Review,* Volume 13, ss.40-42.

Goodwin-Gil S. Guy , Jane McAdam, The Refugee in International Law, Oxford Press London, UK, 2007.

Guild, Elspeth, *Security and Migration in the 21st Century,* 2009. Cambridge . İngiltere

Guiraudon, Virginie, Christian Joppke. *Controlling a New Migration World*, Londra, 2001.

Habermas, Jurgen, *The Theory of Communicative Action,* Volume 2*, The Critique of Functionalist Reason.* Cambridge: Polity Press, 1989.

Huysmans, Jef, "The European Union and Securitization of Migration", *Journal of Common Market Studies,* Volume 38, No 5, 2000, ss.751-77.

Karyotis, Georgios, "European Migration Policy in The Aftermath of September 11, The Security-migration nexus". *Innovation,* Volume 20, No1, 2007, ss. 1-17 .

Kicinger, Anna, International Migration as a non-traditional Security Threat and the EU Responses to this Phenomenon. *Central European Forum,* CEFMR Working Paper, 2/2004 http://www.cefmr.pan.pl/docs/cefmr_wp_2004-02.pdf (24.03.2016).

Krause Keith ve Michael C. Williams. *"From Strategy to Security: Foundations of Critical Security Studies". In* (ed) Keith Krause ve Michael C. Williams. *Critical Security Studies: Concepts and Cases.* UCL Press, 1997.

Linklater, Andrew, "Political Community and Human Security", in (ed) Ken Booth. *Critical Security Studies and World Politics,* 2005.

Linklater, Andrew, *Critical Theory and World Politics: citizenship, sovereignty and humanity ,* Oxon, 2007.

Mandacı, Nazif ve Gökay Özerim, "Uluslararası Göçlerin Bir Güvenlik Konusuna Dönüşümü: Avrupa'da Radikal Sağ Partiler ve Göçün Güvenlikleştirilmesi", *Uluslararası İlişkiler,* Volume 10, Sayı 39, Güz 2013, ss. 105-130.

Martin, Philp L., "Amerikan Gözüyle Avrupa'nın Göç Krizi", *Göç Dergisi*, 2016, Türkçeleştiren: Deniz Eroğlu ve İbrahim Sirkeci, Volume 3, Sayı 1, ss. 121-134.

Massey, Douglas, S. "A Missing Element in Migration Theories", *Migration Letters*, Volume:12 Sayı 3, 2015. Ss.279-299.

McDonald, Matt, Constructivism, (ed) Paul D. Williams, *Security Studies: An Introduction*, New York, 2008.

Mutimer, David, "Critical Security", (ed),Victor Mauner ve Myriam Dunn Cavelly, *The Routledge Handbook of Security Studies*, Oxon, 2012.

Mutimer, David, "Critical Security Studies", (ed) Alan Collins, *Contemporary Security Studies*, Oxford, 2013.

Mülteci Hakları Koordinasyonu, http://amnesty.org.tr/icerik/2/1376/multecilerin-haklarini-ihlal-edeceginden-kaygilandigimiz-turkiye-ab-geri-kabul-anlasmasi-bugun-tbmm-gundeminde, 2014, (7.10.2016)

Peoples, Columba, Nick, Vaughan-Williams, *Critical Security Studies: An Introduction*, London, 2010.

Rais, Mehdi, "European Union Readmission Agreement", *FMR*, Volume 51, 2016, ss. 45-46.

Schweller, Randall L., "Neorealism's Status-quo Bias: What Security Dilemma ?", Security Studies, Volume 5, Sayı 3, 1996, 90-121.

Sirkeci, Ibrahim. "Transnational mobility and conflict." *Migration Letters* 6(1), 2009, sf. 3-14.

Sirkeci, İbrahim, Jeffrey H. Cohen, Pınar Yazgan, Natalia Zotova, "Introduction", In: Sirkeci, I., Cohen, J.H., Yazgan, P. (eds.) *Conflict Insecurity and Mobility*, London, 2006.

Slack, James. ''Staggering' number of European jihadist: EU's own border agency admits terrorists are exploiting refugee crisis and lax controls - but has no idea how many illegal immigrants there are', 2016, http://www.dailymail.co.uk/news/article-3525279/Mass-migration-allowing-terrorists-pour-Europe-EU-s-border-agency-admits-s-revealed-false-documents-not-facing-thorough-checks.html (20.04.2016).

Soysal, Yasemin, *Limits of Citizenship: Migrants and Postnational Membership in Europe*, Chicago. 1994.

Weaver, Ole, "Securitization and Desecuritization", In: Ronnie D. Lipschutz (ed), *On Security*, New York, 1995.

Wæver,Ole, "Aberystwyth, Paris, Copenhagen: New "Schools" in Security Theory and Their Origins Between Core and Periphery", paper presented at the 45th Annual Convention of the International Studies Association, Montreal, Canada, 17–20 March 2004, http://citation.allacademic.com//meta/p_mla_apa_research_ citation /0/ 7/4/4/6/pages74461/p74461-21.php (18.06.2016)

Weiner, Myron, "Security, Stability, and International Migration", *International Security*, Volume 17, No. 3, 1992-1993, ss.91-126.

Williams, Paul, Critical Security Studies, in (ed) Alex J. Bellamy, *International Society and Its Critics*, Oxford University Press, Oxford, 2005.

UNHCR, UNHCR and partners warn in Syria report of growing poverty, refugee needs, http://www.unhcr.org/news/press/2016/7/577b717a4/unhcr-partners-warn-syria-report-growing-poverty-refugee-needs.html, (5.10.2016).

UNHCR UNHCR reports crisis in refugee education http://www.unhcr.org/news/ press/2016/9/57d7d6f34/unhcr-reports-crisis-refugee-education.html

Verme, Paolo Chiara Gigliarano, Christina Wieser, Kerren Hedlund Marc Petzoldt, Marco Santacroce, *The Welfare of Syrian Refugees: Evidence from Jordan and Lebanon*, World Bank Publications, 2015.

Yazgan Pınar, Deniz Eroglu Utku, İbrahim Sirkeci, "Syrian Crisis and Migration", *Migration Letters,* Volume 12, No. 3, 2015.ss. 181-192.

Yazgan, Pınar, " Hareketlilik Kimlik İnşasına Yönelik Analitik Bir Çerçeve", *Göç Dergisi,* Cilt 3, Sayı 2, 2016, ss.282-296.

http://ec.europa.eu/echo/refugee-crisis_en (14.10.2016).

http://www.europarl.europa.eu/thinktank/en/document.html?reference=EPRS_BRI(20 15)554212 (5.10.2016).

ELEŞTİREL GÜVENLİK YAKLAŞIMI BAĞLAMINDA RUANDA SOYKIRIMININ ANALİZİ

Abdullah TORUN

Giriş

Soğuk Savaşın çözülme sürecinde güvenlik kavramını yeniden tanımlamaya yönelik çalışmalarda kayda değer artış gözlendi. Bu bağlamda, Eleştirel Güvenlik düşüncesi de Soğuk Savaş sonrası dünyayı anlamada yetersiz kaldığı düşünülen Geleneksel Güvenlik akımlarına tepki olarak ortaya çıktı. Eleştirel Güvenlik yaklaşımının ortaya çıkışı, ana-akım Uluslararası İlişkiler teorilerindeki tartışma süreçlerinden bağımsız değildir. Eleştirel Güvenlik düşüncesi, 1980'lerde Uluslararası İlişkiler disiplinindeki Neo-Realist hegemonyaya karşı başlatılan Eleştirel karşı duruşun bir ürünüdür. Dolayısıyla, Eleştirel Güvenlik Çalışmaları (Critical Security Studies-CSS) güvenlik çalışmalarını Eleştirel Teori ile iliş-kilendirmeyi amaçlayan bir yaklaşım olarak ortaya çıkmıştır.

"Eleştirel Güvenlik" tanımlaması içerisinde birçok yaklaşımı barındıran şemsiye kavramdır. 1960'lardan itibaren uluslararası politikanın yapısını değiştirmeyi ve analiz etmeyi amaçlayan çeşitli çalışmalar Eleştirel Güvenlik düşüncesinin oluşturulmasına katkı sağlamışlardır. Örneğin; Barış Araştırmaları, Alternatif Savunma yaklaşımları, Nükleer Silah-sızlanma çalışmaları, Feminist düşünceler ve Üçüncü Dünya çalışmaları bunlar arasında önemli yer tutar. Fakat, Eleştirel Güvenlik yaklaşımına kaynaklık temel motivasyon, Frankfurt Okulu Eleştirel düşüncesidir.[1] Başka bir ifadeyle, Eleştirel Güvenlik yaklaşımının teorik altyapısı, Uluslararası İlişkiler alanında üçüncü büyük tartışma dönemini başlatan ve alan içerisinde etkinlik kuran Eleştirel Teoriye dayanır.[2] Bununla birlikte, Eleştirel güvenlik düşüncesinin bir akademik çalışma alanı olarak ortaya çıkışı 1990'lar dönemi ile başlamıştır. Mayıs 1994'de Toronto York Üniversitesi'nde gerçekleştirilen, *"Conflict: Critical Approaches to Security Studies,"* başlıklı konferans ve 1997 yılında Keith

---

[1] Pınar Bilgin, "Security Studies: Theory/Practice," *Cambridge Review of International Affairs*, Cilt: 12, Sayı: 2, 1999, s.31-32.
[2] Eli Stamnes, "Critical Security Studies and The United Nations Preventive Deployment in Macedonia," *Internatio*nal Peacekeeping, Cilt: 11, Sayı: 1, 2004, s. 162.

Krause ve Michael C. Williams'ın editörlüğünde basılan *"Critical Security Studies: Concepts and Cases,"*[3] başlıklı çalışma, Eleştirel Güvenlik düşüncesinin entelektüel faaliyet alanı olarak ortaya çıkışına ciddi katkılar sağlayan ve dönüm noktası olarak değerlendirilebilecek önemdedir.[4]

Eleştirel Güvenlik düşüncesinin bir akademik alan olarak gelişimine katkı sağlayan ikinci önemli girişim, *Welsh School* olarak da bilinen *Aberystwyth Ekolü* tarafından yapıldı. Editörlüğünü Ken Booth'un yaptığı *Critical Security Studies and World Politics* (2005) ve yine Booth'un bir çalışması olan *Theory of World Security* (2007) başlıklı eserler, Eleştirel Güvenlik düşüncesinin Avrupa'da oluşumuna katkı sağlamalarının yanında, güvenlik literatüründeki etkisinin artmasına neden oldular.

Aralarında düşünsel olarak bazı farklar bulunmasına rağmen, Toronto ve Aberystwyth ekolleri dışında, Geleneksel Güvenlik yaklaşımlarına ontolojik ve epistemolojik karşı duruş gösteren *Paris School* ve *Copenhagen School* gibi okullarda Eleştirel Güvenlik Çalışmalarının gelişimine önemli katkı ve farklılık kazandırmışlardır.

Eleştirel Güvenlik Çalışmaları (Critical Security Studies-CSS) tanımlamasındaki "eleştirel" kelimesinin kullanımın metodolojik ve epistemolik gerekçeleri vardır. Metodolojik olarak "eleştirel" kelimesi kaynağını, Frankfurt Okulu'ndan esinlenen Eleştirel Teoriden almaktadır. Ken Booth ve Richard Wyn Jones'un öncülüğündeki *Aberystwyth* Okulu tarafından temsil edilen bu yaklaşım, diğer eleştirel güvenlik yak-laşımlarımdan kendine özgü farklı düşünceleriyle ayrışır. Bu nedenle, diğer eleştirel güvenlik yaklaşımlarındaki farklılığı belirtmek amacıyla büyük harflerle "CSS" olarak kullanılması tercih edilir. Epistemolojik açıdan ise "eleştirel" kelimesi, "dünyayı sadece yorumlamak" değil, "onu dönüştürme" iddiasında olan Marxian düşünce geleneğine referans amacı taşır.[5] Krause ve Williams öncülüğündeki Toronto School ise, "eleştirel" kelimesini mutlak biçimde tanımlamaya çalışmanın gereksiz olduğunu düşünmekle birlikte, kullandıkları anlamın Robert Cox'un "problem çözücü teori" ve "eleştirel teori" ayırımına dayandığını söyler ve küçük harflerle

---

[3] Keith Krause ve Michael C. Williams, der: *Critical Security Studies: Concepts and Cases*, University of Minnesota Press, Minneapolis, 1997.

[4] David Mutimer, "Critical Security: A Schismatic History," Alan Collins, der: *Contemporary Security Studies*, 3. Baskı, Oxford University Press, Oxford, 2013, s. 68.

[5] Columba Peoples ve Nick Vaughan-Williams, *Critical Security Studies: An Introduction*, Routledge, Londra, 2010, s. 18.

(critical security studies-css) kullanırlar.[6] Bu bağlamda bahsetmek gerekirse, aralarındaki farklılıklar Eleştirel Güvenlik düşüncesinin Cox'un öncülüğündeki Eleştirel Uluslararası İlişkiler Teori'den ilham aldıkları gerçeğini yadsımaz. Cox 1981 tarihli ünlü *"Social Forces, States and World Order: Beyond International Relations Theory"* makalesinde teorileri ikiye ayırarak *"problem çözücü"* (*problem-solving theory*) teori ve *"eleştirel teori"* (*critical theory*) biçiminde sınıf-landırmıştır.[7] Özet olarak, Cox'a göre, problem çözücü teori dünyayı bulduğu şekliyle; kurumlarda örgütlenmiş egemen sosyal ve güç ilişkileriyle birlikte verili bir yapıda eylem alanı olarak ele alır. Problem çözücü teorinin amacı, bu ilişki ve kurumların, sorunların kaynağıyla mücadele etmek için işlerliğini sağlamaktır. Eleştirel teori ise, dünyadaki egemen düzene karşı mesafelidir ve bu egemen düzenin nasıl oluştuğunu sorgular. Eleştirel teori, problem-çözücü teorinin aksine kurumları ve güç ilişkilerini kanıksamaz. Sorunların kökenlerinin nasıl oluştuğunu ve değişip değişmeyeceğini sorgular. Problem-çözücü teori, parametrelerini kabullendiği eylem çerçevesini veya problematiğini değerlendirmeye yöneliktir. Eleştirel teori ise parçalara ayırmak yerine, sosyal ve siyasal yapıya bir bütün olarak yönelir. Eleştirel teori tarihi geçmişte kalmış bir dönem olarak değil, devam eden tarihsel değişim süreciyle ilgili olarak anlamlandıran bir teoridir. Problem-çözücü teori ise, parametrelerini kurumların ve güç ilişkilerinin oluşturduğu devam eden bir süreç ortaya koyar. Bu nedenle problem-çözücü teori tarih dışıdır veya tarihsel değildir.

Bazı yaklaşımlar açısından, Cox'un teori oluşturmaya yönelik analizlerini, aynı dönemlerde başlayan güvenlik ajandasını ve güvenli kavramını analitik bir dönüşüme tabi tutmaya çalışan Güvenlik Çalışmaları açısından düşündüğümüzde, söz konusu eleştirel dönüşümün kolay olmadığı/olmayacağı açıktır. Çünkü Soğuk Savaş dönemi ve sonrasında genel olarak Güvenlik Çalışmaları uluslararası politikada istikrarsızlık nedeni olan savaş veya çatışma süreçleri gibi olgusallıklar üzerinden ge-lişmiştir. Stephen Walt'un da belirttiği gibi, Güvenlik Çalışmalarının odak noktası savaş retoriği üzerinden oluşturulmuştur.[8] Eleştirel Güvenlik yaklaşımları açısından ise savaş,

---

[6] Williams ve Krause, 1997, s. xi.

[7] Robert Cox, "Social Forces, States, and World Orders: Beyond International Relations Theory," *Millennium Journal of International Studies*, Cilt: 10, Sayı: 2, 1981, s. 128,129.

[8] Stephen M.Walt, "The Renaissance of Security Studies," *International Studies Quarterly*, Cilt: 35, Sayı: 2, (Haziran/1991), s. 212.

uluslararası politikanın gerçeği olmakla birlikte, aslında problemin bir parçasıdır.[9]

Eleştirel Güvenlik Düşüncesi'nde "Güvenlik" Kavramsallaştırması

Eleştirel Güvenlik yaklaşımı, Eleştirel Teori'nin güvenlik kavramının ontolojisine ve epistemolojisine yönelik bakışını ifade eder. Fakat Eleştirel Güvenlik Yaklaşımı ,yalnızca bir teorik tanımlama veya entelektüel duruşu yansıtmaz. Eleştirel Güvenlik, aynı zamanda teorik ve pratik perspektiften güvenliğin analiz edildiği bir çalışma alanıdır.[10] Başka bir ifadeyle, Eleştirel Güvenlik düşüncesi sadece geleneksel güvenlik yaklaşımlarına meydan okuyan bir akademik uğraş değil, ampirik düzeyde de gerçek dünyanın sorunlarıyla ilgilenen bir ekol olma iddiasındadır.[11] Dolayısıyla Eleştirel Güvenlik düşüncesi bireyi ve toplumu kısıtlayıcı yapısal engelleri ortadan kaldırarak, teorik ve pratik bağlamda daha insancıl bir düzen oluşturmak amacıyla diyalogu ve özgürleştirici pratikleri geliştirmeyi hedefler.

Eleştirel düşünce açısından güvenlik, objektif olarak anlamsız bir kavramdır.[12] Geleneksel literatürde güvenlik kavramının tanımlanmasında ve adlandırılmasındaki zorluklara rağmen, Eleştirel kuram açısından güvenlik tanımlanması gereken bir kavramdır. Çünkü Ken Booth'un ifade ettiği biçimiyle, "güvenliği adlandıramazsak, onu elde etmeyi nasıl ümit edebiliriz?" Sorusu Eleştirel düşüncenin güvenliğin kavramsallaştırılmasına ilişkin yaklaşımını ortaya koyar. Literatürde yer alan güvenlik kavramının yeniden tanımlanması gerekliliğine Eleştirel Güvenlik düşüncesi de katılır. Ancak bunu yaparken iki yönlü yöntem izler.[13] Birincisi, dünya politikasına içkin değişim olasılıklarının önemine işaret eder. Buradaki amaç güçsüz, dezavantajlı ve sessizlerin fikir ve eylemlerini temsil edebilmek ve devletçi, militarist ve sıfır toplamlı olmayan alternatif politikalar geliştirebilmektir. İkincisi, uygulanan politikalara karşı normatif temelli ve özgürleştirici eleştiriler sunar. Bu yönüyle Eleştirel Güvenlik yaklaşımı post-pozitivist bir tutum gösterir.

---

[9] Peoples ve Vaughan-Williams, 2010, s.20.

[10] Michael C. Williams ve Keith Krause, "Preface: Toward Critical Security Studies," Keith Krause ve Michael C. Williams, der: *Critical Security Studies: Concepts and Cases*, University of Minnesota Press, Minneapolis, 1997, s. xi.; Tuncay Kardaş, " Güvenlik: Kimin Güvenliği ve Nasıl?," Zeynep Dağı, der: *Uluslararası Politikayı Anlamak: Ulus Devletten Küreselleşmeye*, Alfa Yayınları, İstanbul, 2007, s.144.

[11] Ken Booth ve Peter Vale, "Critical Security Studies and Regional Insecurity: The Case of Southern Africa," Krause ve Michael C. Williams, der: *Critical Security Studies: Concepts and Cases*, University of Minnesota Press, Minneapolis, 1997, s. 329.

[12] Booth ve Vale, 1997, s. 330.

[13] Bilgin, 1999, s. 33.

Barry Buzan'ın güvenliği özünde tartışmalı bir kavram olarak tanımlama fikrine Eleştirel Güvenlik yaklaşımı katılmaz. Booth'un yaklaşımına göre, güvenlik kavramı özünde değil, koşullara bağlı olarak ihtilaflı bir kavram olarak düşünülür.[14] Booth'un yaklaşımı açısından güvenlik kavramı araçsal bir değerdir. Bu argümanı savunmak için üç ayırımın yapılması gerektiğini öne sürer: mutlak ve görece güvenlik arasında, öznel ve öznel olmayan tehditler arasında ve hayatta kalmak ile güvenlik arasında:[15]

Güvenlik kavramının göreceliliği mutlak güvenliğin bir hayal olmasından kaynaklanmaktadır. Dolayısıyla, mutlak güvenlikten bahsedilebilmesinin mümkün olmadığı, buna karşılık mutlak güvensizlikten söz etmenin olabildiği düşünülür. İkinci ayırım noktası olarak ifade edilen öznel ve öznel olmayan tehditler arasındaki ayırımla ilgili olarak Eleştirel Güvenlik yaklaşımı şu ifadelerde bulunur:

" 'öznel', birinin o zaman hissettiği şeydir, 'öznel-olmayan' ise geçmişe bakışın ve tarihin açığa çıkardığı şeye ya da her şeyi bilen nazari varlığın o zaman bilebildiği şeye gönderme yapar. Demek ki biri güvende olmadan güvende hissedebilir (yaklaşan bir tehlikenin olmadığı duygusuyla) ve benzer şekilde biri de "gerçek" tehditlerden muaf olduğuna inanmasa bile durum bu olabilir. Bu, bireyler için olduğu kadar devletler için de geçerlidir."

Eleştirel yaklaşımın güvenlik kavramını araçsal bir değer olarak tanımlarken kullandığı üçüncü kriter olan hayatta kalma ile güvenlik arasındaki ayırım noktasında; hayatta kalmak varoluşla (fiziksel bir varlık olarak kalıcı olmak) biçiminde düşünülürken, güvenlik hayatta kalmanın ötesi olarak tanımlanmaktadır. Booth'un ifadesiyle: "Buradaki ötesi, varoluşsal tehditlerden (görece) bağımsız olmaktan kaynaklanan seçimdir ve güvenliğe araçsal değerini veren de bu bağımsızlıktır. Hayatta kalmak güvenliğin garantisi değildir çünkü tehditleri ortadan kaldırmaz."[16]

Eleştirel Güvenlik yaklaşımına göre güvenlik türev bir kavramdır. Bu argüman Eleştirel Güvenlik düşüncesinin temelini oluşturmaktadır. Güvenlik kavramını genişleterek ve derinleştirerek kavramı analitik bir çerçeveye oturtmaya çalışan Eleştirel Güvenlik yaklaşımı, güvenlik

---

[14] Ken Booth, *Dünya Güvenliği Kuramı*, çev: Çağdaş Üngör, Küre Yayınları, İstanbul, 2012, s.127.
[15] Booth, 2012, s. 133.
[16] Booth, 2012, s. 133.

kavramını bu yöntemle siyaset kuramlarıyla ilişkilendirmeye çalışır. Böylelikle Eleştirel yaklaşım siyasetin güvenlikleşmesi yerine, güvenliği siyasallaştırmayı amaçlar.

Eleştirel Güvenlik Yaklaşımı'nın Temel Argümanları

Eleştirel Güvenlik düşüncesinde (*referent obje*) *gönderge nesne*'nin ne olduğu ve "kimin güvenliği?" Soruları merkezi bir yer tutar. Geleneksel güvenlik yaklaşımları açısından gönderge nesne devlettir. Buna göre, güvenlikleştirici aktörler devleti dış tehditlerden korurlar ve devletin toprak bütünlüğü içerisinde yaşayan insanların güvenliği de böylelikle sağlanmış olur. Bir anlamda, bireylerin güvenliğinin derecesi devletin güvenliğinin derecesine endekslenmiştir.[17]

Güvenliğin amacının ne olduğu Eleştirel Güvenlik çalışmaları için temel sorunsallardandır. Eleştirel Güvenlik anlayışı güvenliğin amacının nasıl oluşturulduğunu sorusunu sorar. Geleneksel yaklaşımlar açısından böyle bir soru anlamsızdır çünkü güvenliğin amacı devlettir ve devletin güvenliğinin sağlanmasıdır. Geleneksel güvenlik düşüncesinde devlet; hem koruyan hem de korunması gerekendir. Bu paradigmada devlet; aynı zamanda özne ve nesnedir. Devletin güvenliğinin sağlanması, doğal olarak, vatandaşlarının güvenliğinin sağlanması anlamına gelir. Bu nedenle güvenlik kavramı, ulusal güvenlik kavramıyla eşanlamlı kullanılır. Oysa eleştirel yaklaşımlar açısından, güvenliğin amacı devlet ve devletin kurumlarının, ideolojisinin toprak bütünlüğünün korunması güvenliğin amacı değildir. Eleştirel Güvenlik teorisyenler açısından devletler, güvensizlik sorunun çözümünden ziyade parçası oldukları için, güvenlik analizinin merkezini oluşturmamalıdırlar. Çünkü devletler kendi hakları için güvenlik sağlayıcı roller üstlenebildikleri gibi, güvensizliğin kaynağı da olabilirler.[18] Dolayısıyla, Eleştirel yaklaşımlar açısından güvenliğin amacı bireydir. Ancak bu yaklaşım Eleştirel Güvenlik düşün-cesinin devlet güvenliğini önemsizleştirdiği anlamına gelmez. Eleştirel Güvenlik düşüncesinde de devletin herhangi bir silahlı saldırıya maruz kalmas, güvensizlik anlamına gelir; ki bu durum vatandaşlarının da güvensizliği demektir.

Eleştirel Güvenlik düşüncesi, devletin ontolojik olarak güvenliğin merkezinde olduğu argümanına karşı çıkar. Eleştirel Güvenlik yaklaşımı açısından, Geleneksel Güvenlik düşüncesinin devlet-merkezli (state-

---

[17] Mutimer, 2013, s. 70.
[18] John Baylis, "Uluslararası İlişkilerde Güvenlik Kavramı," *Uluslararası İlişkiler*, Cilt: 5, Sayı: 18, (Yaz 2008), s. 81.

centric) yaklaşımları, Soğuk Savaş sonrası dünyayı anlayabilmemiz için yetersiz kalmaktadır. Çünkü Soğuk Savaş sonrası dünyada artık devletlerarası çatışmalar, uluslararası politikanın en önemli sorunu olmaktan çıkmıştır. Bunun yerine Somali, Yugoslavya, Ruanda, vs. gibi ülkelerde görülen devlet-içi çatışma süreçleri uluslararası güvenlik gündemini oluşturmaya başlamışlardır.

Eleştirel Güvenlik düşüncesinin, Geleneksel yaklaşımların devletmerkezli perspektifine yönelik ikinci eleştirisi, bu perspektifin statükonun sürdürülmesine meşruiyet dayanağı oluşturmasıdır. Çünkü gelişmiş ülkelerde devlet vatandaşlarının özgürlüklerinin kaynağı olabilir, fakat gelişmemiş ülkeler açısından devlet özgürlük, insan hakları ve yaşamını tehdit edebilir. Hatta yapısal şiddetin doğrudan kaynağı olabilir.[19]

Eleştirel Teori, Geleneksel yaklaşımlara yönelik bir diğer karşı duruşunu, güvenlik kavramını *özgürleşme* kavramı ile ilintilendirerek yapar. Özgürleşme kavramı, Eleştirel Güvenlik yaklaşımını Geleneksel yaklaşımlardan farklılaştıran merkezi bir kavramdır. Eleştirel Güvenlik Yaklaşımı açısından güvenlik ve özgürleşme kavramları bir madalyonun iki yüzü gibidir. Öyle ki Booth; özgürleşmeyi Eleştirel bir Güvenlik kuramının kalbi olarak nitelendirmektedir.[20] Özgürleşmeyi güvenlik kuramının merkezine yerleştiren Booth, bu kavramın farklı biçimlerde tanımlanabileceğini kabul eder ve özgürleşme kavramsallaştırmasını şu şekilde yapar:

"Siyasetin bir söylemi olarak özgürleşme, insanları, onların özgürce yapmayı seçecekleri şeyleri (başkalarının özgürlüğüyle uyumlu olacak şekilde) gerçekleştirmelerinin önüne geçen baskılardan korumayı amaçlar. Siyaset için üçlü bir çatı sunar: bilgi için felsefi bir çıpa, toplum için bir ilerleme kuramı ve baskıya karşı direnmek için bir pratiktir. Özgürleşme insanlığın icadının felsefesi, kuramı ve siyasetidir."[21]

Nihayetinde Booth güvenlik ve özgürleşme arasındaki ilişkinin tartışmaya açık olduğunu kabul etmekle birlikte, güvenliği araç, özgürleşmeyi ise amaç olarak değerlendirmenin uygun bir metodoloji olduğunu sa-vunmaktadır.

---

[19] Peoples ve Vaughan-Williams, 2010, s. 20.
[20] Booth, 2012, s. 139
[21] Booth, 2012, s. 141.

Eleştirel Güvenlik yaklaşımını geleneksel yaklaşımlardan ayıran temel noktalardan bir diğeri, tehdidin nasıl tanımlanacağı ve nasıl yapılandırılacağı üzerindedir. Geleneksel yaklaşımlar açısından tehdit rakip devletlerin maddi kapasiteleri ve niyetleri doğrultusunda tanımlanırken, Eleştirel Yaklaşım tehdit kavramını tarih, kültür, ideoloji, etkileşim ve diğer bağlantılı faktörler ekseninde değerlendirmektedir.[22]

Geleneksel güvenlik yaklaşımlarında verili olarak kabul edilen tehdit olgusu Eleştirel Güvenlik düşüncesinde reddedilir. Eleştirel Güvenlik düşüncesinde tehditler verili değildir. Dolayısıyla, Eleştirel Güvenlik düşüncesinde güvenliğe yönelik tehditlerin objektif olarak belirlenip tanımlanabilmesi mümkün değildir. Hatta güvenlikleştirici aktörler tarafından tehdit olarak tanımlanan olgular dahi aslında tehdit değillerdir. Bunlar, karar vericilerin subjektif değerlendirmeleri sonucu oluşturulmuş metaforlardır. Eleştirel Güvenlik yaklaşımına göre, güvenlikleştirici aktörlerin tehdit tanımlaması, güvenlik söyleminin politize edilmiş doğasının yansımasıdır.[23]

Uluslararası Hukukta Soykırım Suçu

Soykırım (Genocide) kavramı Yunanca ırk, ulus ve soy anlamına gelen genos kelimesine öldürme anlamına gelen cide kelimesinin eklenmesiyle oluşturulmuş bir sözcüktür.[24] Kavramın sözlük anlamını Türk Dil Kurumu şu şekilde tanımlamaktadır: "bir insan topluluğunu ulusal, dinsel vb. sebeplerle yok etme."

Uluslararası hukuk bağlamında bir suç türü olarak soykırım 20. yüzyılda tanımlanan, cezalandırılması ve önlenebilmesi öngörülen bir suç türüdür.[25] Soykırım kavramı ilk kez Raphael Lemkin'nin Axis Rule in Occupied Europe başlıklı kitabında kullanılmış ve bundan esinlenerek kavram 1945 yılında kurulan Nuremberg Uluslararası Askeri Ceza Mahkemesi'nde insanlık karşıtı bir suç olarak kullanılmıştır.[26] Ancak uluslararası hukuk bağlamında soykırımın tanımlanması ve bu suça

---

[22] Keith Krause, "Critical Theory and Security Studies: The Research Programme of 'Critical Security Studies,' Cooperation and Conflict, Cilt: 33, Sayı: 3,1998, s. 306.
[23] Anthony Berke, "Security," Richard Devetak vd., edt., An Introduction to International Relations: Australian Perspectives, Cambridge University Press, Cambridge, 2007, s. 153.
[24] Beril Dedeoğlu, "Soykırım-Irkçılık İlişkisinin Tematik Bağlantısı,"
http://www.surgun.org/tur/makale.asp?yazi=dedeoglu , 2003, s. 1. Erişim tarihi: 1.01. 2017.
[25] Ebru Çoban, "Uluslararası Hukukta Soykırım Suçu ve Suça Zemin Hazırlayan Toplumsal Yapılar: Ruanda Örneği," Uluslararası İlişkiler, Cilt: 5, Sayı: 17, Bahar/2008, s. 47.
[26] Prevent Genocide International, What is Genocide?,
http://www.preventgenocide.org/genocide/, Erişim tarihi:11.02. 2017.

ilişkin yaptırımlar 1948 yılında Soykırım Suçunun Önlenmesine ve Cezalan-dırılmasına Dair Sözleşme ile mümkün olabilmiştir.

Soykırım Suçunun Önlenmesine ve Cezalandırılmasına Dair Sözleşme'nin 1. Maddesi; soykırımın uluslararası hukuka göre bir suç olduğu belirtilerek sözleşmeci devletlerin, ister barış zamanında isterse savaş zamanında işlensin, soykırım suçunu önlemeyi taahhüt ettikleri belirtilmektedir. Sözleşmenin 2. Maddesi; ulusal, etnik, ırksal, veya dinsel bir grubu, kısmen veya tamamen ortadan kaldırmak amacıyla işlenen filleri soykırım suçu olarak tanımlar. Bu fiiller şunlardır;

- *ulusal, etnik, ırksal veya dinsel bir grubu, kısmen veya tamamen ortadan kaldırmak amacıyla işlenen aşağıdaki fiillerden herhangi biri soykırım suçunu oluşturur.*
- *Gruba mensup olanların öldürülmesi;*
- *Grubun mensuplarına ciddi surette bedensel veya zihinsel zarar verilmesi;*
- *Grubun bütünüyle veya kısmen, fiziksel varlığını ortadan kaldıracağı hesaplanarak yaşam şartlarını kasten değiştirmek;*
- *Grup içinde doğumları engellemek amacıyla tedbirler almak;*
- *Gruba mensup çocukları zorla başka bir gruba nakletmek.*

3. Madde ise, hangi tür suçların soykırım suçu kapsamında değerlendirilip cezalandırılacağını açıklamaktadır:

a) *Soykırımda bulunmak;*

b) *Soykırımda bulunulması için işbirliği yapmak;*

c) *Soykırımda bulunulmasını doğrudan ve aleni surette kış-kırtmak;*

d) *Soykırımda bulunmaya teşebbüs etmek;*

e) *Soykırıma iştirak etmek.*

İlgili sözleşmeye göre sözleşmeye taraf olan devletler, belirtilen fiillerden suçlu bulunan kişilere gerekli cezanın verilebilmesini sağlamak amacıyla, anayasalarında öngörülen usule uygun olarak gerekli düzenlemeleri yapmakla mükelleftirler (Madde5). Ayrıca sözleşme çifte yargılamayı önleyebilmek amacıyla; soykırım suçu işlediği isnat edilen kişilerin yargılanmasında, suçun işlendiği ülkenin yetkili bir mahkemesi veya yargılama yetkisini kabul etmiş olan sözleşmeci devletler bakımından yargılama yetkisine sahip bulunan bir uluslararası ceza mahkemesi yetkili kılınmıştır (Madde 6).

Sözleşmenin 2. Maddesinde yer alan "ortadan kaldırmak" veya "yok etme" amacı/kastı soykırım suçunun oluşabilmesi ve tanımlanabilmesi için temel hukuksal referans noktasını oluşturmaktadır.[27] Çünkü öldürülen kişilerin öldürülme gerekçeleri öznellikten değil, hedef seçilen, düşman olarak tanımlanan ve yok edilmesi düşünülen bir gruba mensup oldukları gerekçesiyle öldürme geçekleşmekte ve bu eylem soykırıma dönüşmektedir. Dolayısıyla kasıt unsuru bir öldürme eyleminin soykırım suçuna dönüşebilmesinde temel referans noktası olarak karşımıza çıkmaktadır.

Ruanda'da Soykırımı Hazırlayan Siyasal ve Toplumsal Yapı

Ruanda, Afrika kıtasının Büyük Göller bölgesinde yer alır. 26.338 kilometre kare yüzölçümü ve 2016 yılı verilerine göre 12.988 kişilik nüfusuyla, nüfus yoğunluğunun çok yüksek olduğu bir ülkedir. Ruanda'nın toplumsal yapısı % 84 Hutu, % 15 Tutsi ve % 1 Twa gruplardan oluşmaktadır.[28] Coğrafi yapı, üretim biçimi ve nüfus yoğunluğu Ruanda vatandaşlarının bir arada çok daha fazla bulunmasını zorunlu kılan temel unsurlardır. Ruanda vatandaşlarının ekonomik ve toplumsal faaliyetlerini devam ettirme ve günlük yaşamlarını sürdürme sırasında mecburen oluşan bu birliktelik, aynı zamanda toplumsal grupların birbirlerini "gözetleme" imkanı sağlayan konjoktürü de oluşturur.

Devlet yapılanmasının otoriter, güçlü ve baskıcı özellikleri Ruanda'yı diğer bölge devletlerinden ayıran nitelikleridir. Soykırım öncesi dönemlerde de Ruanda siyasal otoritesinin toplumsal yapı üzerinde etkisinin güçlü olduğu bir ülke olarak bilinmektedir. İyi biçimde organize edilmiş Ruanda bürokrasi mekanizması aynı zamanda halkı mobilize etmenin en uygun yöntemi olmuştur. 1992 yılında çok partili siyasal yaşama geçiş MRND'nin devlet üzerindeki patronajlığını bir miktar zayıflatmış olsa da,[29] yine de, 1994 Ruanda soykırım vahşetinin merkezi devletin himayesinde gerçekleştiğinin belirtilmesi etik bir zorun-luluktur.[30] Dolayısıyla, dikkat çeken ve sorulması gereken temel soru-lardan biri şudur: güçlü devlet geleneğinin olduğu, bürokratik hiyerarşinin çok iyi işlediği, gözetim ve denetim mekanizmalarının

---

[27] Fatih Halil Kaplan, "The Genocide in the Decisions of International Criminal Courts for Rwanda nad Former Yugoslavia," *Human Rights Review*, Yıl: 4, Sayı: 8, Aralık/2014, s. 77.

[28] https://www.cia.gov/library/publications/the-world-factbook/geos/rw.html, Erişim tarihi:01.02. 2017

[29] Mann, 2005, s. 445.

[30] Helen M. Hintjens, "Explaining the 1994 Genocide in Rwanda," *The Journal of Modern Africa Studies*, Cilt: 37, Sayı: 2, 1999, s. 1.

coğrafyanın ve nüfus yoğunluğunun da etkisiyle olabildiğince etkin olduğu Ruanda'da gerçekleşen soykırım/çatışma süreci neden ve nasıl gerçekleşmiştir?

Bu analizin ve sorunsalın dinamiklerini, Ruanda'nın 20. yüzyılın başından itibaren iç ve dış koşullar/aktörler tarafından inşa edilmiş toplumsal ve siyasal dokusunda aramak gerekmektedir. Bu bağlamda 1994 Ruanda soykırımına zemin hazırlayan koşullar üzerine yapılan çalışmalar, genel olarak iki temel düzlemde analizlerini yoğunlaştırmaktadırlar. İçsel ve dışsal faktörler.

İçsel faktörler bağlamında; siyasi ve idari yapı, 20. yüzyıl başlarında oluşturulan koloni öncesi krallık döneminde de, merkezi krallığın güçlü olduğu bir devlet yapılanmasına sahipti. Her ne kadar ülke idari ve yönetimsel yapısı itibariyle eyaletler biçiminde ayrılmış ise de, tüm yetkilerin ve gücün tek bir kralın elinde toplanması merkezileşmeye katkı sağlamıştır.

Ruanda toplumsal yapısına ilişkin olarak ise koloni öncesi döneme ait çok fazla bilgi bulunmamaktadır.[31] Tarihsel olarak Ruanda yerli halklarının Twaların ataları olan Pigmeler olduğu düşünülmektedir.[32] Milattan sonra 1000'li yıllarda Bantu dili konuşan çiftçi Hutular, muhtemelen ülkeye doğudan girerek Ruanda'ya yerleşmişlerdir. Ülkedeki üçüncü etnik grubu oluşturan Tutsiler ise 11. ve 15. yüzyıllar arasında büyük olasılıkla ülkeye Etiyopya'dan göç ederek girmişlerdir.[33] Bu etnik yapı içerisinde Twa ve Tutsilerden sayıca fazla olan Hutular, o tarihlerden itibaren ülkedeki çoğunluk avantajını kullanarak hakimiyetini oluşturmaya çalışmıştır.

Ruanda toplumsal yapısının şekillenmesi yüzyıllar öncesine dayansa da, modern anlamda kimlik ve ırk retoriğinin oluşumu 20. yüzyıl, yani kolonyal yönetimlerle başlamıştır 20. yüzyıl öncesi dönemde Hutu ve Tutsi kimlikleri bulunuyor, fakat bu farklılıklar hem belirgin değildir, hem de gündelik yaşamı etkileyebilecek keskinlikte bir üst kimlik anlamı taşımamaktadır.[34] Hutu ve Tutsi kimliklerinin soykırım derecesine vara-cak kadar keskinleşmesi, koloni yönetimlerinin uyguladığı politikaların bir sonucudur.

---

[31] Paul J. Magnarella, "The Background and Causes of the Genocide in Rwanda,"*Journal of International Studies*, Cilt: 3, Sayı: 4, 2005, s. 802.

[32] Magnarella, 2005, s. 802.

[33] Magnarella, 2005, s. 802.

[34] Ebru Çoban Öztürk, *Modern Devlet, Biyoiktidar ve Soykırım: Ruanda Örneği*, Adres Yayınları, Ankara, 2010, s. 163.

Ruanda'da Belçika koloni yönetiminin Tutsiler lehine uygulamaya koyduğu değişiklikler devrim sürecininin koşullarını hazırlamıştır. 1959 yılında başlayan sosyal devrim süreci, toplumsal ayrılıkların bir çatışma zeminine dönüşmesinde dönüm noktası olmuştur. Koloni yönetiminin uyguladığı politikalar 1950'li yıllardan itibaren ülkedeki Hutu memnuniyetsizliğini artırmaya başlamıştır. Bu memnuniyetsizliğin sonucu olarak, bir grup Hutu entelektüel 1957 *Hutu Manifestosu* olarak bilinen bir bildiri yayınladılar. Manifesto'da Tutsilerin siyaset, ekonomi ve eğitim alanlarındaki ayrıcalıklı konumlarından şikayet edilmiş ve Tutsiler ülkede işgali olarak bulunan yabancı bir topluluk olarak tanımlanmıştır.[35] Manifesto ayrıca ülkedeki monarşiye de son verildiğini belirtmiştir.

Peter Uvin'a göre 1957'de başlayan devrim süreci üç aşamada gerçekleşmiştir: birinci aşama; Ruanda'nın bazı şehirlerinde gerçekleşen Tutsi karşıtı şiddet eylemleridir. Bu saldırılarda yüzlerce Tutsi öldürülmüş ve bazıları da ülkeyi terk etmek zorunda kalmışlardır. İkinci aşama; 1960-1961 yılları arasında yapılan parlamento seçimlerini, Tutsi karşıtı radikal Parmehutu partisinin kazanmasının ardından, daha önce siyasal gücü elinde bulunduran çok sayıda Tutsinin ülkeden ayrılmalarıdır. Üçüncü aşamada ise; 1961-1964 yılları arasında, mülteci Tutsilerin bir kısmı Uganda ve Burundi'den Ruanda'ya sızmaya çalışarak silahlı saldırılara başlamışlardır. Bu saldırılar kısa bir sürede durdurulmasına rağmen, çok sayıda masum Tutsi sivillerin organize ve kitlesel olarak katledilmesine neden olmuştur.[36]

Toplumsal faktörler bağlamında değinilecek bir diğer unsur olan din, Ruanda örneğinde farklıdır. Dünyanın diğer çatışma ve soykırım örneklerinden farklı olarak, Ruanda'nın kimlik farklılaşmasında ve bu farklılaşmanın çatışmalara neden olan unsurları arasında dinsel faktörler önemli bir yer tutmaz.[37] Ancak, bu argüman Hristiyan kiliselerin soykırım sürecinde önemli roller üstlendiği gerçeğini ortadan kaldırmaz. Çünkü Hristiyan kiliseler tarihsel olarak Ruanda'da etnik kimliğin tanımlanmasında önemli roller üstlendiler.

Nihayetinde 1994 soykırımı öncesinde idari anlamda Ruanda merkezi yönetimin ve hiyerarşinin güçlü, devletin toplumu denetleme ve gözetleme kabiliyetinin yüksek ve modern devlet özelliklerini taşımasa

---

[35] Magnarella, 2005, s. 809.
[36] Peter Uvin, "Ethnicity and Power ib Burundi and Rwanda: Different Paths Mass Violence," *Comparative Politics*, Cilt: 31, Sayı: 3, 1999, s. 256.
[37] Timothy Longman, "Church Politics and the Genocide in Africa," *Journal of Religion in Africa*, Cilt: 31, Sayı: 2, 2001, s. 165.

da şiddeti bir baskı aracı olarak kullanma potansiyelinin üst düzeyde olduğu bir ülke profili çizmektedir. Toplumsal açıdan ise, tarihsel sürecin ve yapısal dinamiklerin etkisiyle etnik farklılıkların keskinleştiği ve şiddetli çatışma zemininin oluştu(rul)duğu bir sosyal yapı inşa edilmiştir.

Dışsal etkiler bağlamında; Ruanda soykırımını hazırlayan en önemli faktör, ülkenin Batılı devletler tarafından kolonileştirilmesidir. 19. yüzyılın sonlarına kadar Büyük Göller Bölgesinde merkezi ve hiyerarşik yapıya güçlü bir krallık olarak varlığını sürdüren Ruanda, 1890 yılından itibaren Batılı ülkeler tarafından kolonileştirilme sürecine girmiştir. Koloni öncesi dönem aynı zamanda etnik farklıkların, yani Hutu ve Tutsi etnisiteye ait olmanın, toplumsal yaşamda etkisini hissettirmediği bir dönemdir.[38] Buna rağmen, kolonyal yönetimlerin Ruanda soykırımına giden süreçte etkisine yönelik araştırmalar genelde iki farklı yaklaşım ekseninde oluşmuştur.[39] Birinci yaklaşıma göre, 1994 soykırımının siyasal ve toplumsal altyapısı 1959 Ruanda Devrimi ile başlamış ve ülkenin Belçika kolonyal yönetimi tarafından bir dönüşüm geçirmesi planlanmıştır. Ruanda Devrimi öncesi dış güçler ülkedeki monarşik yapıyı ve Tutsi elitlerin baskın olduğu siyasal yapıları desteklerken, 1950'lerden itibaren desteklerini Hutu çoğunluğa yönelttiler. Dolayısıyla bu perspektife göre, kolonyal dönemin sonlarında dış güçlerin mani-pulasyonları Ruanda'daki siyasal şiddetin temel nedenidir.

Diğer yaklaşıma göre ise, her ne kadar kolonyal yönetimin değişime yönelik desteği söz konusu olsa da, Devrim sürecindeki asıl etkiyi Hutu liderler ve kırsal çoğunluk göstermiştir. Bu perspektif açısından, Devrim Tutsilerin ayrıcalıklı konumuna karşı gelen Hutu çoğunluğun ekonomik ve siyasal alandaki yoğun talepleri sonucu başlamıştır. Dolayısıyla, Alman ve Belçika koloni yönetimleri altında Hutu ve Tutsi ayrılıkçılığı şid-detlenmiş ve yoğunlaşmıştır, ancak kolonyal yönetimler bu ayrılığın nedenini oluşturmazlar, çünkü Hutu ve Tutsi etnisiteler arasındaki ayrılıklar Ruanda'da zaten önceden vardı. 1960'lara gelindiğinde Ruanda toplumsal tabakalarında bir etnik kutuplaşma güçlü biçimde bulunmaktaydı.

---

[38] Catharine Newbury, "Ethnicity and the Politics of History in Rwanda," *Africa Today*, Cilt: 15, Sayı: 1, (1998), s. 10; yine de Newbury, söz konusu dönemde önemli sınıfsal farklıkların bulunduğunu iddia etmektedir.
[39] Newbury, 1998, s. 9-10.

Catharine Newbury ise, her iki perspektifin de Ruanda'daki Devrim sürecini veya etnik gruplar arasındaki ilişkilerin tarihsel dinamiklerini açıklamakta yetersiz kaldıklarını savunmaktadır. Çünkü Newbury'e göre, her iki yaklaşım da zaman içerisinde değişen karmaşık karşılıklı etkileşim süreçlerini tek bir neden üzerinden açıklamaya çalışmaktadırlar.[40]

Bu kuramsal tartışmalar bir yana, Almanya ve Belçika Ruanda kolonyal yönetim sürdüren devletler olmuşlardır. Almanya 1890-1916 tarihleri arasında, bugünkü Burundi topraklarını da içine alarak, Ruanda'yı kolonileştiren ilk Avrupalı devlet olmuştur. Diğer kolonyal rejimler gibi, her iki Avrupalı kolonyal devlet de Hutu ve Tutsi topluluklarının ırksal olarak farklı oldukları argümanı üzerinden yönetimlerini inşa edip sürdürdüler.[41] Ancak Belçika yönetiminden farklı olarak Almanya koloni rejimi Ruanda'daki idari ve sosyal yapıda büyük değişiklikler gerçekleştirmediği gibi, ülkenin kuzeybatısında meydana gelen ayaklanmaların bastırılması sürecinde Ruanda yönetiminin merkezi gücünün etkinleştirilmesine katkı sağlamıştır.[42]

Belçika ise Almanya'dan farklı bir politika uygulayarak, Ruanda'da etnik kutuplaşmaya dayalı bir kolonyal rejimi inşa edebilme stratejisi sürdürmüştür. Örneğin, Ruanda vatandaşlarına etnik aidiyetlerini belirten kimlik kartları dağıtılarak ırksal ayrılıklar teşvik edilmiştir. Kolonyal devlet Belçika'nın ülkedeki iktidar kaynaklarını ve gücünü Tutsiler lehine değiştirmesinden sonra, ülkede toplumsal ayırımlar ve kimlik farklılıkları keskinleşmeye başlamıştır. Böylece Belçika kolonyal yönetimin uygu-ladığı politikalar sonucunda Hutu bireyler ikinci sınıf vatandaş olarak konumlandırıldılar. Bu nedenle Ruanda'nın kolonileştirilmesi, aynı za-manda siyasal çıkarlar uğruna kimliklerin mitleştirilmesi ve manipüle edilmesidir.[43]

Ruanda Soykırımı: Nisan 1994

1960'lardan 1980'lerin ortalarına kadar Ruanda, ekonomik ve siyasal bağlamda diğer komşu Afrika ülkelerinden farklı istikrarlı bir profil

---

[40] Newbury, 1998, s. 10.
[41] Michael Mann, *The Dark Side of Democracy: Explaining Ethnic Cleansing*, Cambridge University Press, Cambridge, 2005, s. 433.
[42] Öztürk, 2010, s. 91.
[43] Rene Lemarchand, "The 1994 Rwanda Genocide," Samuel Totten ve William S. Parsons, der: *Century of Genocide: Critical Essays and Eyewitness Acounts*, 3. Baskı, Routledge, New York, 2009, s. 406

sergilemiştir. Öyle ki, 1980'lerin ortalarına kadar Ruanda; temiz su kaynakları, elektrik üretimi, okullaşma, hastaneler ve ulaşım altyapıları gibi özellikler nedeniyle komşularından dahi iyi bir düzey yakalamış ve bu özelliklerinden dolayı "Afrika'nn İsviçresi" olarak görülmüştür.[44] Ancak 1990'lara gelindiğinde Ruanda'da ekonomik istikrarsızlıklar ve toplumsal gerilimler artmaya başlamıştır. Ruanda artık "başarısız devletler" kate-gorisinde değerlendirilmiştir.

Ruanda soykırımının Nisan 1994'de başladığı çoğu araştırmacı tarafından kabul edilmektedir. Ancak 1990-1994 tarihleri arasında soykırıma varabilecek planların yapılmaya başlandığı görülmektedir. Öyle ki 1992 tarihinde Ruanda'da bir iç savaş ve soykırım koşullarının kurumsal mekanizması tamamlanmıştı. Rene Lemerchand'e göre bu kurumsal yapı dört temel düzeyde oluşturulmuştu:[45]

Birincisi; "*Akazu*" adı verilen ve " *little house-küçük ev*" anlamına gelen grubun faaliyetleridir. Başta Habyarimana'nın eşi Agathe ve yakın çevresi tarafından oluşturulmuş bu çekirdek yapı içerisinde subaylar, poli-tikacılar, bürokratlar ve işadamları bulunmaktaydı. Ruanda hükümetinin tehdit algısı ve güvenlik politikası Akazu tarafından belirlenmekteydi. Lemerchand, soykırımın planlanmasında ve yürütülmesinde bu çekirdek grubun doğrudan sorumlu olduğunu savunmaktadır.

Akazu üyeleri 1990 yılından itibaren radikalleşmeye başlamıştır. Bu radikalleşmede Akazu'nun sınıfsal çıkarları ve Hutu ideolojisinin yanında RPF'nin 1990 yılında başlattığı saldırılar da etkili olmuştur.[46] Saldırıların başlamasının ardından1990-1993 yılları arasında 17 etnik çatışma lokal düzeylerde meydana gelmiş ve 2000 Tutsi hayatını kaybetmiştir. Ayrıca 2000 civarında Hutu ve Tutsi muhalif politikacı öldürülmüştür[47] Bütün bunlar 1994 öncesi bir soykırımın Hutular tarafından planladığını ve adeta "soykırımın provası" niteliğinde gelişmeler olduğunu ortaya koymaktadır.

İkincisi; sayıları üç yüz ile beş yüz arasında değişen kişilerin katılımıyla oluşturulan kırsal organizasyonlar. Bu gruplar katliamı gerçekleştirecek olan kişilerin koordinasyonunu sağladılar.

---

[44] Hinjents, s.244.
[45] Lemarchand, 2009, s. 408.
[46] Mann, 2005, s. 443.
[47] Mann, 2005, s. 447.

Üçüncüsü; milis kuvvetler. Milis kuvvetler, polis ve jandarma güçleri ile birlikte faaliyetlerde bulunarak katliamın gerçekleşmesine doğrudan katkı sağlamalarının yanında, Tutsilerin öldürülmesi için Hutu sivillerin ikna edilmesi gibi görevleri de üstlenerek, katliam sürecinde önemli roller üstlendiler.

Dördüncüsü ise; başkanlık özel korumalarıdır. Sayıları yaklaşık olarak altı bin civarında olan bu grup, özel olarak katliama katılacak olan sivillere destek sağlamak amacıyla eğitilmişlerdi.

Bu faktörlere ek olarak, 1991 yılında çeşitli muhalefet partilerinin siyasal alana girişi ile çok partili yaşama geçiş iktidarda bulunan Hutu kökenli Habyarimana yönetiminin güvenlik ve tehdit algısını değiştirmiştir. 1990 yılında Güney Uganda'dan silahlı saldırılarını başlatan RPF (Rwandan Patriotic Front- Ruanda Vatansever Cephesi) bir taraftan silahlı saldı-rılarına devam ederken, diğer yandan yeni aktörlerin siyasal alandaki etkileri Habyarimana yönetiminin güvenlik tehdidi algılamasına yeni boyutlar eklenmiş oluyordu.[48] Ayrıca aynı dönemde uygulamaya koyulan demokratik reform paketleri de etnik ve siyasal ayrışmayı sona erdirememiştir.[49]

Ayrıca, soykırım öncesi dönemde Ruanda askeri ve ekonomik yapısı da değişim göstermiştir. Örneğin, soykırım öncesi askeri güç olarak Ruanda ordu ve paramiliter güçlerden oluşmaktaydı. Soykırım sürecinin başlangıcında beş bin civarında olan Ruanda ordu gücü otuz bin kişilik bir kuvvete çıkarıldı.[50] Ayrıca 1990'ların başlarından itibaren Ruanda'da siyasal ve toplumsal dinamiklerin değişmesine paralel olarak ekonomik koşullar da kötüleşmeye başlamıştı. Özellikle,1990'ların başlarında RPF'nin saldırı sürecinin, aynı dönemde başlayan yapısal uyum programıyla çakışması ekonomik yapının istikrarsızlaşmasına neden oldu.[51] Örneğin, Ruanda parası RW üçte iki oranında devalüe edilmek zorunda kalındı.

Nihayet Nisan 199'de, toplumsal ve siyasal istikrarsızlığın doruk noktasına ulaşıldığı bir noktaya gelinmiştir. Soykırım arifesinde RPF silahlanmasını artırırken, Hükümet'te halkın silahlandırılmasını hızlandırmıştır. Ruanda'da soykırım ateşini yakan son kıvılcım ise, 6 Nisan 1994 tarihinde, Başkan Habyarima'nın öldürülmesi olmuştur.

---

[48] Lemarchand, 2009, s. 407; Ebru Çoban Öztürk, "Toplumsal Yapılar ve Şiddet: Ruanda Örneği," *Ankara Üniversitesi Afrika Çalışmaları Dergisi*, Cilt: 1, Sayı: 1, Güz/2011, s. 95.
[49] Hintjens, 1999, s. 259.
[50] Mann, 2005, s. 445.
[51] Hinjents, 1999, s. 257.

Habyarimana Tanzanya'ya gitmek üzere uçağı havadayken, uçak füze saldırısı ile vurulmuş, Habyarimana ile birlikte diğer bazı politikacılar öldürülmüştür. Eylem sonrası Ruanda yöneticileri, füzelerin fırlatıldığı bölgeye saldırı düzenlemiş ve başkent Kigali'de yollara barikat kurulması emrini vermişlerdir. Saldırıdan yarım saat gibi kısa bir sürede barikatların oluşturulması, Ruanda'da halkın önceden organize ve itaat düzeyinin ne kadar yüksek olduğuna ilişkin önemli bir kriterdir.[52] Artık sivil halk doğrudan öldürme eylemlerine katılmaya başlamış, ılımlı Hutular ve Tutsiler hedef olarak seçilmişlerdir. Buna karşılık olarak, RPF'de tavrını sertleştirmiş ve taraflar arasında soykırıma varacak olan iç savaş başlamıştı.

Yüz günlük bir süre içerisinde insanlık tarihinin en büyük ve organize soykırım örneklerinden birine şahit olunmuştur. Soykırım sürecinde ne kadar insanın öldürüldüğüne ilişkin olarak resmi rakamlar bulunmamaktadır. Ancak gayri resmi rakamlara göre bu sürede yaklaşık olarak sekiz yüz bin insanın öldürüldüğü kaydedilmiştir.[53] Soykırımın ardından *ad hoc* (geçici nitelikte) Ruanda Uluslararası Ceza Mahkemesi Birleşmiş Milletler Güvenlik Konseyi'nin 955 Sayılı kararıyla 1994 yılında kurulmuştur.[54]

Sonuç

Küreselleşme dinamikleri ve Soğuk Savaş döneminin sona ermesi, güvenlik gündemini askeri konular dışındaki sorunlarla ilintilendirme eğilimlerini arttırmıştır. Ancak bu durum, şiddete dayalı toplumsal sorunların azaldığı anlamına gelmiyor. Aksine küreselleşme projesinin hız kazandığı ve Soğuk Savaş sürecinin sona erdiği 1990'lardan itibaren bu sorunlar itibaren daha da görünür hale gelmiştir. Soğuk Savaş dönemi kadar evrensel nitelikler taşımasa da yeni dönem güvenlik tehditleri çok büyük öneme ve etkiye sahip. Mikro milliyetçilik, etnik çatışmalar, siyasal ve toplumsal istikrarsızlıklar, ekonomik çöküş, çevre sorunları, terörizm vs. Dolayısıyla, dünya bir yandan Eleştirel Güvelik yaklaşımının tehdit ve güvenlik tanımlaması ekseninde bir dönüşümden geçerken, aynı zamanda geleneksel güvenlik sorunlarının önemsizleşmediği bir süreci de yaşamaktadır.

Ruanda'da 1994 yılında yaşananların bir soykırım olduğu aşikardır. Çünkü kasıt unsuru vardır ve önceden planlanmıştır. Hem Ruanda

---

[52] Öztürk, 2011, s. 100.
[53] http://www.bbc.com/news/world-africa-13431486, Erişim tarihi: 07.03.2017.
[54] United Nations, *Security Council 955 (1994)*, https://documents-dds-ny.un.org/doc/UNDOC/GEN/N95/140/97/PDF/N9514097.pdf?OpenElement, Erişim tarihi: 07.03.2017.

yönetimi hem de toplum, askeri ve ideolojik olarak soykırım düşüncesine 1994 öncesinden zaten sahiptirler.

Bu çalışmada Eleştirel Güvenlik yaklaşımının kavram ve argümanları ekseninde 1994 Ruanda soykırımının analizi yapılmaya çalışılmıştır. Geleneksel Güvenlik perspektifinden değerlendirildiğinde, Ruanda'da devletin bağımsızlığını,egemenliğini ve kurumsal mekanizmasını tehdit eden her hangi bir dış askeri tehdit söz konusu değildir. Aksine Ruanda'da güçlü bir devlet otoritesi ve işleyişi vardır. Dolayısıyla, devlet ve toplum güvendedir. Oysa Runda'da bireyin ve toplumun güvensizlik sarmalı içerisinde bulunduğu çatışmacı bir süreç yaşanmış ve soykırıma dönüşmüştür.

Eleştirel Güvenlik yaklaşımının Ruanda'da yaşanan çatışmacı süreci açıklayabilecek kavramsal ve kuramsal araçlara sahip olduğu anlaşılmaktadır. Öncelikle Eleştirel Güvenliğin temel argümanlarından olan; devletin güvenliğinin sağlanmasının toplumun ve bireyin de güvende olduğu iddiasının gerçeği yansıtmadığı düşüncesi, Ruanda örneğinde geçerli bir argümandır. Eleştirel Güvenlik yaklaşımının "özgürleşme teorik olarak güvenliktir" retoriği toplumsal güvenliğin sağlanmasında önemli pratikler olarak Ruanda soykırım sürecinde karşımıza çıkmaktadır. Ruanda güçlü kurumsal mekanizmaya ve hiyerarşiye sahip bir devlet olmasına rağmen, devletin, bireylerin ve toplumun güvenliğini sağlaması bir yana, doğrudan güvensizliğin kaynağı olmuş ve 1990'ların başlarından itibaren soykırımın siyasal ve toplumsal zeminini hazırlamıştır. Sonuç olarak Ruanda soykırımı, devletin güvenliğinin sağlanmasının, toplumun ve bireyin güvenliğinin sağlandığı anlamına gelmediğinin çarpıcı bir örneği olarak tarihe geçmiş trajik bir olaydır.

KAYNAKÇA

Baylis, John, "Uluslararası İlişkilerde Güvenlik Kavramı," *Uluslararası İlişkiler*, Cilt: 5, Sayı: 18, (Yaz 2008), s. 69-85.

Berke, Anthony, "Security," Richard Devetak vd., edt., *An Introduction to International Relations: Australian Perspectives*, Cambridge University Press, Cambridge, 2007, s. 144-154.

Bilgin, Pınar, "Security Studies: Theory/Practice," *Cambridge Review of International Affairs*, Cilt: 12, Sayı: 2, 1999, s.31-42.

Booth, Ken, *Dünya Güvenliği Kuramı*, çev: Çağdaş Üngör, Küre Yayınları, İstanbul, 2012.

Booth, Ken ve Peter Vale, "Critical Security Studies and Regional Insecurity: The Case of Southern Africa," Krause ve Michael C. Williams, der: *Critical Security Studies: Concepts and Cases*, University of Minnesota Press, Minneapolis, 1997, s. 329.

http://www.bbc.com/news/world-africa-13431486,

https://www.cia.gov/library/publications/the-world-factbook/geos/rw.html,

Cox, Robert, "Social Forces, States, and World Orders: Beyond International Relations Theory," *Millennium Journal of International Studies*, Cilt: 10, Sayı: 2, 1981, s. 126-155.

Çoban, Ebru, "Uluslararası Hukukta Soykırım Suçu ve Suça Zemin Hazırlayan Toplumsal Yapılar: Ruanda Örneği," *Uluslararası İlişkiler*, Cilt: 5, Sayı: 17, Bahar/2008, s. 47-72.

Dedeoğlu, Beril, "Soykırım-Irkçılık İlişkisinin Tematik Bağlantısı," http://www.surgun. org/tur/makale.asp?yazi=dedeoglu , 2003, s.1-3.

Hintjens, Helen M., "Explaining the 1994 Genocide in Rwanda," *The Journal of Modern Africa Studies*, Cilt: 37, Sayı: 2, 1999, s. 241-286.

Kaplan, Fatih Halil, "The Genocide in the Decisions of International Criminal Courts for Rwanda nad Former Yugoslavia," *Human Rights Review*, Yıl: 4, Sayı: 8, Aralık/2014, s. 63-85.

Kardaş, Tuncay, " Güvenlik: Kimin Güvenliği ve Nasıl?," Zeynep Dağı, der: *Uluslararası Politikayı Anlamak: Ulus Devletten Küreselleşmeye*, Alfa Yayınları, İstanbul, 2007, s.125-152.

Krause Keith ve Michael C. Williams, der: *Critical Security Studies: Concepts and Cases*, University of Minnesota Press, Minneapolis, 1997.

Krause, Keith, "Critical Theory and Security Studies: The Research Programme of 'Critical Security Studies,' *Cooperation and Conflict*, Cilt: 33, Sayı: 3,1998, s.298-333.

Lemarchand, Rene, "The 1994 Rwanda Genocide," Samuel Totten ve William S. Parsons, der: *Century of Genocide: Critical Essays and Eyewitness Acounts*, 3. Baskı, Routledge, New York, 2009, s. 404-421.

Longman, Timothy, "Church Politics and the Genocide in Africa," *Journal of Religion in Africa*, Cilt: 31, Sayı: 2, 2001, s. 163-186.

Magnarella, Paul J. "The Background and Causes of the Genocide in Rwanda,"*Journal of International Studies*, Cilt: 3, Sayı: 4, 2005, s. 801-822.

Mann, Michael, *The Dark Side of Democracy: Explaining Ethnic Cleansing*, Cambridge University Press, Cambridge, 2005.

Mutimer, David, "Critical Security: A Schismatic History," Alan Collins, der: *Contemporary Security Studies*, 3. Baskı, Oxford University Press, Oxford, 2013, s. 67-86.

Newbury, Catharine, "Ethnicity and the Politics of History in Rwanda," *Africa Today*, Cilt: 15, Sayı: 1, (1998), s.7-24.

Öztürk Ebru Çoban, *Modern Devlet, Biyoiktidar ve Soykırım: Ruanda Örneği*, Adres Yayınları, Ankara, 2010.

Öztürk, Ebru Çoban, "Toplumsal Yapılar ve Şiddet: Ruanda Örneği," *Ankara Üniversitesi Afrika Çalışmaları Dergisi*, Cilt: 1, Sayı: 1, Güz/2011, s. 67-114.

Pazarcı, Hüseyin, *Uluslararası Hukuk*, 2. Baskı, Turhan Kitabevi, Ankara, 2004.

Peoples, Columba ve Nick Vaughan-Williams, *Critical Security Studies: An Introduction*, Routledge, Londra, 2010.

Prevent Genocide International, *What is Genocide?*, http://www.preventgenocide. org/genocide/,

Stamnes, Eli, "Critical Security Studies and The United Nations Preventive Deployment in Macedonia," *International Peacekeeping*, Cit: 11, Sayı: 1, 2004, s. 161-181.

United Nations, *Security Council 955 (1994)*, https://documents-dds-ny.un.org/doc/ UNDOC/GEN/N95/140/97/PDF/N9514097.pdf?OpenElement

Uvin, Peter, "Ethnicity and Power ib Burundi and Rwanda: Different Paths Mass Violence," *Comparative Politics*, Cilt: 31, Sayı: 3, 1999, s. 253-271.

Walt, Stephen M., "The Renaissance of Security Studies," *International Studies Quarterly*, Cilt: 35, Sayı: 2, (Haziran/1991), s. 211-239

Williams, Michael C. ve Keith Krause, "Preface: Toward Critical Security Studies," Keith Krause ve Michael C. Williams, der: *Critical Security Studies: Concepts and Cases*, University of Minnesota Press, Minneapolis, 1997, s. vii-xxi.

ELEŞTİREL YAKLAŞIM VE GALLER OKULU: 11 EYLÜL 2001 TERÖRİST SALDIRILARININ ETKİSİNDE TOPLUMSAL GÜVENLİK

Hakan AYDIN

Giriş

1990 Soğuk Savaş sonrasında uluslararası ilişkilerde ve sistemde yaşanan değişim güvenlik kavramına yönelik tanımlanmaları ve çalışmalarını da etkilemiştir. Güvenliğin ajandası genişlemiş ve bu bağlamda devlet ve devlet dışı aktörler güvenlik tartışmasında öne çıkmıştır.[1] Dünya kamuoyu güvensizlikleri anlamada yetersiz kalmış, popüler olan ulusal güvenlik yaklaşımı yerine uluslararası/küresel güvenlik yaklaşımları tartışılmaya başlanmıştır.[2] Bu minvalde uluslararası ilişkiler teorilerinin de çeşitlendiği bir gerçektir. Özellikle iki bloklu yapının (Batı ve Doğu) ortadan kalkmasıyla çok boyutlu ve aktörlü küresel sistemle devletlerin tehdit tanımlamaları da farklılaşmıştır. Bu süreçte salt siyasi/askeri ittifakların yetersizliğinden hareketle devletlerin ekonomik, sosyal ve çevresel alanlarda da işbirliği içerisinde olmaları gereklilik halini almıştır. Nitekim küreselleşmenin etkisiyle birlikte devletlerin güvenliğinden ziyade toplum ve bireylerin güvenlik kaygıları öncelenmiş ve devletlerle daha bağlılık taşımıştır. Dolayısıyla geleneksel güvenlik anlayışı yerine gündemi ve aktörleri genişleyen yeni bir güvenlik anlayışı ortaya çıkmıştır.

---

[1] Keith Krause ve Michael C. Williams, Broadening the Agenda of Security Studies: Politics and Methods, Mershon International Studies Review, Cilt: 40, Sayı: 2, Ekim 1996, ss. 229-254.
[2] Stephan M. Walt, The Renaissance of Security Studies, International Studies Quarterly, Cilt: 35, Sayı: 2, 1991, s. 216.

Devletler arasındaki karşılıklı bağımlılığın artması, iletişim alanında yaşanan ilerlemeler, devlet dışı aktörlerin niceliksel ve niteliksel artışı uluslararası siyasetin ve güvenlik ilişkilerinin farklılaşmasına sebep olmuştur. Geleneksel haliyle Uluslararası İlişkiler her ne kadar devlet ve sivil toplum arasındaki ayrımı ifade edip, sivil toplumu sürecin dışına itse de, bu durum günümüzde çok daha kompleks bir hal almıştır.[3] Nitekim güvenlik sadece devletler arasında gerçekleşen bir konu olmaktan çıkmış, devlet altı ve üstü aktörlerin de tartışmaya dahil edilmesi gerekmiştir. Özellikle Soğuk Savaş sonrasında etnik ve din temelli perspektifler sonucunda toplumsal ve insani güvenlik kavramları, güvenlik gündeminde yer edinmiştir. Neticede güvenlik insanoğlunun toplu yaşama geçişinden itibaren korunma, barınma ve varlığını devam ettirme ihtiyacının karşılanmasından öte anlam ifade etmeye başlamış, bu değişim incelenmeye muhtaç hale gelmiştir.[4]

Siyasal ilişkilerin kadim tarihi malum olsa da, Uluslararası İlişkiler kavramının ortaya çıkışı 1919'da Galler'de kurulan ilk Uluslararası İlişkiler kürsüsüne dayanmaktadır. Dolayısıyla Uluslararası İlişkiler'in tarihi eski olmamakla birlikte bu konuyla ilgili teorik tartışmaların da halen etkisini sürdürdüğü görülmektedir. Tarihsel süreç içerisinde Uluslararası İlişkiler alanında üç büyük teorik tartışmadan bahsedilmektedir. Birinci büyük tartışma Birinci Dünya Savaşı sonrası (1918) ve İkinci Dünya Savaşı (1945) arasında idealizm ve realizm teorileri kapsamında yaşanmıştır. İkinci büyük tartışma ise 1960'lı yıllarda gelenekselciler (realist ve idealistler) ve davranışsalcılar (deneyselciler) arasında seyretmiştir. Üçüncüsü ve etkisi halen devam eden tartışma 1990'larda başlayan pozitivizm ve post pozitivizm arasındadır. Teorik tartışmalar birbirlerine eklemlenerek ilerlemektedir. Eleştirel teori/yaklaşım üçüncü büyük tartışma içerisinde post pozitivist bir yaklaşımla değerlendirilmektedir. Eleştirel yaklaşım disiplinler arası bir bakış açısıyla pozitivizm eleştirisi yapmakta ve nedene odaklanmaktadır.[5]

Yeni güvenlik çalışmaları Soğuk Savaş sonrasında giderek etkisini arttırmıştır. Nitekim yeni güvenlik düşüncesiyle güvenlik parametrelerinde eş zamanlı bir derinleşme ve genişlemeyle klasik olarak tabir

---

[3] Robert W. Cox, Social Forces, States and World Orders, https://ic.ucsc.edu/~rlipsch/Pol272/Cox.pdf, s. 205.
[4] Fikret Birdişli, Eleştirel Güvenlik Çalışmaları Kapsamında Frankfurt Okulu ve Soğuk Savaş Sonrası Güvenlik Sorunlarına Eleştirel Yaklaşım: Galler Ekolü, Güvenlik Stratejileri Dergisi, Yıl: 10, s. 234.
[5] Bilgehan Emekler, Uluslararası İlişkiler Disiplininde Epistemolojik Paradigma Tartışmaları: Post pozitivist Kuramlar, Bilge Strateji, Cilt: 3, Sayı: 4, Bahar 2011, s. 100.

edilen Max Weber'in demir kafesinin dışına çıkma metaforu kullanılmaktadır. Eleştirel yaklaşımın temelleri Frankfurt Okulu'nun çalışmalarında görülebilir. Frankfurt Okulu bireyin sıkıntı ve güçlüklerden kurtularak, mutluluğunun artmasını önemsemektedir.[6] Dolayısıyla yeni güvenlik yaklaşımında bireyi sorunlarından arındırarak özgürleştirme ve daha mutlu kılma amacı da güdülmektedir. Devletin mi bireyin mi güvenliği önce gelecek sorusunun cevabı da bireyin merkeze alındığını göstermektedir.[7] Bireyin bekası da devletin bekasıyla bütünleşik düşü-nülmüştür. Ayrıca uluslararası ilişkilerde bireyi konuşurken toplumun ve devletin konuşulacağı ortadadır. Buradaki temel amaç sorunların kaynağını bulabilmektir. Bu perspektif değişimiyle literatürde geleneksel güvenlik yaklaşımlarının yetersiz kaldığı, güvenliğin salt askeri boyutunun olmadığı ve direkt devletlere mal edilemeyeceği savunulmaktadır.

Güvenlik kavramında yaşanan teorik değişimin pratik göstergesi olarak; 11 Eylül 2001'de ABD'de Dünya Ticaret Merkezi ve Pentagon'a düzenlenen terör saldırıları büyük bir değişim faktörüdür. Saldırılar sonrasında uluslararası sistemde sadece devletlerin tehdit unsuru olmadığı anlaşılmış, terörizm konusu küresel etkisiyle güvenlik gündeminde yer edinmiştir. Dolayısıyla terörist örgütler güvenlik aktörleri olarak ortaya çıkarak güvenlikle ilgili tartışmalar çeşitlenmiştir. Uluslararası ilişkilerde tehditlerin niteliği ve güvenliğin boyutları farklılaşarak bireyin ve toplumun güvenliği devletin güvenliğinde belirleyici hal almıştır.

Söz konusu bu çalışmada eleştirel yaklaşım içerisinde gelişme gösteren Galler Okulu'nun (Aberystwyth olarak da kullanılmakta) güvenlik üzerindeki söylemleri, 11 Eylül 2001 tarihli terör saldırılarının toplumsal güvenliğe etkileri bağlamında değerlendirilecektir. Çalışmada 11 Eylül terörist saldırıları derinlemesine incelenmemekte ve güvenlik tartışmalarının seyri açısından bir değişim/etki faktörü olarak görülmektedir. Neticede toplumsal güvenliğin ne olduğu eleştirel yaklaşım doğrultusunda terörizm parametresiyle sorgulanarak Galler Okulu açısından yeni güvenlik gündeminin anlaşılması hedeflenmektedir.

---

[6] Richard Wyn Jones, Promise: Toward a Critical Theory of Security, Lynne Rienner Publishers, 1999, s. 23.
[7] Ken Booth, Security and Emancipation, Review of International Studies, Cilt: 17, Sayı: 4, Ekim 1991, s. 319.

Güvenlik Kavramındaki Değişim: Eleştirel Yaklaşımın Gelişimi

En basit anlamıyla güvenlik; bireyin, toplumun ve devletin tehditlerden yoksun olma, huzur içerisinde yaşama halidir. Güvenlik kavramı zaman ve koşullara bağlı bir şekilde gelişme göstermiştir. Hem kuvvet kullanımını gerektirip hem de kuvvet kullanmayıp siyasal süreçler içerisinde sorunların çözülme durumunu ifade etmektedir. Güvenlik yaklaşımları içerisinde bireyleri, devletleri, toplumları savaşa hazırlamak için gerekli politikalar belirlenmektedir. Soğuk Savaş sonrası düzende güvenlik tehditleri ülke dışından çok içinden kaynaklı bir hal almasıyla toplum dinamikleri daha etkin hale gelmiştir. Tabi bu noktada devlet, toplum ve birey açısından nasıl bir çevre içerisinde yer alındığı da tartışma konusudur.[8]

Güvenlik kavramında; öznenin varlığı, yaklaşan fiili tehlike ve zararlı olasılıklardan kaçma istekleri bileşenler olarak önemsenmektedir.[9] Güvenlik özneler arası bir şekilde oluşturulurken, özneye yönelik tehditler detaylı bir şekilde incelenmelidir. Bu durum kavramın genişleterek ve derinleştirerek tahlil edilmesini gerektirmektedir. Geleneksel askeri güvenlikle ilgili sorunlar giderek artmaya başlamış ve askeri konular dışındaki konular güvenlik gündeminin içerisine dahil edilerek kapsamlı bir güvenlik yaklaşımı ihtiyacı doğmuştur. Böylelikle güvenlik hayatta kalmanın ötesini ifade ederken, koşullara oldukça bağlı hale gelmiştir. Toplumda yeni edinimler arttıkça bunları kaybetme endişesi de artmış, tehdit tanımlamaları ve güvensizlik hissiyatı baş göstermiştir.

Güvenliğin tanımında etkili olan; kim için güvenlik, hangi değerler için güvenlik, hangi tehditlere karşı hangi araçlar yoluyla güvenlik gibi soruların varlığı, güvenlik tartışmalarında öne çıkmaktadır. Ayrıca güvenlik seviyesinin birey, toplum veya devlet temelli olacağı analizde aranan bir ölçüttür. Nitekim güvenlik gündemi ancak bu süreç sonunda gelişecektir. Güvenliğin düzeyi artmış dünya güvenliği ya da dünya risk toplumu düşüncesi güncel tartışma konuları arasına girmiştir.[10] Askeri, siyasal, toplumsal, ekonomik ve çevre güvenliği konuları akademik çalışmalarda yoğunlaşmaktadır. Güvenlik sorunsalı içerisinde kurumların hareketleri, bilgi ve belirli beklentiler sosyal gruplar arasında

---

[8] Jef Huymans, Defining Social Constructivism in Security Studies: The Normative Dilemma of Writing Security Alternatives 27, 2002, Special Issue, s. 57.

[9] Ken Booth, Dünya Güvenliği Kuramı, Küre Yayınları, Çeviri: Çağdaş Üngör, 2012, s. 127.

[10] Bu konudaki tartışma için bknz. Ulrich Beck, World Risk Society, Polity Press, Ekim 1999.

tartışılarak ilgi uyandırmaktadır.[11] Bununla birlikte bilgi ve güç ilişkisi çerçevesinde güvenlik söylemleri çeşitlenmiştir.

Güvenlik kavramının daha çok ulusal güvenlik çalışmaları veya stratejik çalışmalar içerisinde anılması kavramın sadece askeri tehditlerle özdeşleştirildiğini göstermektedir. Son dönemde güvenlik çalışmaları eleştirel yaklaşım çerçevesinde şekillenmiştir. Nitekim kapsamlı bir yaklaşım olarak siyasi ve sosyal literatürde kendine yer edinen bu kavramın bir çatıyı temsil ettiği ortadadır. Güvenlikle ilgili klasik tartışmaların dışında bir perspektif sunulması hedeflenmektedir. Böylelikle güvenlik gündeminin daha doğru anlaşılabilmesi sağlanacaktır.

1980'lerden itibaren "eleştirel dönüş" veya "üçüncü büyük tartışma" ile birlikte eleştirel yaklaşım güvenliğin sorgulanmasını da sağlamıştır. Böylelikle akademik yaklaşımların tekrar gözden geçirilmesi ve alternatif yaklaşımların geliştirilmesi elzem hal almıştır. Eleştirel yaklaşım derinlemesine bir bakış açısı sunmaktadır. Dolayısıyla ne olduğuyla değil, mevcut durumun nasıl oluştuğu, kimin için olduğu ve nasıl olması gerektiği gibi normatif sorularla da ilgilenir. Düzenin nasıl ortaya çıktığını sorgulamaktadır.

Eleştirel yaklaşım olayların insanların algılamalarıyla geliştiği vurgulanarak birey temelli bir perspektifi önemsenmektedir. Nitekim pozitivist yaklaşımların insanı nesneleştiren ve değerden yoksun hale anlayışına karşın insan ve toplum öznelleştirilip öncelenmektedir. Çok disiplinli ve kapsayıcı bir bakış açısı sunmaktadır. Toplumu stratejik bir alan gören rasyonalistlere karşı çıkmakta, insanların toplum içerisinde birbirlerine bağlanmış iletişimsel şekilde inşa edilmiş bireyler olduklarını ileri sürer.[12] Eleştirel yaklaşımlar açıklama sunarken aktörlerin çıkarlarını da gözetirler ve insani eylem sonucunda oluşan baskıdan kurtulmak için de özgürleştirici hamlede bulunurlar. Pozitivist yaklaşımların objektivist tutumlarına karşın eleştirel kuramlar yansıtıcı, aksettiricidir.[13]

Eleştirel yaklaşım kavramsaldır ve bilginin biçimlendirilmesiyle de ilgilidir. Nitekim onu eleştirel yapan mevcut bilginin sorgulanmasıdır. Dolayısıyla doğruluk ve bilgi arasında bağımlı bir ilişki kurulmaktadır. Eleştirel bilgi, güvenlikle ilgili kavramsallaştırmaların belli bir tarihsel

---

[11] Jef Huysmans, a.g.m., s. 42.

[12] Christian Reus-Smit, Constructivisim Theories of International Relations, New York, Palgrave Mcmillian, 2005, ss. 121-2.

[13] Raymond Geuss, Idea of a Critical Theory, Cambridge University Press, 1981, ss. 1-2.

perspektiflerden çıktığını kabul edip hakim yapıların, süreçlerin ve ideolojilerin dışında durmaya çalışan anlayışlara gönderme yapmaktadır.[14]

Eleştirel yaklaşım, devletler arası ilişkilerin egemen olduğu uluslararası sistem fikri yerine devlet ve sivil toplum bağlantısının göz önüne alınarak hareket edilmesi fikrini önemsemektedir. Eleştirel yaklaşım içerisinde düşünceler, maddi yapabilirlikler/kapasiteler ve kurumlar yer almak-tadır. Eleştirel teori, problem çözücü teoriler yerine, kurumların sosyal ve güç ilişkilerinin kökeni ve oluşum sürecini konu edinir.[15]

Eleştirel yaklaşım güvenlik kavramsallaştırmalarının belirli siyasi/kuramsal/tarihsel perspektiften kaynaklandığını bilerek hakim yapıların dışında durmaya çalışan bir bakış açısını taşır ve normatif bir vurgu yapar. Eleştirel yaklaşım güvenliğin söz edimi üzerine kurulu olmasından hareket etmektedir.[16] Ayrıca güvenliğin objektif bir kavram olmadığını tartışılan (contested) bir kavram olduğu bilincindedir.[17]

Eleştirel yaklaşım ve güvenlik bir araya gelerek eleştirel güvenlik çalışmaları ortaya çıkmıştır. Eleştirel güvenlik çalışmaları meydan okuma ve diyalog yoluyla gerçekleşmektedir. Geleneksel güvenlik çalışmaları farklı düşünce ve disiplinler açısından diyalogla eleştirilmektedir. Eleştirel güvenlik düşüncesinin temelinde, güvenlik parametrelerinde eş zamanlı bir derinleşme ve genişlemeyle, sorgulama tutumu yer almaktadır.[18]

Eleştirel güvenlik düşüncesi özgürleşme vurgusuyla güvenlik söylemi ortaya koymaktadır. Eleştirel yaklaşım kalıplaşmış kavram ve konseptlerin kullanılarak özgürleşmenin sağlanmasıdır.[19] Özgürleşme inşa halinde olan bir süreçtir. Güvenlik ve özgürlük paranın iki yüzü gibidir. Güvenliğin nerde duracağı ve özgürlüğün nerede başlayacağıyla ilgilenir. Özgürlük ne güç ne de düzen anlamına gelir, doğru güvenlik, güvenliği derinleştirmek ve geliştirmek amacı taşımaktadır.

---

[14] Ken Booth, a.g.e., 2012, s. 49.
[15] Cox, a.g.m., s. 208.
[16] Michael C. Williams, Words, Images, Enemies: Securitization and International Politics, International Studies Quarterly, 2003, 47, ss. 511-531.
[17] Michael Sheehan, International Security, An Analytical Survey, Boulder, Colorado: Lynne Riener, 2005, ss. 177-8.
[18] Ken Booth, Critical Security Studies and World Politics, Lynne Rienner, 2005, s. 4.
[19] Rita Floyd, Towards a Consequentialist Evaluation of Security: Bringing Together The Copenhagen and the Welsh Schools of Security Studies, Review of International Studies, 2007, 33, s. 331.

Günümüzde sosyal güçlerin sınırları aşarak devletlerin yerel ve küresel yapılar arasında otonom bir araca dönüştüğü ve devletlerin doğasının ve gücün yeniden yapılandığı vurgulanır.[20] Güç ve düzenin özgürlük bağ-lamında tekrar düşünülmesi eleştirel yaklaşımın hedefidir. Sosyal ilişkilerle ilgili ideolojik yanılsamaları ortaya çıkarmak ve sosyal gerçekliğe ilişkin yanlış açıklamalar ortaya koyan teorileri eleştirel bir analize uğratmaktadır. Dolayısıyla küresel gelişmeleri yorumlama şekli de değişmektedir.

Galler Okulu'nun Güvenlik Perspektifi

Eleştirel düşünce kapsamında bir grup akademisyenin yeni güvenlik çalışmaları/tartışmaları Galler'de (Aberystwyth) ortaya çıkmıştır. Kendisini okul olarak tabir etmesi; kendini tanımlama ve dışardan tanınma konusundaki çeşitli ölçütleri ve ortak düşünce temellerinin ortaya konulması sürecinde kurumsallaşmanın sağlanmasına yardımcı olmaktadır. Galler Okulu'nun güvenlik yaklaşımı Ken Booth, Richard Wyn Jones, Andrew Linklater, Keith Krause ve Michael Williams gibi akademisyenler tarafından yapılan çalışmalarda temellendirilmiştir.[21]

Güvenlik kavramıyla ilgili en önemli tartışma; güvenliğin referans nesnesinin insan mı yoksa devlet mi olması gerektiği yönündedir.[22] Bu açıdan Galler Okulu'na göre bireyi öne çıkaran yaklaşım toplumun güvenliğinde belirleyicidir. Ayrıca bireylerin ve toplumların güvenlik anlayışı, onların siyasi bakış, felsefi dünya görüşü ve psikolojik durumlarından kaynaklanmaktadır. Bu minvalde Galler Okulu güvenliğin siyasiliğini öne çıkararak, güvenlik politikalarının esasını sorgular ve analitik yaklaşım benimsemektedir. Özellikle Soğuk Savaş sonrası düzenin eleştirisi üzerinden giderek, sınırların kalktığı bir dünya toplumu oluştuğu düşüncesini vurgular.[23]

Galler Okulu söylemlerin güvenliği nasıl inşa ettiğini çözümleyip karar alıcıların güvenliği nasıl kullandıklarının anlaşılmasına yardımcı olur. Politikaların kökenini ve askeri anlayışın nasıl şekillendiğini tahlil eder. Ayrıca güvensizliğin kaynağıyla ilgilenerek, güvenliğin siyasiliği önemser. Buna yönelik olarak güvenliği sosyal, ekonomik ve kültürel alanları da

---

[20] Robert W. Cox, Social Forces, States and World Orders: Beyond International Relations Theory, Millenium: Journal of International Studies, Cilt: 10, Sayı: 2, 1981, ss. 126-155.
[21] David Mutimer, Critical Security Studies: A Schismatic History, Contemporary Security Studies, Oxford Press, 2007, ss. 93-105.
[22] Pınar Bilgin, Güvenlik Çalışmalarında Yeni Açılımlar: Yeni Güvenlik Çalışmaları, SAREM, 2010, s. 79.
[23] Ken Booth, Security and Emancipation, Review of International Studies, 1991, ss. 314-15.

kapsayacak bir şekilde inceler.[24] Özellikle bu noktada kimlik kavramı toplumsal güvenlikte önemli bir tutarak aktörler normları, değerleri ve deneyimleri aracılığıyla kimliklerini inşa ederler.[25] Neticede kimlik ve güvenlik arasında doğrudan bir ilişki kurulmaktadır.

Güvenlik birinin kazandığı diğerinin kaybettiği bir süreç olarak değil, karşılıklı memnuniyet önemsenerek işletilmelidir. Güvenlik bizim yaptıklarımızla ve özneler arası bir şekilde oluşmaktadır. Güvenliğe yönelik tehditler olasılık dahi olsa, insanlara bariz bir biçimde sunulması sorun taşır. Güvenliğin politik, sosyal, çevresel, ekonomik, askeri ve kültürel sistemlerden oluşması ve insanların kendi hayat sahalarını teşkil ettiği açıktır.[26]

Galler Okulu güvenliğe yönelik pozitif/iyimser güvenlik anlayışının temsilcisidir. Pozitif güvenlik yaklaşımı içerisinde bölgesel örgütler, lokal ajanslar, basın, ordu, politikacılar ve jeopolitik dinamiklerle birlikte paylaşımda bulunularak kararlar alınmaktadır. Her aktör kendi taleplerini yansıtma peşindedir. Negatif güvenlik yaklaşımı içerisinde ise tehdit ve riskler öne çıkarılarak bireyler pasif, devletler aktif olarak algılanır. Nitekim insan devleti oluşturan temel birimdir ve dolayısıyla referans nesnesi görülmesi elzem ve doğaldır.[27] Pozitif güvenlik içerisinde sosyal güven ekseninde siyasal angajman ve diyalog arttırılmaktadır. Toplumdaki tüm aktörlerin talepleri dinlenerek, nasıl ve kimin güvenliği sorusu sorularak değerler ve pratikler oluşturulmaktadır.

Galler Okulu güvenliğin özgürleşme olarak anlaşılmasıyla doğru güvenlik tavrının kurulabileceğinden bahseder.[28] Özgürleşme insanları felsefi ve insani baskılardan kurtarmaktır. Güvenliği sadece devlete ve orduya mal etmek problemlidir. Güvenlik anlayış ve uygulamaların merkezine insanın ihtiyaçlarını yerleştirmek gereklidir. Nitekim normatiflik vurgulanarak yapısal baskılara son verilebilecektir.[29]

---

[24] Barry Buzan ve Lane Hansen, The Evolution of International Security Studies, 2009, Cambridge, ss. 188-189.

[25] Bülent Sarper Ağır, Güvenlik Kavramını Yeniden Düşünmek: Küreselleşme, Kimlik ve Değişen Güvenlik Anlayışı, Güvenlik Stratejileri, Yıl: 11, Sayı: 22, s. 120.

[26] Giorgio Shani, Makoto Sato ve Mustapha Kamal Pasha (Eds.), Protecting Human Security in a Post 9/11 World: Critical and Global Insights, London, Palgrave, 2007.

[27] G. Hoogensen Gjorv, Security By Any Other Name: Negative Security, Positive Security and a Multi-Actor Security Approach, Review of International Studies, Cilt: 38, Sayı: 4, Ekim 2012, s. 841.

[28] Ken Booth, Security in Anarchy: Utopian Realism in Theory and Practice, International Affairs, 67:3, 1991, s. 539.

[29] Ken Booth, Emancipation: Prologue, içinde, Ken Booth (Ed.), Critical Security Studies and World Politics, Boulder, Colorado: Lynne Rienner, 2005.

Özgürleşme güç için değil, siyaset için yapılır ve eleştirel yaklaşımın etkisi altındadır. Her ne kadar güvenlik gündemi bütüncül de görülse, aslında kompleks ve kaotiktir.[30] Güvenlik gündemini oluşturan gelişmeler siyasal gündemin içerisinde çözüme kavuşturulmalıdır. Böylelikle güvenlik gündemi rahatlatılmalı ve sorunlar siyasal ortamda tartışılmalıdır.

Galler Okulu Batının kendini merkeze alması ve kendi dışındaki dünyayı ötekileştirmesine karşıdır. Dolayısıyla oryantalist bakış açısını sorgulama niyetindedir. Bununla birlikte 11 Eylül 2001 ile birlikte terörizm gibi geleneksel olmayan güvenlik konularında insani ve toplumsal güvenlik gündemi yoğunlaşmıştır. Terör saldırıları sonrası yükselişe geçen "islamofobi" gibi sorunların kaynağına inmek sorunların derinleşmesini önlemek için teorik çerçeve sunmaktadır. Bu minvalde İslamı "terörizmin nedeni" olarak gösterip, Müslümanların ötekileştirilmesini eleş-tirmektedir. Ayrıca Galler Okulu'nun güvenliğin gerçekleriyle kapsayıcı angajman kurması var olan ya da öngörülen tehditler karşısında doğru politikalar geliştirmeyi kolaylaştırmaktadır.[31]

Toplumsal Güvenliğin Ortaya Çıkışı: Terörizm ve 11 Eylül Etkisi

11 Eylül 2001'de Dünya Ticaret Merkezi ve Pentagon'a uçakla yapılan terörist saldırılar sonucunda 3 bine yakın insan hayatını kaybetmiş ve 6 binden fazla insan yaralanmıştır. Terör saldırılarının hedefinde ABD'nin ekonomik ve askeri güç sembolleri bulunmaktaydı. Saldırıların sorumlusu El Kaide terör örgütü olarak gösterilmiş ve Orta Doğu'ya yönelik küresel siyaset büyük bir değişim sürecine girmiştir.

20 Eylül 2001'deki kongrede ABD Başkanı George Bush'un "ya bizimlesiniz ya da teröristlerle" söylemi tarafların oluştuğuna ve tüm devletlerin bu savaşta ABD'nin yanında bir seçim yapmaları gerektiğini vurgulamaktaydı. Ayrıca bu söylem ABD'yle iş birliği halindeki devletler açısından sadakat testi niteliğini ve aktif mücadeleye başlanacağı mesajı taşımaktadır.[32] Bazı devlet liderlerin küresel güvenliği yeniden inşa etmek gerektiğine yönelik açıklamaları Bush'un tutumuna destek olmuştur.[33] Buna karşın Avrupa devletleri içerisinde ABD'nin Afganistan ve Irak müdahalelerine karşı çıkan bir söylem de gelişmiştir.

---

[30] Alan Okros, Rethinking Diversity and Security, Commonwealth & Comparative Politics, Cilt: 47, Sayı: 4, s. 358.
[31] Ken Booth, Critical Explorations, içinde, (Ed.) Critical Security Studies and World Politics, London: Lynne Rienner, 2005, ss. 1-18.
[32] Ken Booth ve Tim Dunne (Eds.), Worlds in Collision, Palgrave Mcmillan, 1. Baskı, 2002, s. 2.
[33] Ken Booth, a.g.e., 2012, s. 208.

11 Eylül saldırıları sonrasında ABD'nin Afganistan ve Irak müdahaleleri halen tartışma konusudur. Birleşmiş Milletler Sözleşmesi'nin 51. Maddesi "Bir devletin meşru savunma hakkını silahlı saldırıya uğradığında kullanır." işletilerek müdahalede bulunulsa da; meşru savunmanın olabilmesi için saldırıyı bir devletin silahlı gücünün yapması gerekmektedir.[34] Bununla birlikte ABD nezdinde Eylül 2002'de ilan edilen "Yeni Ulusal Güvenlik Stratejisi"yle tehdit anlayışı peşinen ortaya konulmuştur. "Şer ekseni" tanımlamasıyla bazı devletlerin terörist faaliyetleri vurgulanmıştır. Tehdidin ve düşmanın tanımını kendi belirleme serbestisi içerisindeki Bush Doktrini ve önleyici müdahaleyle yeni güvenlik ortamı çok boyutlu ve ucu açık bir nitelik kazanmıştır.

11 Eylül terörist saldırılarından sonra ABD'nin küresel bir savaş başlattığı düşüncesi güvenlik tartışmalarını da etkilemiştir. Bunun bir küresel savaş haline dönüştürülmesi ABD'nin hegemonik bir güç olmasından kay-naklanmıştır.[35] Nitekim hegemonik güç gruplardan/diğer ülkelerden sağladığı 'rızayı' bu süreçteki mekanizmaların işletilmesi için kullan-maktadır.[36] Her ne kadar hegemonya güç ile inşa edilse de, bugün gelinen noktada hegemonyanın sürdürülebilmesi için diyaloga önem verilmektedir. 11 Eylül saldırıları sonrasında gerçekleştirdiği müda-halelere destek olmayan ülkelerin ABD'nin bu husustaki diyalogunu yeterli bulmadıkları görüşü hakimdir.

Uluslararası Sosyal Bilimler Ansiklopedisine göre terörizm; önceden belirlenmiş hedefleri elde etmek için şiddete başvuran bir grubun kullandığı metodu ifade etmektedir. Terörizm, siyasal şiddetin, suikastlar yoluyla iktidara karşı direniş hareketi olarak eski Roma'da ve İran'da Haşhaşi örgütleri tarafından yaygın bir şekilde kullanılmıştır.[37] Terörizmin temel amacı; planlı saldırılarla birlikte devletin siyasal sisteminin şiddet ve korku yolu ile yıkılmasıdır. Terörizmin diğer amacı ise; toplumsal nefreti derinleştirip insanlar arasında "biz ve öteki" hissiyatını geliştirerek dini/etnik ayrımcılıkla insanları siyasal/sosyal kamplara bölmektir. Terörizmle birlikte insanların her an her yerde

---

[34] Bu konudaki tartışma için bknz. Fatma Taşdemir, Uluslararası Terörizme Karşı Devletlerin Ülkeleri Dışında Münferiden Kuvvete Başvurma Yetkisi, Ankara Üniversitesi Sosyal Bilimler Enstitüsü, Uluslararası İlişkiler A.B.D., Doktora Tezi, Ankara, 2005.

[35] Robert O. Keohane, After Hegemony, Cooperation and Discord in the World Political Economy, 1. Baskı, New Jersey: Princeton University Press, 1984.

[36] Murat Alakel ve Ahmet Safa Yıldırım, 11 Eylül Sonrası ABD'nin Irak İşgali Sürecinde Hegemonya – Emperyalizm Tartışmalarına Eleştirel Bir Bakış, Yalova Üniversitesi Sosyal Bilimler Dergisi, Nisan – Ekim 2014, s. 143.

[37] Mesut Hakkı Çaşın, Uluslararası Terörizm, Nobel Akademik Yayıncılık, 2012, s. 1.

saldırıya uğrayabileceği ihtimali sosyal hayatı doğrudan etkiler hale gelmiş, toplumsal gerilimler artmış ve toplumsal güvenlik gündemi şekillenmiştir. Özellikle terörizmin dine indirgenmesi sorunsalından hareketle toplumsal kutuplaşmalar devletler arası ilişkilerde öne çıkmıştır.

11 Eylül terörist saldırıları sonrasında terörizmle birlikte "dünya risk toplumu" yaklaşımı ve tehditlerin çeşitliliği bağlamında geleceğin hesaplanamaz olduğu gerçeği vurgulanmıştır.[38] Nitekim esasında terörizmle mücadelede üç temel strateji bulunmaktadır; uluslararası toplumla koordineli bir şekilde hareket etmek, terörizmin finansmanının önüne geçmek ve saldırılar yapılmadan önlemektir.[39] 11 Eylül 2001 terörist saldırıları her şeyin başladığı mutlak bir tarih değil, bir müdahale sonucunda başka bir yöne gidişin tarihidir.[40] Ayrıca dünya güvenliği kavramı kapsamında birey ve grupların yaşamını belirleyen tehdit ve risklerin azaltılması için süreçler önemsenir.[41] 11 Eylül'le birlikte anlaşılan; birey veya toplum olarak "tehlikeli görülen bölgelerden" ne kadar uzak olursanız olun küresel bir etki altında saldırıya uğrama ihtimaliniz düşmemektedir. 11 Eylül saldırıları geleneksel güvenlik yaklaşımlarının dünyadaki mevcut güvensizliklere ilaç değil, onları tespit etmekten bile ne kadar uzak olduğunu göstermiştir. 11 Eylül'le birlikte yeni bir güvenlik gündemi doğmuş ve ortaya yeni bir güvenlik yaklaşımı çıkmıştır. 11 Eylül sonrası düzende siyaset/küresel ilişkilerin toplumsal dinamiklerle birlikte nasıl seyredeceği sorusu güncelliğini korumaktadır.

Toplumsal Güvenlik ve Güvenliğin Siyasiliği

Toplumsal güvenlik tanımlaması içerisinde güvenlik daha farklı bir hal almış ve toplumu oluşturan tüm birimlerin kaygıları güvenlik gündemine dahil edilmiştir. Çünkü hedefler geliştikçe ve değiştikçe tehdit algı-lamalarında çeşitlilik ortaya çıkmıştır. Güvenliğin araçsal bir değer olduğu vurgusu yapılmaktadır. Genel itibariyle güvenlik tanımlamaları güven-sizlik üretmektedir. Dolayısıyla güvenlik gündemiyle ilgili konuların siyasallaştırılması gerekir. Bununla birlikte

---

[38] Claudia Aradau ve Rens Van Munster, Inthe Name of Politics: Governing Through Risk, http://busieco.samnet.sdu.dk/politics/nyheder_og_begivenheder/rvm240106.pdf, ss. 3-7.
[39] Rashad Hussain ve Al-Husein N. Madhany, Battles of Ideas: Understanding The Role of Islam in Counterterrorism Policy, Brookings Institute, Analysis Paper, Sayı: 13, Ağustos 2008, s. 1.
[40] Nuh Yılmaz, 10 Yıl Sonra 11 Eylül: Dünya Siyasetinde Siyasal Temsil Krizi, içinde, Abdurrahman Babacan (Ed.), 11 Eylül Tarihsel Dönüşümün Analizi: 2001-2011, Pınar Yayınları, Eylül 2011, s. 94.
[41] Ken Booth, a.g.e., s. 21.

güvenlik gündeminde önemli bir yer işgal eden devlet dışı aktörler geleneksel yöntemlerle yok edi-lememektedir.[42]

Toplumsal güvenlik kaygısı içerisinde esasında dünya güvenliği konusu da hesaba katılmalıdır. Dünya güvenliği hem yerel hem de küresel toplumda birey ve grupların yaşamını belirleyen tehdit ve risklerin azaltılması için çalışan yapı ve süreçlere odaklanılır. Dünya güvenliği her düzeydeki özgürleştirici siyaset ve cemiyet ağları aracılığıyla kapsayacak şekilde gelişir. Dünya güvenliği düşüncesi dünya düzeni tartışmasını ortaya çıkarır; dünya düzeni, tüm insanlık arasındaki toplumsal hayatın temel ve birincil amaçlarını devam ettiren insan faaliyetleri olarak tanımlanır.[43] Güvenlik, öncelikle özgürleştiren bir niteliktedir.[44] Özgürleştirmeyle birlikte farklı yaşam olanakları da ortaya çıkacaktır.

Toplumsal güvenlik, toplumun kültürel kimliği ile ilişkili toplumların birbirinden etnisite, din ve gelenek bakımından ayrılmasıdır.[45] Toplumsal güvenlik uluslararası düzende sosyal yaşam ve bireyleri her türlü şiddetten uzak tutulmasıyla mümkün olur. Dolayısıyla toplumlar arası iletişim arttırılmalı uluslararası platformlar önemsenerek sorunlar çözülmelidir. Toplumsal yapı içerisinde güvenlik algılamasının doğru kurgulanması gerekir. Güvende olmadıkları halde güvende hissedenler, güvende oldukları halde de tehdit altında hissedenler yanıltıcı güvenlik algılaması içerisindedirler. Dolayısıyla bir kimsenin güvenliği kavrayışı o kişiye ait düşünce dünyasını öne çıkarmaktadır. Ayrıca asıl olan tehdit değildir, olaylar sosyal ve siyasal kontrolden çıkarsa tehdit haline gelmektedir. Güvensizliğin kaynağı, tehditler ve bunların çözümü sosyolojik/politik yapı içerisinde yatmaktadır.

İnsani ve toplumsal güvenlik istek ve korkulardan sıyrılmaktır.[46] Bunun yanında toplumsal güvenlik normatif temellidir. Geleneklerin ve değerlerin yozlaşması önlenerek mezhepsel ve etnik şiddetten uzaklaşılabilir. Din üzerinden yaratılan güvenlik algısı ve İslami terör örgütlerinin faaliyetlerinin dine mal edilmesi problem doğurmaktadır. Dolayısıyla toplumlar arası ilişkiler ve siyaset daha fazla önem kazanmakta etkileri doğru anlamayı gerektirmektedir.

---

[42] Richard Falk, 9/11 ve 9/12+10= ABD, El-Kaide ve Dünya, içinde, Abdurrahman Babacan (Ed.), 11 Eylül Tarihsel Dönüşümün Analizi: 2001-2011, Pınar Yayınları, Eylül 2011, ss. 47-8.
[43] Ken Booth, a.g.m., s. 21.
[44] Ken Booth, Critical Security Studies and World Politics, Lynne Rienner Publishers, 2005, s. 22.
[45] Şeref Çetinkaya, Güvenlik Algılaması ve Uluslararası İlişkiler Teorilerinin Güvenliğe Bakış Açıları, 21. Yüzyılda Sosyal Bilimler, Sayı: 2, Aralık – Ocak – Şubat 2012-13, s. 245.
[46] Edward Newman, Critical Human Security Studies, Review of International Studies, 2010, 36, s. 78.

Sonuç Yerine

Eleştirel yaklaşım çerçevesinde gelişme gösteren Galler Okulu yeni güvenlik çalışmalarında etkili bir konuma sahiptir. Okulun düşüncesiyle birlikte güvenliğe yönelik daha kapsamlı bir boyut getirilmiştir. Özellikle 11 Eylül saldırılarından sonra ise, birey güvenliği kavramı ekseninde toplumsal güvenlik konusu öne çıkmaktadır. Dolayısıyla güvenlik seviyesinin farklılaştığı da söylenebilir. Toplumsal güvenliğin ortaya çıkışında terörizm tartışma konusu olmuş ve terörizmle mücadele sorunsalı doğmuştur. Bu noktada devletlerin dışında bir aktör olarak terör örgütleri ve terörizmle mücadele yöntemleri de güvenlik gündemini etkilemiştir.

Oryantalist perspektifle İslam ve terör günlük siyasetin malzemesi haline getirilip toplumlar nezdinde tehdit algısı şekillenmiştir. Neticede 11 Eylül öncesinde terörizm konusu varken 11 Eylül sonrasında daha çok tartışılmış ve doğrudan bir etkiyle küresel güvenlik gündeminde yer edinmiştir. Bu durum ABD'nin "hegemon bir güç" olarak güvenlik gündemi oluşturabilmesinden kaynaklanmaktadır. Afganistan ve Irak müdahalelerini ve bu husustaki söylemlerini hegemonik niteliğini kullanarak gerçekleştirmiştir. Realist bir perspektifin yanında Galler Okulu güvenlik sorunlarına doğru politikalarla karşılık verilmesi gerektiğinin altını çizmektedir. Özellikle var olan politikaların ve kabullerin kökenine inerek sorgulama yapılması kendi normatiflik iddiasının bir parçasıdır. Neticede uluslararası arenada devletlerin güvenliğin sorunsallığından ziyade siyasiliğinin farkında olmaları sorunların nedenlerinin anlaşılabilmesi ve çözüm yolları geliştirilebilmesi açısından kritik öneme haizdir.

KAYNAKÇA

Abdurrahman Babacan (Ed.), *11 Eylül Tarihsel Dönüşümün Analizi: 2001-2011*, Pınar Yayınları, Eylül 2011.

Alan Okros, Rethinking Diversity and Security, *Commonwealth & Comparative Politics*, Cilt: 47, Sayı: 4.

Barry Buzan ve Lane Hansen, *The Evolution of International Security Studies*, Cambridge, 2009.

Bilgehan Emeklier, Uluslararası İlişkiler Disiplininde Epistemolojik Paradigma Tartışmaları: Post pozitivist kuramlar, *Bilge Strateji*, Cilt: 3, Sayı: 4, Bahar 2011.

Bülent Sarper Ağır, Güvenlik Kavramını Yeniden Düşünmek: Küreselleşme, Kimlik ve Değişen Güvenlik Anlayışı, *Güvenlik Stratejileri*, Yıl: 11, Sayı: 22.

Christian Reus-Smit, *Constructivisim Theories of International Relations*, New York, Palgrave Mcmillian, 2005.

Claudia Aradau ve Rens Van Munster, *In the Name of Politics: Governing Through Risk*, http://busieco.samnet.sdu.dk/politics/nyheder_og_begivenheder/rvm240106.pdf (Erişim Tarihi: 20.01.2017)

David Mutimer, *Critical Security Studies: A Schismatic History, Contemporary Security Studies*, Oxford University Press, 2007.

Edward Newman, Critical Human Security Studies, *Review of International Studies*, 36, 2010.

Fatma Taşdemir, Uluslararası Terörizme Karşı Devletlerin Ülkeleri Dışında Münferiden Kuvvete Başvurma Yetkisi, Ankara Üniversitesi Sosyal Bilimler Enstitüsü, Uluslararası İlişkiler A.B.D., Doktora Tezi, Ankara, 2005.

Fikret Birdişli, Eleştirel Güvenlik Çalışmaları Kapsamında Frankfurt Okulu ve Soğuk Savaş Sonrası Güvenlik Sorunlarına Eleştirel Yaklaşım: Galler Ekolü, *Güvenlik Stratejileri Dergisi*, Yıl: 10.

G. Hoogensen Gjorv, Security By Any Other Name: Negative Security, Positive Security and a Multi-Actor Security Approach, *Review of International Studies*, Cilt: 38, Sayı: 4, Ekim 2012.

Giorgio Shani, Makoto Sato ve Mustapha Kamal Pasha (Eds.), *Protecting Human Security in a Post 9/11 World: Critical and Global Insights*, London, Palgrave, 2007.

Jef Huymans, Defining Social Constructivism in Security Studies: The Normative Dilemma of Writing Security *Alternatives* 27, Special Issue, 2002.

Keith Krause ve Michael C. Williams, Broadening the Agenda of Security Studies: Politics and Methods, *Mershon International Studies Review*, Cilt: 40, Sayı: 2, Ekim 1996.

Ken Booth, *Critical Security Studies and World Politics*, Lynne Rienner, 2005.

Ken Booth, *Dünya Güvenliği Kuramı*, Küre Yayınları, Çeviri: Çağdaş Üngör, 2012.

Ken Booth, Security and Emancipation, *Review of International Studies*, Cilt:17, Sayı: 4, Ekim 1991.

Ken Booth, Security in Anarchy: Utopian Realism in Theory and Practice, *International Affairs*, 67:3, 1991.

Ken Booth ve Tim Dunne (Eds.), *Worlds in Collision*, Palgrave Mcmillan, 1. Baskı, 2002.

Mesut Hakkı Çaşın, *Uluslararası Terörizm*, Nobel Akademik Yayınları, 2008.

Michael C. Williams, Words, Images, Enemies: Securitization and International Politics, *International Studies Quarterly*, 47, 2003.

Michael Sheehan, *International Security, An Analytical Survey*, Boulder, Lynne Riener Publishers, 2005.

Murat Alakel ve Ahmet Safa Yıldırım, 11 Eylül Sonrası ABD'nin Irak İşgali Sürecinde Hegemonya – Emperyalizm Tartışmalarına Eleştirel Bir Bakış, *Yalova Üniversitesi Sosyal Bilimler Dergisi*, Nisan – Ekim 2014,

Pınar Bilgin, *Güvenlik Çalışmalarında Yeni Açılımlar: Yeni Güvenlik Çalışmaları*, SAREM, 2010.

Rashad Hussain ve Al-Husein N. Madhany, Battles of Ideas: Understanding The Role of Islam in Counterterrorism Policy, *Brookings Institute, Analysis Paper*, Sayı: 13, Ağustos 2008.

Raymond Geuss, *Idea of a Critical Theory*, Cambridge University Press, 1981.

Richard Wyn Jones, *Promise: Toward a Critical Theory of Security*, Lynne Rienner Publishers, 1999.

Rita Floyd, Towards a Consequentialist Evaluation of Security: Bringing Together The Copenhagen and the Welsh Schools of Security Studies, *Review of International Studies*, 33, 2007.

Robert O. Keohane, *After Hegemony, Cooperation and Discord in the World Political Economy*, 1. Baskı, Princeton University Press, 1984.

Robert W. Cox, *Social Forces, States and World Orders: Beyond International Relations Theory*, https://ic.ucsc.edu/~rlipsch/Pol272/Cox.pdf (Erişim Tarihi: 20.01.2017).

Stephan M. Walt, The Renaissance of Security Studies, *International Studies Quarterly*, Cilt: 35, Sayı: 2, 1991.

Şeref Çetinkaya, Güvenlik Algılaması ve Uluslararası İlişkiler Teorilerinin Güvenliğe Bakış Açıları, *21. Yüzyılda Sosyal Bilimler*, Sayı: 2, Aralık – Ocak – Şubat 2012-13.

Ulrich Beck, *World Risk Society*, Polity Press, Ekim 1999.

ÜÇÜNCÜ KISIM
FEMİNİZM VE GÜVENLİK

FEMİNİST ULUSLARARASI İLİŞKİLER YAKLAŞIMI AÇISINDAN MÜLTECİ KADIN SORUNU: SURİYELİ MÜLTECİ KADINLAR ÖRNEĞİ

Begüm ÖĞÜTTÜREN GÜVENÇ

Giriş

Dünya tarihinde mülteci sorunu, çok eski yıllara dayanmaktadır. Tarih boyunca insanlar zulüm, silahlı çatışma, iç savaşlar, siyasi şiddet vb. nedenlerle yaşadıkları yerleri terk ederek başka bölgelerde güvenlik aramak zorunda kalmışlardır. Birinci Dünya Savaşı'nın sonuna kadar mültecilerle ilgili konular uluslararası bir sorun olarak görülmemiştir. Mültecilerin korunmasına yönelik evrensel kurallar ve normlar Birinci Dünya Savaşı'nın ardından meydana gelen gelişmelere bağlı olarak ortaya çıkmıştır. Bu dönemde Milletler Cemiyeti tarafından Avrupa'daki mülteci sorunlarına çözüm bulmaya yönelik çeşitli girişimler yapılmış ancak yapılan girişimler kalıcı düzenlemelere dönüşmemiştir. İkinci Dünya Savaşı sonrasında milyonlarca insanın ülkelerinden edinmeleri mülteci konusunda daha kapsamlı ve kalıcı çözüm arayışlarını kaçınılmaz kılmıştır. 1950 yılında Birleşmiş Milletler Mülteciler Yüksek Komiserliği'nin kurulması[1] (BMMYK) ve Mültecilerin Hukuki durumuna İlişkin 1951 Cenevre Sözleşmesi'nin kabul edilmesi mülteci koruması açısından bir dönüm noktası olmuştur.[2] Bu çerçevede Birleşmiş Miletler bünyesinde imzalanan Mültecilerin Hukuki Statüsüne İlişkin 1951 Cenevre Sözleşmesi ve 1967 tarihli Mültecilerin Hukuki Statüsüne İlişkin Protokol[3] hukukta ilk kez mülteci tanımının yapıldığı ve mülteci

---

[1] Birleşmiş Milletler Mülteciler Yüksek Komiserliği (BMMYK) 14 Aralık 1950 tarihinde Birleşmiş Milletler Genel Kurulu tarafından kurulmuştur. BMMYK, dünya genelinde mülteci sorunlarını çözme ve mültecileri koruma amacıyla uluslararası faaliyetleri koordine etme ve yürütme görevini üstlenmiştir. Asıl amacı mültecilerin haklarını ve refahını savunmak olan BMMYK, her bireyin sığınma talebinde bulunabilmesini ve başka bir ülkede mülteci olarak güvenli bir şekilde barınabilmesini sağlamak için çalışmaktadır.
[2] Bülent Çiçekli, Uluslararası Hukukta Mülteciler ve Sığınmacılar, Seçkin Yay., Ankara, 2009, s.16
[3] Mültecilerin Hukuki Durumuna İlişkin Cenevre Sözleşmesi, Birleşmiş Milletler Genel Kurulu'nun 14 Aralık 1950 tarih ve 429 sayılı kararıyla toplanan konferansta kabul edilmiş, 28 Temmuz 1951 tarihinde Cenevre'de imzalanmış ve 43. Maddesine uygun olarak 22 Nisan 1954 tarihinde yürürlüğe girmiştir. 1951 Cenevre Sözleşmesine ek Mültecilerin Hukuki Durumuna İlişkin Protokol Birleşmiş Milletler Genel Kurulu tarafından New York'ta kabul edilmiş, 31 Ocak 1967 tarihinde

haklarının düzenlendiği en önemli uluslararası sözleşme olmuştur.[4] Mülteciler ile ilgili ilk düzenleme olan Mültecilerin Hukuki Statüsüne İlişkin 1951 Cenevre Sözleşmesi'ne göre mülteci, '1951 yılından önce Avrupa'da meydana gelen olaylar sonucunda ırkı, dini, milliyeti, belli bir sosyal gruba mensubiyeti veya siyasi düşünceleri nedeniyle zülüm göreceği korkusu taşıyan ve bu korkular yüzünden ülkesinden ayrılmak zorunda kalan, korkusu nedeniyle geri dönemeyen veya dönmek istemeyen kişi' olarak tanımlanmaktadır. 1951 Tarihli Mültecilerin Hukuksal Statüsüne Dair Cenevre Sözleşmesi özellikle tarihi ve coğrafi açıdan getirdiği kısıtlamalar ve sonucunda dünyada giderek büyüyen mülteci sorununa çözüm bulmakta yetersiz kalması nedeniyle Mültecilerin Hukuki Statüsüne İlişkin 1967 Protokolü ile yeniden düzenlenmiştir. Bu çerçevede 1967 Tarihli Protokol ile 1951 Tarihli Cenevre Sözleşmesi'nde yer alan tarihsel ve coğrafi kısıtlamalarının kaldırılması mülteciler için çok önemli bir adım olmuştur.[5] Bu çerçevede Mültecilerin Hukuki Statüsüne İlişkin 1967 Protokol'üne göre mülteci;

> "...ırkı, dini, tabiiyeti, belli bir toplumsal gruba mensubiyeti veya siyasi düşünceleri yüzünden zulme uğrayacağından haklı sebeplerle korktuğu için vatandaşı olduğu ülkenin dışında bulunan ve bu ülkenin korumasından yararlanamayan ya da söz konusu korku nedeniyle, yararlanmak istemeyen yahut tabiiyeti yoksa ve bu tür olaylar sonucu önceden yaşadığı ikamet ülkesinin dışında bulunan, oraya dönmeyen veya söz konusu korku nedeniyle dönmek istemeyen her şahıs" olarak tanım-lanmaktadır.

1951 Cenevre Sözleşmesi uluslararası mülteci hukukunun gelişiminde, mültecilerin haklarının tanımlanmasında ve mülteci kavramını tanımlaması ile ilk uluslararası belge olma konumunu korumaktadır. Bu noktada, 'Mülteci hareketliliğin büyük çoğunluğunu kadınların oluş-turduğu günümüzde mülteci tanımı kadın mültecileri kapsamakta mıdır?' 'Kadınların da tüm mülteciler gibi baskı, zülüm ve korku içinde olduklarından dolayı ülkelerini terk etmekte oldukları düşünüldüğünde mülteci tanımı kadınların ihtiyaçlarını karşılamaya yeterli midir?' şeklinde soruların cevaplandırılması gerekmektedir.

---

imzaya açılan Protokol, 4 Ekim 1967 tarihinde yürürlüğe girmiştir.
[4] Mültecilerle ilgili uluslararası belge ve metinler için bkz. Birleşmiş Milletler Mülteciler Yüksek Komiserliği (BMMYK) (2014)
[5] Mehmet Özcan, Avrupa Birliği Sığınma Hukuku- Ortak Bir Sığınma Hukukunun Ortaya Çıkışı, Uluslararası Stratejik Araştırmalar Kurumu, Ankara, 2005, s. 17

Erkeklerden farklı olarak 1951 Sözleşmesi'nde özel olarak yer verilmeyen 'toplumsal cinsiyet'[6] temelli ayrımcılık kapsamında kadınlar oldukça kötü şartlarla karşı karşıya kalmaktadırlar. Kadınların ülkelerinde bedensel ve ruhsal sağlıklarını bozan uygulamalar, cinsel istismar, cinsel şiddet gibi temelde kadın olmaktan kaynaklanan baskılardan kaçmak için ülkelerini terk etmek ve başka ülkeye sığınmak zorunda kaldıkları düşünüldüğünde mülteci tanımının kapsamının kadınlar için yeterli olmadığı görül-mektedir.

Mülteci tanımının yapıldığı 1951 Cenevre Sözleşmesinde 'toplumsal cinsiyet' kavramına yer verilmemiş ve kadınların yaşadığı 'cinsiyete' dayalı zulüm korkusu 1951 Cenevre Sözleşmesinde 'belirli bir sosyal grup' kapsamında değerlendirilerek sığınma işlemleri bu çerçevede yapılmıştır. Ancak sözleşmede 'belirli bir sosyal grup' kavramı ile hangi grupların bu tanım içine alınacağına yer verilmemiş ve 'cinsiyet' Cenevre Sözleşmesi'nde haklı zulüm korkusu doğurabilecek nedenler arasında sayılmamıştır.[7] Günümüzde mültecilerin yarıdan fazlasının kadın olması kadın mülteci sorununu feministler için önemli bir çalışma alanı haline getirmiştir. Feminist yaklaşım, dünyadaki toplam mülteci nüfusunun çoğunluğunu oluşturan mülteci kadınların mülteci erkelere kıyasla daha olumsuz etkilendiklerini ve özel durumlarının göz önünde bulun-durularak incelenmesi gerektiğini belirtmektedir. Bu noktada feministler mülteci kadınların mülteci erkeklere kıyasla daha özel koruma ihtiyaçlarının bulunduğunu, mültecilik süreci içerisinde kadınların ayrımcılık ve toplumsal cinsiyete dayalı şiddete daha fazla maruz kaldıklarını belirtmektedirler. Kadınların kandırılarak ya da zorla alıkonarak cinsel istismar amaçlı kullanılması toplumsal cinsiyete dayalı bir şiddet türü olarak kabul edilmektedir.

Feminist yaklaşım 1951 sözleşmesindeki 'mülteci' tanımı eleştirmekte ve bu tanımın erkek kişiyi tarif ettiğini, kadınların deneyimlerine özel yanıt vermediğini ortaya koymaktadır.[8] Güvenli bir yer bulmak amacıyla ülkelerinden kaçmak zorunda kalan kadınlar, erkek mültecilerin kar-şılaştıkları tehlike ve tehditlere ilave olarak, kendilerine has özellikleri nedeniyle bu süreçten daha fazla olumsuz etkilenmektedirler. Mülteci

---

[6] Toplumsal Cinsiyet 'gender', sosyalleşme süreci ve bireyin yaşadığı toplum içerisinde edindiği cinsiyettir. Feminist kuramcılar toplumsal cinsiyetin kültürel olarak inşa edildiğini belirtmektedirler. Ayrıntılı bilgi için bkz. Judith Butler, Cinsiyet Belası- Feminizm ve Kimliğin Altüst Edilmesi, çev. Başak Ertür, İstanbul, Metis Yayınları, 2012; Cordelia Fine, Toplumsal Cinsiyet Yanılsaması, çev. Kıvanç Tanrıyar, İstanbul, Sel Yayıncılık, 2011.

[7] Çiçekli, a.g.e, s. 58

[8] Sema Buz, Göçte Kadınlar: Feminist Yaklaşım Çerçevesinde Bir Çalışma, Toplum ve Sosyal Hizmet Dergisi, Cilt 18, Sayı 2, Ekim 2007, s. 42

kadınlar sığınma öncesi, sığınma arama sırasında ve sığınma ülkesinde cinsiyete dayalı şiddete maruz kalmaktadır. Bu nedenle kadınların hassas durumundan dolayı özel korumaya ihtiyaçları vardır. Tüm mülteciler gibi kadınların da ülkelerine dönmeye zorlanmaya karşı korunmaya, güven-liğe, sebepsiz yere uzatılan gözaltından korunmaya, kendilerine yeterli sosyal, ekonomik ve yasal haklar tanıyan hukuki statüye, gıda, barınak, yiyecek ve tıbbı bakım gibi temel ihtiyaçlara erişmeye ihtiyaçları vardır.[9]

Mülteci durumundaki kadınların, erkeklere oranla dezavantajlı konumda oldukları günümüzde yaşanan savaşlarda ve etnik çatışmalarda net bir şekilde görülmektedir. Tunus'ta 18 Aralık 2010 tarihinde başlayan ve Arap Baharı olarak adlandırılan halk hareketinin etkileri, bölge ülkelerinin birçoğunun kısa zaman içinde etkileyerek 15 Mart 2011 yılında Suriye'ye ulaşmış ve bu savaş bir insanlık dramına neden olmuştur. Geride kalan beş yıl içerisinde yaklaşık dört milyondan fazla insan mülteci durumuna düşmüştür. Suriye'de yaşanan iç savaştan en olumsuz etkilenen grup kadınlar olmuştur. Mülteci durumuna düşen kadınlar oldukça kötü şartlarda yaşam mücadelesi vermekte ve ciddi güvenlik problemleri ile başa çıkmak zorunda kalmaktadırlar.

Bu çerçevede makalenin ilk bölümünde feminist uluslararası ilişkiler yaklaşımının temel argümanları açıklanacak, ikinci bölümde ise feminist uluslararası ilişkiler yaklaşımının güvenliğe bakış açısı ve eleştiri noktaları hakkında bilgi verilecektir. Çalışmanın son bölümünde Suriyeli mülteci kadınların durumu ve bu durum için çözüm önerileri feminist yaklaşım çerçevesinde değerlendirilecektir.

Feminist Uluslararası İlişkiler Yaklaşımının Temel Argümanları

Uluslararası ilişkiler teorilerinin düşünsel gelişimi 'Büyük Tartışmalar' (The Great Debates) çerçevesinde şekillenmiştir. 'Büyük Tartışmalar'ın sayısı ve niteliği yazardan yazara değişim göstermektedir. Bazı yazarlar üç büyük teorik tartışma olarak ele alırken, bazı yazarlar dört büyük teorik tartışma olarak ele alırlar.[10] Buna göre, 'Birinci Büyük Tartışma' 1930 ve 1940'lı yıllarda idealizm ile realizm arasında yaşanmış olup realizmin zaferi ile sonuçlanmıştır. 'İkinci Büyük Tartışma' davranışsalcılar ve gelenekselciler arasında 1960'lı yıllarda yaşanmıştır. Bu tartışma sonucunda doğa bilimlerindeki bilimsel metodların sosyal

---

[9] www.unhcr.org.tr

[10] Muhammed A. Ağcan, Sosyal Bilimler Felsefesi Ve Uluslararası İlişkiler Teorisi, Küresel Siyasete Giriş içinde, İletişim Yayınları, İstanbul 2014, s. 82

bilimlere de uygulanabileceğini öngören pozitivizm uluslararası ilişkiler disiplinine hâkim olmuştur. Üçüncü büyük tartışma 1980'li yıllardan itibaren pozitivistler ile post-pozitivistler arasında yaşanmış olup, pozitivist düşünceye yöneltilen eleştiriler hâkim uluslararası ilişkiler teorilerinin sorgulanması ve alternatif bakış açılarının geliştirilmesini beraberinde getirmiştir.[11] 'Büyük Tartışmalar'ı dört büyük teorik tartışma şeklinde ele alan yazarlar, söz konusu tartışmalara ek olarak yeni gerçekçilik ve yeni liberalizm arasındaki tartışmayı gündeme getirerek büyük tartışmalar içine yerleştirmektedirler.[12]

1980'li yıllarla birlikte pozitivist düşünceye yöneltilen eleştiriler feminist yaklaşımın uluslararası ilişkiler disiplini içinde gelişmesi için gerekli ortamı sağlamıştır. Uluslararası ilişkiler disiplininde feminist yaklaşımın sesini duyurmaya başlaması 1980'lerin sonu itibariyle gerçekleşmiş olsa da feminizmin tarihçesini 18. Yüzyıldaki oy hakkı mücadelesine, kadının eğitim hakkı yönündeki çabalara, eşit sosyal, çalışma ve hukuksal haklar elde etme yolundaki kampanyalara kadar götürmek mümkündür.[13] Bu çerçevede feminizmin ne olduğunun açıklanması ve feminist hareketin hangi noktada uluslararası ilişkiler disiplinine nüfuz ettiğini görmemiz açısından önem arz etmektedir.

Feminizm; kadınların kurtuluş, özgürlük, eşitlik çabası ve kadın haklarına sahip olmak için yürüttükleri mücadele olarak görülmektedir. Feminizm ve kadın hareketi genellikle özdeş olarak görülür ve feminizm tarihi[14] olarak yazılır. Feminizm, kadın ve erkeğin eşitliği kuramına dayanan kadınlara eşit haklar isteyen temelde kadın ile erkek arasındaki iktidar ilişkisini değiştirmeyi amaçlayan siyasal bir akım olarak tanımlanmaktadır. Andree Michel'e göre feminizm sözcüğü, *"Kadınların toplum içindeki rol ve haklarını genişletmek isteyen bir doktrindir."*[15] Feminist akım, dünya nüfusunun yarısını oluşturan ve tarih boyunca hep ikincil konumda yaşamak zorunda kalan kadınların bu olumsuz durumdan kurtuluş hareketi olarak ortaya çıkmıştır.

[11] Marysia Zalewski, Feminist Standpoint Theory Meets International Relations Theory: A Feminst Version of David and Goliath? 1993, s.14-15
[12] 'Büyük Tartışmalar' hakkında detaylı bilgi için bkz: Nil S. Şatana, Uluslararası İlişkilerde Bilimsellik, Metodoloji ve Yöntem', Uluslararası İlişkiler, Cilt 12, Sayı 46, s. 11-33., Steve Smith, Ken Booth & Marysia Zalewski, International Theory: Positivism&Beyond, Cambridge, Cambridge University Press, 1996
[13] Ömer Çaha, 'Sivil Kadın, Türkiye'de Kadın ve Sivil Toplum', Savaş Yayınevi, Ankara, 2010, s. 56
[14] Feminizm tarihi hakkında ayrıntlı bilgi için bkz; Walters, Margeret 'Feminizm', Dost Kitabevi Yay, Ankara
[15] Andree Michael, Feminizm, (çev. Şirin Tekeli), İletişim Yayınları, İstanbul, s.17

Feminizmin odak noktası kadınla erkek arasındaki toplumsal farklılık; bu farklılık olgusunun anlamı, nedenleri ve sonuçlarıdır. Bu toplumsal farklılık geleneksel ideoloji tarafından yaratılmakta, pekiştirilmekte ve yeniden üretilmektedir.[16] Uluslararası İlişkiler kuramlarında 'üçüncü tartışma' olarak adlandırılan yeni dönem[17] feminizm tarihinde 'Üçüncü Dalga Feminizm'[18] olarak adlandırılan dönem ile kesişmektedir. Bu dönemde feministler daha çok etnisite, ırk, sınıf, cinsellik ve din gibi kimlik gibi mikro politikalar çerçevesinde kadın sorununu analiz etmeye başladılar. Feministler, bir kadının sadece kadın olduğu için değil, aynı zamanda Müslüman, Yahudi, azınlık, göçmen, siyah veya yabancı olarak da ikincil konuma düşebileceğine dikkat çektiler.[19] Bu dönem aynı zamanda 'üçüncü tartışma' (third debate) çerçevesinde uluslararası ilişkilerin hakim kuramlarının sorgulanmaya başladığı ve feminist yaklaşımın da bu sorgulamaya dahil olduğu dönem olarak tanımlanmaktadır.[20]

Feministler genel olarak uluslararası ilişkiler disiplininin temelinde gizli bir erkek bakışının yer aldığını ve kadınların düşüncelerinin, sorunlarının ve yaşadıkları değişimin görmezden gelindiğini ileri sürülmekte ve uluslararası ilişkiler geleneksel yaklaşımlarını evrensel ve objektif olmamakla eleştirmektedir.[21] Feminist Uluslararası ilişkilerin gelişiminin önde gelen isimleri arasında yer alan Ann Tickner, Jean Elshtain, Sandra Hardling, Cynthia Enloe ve Christine Sylvester, uluslararası ilişkiler alanının erkek bakış açısıyla ele alındığı görüşünde birleşmektedir. Feminist yazarların temel sorusu kadınların uluslararası ilişkiler disiplini içerisinde hangi konumda olduğu;[22] uluslararası ilişkiler disiplinin kadınların yaşadığı deneyimlere neden uzak olduğu; ve kadınların neden dış politika, askeri ve diplomasi alanlarında yer almamasının uluslararası ilişkilerin hakim ideolojileri tarafından önemsenmemesi

---

[16] Necla Arat, Feminizmin ABC'si, Sey Yayınları, İstanbul, 2010, s.
[17] Yosef Lapid, 'The Third Debate: On the Prospects Of International Theory in a Post- Positivist Era', International Studies Quarterly, Vol.33, No.3 (Sep., 1989), 235-254
[18] Feminizm tarihi literatürde üç dalgaya ayrılmıştır. İlk dalga feminizm, 19.yüzyılın sonu ile 20.yüzyılın başında orta ve üst sınıflardaki beyaz kadınlar için seçme ve seçilme hakkı ve politik eşitlik isteğiyle ortaya çıkmıştır. İkinci dalga feminizm, 1960'ların sonu ile 1970'lerin başında sosyal ve kültürel eşitsizliği ortadan kaldırmak amacıyla başlatılmıştır. Üçüncü dalga feminizm ise 1980'lerin sonu ile 1990'ların başında ortaya çıkarak kadın hareketinin daha geniş alana yayılması amacını gütmüştür.
[19] Çaha, a.g.e., s. 366
[20] Özlem Tür- Çiğdem Aydın Koyuncu, 'Uluslararası İlişkilerde Toplumsal Cinsiyet', (ed.) Evren Balta, Küresel Siyasete Giriş, İletişim Yayınları, İstanbul, 2014, S. 224
[21] Tür- Aydın Koyuncu, a.g.e, s.223
[22] J.Ann Tickner, Gender in International Relations: feminist perspectives on achieving global security, (New York: Columbia University Press, 1992), s.10

çerçevesinde şekillenmiştir.[23] Feministler, disiplini temelinde erkek egemen ve top-lumsal cinsiyete duyarsız olma noktasında eleştirmektedir. Bu bağlamda feminist tartışmanın temelinde cinsiyet *'gender'* ve ataerkillik *'patriarchy'* kavramları yer almaktadır. Tarihsel olarak kadın ve erkek arasındaki farklılıklar genelde biyolojik farklılığı ifade etmek için kullanılmaktadır. Ancak feministler cinsiyet 'gender' kavramını kadınlık ve erkeklik arasındaki biyolojik farklılık olarak ele almak yerine kültürel olarak şekillendirilerek ve tanımlanarak kurgulandığını belirtmektedir. [24] Feminist yaklaşım cinsiyeti *'gender'*, kadınların sosyal konular ve araştırmalar üzerindeki bakış açısının vurgulanmasında temel analiz birimi olarak ele almaktadır. Cinsiyet kavramı, biyolojik cinsiyetten *'sex'* farklı olarak kadın ve erkeğin birbirlerine olan karşılıklı kimliklerinin ve davranışlarının karmaşık sosyal yapısını ifade eder. Cinsiyet, toplumsal ve kültürel olarak yapılandırılmış, kadın ve erkek olmanın ne anlama geldiği ile ilişkilendirilen bir kavram olarak tanımlanmaktadır. [25]Biyolojik farklılıkları temel alan cinsiyet kavramından farklı olarak *'gender'* yani toplumsal cinsiyet toplumsallaşma süreci ve bireyin yaşadığı toplum içerisinde edindiği cinsiyettir. Doğuştan edinilen biyolojik cinsiyetin tam tersi özellikler gösterir. Kadın ve erkeğin toplumda üstlendikleri rollerin çoğu zaman kültür tarafından belirlendiği üzerine kuruludur. Kısacası feminist kuramcılar toplumsal cinsiyetin, cinsiyetin kültürel yorumu olduğunu ve kültürel olarak inşa edildiği konusunda hemfikirdirler. [26] Fransız yazar ve filozof Simone de Beauvoir' in *"kadın doğulmaz, kadın olunur"*[27]sözü, toplumsal cinsiyet kavramını oldukça net bir şekilde özetlemektedir.

Erkeksellik *'masculinity'* güç, güçle ilgili faaliyetler, saldırganlık ve kamusal bir erkeği biçimlendirirken, kadınsallık *'feminine'* ise pasiflik, evcimenlik, sadakat, duygusallık ve ahlaki değerlerin yüksekliği gibi özellikleri ile özel alanı temsil etmektedir. Bu noktada erkeksellik bu ayrıcalıklı özellikler ile tanımlandıkça kadın sadece toplumsal alanda değil yasal anlamda da ikincil statüde kalmak durumunda bırakılmıştır.[28]

---

[23] Gillian Youngs, Feminist International Relations: a contradiction in terms? Or: why women and gender are essential to understanding the world 'we' live in, s. 79

[24] Tickner, a.g.e., s.15

[25] Paul R.Viotti, Mark V Kauppi, International Relations Theory, Pearson, s. 362

[26] Judith Butler, Cinsiyet Belası-Feminizm ve Kimliğin Altüst Edilmesi, Metis Yayınları, İstanbul, 2012, s. 50

[27] Simone de Beauvoir, The Second Sex, İngilizce'ye Çev. H. M. Parsley, New York: Vintage Books, 1973, s. 301

[28] Viotti; Kauppi, a.g.e. s. 362

Bu çerçevede kadın uluslararası ilişkiler disiplinin hakim kuramları tarafından daima barış kavramı ile ilişkilendirilmiş ve ahlaki açıdan erkekten daha üstün olarak tanımlanmıştır. Kadının barış kavramı ve erkekten daha üstün ahlaki özelliklere sahip olması kadını uluslararası ilişkilerin temeli olan güç kavramının dışında kalmasına neden olmuştur. Ayrıca kadının barış kavramı ile ilişkilendirilmesi cinsiyet kalıplarında kadının aleyhine bir durum olarak yorumlanmaktadır. Erkek aktif, özne, gerçekçi özellikler ile karakterize edilirken, kadın pasif, kurban ve duygusal kalıplar ile özdeşleştirilmiştir. Bu cinsiyet kalıplaştırmaları kadına zarar vermekle kalmayıp uluslararası politika alanında kadının bir aktör olarak inandırıcılığının sorgulanmasına neden olmakta [29] ve sonuçta kadını uluslararası ilişkiler disiplini içinde bir aktör olarak var olmaktan çıkarmaktadır.

Feminist tartışmanın hedefindeki diğer bir kavram olan ataerkillik, kadınların güç ve statü açısından erkeklere oranla daha altlarda olduğu ve temel inanışa göre erkeklerin emirlerine karşılık kadınların da itaat etmek için uygun olduğu yönünde bir anlama sahip olan bir kavramdır.[30] Bu bağlamda feministler uluslararası ilişkilerde erkek otoritesine dayanan toplumsal örgütlenme düzenine karşı çıkmaktadırlar. Feminist düşünürler, siyasi ve toplumsal dünyayı oluşturan unsurun tarih boyunca ve kültürler arasında ataerkillik olduğunu ileri sürmüşlerdir. Ataerkillik, toplumun örgütlenmesini, kültürünü şekillendirmiştir. Feministlere göre siyasi mücadele ataerkillik koşulları altındaki farklı cinsiyetler arasındaki ilişkiler tarafından inşa edilir.[31] Feministler geleneksel uluslararası ilişkiler yaklaşımlarının savunduğu 'ataerkil' sisteme karşı çıkmakta ve bu bağlamda savaş, güç, güvenlik gibi uluslararası ilişkiler disiplinin temel kavramlarının yeniden tanımlanması gerektiğini savunmaktadır.[32] Feministlere göre kadınlara karşı şiddet içeren davranışların arkasında ataerkillik yatmakta ve bu bağlamda kadının güvenliği ön plana çıkmaktadır.

Uluslararası ilişkiler disiplini askeri ve dış politika alanlarının kadınlar için uygun olmadığı, çünkü bu alanların dayanıklılık, güç, otonomi, rasyonalite gibi kavramlarla ilişkili olduğu ve bu özelliklerin erkeksellik

---

[29] J. Ann Tickner, Why Women Can't Run The World: International Politics According To Francis Fukuyama, International Studies Association, 1999, s. 4-10

[30] Tricia Ruiz, Feminist Theory and International Relations: The Feminist Challenge to Realism and Liberalism,

[31] Ken Booth, Dünya Güvenliği Kuramı, (çev.) Çağdaş Üngör, Küre Yay, İstanbul, 2012, s.193

[32] Muhittin Ataman 'Feminizm: Geleneksel Uluslararası İlişkiler Teorilerine Alternatif Yaklaşımlar Demeti', Alternatif Politika, Cilt 1, Sayı 1, 1–41, Nisan 2009

'*masculinity*' değerlerin özellikleri olduğudur.[33] Feminist yaklaşım uluslararası ilişkiler disiplini alanında neden kadın sayısının az olduğunu; dünyada neden diplomat, asker ve kamu gibi çalışma alanlarının erkek egemenliğinde olduğu sorusuna verdiği cevap, uluslararası politika alanının erkeklerin dünyası olduğu şeklinde bir algının yaratılmasından kaynaklanması olarak değerlendirmektedir. Uluslararası politikanın feminist fikirleri göz ardı etmesinin başlıca nedeni olarak yüzyıllardır, bütün kültürlerde bu alanın 'eril' bir yaşam alanı olarak görülmesinden kaynaklanmakta olduğu fikri hakimdir. Sadece erkeklerin uluslararası siyasetin gerektirdiği türden bir kamusal kararlığa sahip olabilecekleri düşünülmüştür. Bu noktada uluslararası siyasetin mevcut işleyişi erkeklerin kadınlar üzerinde hakimiyetine bağlı gözükmektedir.[34] Bu noktada feministler uluslararası ilişkiler alanının erkek eğilimli bakış açısından sıyrılması ve disiplin içinde kadının ikincil konumundan kurtulması için çalışmaktadır. Feministler, kadınların tüm alanlarda görünür kılınması konusunda hem fikir olsalar da bu ezilmişlik, dışlanmışlık ve ikincil konumlarına nasıl çözüm bulacakları noktasında farklı yaklaşımlar sergilemekte olduğu görülmektedir.[35]

Uluslararası ilişkiler disiplininin erkek egemenliğine dayanan kavram ve teorilerin hâkimiyetinde olması feminist teorinin eleştiri noktasını oluşturmaktadır. Uluslararası ilişkiler disiplinin, sosyal bilimlerin diğer alanlarına oranla toplumsal cinsiyet konularına yönelik ilgisiz tutumu ve bu konudaki tartışmaların dışında kalması da yoğun eleştiri almıştır. Feminist bakış açısı daha fazla toplumsal cinsiyet formülasyon sunmakta ve erkekler tarafından yaratılan toplumsal cinsiyet temelli önyargıyı eleştirmektedir.[36] Feminist yaklaşım, uluslararası ilişkiler disiplinin genelinde hakim olan erkek bakış açısının ve '*maskülen*' değerlerin kendisini en çok güvenlik konusunda hissettirdiğini ve

---

[33] Tickner, a.g.e., s.15

[34] Cynthia Enloe, Muzlar, Plajlar ve Askeri Üsler, Feminist Bakış Açısından Uluslararası Siyaset, çev. Berna Kurt&Ece Aydın, Çitlembik Yayınları 37, İstanbul, s.32

[35] Feministler, kadınların tüm alanlarda görünür kılınması konusunda hem fikir olsalar da, kadınlara yönelik toplumsal ayrımcılıkla mücadele konusunda farklı feminist yaklaşımlara sahiptir. Radikal feminizm, liberal feminizm, ekofeminizm, sol feminizm, post feminizm, Marksist feminizm, sosyalist feminizm, varoluşçu feminizm farklı feminist yaklaşımlar arasındadır. Bu konuda ayrıntılı bilgi için bkz. Gisela Notz, 'Feminizm' çev. Sinem Dera Çetinkaya, Phoenix Yayınları, Ankara, 2011; Seyla Benhabib, Judith Butler, Drucilla Cornell ve Nancy Fraser, Çatışan Feminizmler- Felsefi Fikir Alışverişi, İstanbul, Metis Yayınları, 2008; Catharine A. Mackinnon, çev. Türkan Yöney ve Sabir Yücesoy, Feminist Devlet Kuramına Doğru, İstanbul, Metis Yayınları, 2003

[36] Robert O Keohane., International Relations Theory: Contributions of a Feminist Standpoint, Millenium- Journal of International Studies, 1989, 18:245

günümüz güvenlik sorunlarında bu bakış açısının etkili olduğunu ileri sürmektedir.

Feminist Uluslararası İlişkiler Yaklaşımının Güvenlik Kavramına Bakışı

Uluslararası ilişkilerin temel konularından biri olan güvenlik kavramı 1990'lı yıllara kadar devlet merkezli ve askeri odaklı bir bakış açısı ile ele alınmıştır. 1990 sonrası iki kutuplu sistemin sona ermesi ve küresel düzeyde yaşanan gelişmelere paralel olarak güvenlik tehditleri de büyük ölçüde değişikliğe uğramıştır. Bu bağlamda uluslararası ilişkilerde güvenlik algılamaları değişmiş ve çeşitlenmiştir.

Bu dönemde çevre, enerji kaynakları, insan hakları, azınlık hakları, uyuşturucu ve silah kaçakçılığı, küreselleşme, nüfus artışı ve buna bağlı göç, insan kaçakçılığı ve cinsiyet sorunlarına bağlı yeni güvenlik tehditleri ön plana çıkmaya başlamıştır.[37] Feminist kuramcılar, geleneksel güvenlik çalışmalarının temel kavramlarından olan devlet, savaş, şiddet, barış ve hatta güvenliğin kendisinin yeniden tanımlanmasının gerekliliğinin önemini vurgulamaktadır.[38] Feminist Uluslararası İlişkiler yaklaşımının iddiası savaş ve çatışmanın cinsiyet analizi olmadan gerçek anlamda anlaşılamayacağı üzerinedir. Bu noktada feministlerin asıl amacı güvenlik çalışma alanının temel kavramları olan savaş, yurttaşlık ve devlet kavramlarının nasıl cinsiyetçi bir yapı ile ele alındığını göstermektir.[39] Feminist teori, güvenlik kavramının feminist yaklaşımın analizlerinde önemli bir yere sahip olduğunu göstermektedir.

Bu çerçevede siyasal teoriler, barış çalışmaları ve karar alıcılar ile diyaloğu geliştirerek on yıldan fazla bir süredir dört teorik çerçevede güvenlik ile ilgili analizlerini geliştirmiş ve zenginleştirmişlerdir. Bu teorik çerçeveden ilki, feministlerin uluslararası güvenlik politikalarında kadının yok sayılması veya görünmez kılınmasını sorguladıkları ve disiplindeki toplumsal cinsiyetçi yapının ortaya çıkartılmasıdır. İkincisi, savaş ve barış zamanlarında kadınların güvende olup olmadıklarının, devlet tarafından yeterince korunup korunmadıklarının sorgulanmasıdır. Üçüncüsü, kadınların neden her zaman barışla ilişkilendirmesi veya kadınları barış ile bağlantılı ele alınmasının

---

[37] Buzan, Barry, Weaver, O., Liberalism and Security: The Contradictions of the Libereal Leviathan. Copenhegen Peace Researc Institute

[38] Laura Sjoberg, Gender and International Security'Feminist Perspective, Routledge Taylor&Francis Group, London and New York, 2010

[39] J.Ann Tickner, Gendering Security Studies and Peace Studies', A Feminist Voyage Through International Relations', Oxford University Press, 2014, s. 19-35

nedenlerini analiz etmeye yöneliktir. Son olarak, feministler güvenlikle ile ilgili sorunların toplumsal cinsiyetçi temelde analizinde sadece kadınların deneyimlerinin ele alınmasının gerçekte erkekselliğin değişik konseptlerinin geliştirilmesine katkı sağladığı belirtilerek eleştirmektedir.[40]

Feminist yaklaşım, uluslararası ilişkilerin geleneksel yaklaşımlarını, evrensel ve objektif olmamaları ve kadınları görmezden gelmeleri noktasında sorgulamaktadırlar. [41] Bu bağlamda savaş ve ulusal güvenlik meselelerinde kadınların söyleyecekleri çok az şeyi vardır. Geleneksel güvenlik çalışmaları çatışma ve savaşları yapısal bir perspektif ile yukarıdan aşağıya analiz ederken, feministler ise konuyu mikro düzeyde ele alarak aşağıdan yukarıya analiz yapmaktadır.[42] Feminist yaklaşım savaşın büyük bölümünü kadınlar ve çocukların oluşturduğu siviller üzerindeki sonuçları ve etkileri üzerinde yoğunlaştırmakta ve savaşlarda, kadınlar ve erkeklerin durumu göz önüne alındığında kadınların kendi cinsiyetlerinin bir özelliği olarak daha çok eziyete maruz kaldıklarını belirtmektedirler. [43] Aslında erkekler arasında savaşa korunmasız olarak niteledikleri kadınları ve çocukları korumak için girdiklerini ve onlar için bu etkenin askeri kuvvetlere katılmalarında ve savaşa destek vermelerinde çok önemli bir motivasyon kaynağı olduğu görüşü hakim olsa da, feministler bu koruyucu/korunan ilişkisini savaş sonundaki ölüm oranlarında kadınların sayısının diğerlerine oranla çok yüksek olduğu göstererek reddetmektedir.[44] Feministler için askeri faaliyetler *eşitsiz cinsiyet ilişkilerini* beslemesi açısından oldukça önemli bir tartışma konusu oluşturmuştur. Bu noktada savaşların nedenleri ve sonuçları tamamen konu dışı olarak görülmektedir. Çünkü önemli olan bu savaşların kadınlar üzerindeki etkileridir. Bir savaş ihtimali ile karşı karşıya kalındığında savaşçılar ilk olarak cinsiyete dayalı olarak erkekler arasından çıkmaktadır. Savaş dışında ise cinsiyet normları benzer bir çeşitlilik göstermektedir. Ancak bu çeşitlilik savaş ile cinsiyet arasında bir bağ kurmaya geldiğinde görünmez olmaktadır.[45] Bu bağlamda cinsiyetler arasındaki farklılığın önemli bir bölümünün aslında genetik

[40] Eric M. Blanchard, Gender, International Relations, and the Development of Feminist Security Theory, Journal of Women in Culture and Society, 2003, vol.28, no. 4
[41] Özlem Tür ve Çiğdem Aydın Koyuncu , 'Feminist Uluslararası İlişkiler Yaklaşımı: Temelleri, Gelişimi, Katkı ve Sorunları', Uluslararası İlişkiler, Cilt 7, Sayı 26 (Yaz 2010), s.9
[42] Tickner, a.g.e., s. 23
[43] Ataman, a.g.m, s.26
[44] J. Ann Tickner, You Just Don't Understand: Troubled Engagements Between Feminists and IR Theorists, International Studies Quarterly, 1997, 41, s.627
[45] Viotti; Kauppi, a.g.e., s. 366

olmayıp toplumsal olarak üretildiği fikri çok net görülmektedir. İçinde yaşadığımız kültürde, toplumda, profesyonel yaşantıda sürekli bir çalışma yapılmaktadır. Erkeklerden daha az sayıda kadın askeri güçlere katılmakta ve savaş politikalarının belirlendiği, orduların yönetildiği yüksek mevkilerde oldukça az sayıda kadın bulunmaktadır. Kadınların askeri, militarist düşünceye daha az yatırım yapmış olduğu net olarak görülmektedir. Bu noktada savaş, cinsiyete dayalı bir ayrım olarak karşımıza çıkmaktadır. Feministler uluslararası ilişkiler ile ilgili olan güvenlik, güç, savaş gibi olguların erkeğe özgü bir bakış açısı ile algılandığı ve yazıldığı konusunda hemfikirdirler. Bu noktada erkek egemen uluslararası ilişkiler alanında kadınlar ikinci planda kalmakta ve bu bağlamda savaşlarda da kadınlar erkek egemen sistemin getirdiği olumsuz sonuçları yaşamak zorunda kalmaktadırlar. Bu bağlamda feministler *'kimin için güvenlik?'*[46] sorusunu sormaktadır.

Uluslararası ilişkiler disiplinin genelinde hakim olan erkek bakış açısının ve 'maskülen' değerlerin kendisini en çok hissettirdiği güvenlik kavramı, uluslararası ilişkiler disiplinin 'yüksek politika' (high politics) alanı içinde yer alan ve en maskülen niteliğe sahip konusu olarak kabul edilmektedir. Uluslararası ilişkiler alanında devlet başkanlarının, diplomatların, askerlerin çoğunlukla erkek olduğu ve yürütülen politikalarda maskülen değerlerin (savaşçı, cesur, bağımsız, akılcı olmak) ön plana çıktığı görülmektedir. Kadının ve feminen olarak benimsenen değerlerin ise (duygusallık, rasyonel olmamak, barışçıl olma) çoğunlukla dışlandığı ya da görmezden gelindiği ifade edilmektedir. 2015 yılı itibariyle BM tarafından tanınan 193 ülke içerisinde devlet ve hükümet başkanı kadın olan ülke sayısı toplamı 22'dir. Devlet ve hükümet başkanlarının toplam sayısının 315 olduğu günümüzde kadınların oranı yalnız %6,9'a denk gelmektedir. Diğer önemli ayrıntı, kadın devlet başkanı oranı artarken, kadın hükümet başkanı oranı düşmektedir.[47] Bu durum uluslararası ilişkiler alanın nasıl cinsiyetçi bir yapıya sahip olduğunun net bir göstergesidir.

Kadınlara yönelik tecavüz ve taciz, savaş dönemlerinde en çok uygulanan cezalandırma yöntemlerinden biridir.[48] Tecavüz ve taciz tarihte savaşlar meydana geldiği sürece uygulanmış bir yöntemdir. Savaşlarda sistematik tecavüzler bir savaş stratejisi olarak

---

[46] A.e., s. 366
[47] https://www.firstladies.international/2016,women and political leadership-female heads of state and heads of governement- women in international politics (03.03.2016)
[48] Chris Corrin, Post Conflict Reconstruction and Gender Analysis in Kosova, International Feminist Journal of Politics, 2000, 3:1, 78- 98

uygulanmakta ve bunun sonucunda binlerce kadın saldırıya uğramaktadır.[49] Bu noktada kadın tecavüze uğradığında bu olay erkeğin erkekliğine fiili bir saldırı şeklinde algılanmaktadır. Kadınlar belli bir kültürün, etnik grubun ya da ülkenin erkeklerinin onuruna saldırmak adına savaşın hedefi haline gelmektedir. Bundan dolayı, tecavüz ve kadına yönelik cinsel saldırı her zaman savaşın veya çatışmanın bir parçası olmuştur. Bu açıdan kadınlara karşı uygulanan cinsel şiddet, düşmanı küçük düşürmenin bir aracı olarak kullanılmaktadır. Feministler, uluslararası ilişkiler tartışmalarında kadının güvenlik sorununa gerektiği kadar önem verilmediğini çünkü klasik uluslararası ilişkiler tartışmaların ana aktör olarak sadece devlete ve onun güvenliğine odaklanıldığı yönünden eleştiri getirmişlerdir.[50] Asıl tartışılması gereken nokta 'güvenlik kavramı toplumsal cinsiyet çerçevesinden bir bakış açısı ile ele alındığında nasıl bir değişim geçirir?' sorusudur.

Feministlere göre, kadınların güvenliği savaş ve farklı düzeydeki erkek şiddeti tarafından tehdit edilmektedir. Koruyucu ve korunan rolleri çerçevesinde toplumsal cinsiyet kalıpları erkeksi özerklik ve kadınsı bağımlılık temelinde bir yapı üzerine kurulmuştur. Aslında kadınlık ve erkeklik rollerinde yaşanan bölünme kolaylıkla kadının kontrol edildiği ve sahip olunacak bir eşya gibi görünmesine dönüşebilmektedir. Bu durumda kadınlar, daha çok koruyucularının tehdidi atında kalmakta ve şiddetten sınırlı bir şekilde korunabilmektedir.[51]

Birçok feminist uluslararası ilişkiler yaklaşımcısı kadınların önemli bir oranda insan güvenliği, barış ve çatışma çözümlemesi gibi ulusal güvenlik diyaloglarında seslerini duyurmak istediğini belirtmektedirler. Bir takım feminist yazarlar ulusal güvenlik ve savaşın doğası gereği oldukça yüksek oranda maskülenlik olduğunu belirtmektedir.[52] Örneğin Bosna Savaşı barış görüşmelerinde, tecavüzün bir savaş stratejisi olarak kullanılması, savaşlarda kadınlara uygulanan fiziksel ve ruhsal şiddet gibi konuların barış görüşmelerinde yer almaması feministler tarafından bir ironi olarak görülmektedir.[53] Bu bağlamda kadın olmak ister savaşta,

---

[49] Chris Corrin, Traffic in Women in War and Peace: Mapping Experiences in Southeast Europe, Journal of Contemporary European Studies, Vol. 12, No.2, 177- 192, August 2004, s. 179

[50] Ruiz, a.g.m.

[51] Michael Sheehan, International Security' An Analytical Survey, Lynne Rienner Publishers, 2005, s.126

[52] Dana Van De Walker, 'Infiltrating the Adult's table: A Realistic Look at Womens's Participation in National Security, s. 20

[53] Christine Sylvester, Feminism and International Relations: or encounters with wolves in the woods

ister kaçıp sığındığı mültecilik durumunda erkek egemen anlayışın karşısında ezilmek, sömürülmek, tecavüze uğramak, şiddet görmek anlamına gelmektedir. Savaşın ve mülteci durumuna düşmenin kadın üzerindeki negatif etkisini günümüzde en çok Suriye'de yaşanan iç savaşta görülmektedir.

Feminist Uluslararası İlişkiler Yaklaşımı Açısından Mülteci Kadın Sorunu: Suriyeli Mülteci Kadınlar Örneği

Dünyada mülteci sayısı her geçen gün artmaktadır. BMMYK tarafından açıklanan rapora göre 2014 yılı sonu itibariyle dünya genelinde mültecilerin, sığınmacıların ve ülkelerinde yerinden edinmiş kişilerin sayısı II. Dünya Savaşı sonrası ilk defa 59.5 milyon kişiye ulaşmıştır. Bu artışın başlıca nedeni 4 milyondan fazla kişinin mülteci duruma düşmesine ve 7 milyondan fazla kişinin de ülkelerinde yerinden edilmesine neden olan Suriye'deki iç savaştır.

Birleşmiş Milletler verilerine göre dünyadaki mülteci nüfusunun yaklaşık üçte ikisini kadınlar ve kız çocukları oluşturmaktadır. Mültecilerin çoğunluğunu kadın ve çocukların oluşturması mülteci sorununu feministler için önemli bir çalışma alanına dönüştürmüştür. Feminist uluslararası ilişkiler yaklaşımı, dünyadaki toplam mülteci nüfusunun çoğunluğunu oluşturan mülteci kadınların mülteci erkelere kıyasla daha olumsuz etkilendiklerini ve özel durumlarının göz önünde bulun-durularak incelenmesi gerektiğini savunmaktadır. Feminist yaklaşım mültecilik süreci içerisinde kadınların ayrımcılık ve toplumsal cinsiyete dayalı şiddete[54] daha fazla maruz kaldıklarını belirtmektedirler. Uluslararası Af Örgütü'nün (UAÖ) verilerine göre 15-40 yaş arası birçok kadın kanser, trafik kazası, sıtma yerine toplumsal cinsiyete dayalı şiddet yüzünden ölmekte ya da yaralanmaktadır.

Beş yıldır devam eden Suriye İç Savaşını önemli kılan unsurlardan biri insani boyutudur. Suriye'de resmi rakamlara göre 250 bine yakın kişi hayatını kaybetmiş, 4 milyondan fazla Suriyeli ülke dışına göç etmek durumunda kalmış, 7 milyondan fazlası evlerini terk ederek ülke içinde güvenli bölgelere göç etmiştir.[55] 4 milyonu aşkın mültecinin üçte ikisini

---

[54] Toplumsal cinsiyete dayalı şiddet, bir bireye cinsiyetini ya da toplumsal cinsiyetini temel alarak doğrudan yapılan şiddet olarak tanımlanmaktadır. Bir başka bireyi (şiddetle, tehdit ederek, kandırarak, kültürel beklentileri, silahları ve ekonomik koşulları kullanarak) isteği dışında bir şeyi yapmaya zorlamaktır. Bkz.
www.unhcr.org.tr/.../cinsel_ve_toplumsal_cinsiyete_dayalı_Şiddet_hakkında
[55] Ayrıntılı bilgi için bkz. Syria Regional Refugee Response, http://data.unhcr.org/Syrian refugees/regional.php

kadın ve kız çocukları oluşturmakta[56] ve büyük çoğunluğu zor koşullar altında yaşamlarını sürdürmekte, güvenlik, barınma, beslenme, sağlık gibi en temel insani ihtiyaçlardan yoksun durumda yaşamak zorunda kalmaktadır. Bu noktada savaşta en ağır bedeli ödeyenler her savaşta olduğu gibi yine kadınlar olmuştur. Günümüzde Suriye İç Savaşı'nda en çok zararı gören kadınlara karşı cinsiyete dayalı şiddetin bir savaş silahı olarak kullanıldığı yönünde açıklanan rapor ve haberler bulunmaktadır. [57] Son dönemde Suriyeli kadın mültecilerin büyük kısmının asgari insani yaşam koşullarından yoksun olarak yaşadığı, birçoğunun barınma, sağlık ve beslenme gibi temel ihtiyaçlarının temininde zorlandığı ve en önemlisi kadınların cinsel istismar dahil olmak üzere ciddi boyutlarda güvenlik sorunu yaşadıkları açıklanan raporlarda görülmektedir.

Uluslararası Af Örgütü yayınladığı raporlarda Suriyeli kadın mültecilerin yolculukları sırasında birçok sorunla karşı karşıya kaldıklarını ve bu bağlamda fiziki saldırıya, istismara ve cinsel tacize maruz kaldıkları yönünde uyarılarda bulunmaktadır. Mülteciler geçtikleri hemen hemen tüm ülkelerde insan kaçakçılarıyla, güvenlik görevlileri ile ya da diğer mültecilerle cinsel ilişkiye girmeleri yolunda baskı gördüklerini ve kendilerini tehdit altında ve güvensiz hissettiklerini belirtmişlerdir. [58] Suriyeli mülteci kadınlar üzerine yapılan araştırma sonuçlarının ortak noktası kadınların mülteci konumuna gelmenin her aşamasında bir güvensizlik sarmalı içinde yaşadıkları yönündedir. Göç dalgasına katılan Suriyeli kadınlar kendi topraklarında savaş ve şiddet, göç sırasında insan kaçakçıları ve yabancı ülkelerde ise büyük bir belirsizlik ve güvensizlik içinde yaşamak durumunda kalmaktadır. Suriye İç Savaşı nedeniyle yaşanan göçlerin olumsuz koşullarına kadınlara yönelik cinsel şiddet uygulamalarının da eşlik etmesi durumun koşullarını daha da ağırlaştırmaktadır.

Suriyeli mülteci kadınlar arasında cinsel taciz ve cinsel şiddet yaşamaktan kurtulup sadece fiziksel şiddet ve gasp gibi olaylar yaşayanlar ise kendilerini şanslı olarak değerlendirmektedir. New York Times'a konuşan Esra el-Horani, *'Ne kilit var ne anahtar, yalnızca soyuldum ve dayak yedim'* diyerek kendini şanslı bulduğunu belirtmektedir.[59]

---

[56] http://www.data.unhcr.org/syrianrefugees/regional.php (03.09.2014)
[57] Mazlumder Kamp Dışında Yaşayan Suriyeli Kadın Sığınmacılar Raporu, Mayıs 2014
[58] http://www.t24.com.tr/haber/af-orgutu-suriyeli-multeci-kadınlar-Avrupa'ya-giderken-cinsel-tacize-uğruyor. (20.01.2016)
[59] http://www.nytimes.com/world/europe/on-perilous-migrant-trail, women-often-become-prey-to-sexual-abuse (10.01.2016)

Suriye İç Savaşı'nın mülteci kadınlar üzerinde oluşturduğu etkileri düşünüldüğünde kadınların cinsiyetlerinin bir özelliği olarak daha çok eziyete maruz kaldıkları görülmektedir. Uluslararası İnsan Hakları Federasyonu'nun (FIDH) Ürdün'deki kadın mültecilerle görüşerek hazırladığı rapor, Suriyeli mülteci kadınların hem hükümet yanlısı hem hükümet karşıtı silahlı kuvvetlerin cinsel saldırılarına maruz kaldıklarını ve bu nedenle ülkeden göç etmek zorunda kaldıklarını göstermektedir. BM ile uluslararası ve yerel sivil toplum örgütleri, 'tecavüzün Suriye iç savaşının bir parçası haline geldiğini' belirtmektedir. İnsan hakları raporlarında hükümet güçleri ve karşıt silahlı grupların işlediği cinsel suçların yanı sıra cinsel şiddetin bir işkence yöntemi olarak kullanıldığı belirtilmektedir. FIDH Suriyeli otoritelerin ve hükümet karşıtı silahlı grupların keyfi gözaltı ve tutuklamaları, yargısız infazları, tecavüz ve diğer cinsel şiddet suçlarını sistematik bir şekilde savaş stratejisi olarak işlediğini belirtmektedir.[60] Suriye Savaşı'nda cinsel şiddet ve istismarın 2011 yılından beri bir silah olarak kullanıldığı Suriye İnsan Hakları Örgütleri tarafından da açıklanmıştır. Suriye İnsan Hakları Örgütü 'Syrian Organization for Human Rights (SAWASIA)' 2011 yılı içinde yaklaşık olarak 300 kadar kadının cinsel saldırı ve tecavüz olayları şikâyeti ile örgüte başvuruda bulunduğunu belirtmektedir. 2013 yılında bu rakam 6000'lere kadar ulaşmış ve bu olaylar zorunlu hamilelik ile sonuçlanmıştır. Kontrol noktaları ve gözaltı dönemleri tecavüz vakalarının ortaya çıktığı alanlar olarak görülmektedir. Ayrıca önemli bir nokta devlet güvenlik araçlarının nadiren de olsa cinsel şiddet olaylarının içinde olmasıdır.[61] Diğer taraftan BM Nüfus Fonu tarafından, 2014 Ocak'ta açıklanan rakamlara göre 2013 yılında 38 binden fazla Suriyeli, cinsel saldırı ya da toplumsal cinsiyete dayalı şiddet mağduru olarak BM'den yardım istemiştir.[62] Bu noktada tartışılması gereken nokta Suriyeli mülteci kadınların maruz kaldığı toplumsal cinsiyet temelli şiddetin, çatışma ve yerinden edilme öncesinde var olan ataerkil yapının bir devamı olup olmadığı yönündedir.

Suriyeli dört çocuklu bir annenin, eşiyle savaştan kaçma ve devamında yaşadıkları ataerkil yapının devamlılığını göstermektedir. Eşiyle savaştan kaçan Suriyeli dört çocuklu bir anne eşi parasız kaldığında ve kaçakçılara borcunu ödeyemeyince ödeme olarak kadını önermiş ve sonuçta kadın yolculuğun geri kalanını kazanabilmek için üç ay boyunca her gün tecavüze uğramak zorunda kalmıştır. Bu noktadan sonra kadın

---

[60] Violence Against Women in Syria; Breakimg The Silence, FIDH, December 2012
[61] Violence against women, bleeding wound in the syrian conflict, November 2013, s.12
[62] Radikal, 02.03.2014

kendi eşi tarafından da istismara uğramaya başlamış ve aile kavramı temelinden sarsılmıştır. Diğer taraftan kadın, bu kez 'aile onurunu zedelediğini' dü-şünen bir akraba tarafından öldürülme korkusu ile yaşamak durumunda bırakılmıştır.[63] Bu noktada silahlı çatışma ortamlarında ve yerinden edilmeler sonucu oluşan güvensizlik ortamının kadınlarda cinsel şiddet korkusu yaratması kaçınılmazdır. Bu korku kadınların özgürlüğünü ve seçim yapabilme haklarını olumsuz etkilemekte ve hatta ellerinden almaktadır. Seçim yapma hakkı olmayan kadın bu kez 'aile onurunun korunması' açısından ve güvenlik nedeniyle aileleri tarafından zorla evlendirilmektedir. Diğer taraftan kamplarda şiddet, taciz ve tecavüz gibi olaylarla karşılaşan Suriyeli kadınlar kamptan çıkıp özgürlüğe kavuşmak için zorla evliliğe mahkum edilmektedir.[64] İnsan Hakları İzleme Örgütü, 27 Kasım 2013'te Lübnan'daki Suriyeli kadın mültecilerin işverenler, ev sahipleri ve yardım dağıtan görevlilerin cinsel tacizine uğradığını rapor etmiştir. Örgüt, 'sarkıntılık, taciz ve cinsel ilişki baskısına maruz kalan Suriyeli kadın mültecilerin bütün yaşadıklarına ek olarak çalıştıkları işlerde daha az ücret ile çalıştırılarak savunmasız ve sömürülen bireyler haline getirildiğini ve cinsel sömürünün yasal kılıfı olarak kısa süreli evliliklerin ortaya çıktığını belirtmektedir. [65] Tüm bu yaşananların önüne geçmek için kadınların göç sırasında, gittikleri yabancı ülke topraklarında mültecilik durumlarının iyileştirilmesi ve cinsiyetlerinin bir özelliği olarak daha özel korumaya ihtiyaçları olduğu açıktır. Bu ortamda Lübnan hükümetinin aldığı karar kadın mültecilerin güvensizlik ortamından kurtulmaları bir tarafa onları yeni bir güvensiz dünyanın içine itmiştir. Uluslararası Af Örgütü'nün yayımlamış olduğu *'Güvenli Bir Yer İstiyorum: Suriye'den Gelen Mülteci Kadınlar, Evlerinden Ayrılmış ve Lübnan'da Korunmasız'* başlıklı rapor, yetersiz kalan uluslararası yardımlar ve Lübnanlı yetkililer tarafından uygulanan ayrımcı politikaların Lübnan'da mülteci kadınları cinsel taciz ve istismarla karşı karşıya bıraktığını açıklamıştır. Lübnan, 2015 yılında BMMYK'nin Suriyelilere mülteci statüsü verme işlemlerini durdurarak ve oturma izinlerini yenilemelerini zorlaştıran düzenlemeleri kabul ederek mültecilerin durumlarını daha da zorlaştırmıştır. Uluslararası Af Örgütü Toplumsal Cinsiyet Araştırmacısı Kathryn Ramsay, *'Uluslararası yardımın önemli oranda eksik kalması ve Lübnanlı yetkililer tarafından uygulanan katı kısıtlamalar, Suriye'den gelen mülteci kadınları cinsel*

---

[63] NewYork Times, (20.01.2016)
[64] http://www.milliyet.com.tr/gündem/detay/suriyelilerle-evlilik-ticarete-dönüştü (20.08.2014)
[65] http://www.al-monitor.com/.../syria-refugees-women-exploitation-harassment

taciz ve istismar riskiyle yüz yüze bırakırken yetkililerden de koruma talep edememelerine yol açıyor' demiştir. Rapor, bu durumun mülteci kadınları riskli bir pozisyona sokarak ev sahipleri, işverenler ve hatta güvenlik güçleri tarafından dahi cinsel istismar riskiyle yüz yüze bıraktığını ortaya koymaktadır.[66]

Suriye İç Savaşı, kadınların aile ve toplum içindeki rollerinde dramatik bir değişim yaşanmasına neden olmuştur. Yapılan araştırma sonucunda görüşü alınan kadınların yüzde 95'i rollerinin değişiminin negatif yönde olduğunu belirtmektedirler.[67] BMMYK'nin açıkladığı rapor, Suriyeli kadınların yoksulluk, taciz ve tecrit ile karşı karşıya olduğunu ve 145 binden fazla kadının ailenin geçimini sağladığını belirtmiştir.[68] Suriyeli kadınlar, değişime uğrayan aile ve toplum içindeki rollerini negatif olarak nitelendirseler de bu yeni durum toplumsal cinsiyet eşitliği ve kadının güçlenmesi açısından bir değişim ortamı doğmasının temeli olarak yorumlanabilir. Mülteci kadınların aile ve toplum içindeki değişen rolleri, liderlik rolleri üstlenmeleri açısından fırsat doğurmakta ve kadınların karar alma mekanizmalarında seslerini duyurmaları açısından önemli bir adım sayılmaktadır.[69] Tüm bunların ışığında mülteci kadınların dönmeye zorlanmaya karşı korunmaya, sebepsiz yere uzatılan gözaltından korunmaya, kendilerine yeterli sosyal, ekonomik ve yasal haklar tanıyan hukuki statüye erişmeye ihtiyaçları vardır.

Sonuç

Günümüzde dünyanın önündeki en karmaşık problemlerden biri hiç kuşkusuz mülteci sorunudur. Bu sorun, uluslararası toplumun birbirine olan karşılıklı bağımlılığının klasik bir örneğini oluşturmaktadır. Mülteci sayısı, bölgesel dağılımları ve mülteci hareketliliğinin nedenlerine ilişkin bilgiler mülteci sorunun İkinci Dünya Savaşı'ndan itibaren nitelik ve nicelik olarak büyük değişimler geçirdiğini göstermektedir. [70] Mültecilerin çoğunluğunu kadın ve kız çocuklarının oluşturması mülteci konusunu feminist uluslararası ilişkiler yaklaşımı için odak noktası haline getirmiş ve sorunun çeşitli boyutlarıyla sorgulanmasını sağlamıştır. Fe-minist yaklaşım günümüzde mültecilerin çoğunun Mültecilerin Sta-tüsüne İlişkin Sözleşme'de yer alan tanıma uymadığını

---

[66] http://www.amnesty.org.tr (03.02.2016)
[67] Women Alone: The Fight For Survival by Syria's Refugee Women, s.45
[68] Report Details Hardships Facing Syria's Refugee Mothers, TIME, July 8, 2014
[69] http://www.amnesty.org.tr (03.02.2016)
[70] http://www.ohchr.org/Documents/Publications/FactSheet20en.pdf (01.09.2014)

belirtmekte ve bu bağlamda mülteci tanımını eleştirmekte, mülteci kadınların 1951 Sözleşmesi'nde özel olarak yer verilmeyen 'toplumsal cinsiyet' temelli ayrımcılık nedeniyle daha fazla şiddete maruz kaldıklarını belirtmektedir. Mülteci hareketliliğinde kadınlar daha çok bağımlı kişiler olarak aile içindeki konumlarına göre değerlendirilmektedir. [71]Ancak mülteci sorununda kadın erkekten farklı olarak toplumsal cinsiyet temelli ayrımcılık, kültürden kaynaklı baskılar, cinsel şiddet gibi sadece kadın olmaktan kaynaklı sorunlardan dolayı ülkelerini terk etmektedir. Kadına yönelik toplumsal cinsiyet temelli ayrımcılık konusunda değişimin yaşanması için köklü değişimlere ihtiyaç vardır. Uluslararası ilişkiler disiplini içinde duygusal, barışçıl, rasyonel olmayan, yönetilen, korunan şeklinde bir kadın algısının varlığı kadını kendi güvenliklerini ilgilendiren birçok konuda karar alma mekanizmalarının dışında bırakmaktadır. Bu nedenle kadınların mülteci sorunu gibi kendi güvenliklerini ilgilendiren konularda karar alma mekanizmalarında bulunmaları sorunların çözümünü hızlandıracaktır. Bu çerçevede öncelikle mülteci konusuyla ile ilgili var olan ulusal ve uluslararası yasal düzenlemelerin kadınların özel durumları göz önüne alınarak tekrar düzenlenmesi gerekmektedir. Feminist yaklaşım tüm eşitsizlikleri dikkate alarak mülteci kadınların deyimlerine toplumsal cinsiyet, sınıf, ırk ve cinsellik gibi tanımlamalar çerçevesinde bir bakış önermektedir.

KAYNAKÇA

A.Ağcan, Muhammed, "Sosyal Bilimler Felsefesi Ve Uluslararası İlişkiler Teorisi", Küresel Siyasete Giriş, Evren Balta (ed.), İstanbul, İletişim Yayınları, 2014.

Arat, Necla, Feminizmin ABC'si, İstanbul, Say Yayınları, 2010.

Arslan, Gülay, Birleşmiş Milletler Kadınlara Karşı Her Türlü Ayrımcılığın Ortadan Kaldırılmasına Dair Sözleşme (Öngörülen Haklar ve Öngörülen Usüller).

Ataman, Muhittin, "Feminizm: Geleneksel Uluslararası İlişkiler Teorilerine Alternatif Yaklaşımlar Demeti", Alternatif Politika, Cilt 1, Sayı 1, 1–41, Nisan 2009.

Benhabib, Seyla, Butler, Judith, Cornell, Drucilla, Fraser, Nancy, Çatışan Feminizmler-Felsefi Fikir Alışverişi, çev. Feride Evren Sezer, İstanbul, Metis Yayınları, 2006.

Beauvoir, Simone de, The Second Sex, İngilizce'ye Çev. H. M. Parsley, New York: Vintage Books, 1973.

Blanchard, Eric M. "Gender, International Relations, and the Development of Feminist Security Theory", Journal of Women in Culture and Society, vol.28, no. 4, 2003.

Booth, Ken, Dünya Güvenliği Kuramı, çev. Çağdaş Üngör, İstanbul, Küre Yay, 2012.

Butler, Judith, Cinsiyet Belası-Feminizm ve Kimliğin Altüst Edilmesi, çev. Başak Ertür, İstanbul, Metis Yayınları, 2005.

Buz, Sema, "Göçte Kadınlar: Feminist Yaklaşım Çerçevesinde Bir Çalışma", Toplum ve Sosyal Hizmet Dergisi, Cilt 18, Sayı 2, Ekim, 2007.

---

[71] Buz, a.g.e. s. 38

Buzan, Barry, Weaver, O. "Liberalism and Security: The Contradictions of the Libereal Leviathan", Copenhegen Peace Researc Institute.

Corrin, Chris, "Post Conflict Reconstruction and Gender Analysis in Kosova", International Feminist Journal of Politics, 2000, 3:1.

Corrin, Chris, "Traffic in Women in War and Peace: Mapping Experiences in Southeast Europe", Journal of Contemporary European Studies, Vol. 12, No.2, 177- 192, August, 2004.

Çaha, Ömer, 'Sivil Kadın, Türkiye'de Kadın ve Sivil Toplum', Ankara, Savaş Yayınevi, 2010.

Çiçekli, Bülent, Uluslararası Hukukta Mülteciler ve Sığınmacılar, Ankara, Seçkin Yayıncılık, 2009.

Dana Van De Walker, 'Infiltrating the Adult's table: A Realistic Look at Womens's Participation in National Security.

Donovan, Josephine, Feminist Teori, çev. Aksu Bora& Meltem Ağduk Gevrek & Fevziye Sayılan, İstanbul, İletişim Yayınları, 2014.

Enloe, Cynthia, Muzlar, Plajlar ve Askeri Üsler, Feminist Bakış Açısından Uluslararası Siyaset, çev. Berna Kurt&Ece Aydın, İstanbul, Çitlembik Yayınları 37, 2003.

Eric M. Blanchard, 'Gender, International Relations, and the Development of Feminist Security Theory, Journal of Women in Culture and Society, vol.28, no. 4, 2003.

Fine, Cordelia, Toplumsal Cinsiyet Yanılsaması, çev. Kıvanç Tanrıyar, İstanbul, Sel Yayınları, 2010.

Global Trends Report, UNHCR, 2014, s. 1-23.

Keohane, Robert O., International Relations Theory: contributions of a feminist standpoint, Millenium- Journal of International Studies, 1989.

Lapid, Yosef. "The Third Debate: On the Prospects Of International Theory in a Post-Positivist Era", International Studies Quarterly, Vol.33, No.3 (Sep., 1989).

MacKinnon, Catharina: Feminist Bir Devlet Kuramına Doğru, çev. Türkan Yöney&Sabir Yücesoy, İstanbul, Metis Yayınları, 2003.

Mazlumder Kamp Dışında Yaşayan Suriyeli Kadın Sığınmacılar Raporu, Mayıs 2014.

Michel, Andree, Feminizm, çev. Şirin Tekeli, İstanbul, Kadın Çevresi Yayınları, 1984.

Michael Sheehan, 'International Security' An Analytical Survey, Lynne Rienner Publishers, 2005.

Milliyet, 20.08.2014.

Notz, Gisela: Feminizm, çev. Sinem Derya Çetinkaya, Ankara, Phoenix Yayınevi, 2012.

Özcan, Mehmet: Avrupa Birliği Sığınma Hukuku- Ortak Bir Sığınma Hukukunun Ortaya Çıkışı, Ankara, Uluslararası Stratejik Araştırmalar Kurumu, 2005.

Radikal, 02.03.2014.

Ruiz, Tricia 'Feminist Theory and International Relations: The Feminist Challenge to Realism and Liberalism'.

Sheehan, Michael, 'International Security' An Analytical Survey, Lynne Rienner Publishers, 2005.

Sjoberg, Laura, "Gender and International Security" Feminist Perspective, Routledge Taylor&Francis Group, London and New York, 2010.

Sylvester, Christine, Feminism in International Relations-An Unfinished Journey, Cambridge University Press, 2004.

Sylvester, Christine , Feminism and International Relations: or encounters with wolves in the woods.

Suriye'ye Komşu Ülkelerde Suriyeli Mültecilerin Durumu: Bulgular, Sonuçlar ve Öneriler, Orsam Rapor No: 189, Nisan 2014, Ankara.

Tickner, J. Ann, You Just Don't Understand: Troubled Engagements Between Feminists and IR Theorists, International Studies Quarterly, 1997.

Tickner, J.Ann Gender in International Relations: Feminist Perspectives on Achieving Global Security.

Tickner, J.Ann, Why Women Can't Run The World: International Politics According To Francis Fukuyama, International Studies Association, 1999.

Tickner, J. Ann, Gendering Security Studies and Peace Studies, 'A Feminist Voyage Through International Relations', Oxford University Press, 2014.

Tür, Özlem ve Aydın Koyuncu Çiğdem, 'Feminist Uluslararası İlişkiler Yaklaşımı: Temelleri, Gelişimi, Katkı ve Sorunları', Uluslararası İlişkiler, Cilt 7, Sayı 26 (Yaz 2010).

Tür, Özlem ve Aydın Koyuncu Çiğdem, "Uluslararası İlişkilerde Toplumsal Cinsiyet", Küresel Siyasete Giriş, Evren Balta(ed.), İstanbul, İletişim Yayınları, 2014.

Walters, Margaret: Feminizm, çev. Hakan Gür, Ankara, Dost Yayınevi, 2009.

Walker, Dana Van De, 'Infiltrating the Adult's table: A Realistic Look at Womens's Participation in National Security.

Viotti, Paul R., Kauppi, Mark V., International Relations Theory, Pearson Education, Inc., Edition No:05.

Violence against women in Syria; Breaking the silence, FIDH.

Violence against women, bleeding wound in the syrian conflict, November 2013.

Women Alone: The Fight For Survival by Syria's Refugee Women. Report Details Hardships Facing Syria's Refugee Mothers, TIME, July 8, 2014.

Youngs, Gillian, Feminist International Relations: a contradiction in terms? Or: why women and gender are essential to understanding the world 'we' live in.

Zalewski, Marysia, 'Feminist Standpoint Theory Meets International Relations Theory: A Feminist Version of David and Goliath?

http://www.data.unhcr.org/syrianrefugees/regional.php (03.09.2014).

http://www.ohchr.org/Documents/Publications/FactSheet20en.pdf (01.09.2014).

http://www.wpsac.wordpress.com/.../syrian- women-present-in-the-war, absent-in the- Peace (01.09.2014).

http://www.euromedsrights.org/Doc-report-VAW-S- violence against women, bleeding wound in the syrian conflict (01.09.2014).

http://www.al-monitor.com/.../syria-refugees-women-exploitation-harassment.

http://www.t24.com.tr/haber/af-orgutu-suriyeli-multeci-kadinlar-Avrupa'ya-giderken-cinsel-tacize-uğruyor. (20.01.2016).

http://www.nytimes.com/world/europe/on-perilous-migrant-trail, women-often-become-prey-to-sexual-abuse (10.01.2016).

http://www.amnesty.org.tr (03.02.2016).

https://www.firstladies.international/2016,women and political leadership-female heads of state and heads of governement- women in international politics (03.03.2016).

FEMİNİST AÇIDAN AVRUPA BİRLİĞİ ORTAK DIŞ VE GÜVENLİK POLİTİKASI

Sinem YÜKSEL ÇENDEK

Giriş

Bu çalışmanın amacı, feminist uluslararası ilişkiler yaklaşımı çerçevesinde Avrupa Birliği (AB) Ortak Dış ve Güvenlik Politikası (ODGP)'nı inceleyerek bu alanın nasıl feminize olduğunu ortaya koymaktır. Bu bağlamda makalenin temel argümanı, güvenlik alanında üye devletler ve AB'nin iki ayrı kutup gibi davranmasıyla aslında maskülen (erkek egemen) olarak değerlendirilen güvenliğin, üye devletlerin egemen maskülen tutumları neticesinde, ODGP'yi feminen bir alan haline getirdiğidir.

Üç temel bölümden oluşan çalışmanın birinci bölümünde feminizmin bir yaklaşım olarak gelişimi ve uluslararası ilişkiler disiplinine girişi ele alınmıştır. Ataerkil toplumsal düzeni eleştirerek erkeklere tanınan tüm hakların kadınlara da verilmesi üzerinden gelişen bir hareket olarak feminizm, 18. yüzyılın sonlarında sesini duyurmaya başlamıştır. Küresel düzlemdeki gelişmelerle birlikte, feminizm hareketi de dalga dalga gelişmiş kadınlara sağlanan hakların kapsamı genişlemiştir. 1980'lerle birlikte, uluslararası politikada yaşanan değişim ve Soğuk Savaş'ın sona ermesi uluslararası ilişkiler disiplininde hâkim teori olan realizmin ve onun güç, güvenlik ve çıkar temelli söylemlerinin eleştirilmesini beraberinde getirmiştir. Uluslararası ilişkiler disiplini kapsam bakımından genişlemiş, devlet-merkezli bakış açılarının yanı sıra toplumu ve bireyi ön plana alan eleştirel teoriler disipline nüfuz etmiştir. Feminizmin uluslararası ilişkiler disiplini içerisine dâhil olması da 1980'lerle birlikte, geleneksel uluslararası ilişkiler yaklaşımlarının eleştirilmesiyle birlikte gerçekleşmiştir. Bu noktada feminizm uluslararası ilişkiler disiplinini, kadınları ve kadın tecrübelerini dışlayan erkek egemen bir alan olarak nitelendirmiş; özellikle uluslararası ilişkilerin bu dönemdeki hâkim teorisi realizmi ve onun söylemlerini eleştirilerinin merkezine almıştır.

Çalışmanın ikinci bölümünde feminizmin güvenliğe yaklaşımı ve temel eleştirileri birinci bölümün bir devamı olarak ele alınmıştır. Uluslararası ilişkiler disiplinine hâkim olan erkek bakış açısının ve maskülen değerlerin kendisini en çok güvenlik alanında hissettirdiğini vurgulayan feminizm kadınla erkek arasındaki biyolojik farklılıkların (sex) değil, toplumsallaşma sürecinde inşa edilen toplumsal cinsiyet farklılıklarının (gender) üzerinde durmaktadır. Yani kadınların genelde uluslararası politika özelde de güvenlik alanından dışlanması varoluşsal değil toplumsal kabuller sonucu ortaya çıkan bir durumdur. Bununla birlikte, feminizm güvenlik alanının temel unsurlarından biri olan savaşa erkekler tarafından karar verildiğini ve devlet, kadın ve çocukların korunması amacıyla yapılan savaşların sonuçlarından da yine en çok kadın ve çocukların zarar gördüğünü ifade etmektedir. Kadınların uluslararası politika ve güvenlik alanına dâhil edilmesi gerekliliği üzerinde duran feminizm, kadını sisteme ekle ve karıştır mantığının gerekli ama yeterli olmadığını, kadının temsil sorunuyla birlikte aslında toplumsallaşma sürecindeki zihniyet yapılarının değişmesi gerekliliğini vurgulamaktadır. Çünkü kadınların erkek zihniyeti ile hareket etmelerine neden olan egemen maskülenlik daha egemen birimlerin daha az egemen olanları feminize etmesiyle sonuçlanmaktadır.

Çalışmanın üçüncü bölümünde AB'nin dış ve güvenlik politikası feminist bakış açısıyla değerlendirilmiş ve ODGP'nin, güvenliğin maskülen bir alan olmasının istisnası olarak, feminen bir alan olduğu ifade edilmiştir. AB'nin siyasi bütünleşmesinin bir parçası olan ODGP hükümetlerarası bir alandır ve üye devletler ulusalcı tutumları nedeniyle bu alandaki yetkilerini bir üst merciye devretmek istememektedirler. Dolayısıyla kararların oybirliği ile alındığı, üye devletlerin veto hakkının bulunduğu bu alanda AB'nin ortak ve tutarlı bir dış ve güvenlik politikası belirlemesi olanaksız hale gelmektedir. ODGP alanında AB ve üye devletler iki ayrı kutup gibi durmakta, üye devletlerin egemen maskülen tutumları nedeniyle ODGP feminen bir alan haline gelmektedir.

Uluslararası İlişkiler ve Feminizm

Erkeklere tanınan siyasi, ekonomik ve sosyal bütün hakların kadınlara da verilerek kadınların toplum içindeki rolünü genişletmek isteyen bir doktrin olan feminizmle[1] ilgili ilk yaklaşımlar 17. yüzyılda Marie Le Jars de Gournay'ın kadın ve erkeğin eşit haklara sahip olması gerektiğini ifade eden proto-feminist yazılarıyla ortaya çıkmıştır.[2] Ancak

---

[1] Andree Michel, *Feminizm*, (çev.) Şirin Tekeli, İstanbul Kadın Çevresi Yayınları, 1984, s.17. aktaran Muhittin Ataman, "Feminizm: Geleneksel Uluslararası İlişkiler Teorilerine Alternatif Yaklaşımlar Demeti", *Alternatif Politika*, Cilt 1, Sayı 1, Nisan 2009, s.2.

[2] John J. Conley, "Marie Le Jars de Gournay (1565—1645)", *Internet Encyclopedia of Philosophy*,

feminizmin bir hareket olarak ortaya çıkması 18. yüzyılın sonlarını bulmaktadır. 1792 yılında Mary Wollstonecraft'ın yazmış olduğu Kadın Haklarının Müdafaası (A Vindication of the Rights of Woman) feminizm tarihindeki ilk önemli çalışma olarak kabul edilmektedir.[3]

Bunları takiben feminizm üç dalga halinde gelişimini sürdürmüştür. Birinci dalga feminizm, 19. yüzyıl sonu 20. yüzyıl başında, oy kullanma, eğitimde fırsat eşitliği gibi haklardan yararlanma talepleri çerçevesinde belirginleşmeye başlamıştır.[4] Yani anayasal hak talepleri birinci dalga feminizmin hareket noktasını oluşturmuştur. 1960'lı yıllardan itibaren Amerika Birleşik Devletleri (ABD) ve Avrupa'da gelişen ikinci dalga feminizm, kadınlara birinci dalga feminizmle sağlanan hakların yeterli olmadığı, iç hukukta düzenlenen hakların yanı sıra özel alanda da kadınların ezilmişliği üzerinde durulması gereğiyle ortaya çıkmıştır.[5] Bu dönemdeki kadın hareketleri liberal siyasal düşüncenin etkisi altında kalmış ve kadınlara her anlamda eşitlik ve özgürlük temelinde şekillenmiştir.[6] 1980'lerle birlikte gelişen üçüncü dalga feminizm ise, birinci ve ikinci dalga feminizmde yer alan tüm hak, eşitlik ve özgürlük taleplerinin ötesinde, sosyal bilimlerdeki erkek egemen düşünüşe yönelik eleştirilerde bulunmuş[7] ve böylelikle de "kadın hareketlerinin daha geniş bir tabana yayılmasını"[8] amaçlamıştır.

1980'li yılların sonu hem feminizm hem de sosyal bilimler açısından önemli bir kırılma noktasıdır. Üçüncü dalga feminizmin 1980'lerle birlikte sosyal bilimlerdeki erkek egemenliğini eleştiriyor olması yine aynı dönemde küresel düzeydeki gelişmelerin sosyal bilimlere etkisiyle düşünüldüğünde, aslında feminizmin uluslararası ilişkiler disiplinine nasıl kanalize olduğu da açıkça ortaya çıkmaktadır. Nitekim sosyal bilimlerin görece yeni bir alanı olan uluslararası ilişkiler disiplini, Soğuk Savaş'ın sona ermesiyle birlikte, kendi içinde bir değişim ve dönüşüm

---

http://www.iep.utm.edu/gournay/, (05.10.2016).

[3] Stephen Davies, "Libertarian Feminism in Britain, 1860-1910", *Libertarian Alliance Pamphlet,* No: 7, http://dergipark.ulakbim.gov.tr/makusobed/article/viewFile/1098000297/1098000180, (05.10.2016).

[4] Özlem Tür, Çiğdem Aydın Koyuncu, "Feminist Uluslararası İlişkiler Yaklaşımı: Temelleri, Gelişimi, Katkı ve Sorunları", *Uluslararası İlişkiler,* Cilt 7, Sayı 26, Yaz 2010, s.6.

[5] Mine Egbatan ve Gonca Şahin, "Uluslararası İlişkilerde Feminist Yaklaşımlar", içinde (der.) Mehmet Şahin ve Osman Şen, *Uluslararası İlişkiler Teorileri Temel Kavramlar,* Kripto Yayınları, 2014, s.2.

[6] Mehmet Evren Eken, "Feminizm, Maskülinite ve Uluslararası İlişkiler Teorisi: Uluslararası Siyasetin Toplumsal Cinsiyeti", içinde (der.) Ramazan Gözen, *Uluslararası İlişkiler Teorileri,* İletişim Yayınları, İstanbul, 2015, s.450.

[7] Aynı yerde.

[8] Tür ve Koyuncu, a.g.e., s.7.

yaşamıştır. Uluslararası ilişkileri açıklayan hâkim teori realizm, Soğuk Savaş'ın sonunu öngörememesi gibi nedenlerle, önemini görece yitirmiş, aynı dönemde eleştirel teoriler uluslararası ilişkilerde seslerini duyurmaya başlamıştır. Disiplinin temel argümanları sorgulanmış, temel aktörü devletten toplumsal kuruluşlara ve bireylere kadar geniş bir yelpazeye yayılmıştır. Bunlarla birlikte, geleneksel uluslararası ilişkiler yaklaşımı olan realizmin, güvenlik söylemi, yüksek/alçak politika ayrımı da önemini yitirmiştir. Güvenlik sadece devletin güvenliği olmaktan çıkmış, güvenliğe yönelik tehditler de askeri tehditlerden çevresel sorunlara, insan haklarına, kaçakçılığa (insan, silah, uyuşturucu gibi), göçe, çeşitlenmiş genişlemiştir.

Feminizmin bir uluslararası ilişkiler yaklaşımı olarak disiplinde yer edinmeye başlaması uluslararası ilişkiler teorilerinde ortaya çıkan üçüncü tartışma[9] ve bununla birlikte de uluslararası ilişkilerde geleneksel yaklaşımların sorgulanmaya başlanmasıyla olmuştur. Buna göre, geleneksel yaklaşımlar, teorik olarak tecrübesiz, erkek eğilimli ve toplumsal cinsiyete karşı duyarsız olmakla eleştirilmiştir.[10] Nitekim uluslararası ilişkiler disiplini kürsüsünün kurulduğu ilk yıllardan 1980'lerin sonuna kadar toplumsal cinsiyet, sosyal kimlikler, insan hakları gibi bireye indirgenen olgularla ilgilenmemiş, devleti merkeze alan yüksek politika alanlarıyla ilgilenmiştir.[11]

Uluslararası ilişkiler disiplinine eleştirel teorilerle birlikte giren feminist yaklaşımların eleştirilerinin ortak noktası uluslararası ilişkiler disiplininin kadınların tecrübelerine değinmeden oluşturulduğu, erkeklerin bilgi ve tecrübelerine ayrıcalık tanındığı ve bunun da uluslararası politika hakkındaki bilgilerimizi şekillendirdiği doğrultusundadır.[12] Erkeklerin dünyası olarak görülen uluslararası politika alanı erkeklere atfedilen cesaret, güç, bağımsızlık, dayanıklılık, rasyonellik ve vatansever olma gibi özellikler çerçevesinde ele alınmakta, duygusal, zayıf, bağımlı ve hatta vatansever olarak görülmeyen kadınlar alandan dışlanmaktadır. Bu noktada da feministler uluslararası politikada görülen, kadın-erkek

---

[9] Üçüncü tartışma ile ilgili daha fazla bilgi için bkz. Yosef Lapid, "The Third Debate: On the Prospect of International Theory in a Post-pozitivist Era", *International Studies Quarterly*, Volume 33, No 3, 1989, pp.235-254.

[10] Marysia Zalewski, "Well, What is the Feminist Perspective on Bosnia?", *International Affairs*, Volume 71, No 2, 1995, p.339-340.

[11] Erdem Özlük, "Feminist Yaklaşım", içinde (der.) Haydar Çakmak, *Uluslararası İlişkiler: Giriş, Kavram ve Teoriler*, Platin Yayınları, Ankara, 2007, s.201.

[12] J. Ann Tickner, "Gender in International Relations: Feminist Perspectives on Achievig Global Security," Colombia University Press, 1992, www.ces.uc.pt/ficheiros2/files/Short.pdf, (20.04.2015).

ayrımını (eşitsizliğini) doğal olarak var olan biyolojik farklılıklara (sex) değil, toplumsallaşma sürecinde onlara atfedilen, öğretilen yani aslında sosyal olarak inşa edilen toplumsal cinsiyet rollerine dayandır-maktadırlar.[13] Kadınla ilgili söylem ve ön kabuller onun toplumsal yerini belirlemekte; aslında kadının toplumdaki yeri de inşa sürecinin bir sonucu olarak ortaya çıkmaktadır. Dolayısıyla, feminizmin hassasiyetle üzerinde durduğu toplumsal cinsiyettir (gender) ki inşa sürecinin bir ürünü olan bu olgu, kadınlara dünya politikasında güçle ilgili pozisyonlara eşit erişim hakkı vermemektedir.[14] Kadın veya erkek olmanın anlamı tarihsel olarak ve kültürden kültüre değişmekte yani toplumsal cinsiyet kültürel olarak inşa edilmektedir.[15]

Feminizmin uluslararası ilişkiler disiplinine yönelik eleştirilerinden biri de disiplinin temel kabullerinin ve geleneksel yaklaşımlarının iddia edilenin aksine evrensel ve objektif olmadığı, Batılı ve maskülen değerlerin alana hâkim olduğudur.[16] Bu noktada disiplinin Batı merkezli kurumsal-laşmasının etkisi ortaya çıkmakta, disiplin Batılı-erkeğin tecrübelerine dayandırılmaktadır. Öte yandan uluslararası ilişkiler disiplinine hâkim olan maskülen değerler, disiplinin kurumsallaştığı yıllardan 1980'lere kadar yine disipline hâkim olan realizmden kaynaklanmaktadır. Feminizm devleti merkeze alan güç ve güvenliği önceleyen realizmin kapsayıcılığının sınırlı olduğunu, yine realizmin uluslararası ilişkileri tanımlarken devletin rolünü abarttığını, bireylerin rolünü ise görmezden geldiğini ifade etmektedir.[17] Burada Mustafa Aydın'ın tespiti ön plana çıkmaktadır. Aydın, bağımsız devletlerin kurulmasıyla birlikte kadınların konumunun erkekler karşısında gerilediğini ifade etmiştir.[18] Kadınlar ev alanı dışında sözüne itibar edilmeyen birer kavrama dönüştürülmekte, bunu da korunaksızlık özellikle de kadının korunaksızlığı üzerine inşa edilen maskülen düzen belirlemektedir.[19] Yani devletlerin kurulması, realizmin uluslararası ilişkileri tanımlarken devlete aşırı vurgu yapması – bireyleri görmezden gelmesi – uluslararası ilişkiler disiplininin kurulması, realizmin temel kabullerinin – güç, güvenlik, çıkar, vb. – disiplini tahakküm altına alması,

---

[13] Tricia Ruiz, "Feminist Theory and International Relations: The Feminist Challenge to Realism and Liberalism", California State University, Stanislaus. 2005, https://www.csustan.edu/sites/default/files/honors/documents/journals/soundings/Ruiz.pdf, (12.10.2016).

[14] Ruiz, a.g.e.

[15] Eken, a.g.e., s.459, Tickner, a.g.e.

[16] Stephanie Lawson, *International Relaitons, Polity Press*, Cambridge, 2009, s.66.

[17] Ruiz, a.g.e.

[18] Mustafa Aydın, "Uluslararası İlişkilerde Yaklaşım, Teori ve Analiz", *Ankara Üniversitesi Siyasal Bilgiler Fakültesi Dergisi*, Cilt 51, Sayı 1, 1996, s.112.

[19] Eken, a.g.e., s.454.

kadınların disiplinde yer bulamamasına, değersizleştirilip ikincil konuma itilmesine neden olmuştur. Aslında feminizm de uluslararası ilişkileri değil, realizmin tahakkümü altındaki, maskülenliğin hüküm sürdüğü uluslararası ilişkileri eleştirmektedir.

Güvenlik ve Feminizm

Uluslararası ilişkilerin Birinci Dünya Savaşı'ndan sonra bir disiplin olarak ortaya çıkmasıyla birlikte devleti ve onun güvenliğini merkezine alan yaklaşımlar da disiplinde yerini almıştır. Disiplinin ana çalışma konularından biri olan güvenlik, tanımlanması oldukça zor, kişiye, zamana ve mekâna göre değişiklik arz eden Buzan'a göre esasında tartışmalı[20], Wolfers'a göre de muğlak bir semboldür.[21] Güvenlik çalışmalarını savaş olgusuyla birlikte ele alan Walt ise, güvenliği tanımlarken askeri gücün kontrolü ve kullanımına vurgu yapmaktadır.[22] Uluslararası ilişkilere geleneksel yaklaşımlar çerçevesinde, geleneksel güvenlik anlayışı da güvenliği askeri tehdit ve bu tehdidin yöneldiği devlet temelinde ele almıştır.

Soğuk Savaş boyunca askeri gerginlikler çerçevesinde realizmin hüküm sürdüğü uluslararası ilişkiler disiplini 1970 ve 1980'lerde çevresel ve ekonomik konular, 1990'larda da kimlikle ilgilenmiş; 1980'lerde eleştirel teorilerin uluslararası ilişkilere nüfuz etmeye başlamasıyla disiplinde yaşanan gelişmeler güvenlik alanına da sirayet etmiş, böylelikle güvenliğe konu olan alanlar genişlemiş çeşitlenmiştir.[23] Eleştirel yak-laşımlar arasında yer alan feminizm de bu dönemde disiplinde kendisine yer edinmiş, geleneksel güvenlik anlayışını eleştirirken güvenliğin yalnızca askeri ve siyasi boyutunun değil kimlikle ilgili boyutunun da bulunduğunu vurgulamıştır.[24] Bu hususta feministler, sosyal ve kültürel olarak inşa edilen toplumsal cinsiyet rollerinin güvenlik analizlerine dâhil edilmesi gerekliliği üzerinde durmuşlardır.[25]

---

[20] Barry Buzan, *People, States & Fear: An Agenda for International Security Studies in the Post-Cold War Era*, 2nd ed., Colchester, ECPR, 2007, s.29.

[21] Arnold Wolfers, "'National Security' as an Ambiguous Symbol", *Political Science Quarterly*, Volume 67, No 4, 1952, s.481.

[22] Stephen M. Walt, "The Renaissance of Security Stıdies", *International Studies Quarterly*, Volume 35, No 2, s.212.

[23] Detaylı bilgi için bkz. Barry Buzan, Ole Wæver and Jaap de Wilde, *Security: A New Framework for Analysis*, Lynne Rienner Publishers Inc., Boulder and London, 1998.

[24] Detaylı bilgi için bkz. Gunhild Hoogensen and Svein Vigeland Rottem, "Gender Identity and the Subject of Security", *Security Dialogue*, Volume 35, No 2, 2004, ss.155-171.

[25] Özlem Tür, Çiğdem Aydın Koyuncu, "Uluslararası İlişkilerde Toplumsal Cinsiyet", içinde (der.) Evren Balta, *Küresel Siyasete Giriş: Uluslararası İlişkilerde Kavramlar, Teoriler, Süreçler*, İletişim

Feminizme göre, uluslararası ilişkilerin genelinde var olan erkek bakış açısı ve maskülen değerler en çok güvenlik alanında görülmekte[26] ve toplumsal cinsiyet hiyerarşileri küresel güvensizliklerin süregelmesine katkıda bulunmaktadır.[27] Dolayısıyla günümüzdeki güvensizliklerin temelinde de bu erkek bakış açısının izleri görülmekte, kadınların sisteme dâhil edilmesi gereği üzerinde durulmaktadır. Ancak bu noktada da "kadını ekle ve sisteme karıştır"[28] mantığının gerekli ama yeterli olmadığı, kadınların alandaki sayılarının arttırılmasının yanı sıra maskülen düşünme biçimlerinin de sorgulanıp değerlendirilmesinin önemli olduğu vurgulanmaktadır.[29] Öte yandan, Connell'in maskülenliğin çeşitli türleri olduğunu ifade ettiği çalışmasında egemen maskülenlik, kadınlara ikincil sırada erkeklere baskın bir pozisyonu garanti eden ataerkilliğin meşruiyet sorununa cevap olarak kabul edilen toplumsal cinsiyet pratiğinin yapılandırılması olarak tanımlanmaktadır.[30] Egemen maskülenlik, erkeğe ait değerlerin baskın kılınmasının yanı sıra sosyal olarak inşa edilmiş agresif bir rol, dış politikada ulusalcı, ulusal çıkarlara öncelik tanıyan, ortak çıkarların peşinde ve küresel kamu yararını güden bir hakimiyet durumu olarak da ifade edilmektedir.[31] Bununla birlikte, Leatherman'a göre egemen birimlerin egemen maskülen politikaları, daha az egemen olanı feminize etmektedir.[32]

Kadınların disiplinden dışlanması, uluslararası ilişkilerin devlet merkezli, devletin de güvenlik ve güç merkezli olmasından ileri gelmektedir. Bütün bu alanların erkek merkezli olarak görülmesi de güvenliğin şiddet içeren askeri terimlerle açıklanmasından kaynaklanmaktadır.[33] Uluslararası ilişkilerin ana aktörü devlet ve onun da varlık sebebi ulusal güvenlik tehdit altındayken, kadınların zayıf olarak nitelendirilmesinden hare-ketle, zayıflık bir tehlike olarak algılanmaktadır.[34] Bununla birlikte, kadınların askeriyede veya yüksek politika alanlarında yer almaları da

---

Yayınları, İstanbul, 2014, s.229.

[26] Çiğdem Aydın Koyuncu, "Feminist Uluslararası İlişkiler Yaklaşımları Açısından Güvenlik Konusunun Analizi", *Ankara Üniversitesi SBF Dergisi*, Cilt 67, No 1, 2012, s.111.

[27] Tickner, a.g.e.

[28] Eken, a.g.e., s.448.

[29] Aynı eser, s.455.

[30] Raewyn Connell, *Masculinities*, University of California Press, 2nd. Edition, 2005, s.77.

[31] Janie Leatherman, "Gender and U.S. Foreign Policy:Hegemonic Masculanity, the War in Iraq and the UN-Doing of World Order", in (eds.)Sue Tolleson-Rinehart, Jly Josephson, *Gender and American Politics: Women, Men and Political Process*, M.E. Sharpe, 2005, s.103.

[32] Örneğin Amerika'nın Irak Savaşı döneminde hegemon maskülen politikası, Birleşmiş Milletleri ikincil ve feminize bir pozisyona sokmuştur. Aynı yerde.

[33] Muhittin Ataman, "Feminist Yaklaşımlar ve Uluslararası İlişkiler Teorileri", içinde (der.) Tayyar Arı, *Uluslararası İlişkilerde Postmodern Analizler-1*, MKM Yayınları, Nisan 2012, s.92.

[34] Tickner, a.g.e.

uluslararası ilişkiler söylemi açısından güvenlik riski olarak görül-mektedir.[35] Feministler tam da kadınların bu dışlanmışlığını eleştirirken güvenlik konusuna yönelik birtakım temel yaklaşımlar geliştirmişlerdir. *"Feministlerin güvenlik konusuna yönelik temel yaklaşımları, bireysel yaşam, özellikle kadının yaşamıyla güvenlik arasında güçlü bağların bulunduğunun kabul edilmesi, ulusal güvenlik temelli hâkim devlet anlayışının reddi ve gerçekçi düşünce içinde şiddetin yapısal olduğunun kabulü üzerine inşa edilmiştir."[36]* Bu noktada da devletleri, kadınları ve çocukları korumak üzerinden hareketle, erkekler tarafından karar verilen savaş durumları ön plana çıkmakta, uluslararası ilişkilerde kadınların yok sayılması veya korunan taraf olarak görülmesi, aslında savaşı en az erkekler kadar tecrübe edenin – hatta savaşın sonuçlarından en fazla etkilenenin – kadınlar olduğu gerçeğini gizleyememektedir. Kadınlar savaşlarda doğrudan şiddetin yanı sıra etnik temizlik yöntemi olarak kullanılan tecavüze de maruz kalmaktadır.[37] Öte yandan açlık, yoksulluk, çevreden kaynaklı sorunlar, cinsiyetçi ayrımcılık gibi yapısal şiddet[38] de, kadınların karşı karşıya kaldıkları sorunlar arasındadır.

Özetle, feminizmin uluslararası ilişkiler disiplininde bir yaklaşım olarak ortaya çıkmaya başladığı dönemde, disiplinde hâkim teori olan realizm ve onun özellikle askeri güvenlik ve güç merkezli bileşenleri, daha önce de ifade edildiği gibi, realizmin Soğuk Savaş'ın sonunu öngörememesi ve açıklamada yetersiz kalması ile birlikte, eleştirilmeye başlanmıştır. Bu süreçte, uluslararası ilişkilerde yeni yaklaşımlarla birlikte yeni güvenlik alanları da ortaya çıkmış, uluslararası ilişkilerin yüksek ve alçak politika alanları önem derecesi bakımından birbirine yakınlaşmıştır. Öte yandan, feminizm de uluslararası ilişkilerdeki geleneksel yaklaşımlara yönelik eleştirilerinde merkezine realizmi ve onun güvenlik yaklaşımını almıştır. Çünkü askeri güç, egemenlik ve savaşın ön planda olduğu realizmin güvenlik anlayışı feministler tarafından maskülen[39] (erkek egemen) bir alan olduğu ve kadınları dışladığı için eleştirilmektedir. Bunun yanı sıra, feminist uluslararası ilişkiler çalışmalarında, güvenlikle ilgili, maskü-lenliğin sürekli vurgulanması da dikkate değer bir husustur.

---

[35] Eric M. Blanchard, "Gender, International Relations, and the Development of Feminist Security Theory", *Signs*, Volume 28, No 4, Summer 2003, s.1302.

[36] Tür ve Koyuncu, , "Uluslararası İlişkilerde Toplumsal Cinsiyet", s.229.

[37] Sandra Whitworth, "Feminist Perspectives", in (ed.) Paul D. Williams, *Security Studies: An Introduction*, Routledge, London & New York, 2008, s.109.

[38] Detaylı bilgi için bkz. Johan Galtung, "Violence, Peace and Peace Research", *Journal of Peace Research*, Volume 6, No 3, 1969.

[39] Tickner, a.g.e.

Bu noktada da Leatherman'ın egemen maskülenlik tanımlaması ön plana çıkmakta ve çalışmanın ileriki bölümdeki analizi bu bağlamda ele alınmaktadır.

Avrupa Birliği Ortak Dış ve Güvenlik Politikası ve Feminizm

Avrupa Birliği (AB), İkinci Dünya Savaşı'ndan sonra büyük bir yıkıma uğrayan Avrupalı devletlerin, tekrar böyle bir hezimete uğramamak amacıyla, savaşın hammaddeleri olan kömür ve çeliğin kontrolünü ortak bir çatı altında birleştirmelerinin ilk adım olduğu bir bütünleşme sürecidir. 1958 yılında imzalanan Roma Antlaşmalarıyla başlayan ekonomik bütünleşmeye 1970'lerle birlikte siyasi alanda da bütünleşme fikirleri nüfuz etmeye başlamıştır. 1970'te ortaya konulan Avrupa Siyasi İşbirliği Raporu, 1992 yılında imzalanan Maastricht Anlaşması'yla oluşturulan sütunlu yapıdaki Ortak Dış ve Güvenlik Politikası (ODGP) sütununun çekirdeğini oluşturmuştur.

Temel hedefi, barışın korunması, uluslararası güvenliğin güçlendirilmesi, uluslararası işbirliğinin teşviki, demokrasi, hukukun üstünlüğü, insan hakları ve temel özgürlüklerin geliştirilmesi olan ODGP oybirliği esasına göre karar alan[40] ve AB'den ziyade üye devletlerin ön planda olduğu bir politika alanıdır. Oluşturulduğu yıldan itibaren gelişimini sürdürmüş olan ODGP'ye Amsterdam, Nice ve Lizbon Antlaşmalarıyla birtakım şekli yenilikler eklenmiş ve ODGP'nin yapısı güçlendirilmeye çalışılmıştır; ancak bunlara rağmen ortak ve tutarlı bir AB dış politikasından bahsetmek çok mümkün görünmemektedir. Oybirliği esasına dayalı karar alma biçimi ve üye devletlerin veto hakkı ODGP alanını atıl bir alan haline getirmektedir. Bunda en önemli faktör üye devletlerin, yüksek politika alanı olarak kabul ettikleri dış ve güvenlik politikalarında kendi ulusal çıkarlarını önceleyen bir tutum sergilemeleri ve bu alandaki yetkilerini bir üst otoriteye devretmek istememeleridir.

Bu bağlamda, AB'nin dış ve güvenlik politikaları feminizm ve onun sıklıkla eleştirdiği maskülen değerlerin hâkimiyeti açısından değerlendirildiğinde iki önemli husus ön plana çıkmaktadır. Öncelikle, AB bazı alanlarda hükümetlerarası bazı alanlarda da ulusüstü bir yapılanma içerisindedir. Ulusüstü yapılanmanın içerdiği konular daha yumuşak/alçak politika alanlarına aitken üye devletlerin ulusal

---

[40] Ortak Dış ve Güvenlik Politikası ile ilgili detaylı bilgi için bkz. Avrupa Birliği Antlaşması ve Avrupa Birliği'nin İşleyişi Hakkında Antlaşma, T.C. Başbakanlık Avrupa Birliği Genel Sekreterliği, Ankara, 2011, www.ab.gov.tr/files/pub/antlasmalar.pdf, ss.15-28, (20.10.2016).

egemenlik yetkilerini devretmek istemedikleri hükümetlerarası yapılanmanın içerdiği konular ise yüksek politika alanlarından oluşmaktadır. Üye devletler bu noktada feminizmin uluslararası ilişkileri eleştirdiği realist bakış açısıyla hareket etmek-tedirler. Leatherman'ın tanımından[41] yola çıkarak, ODGP alanında AB ve üye devletlerin iki ayrı kutup gibi durması ve dış ve güvenlik politikalarıyla ilgili üye devletlerin daha ulusalcı ve ulusal çıkarlara öncelik tanıyan yaklaşımları hatta bu alanda daha agresif bir rol takınmaları onların egemen maskülen bir politika izlediklerini gös-termektedir. Bu da üye devletlerin, güvenlik alanında AB'nin – açık veya zımni – daha pasif bir tutum sergilemesinden yana olmalarından kay-naklanmaktadır. Bu bağlamda, Leatherman'ın egemen birimlerin ege-men maskülen politikaları, daha az egemen olanı feminize etmektedir[42] önermesinden hareketle üye devletlerin aslında maskülen olarak değerlendirilen güvenlik alanını yani ODGP'yi nasıl feminize ettiği görülmektedir. Maskülen değerler kendisini en çok güvenlik alanında hissettirmektedir. Bunun aksinin iddia edilebileceği tek örnek ODGP alanıdır ki bunun nedeni kadınlara güvenlik alanında daha fazla yer verme isteği değil, üye devletlerin güvenlik konusundaki maskülen tutumlarıdır.

AB'nin dış ve güvenlik politikalarında üye devletler nezdinde maskülen değerlerin hâkimiyeti açısından karşımıza çıkan diğer husus da AB'nin Lizbon Anlaşması ile oluşturmuş olduğu AB Dış İlişkiler ve Güvenlik Politikasından Sorumlu Yüksek Temsilcilik makamıdır. 2009 yılında oluşturulan bu makama ilk önce Catherine Ashton daha sonra da Federica Mogherini getirilmiştir. Kadınların uluslararası alanda temsile özellikle de güvenlik alanında temsile dâhil edilmesi feminizmin uluslararası ilişkilere bakışı açısından önemlidir. Ancak, görünenin arkasında hala maskülen değerlerin feminize ettiği bir dış politika olduğu açıktır. Çünkü üye devletlerin maskülen düşünme biçimlerinin bir sonucu olan bu durum kadını sisteme ekle ve karıştır mantığını da yansıt-maktadır. Öte yandan, AB Dış İlişkiler ve Güvenlik Politikasından Sorumlu Yüksek Temsilcilik görevine üye devletleri ulusal anlamda rahatsız etmeyecek daha pasif politikacıların getirilmesi bilinçli bir tercih gibi durmaktadır.

İnsan hakları, demokrasi, hukukun üstünlüğü gibi moral değerlere dayanan AB yumuşak, normatif ve sivil bir güç olarak nitelen-dirilmektedir.[43] Dolayısıyla AB'yi tanımlayan ifadeler feminist açıdan

---

[41] Leatherman, a.g.e., s.103.
[42] Aynı yerde.

kadınla özdeşleştirilen ifadeler olmaları bakımından sadece ODGP'nin değil AB'nin de feminen yapıda ulusüstü bir örgüt oluğunu iddia etmek mümkündür. Hatta AB'nin bu yapısı ve üye devletlerin ulusalcı tutumları ODGP'yi de facto feminist bir alan haline getirmektedir.

Sonuç olarak AB içerisinde hâlihazırda sorunlu bir alan olarak duran güvenlik, feminizmin uluslararası ilişkilerde özellikle eleştirdiği realizm ve onun güvenlik yaklaşımı ile birlikte değerlendirildiğinde, AB'nin uluslararası alanda hala üye devletlerin güdümünde bir örgüt olması, üye devletlerin realist yaklaşımlar çerçevesinde AB içerisinde kendi ulusal çıkarlarına öncelik tanıyan bir yol benimsemeleri onların egemen maskülenlik çerçevesinde değerlendirilmesine neden olmuştur. Yani AB her ne kadar normatif bir yapı gibi gözüküyor olsa ve devletler kadar bireyleri de ön plana alan politikalar üretmeye çalışsa da realizmin devlete atfettiği, feministlerce de maskülen olarak değerlendirilen güç çerçevesinde diğer alanları kendisine bağımlı kılmakta ve feminize etmektedir.

Sonuç

Feminizmin bir uluslararası ilişkiler yaklaşımı olarak disipline girmesi, 1980'lerle birlikte disiplinde yaşanan pozitivist ve postpozitivist/üçüncü tartışma kapsamında olmuş; feminizm de uluslararası ilişkilere yönelik eleştirel teoriler arasında kendisine yer edinmiştir. Disiplin devlet ve güvenlik merkezli olmakla eleştirilmiştir. 1970'lerden itibaren uluslararası konjonktürde yaşanan gelişmeler, uluslararası ilişkiler disiplininin kapsamının genişlemesine, odak noktasının devletten toplum ve bireye doğru kaymasına, ilgilendiği konuların çeşitlenmesine neden olmuştur. Uluslararası ilişkilerin aktörleri çeşitlenirken, güvenliğin kapsamı da genişlemiş, güvenliğe yönelik tehditler sadece askeri nitelikli değil, ekonomiden çevreye, insan haklarından göçe geniş bir yelpazeye yayılmıştır. Feminist uluslararası ilişkiler yaklaşımı da bu ortamda sesini duyurmuş disiplini, devlet ve güvenlik merkezli yapısından ve kadınları yeterince içermiyor olmasından dolayı maskülen değerlerin en hâkim olduğu alanlardan biri olarak eleştirmiştir.

Feminizm uluslararası ilişkileri ve güvenliği, kadınla erkek arasındaki biyolojik farklılıklara binaen değil, toplumsal cinsiyet farklılıkları bağlamında ele almıştır. Toplumsal cinsiyet farklılıklarının toplumsallaşma sürecinde, sosyal inşanın bir ürünü olduğu varoluşsal olmadığı

---

43 Burak Tangör, "Dış, Güvenlik ve Savunma Politikaları", içinde (der.) Belgin Akçay ve İlke Göçmen, *Avrupa Birliği: Tarihçe, Teoriler, Kurumlar ve Politikalar*, Seçkin Yayıncılık, Ankara, 2014, s.595.

belirtilmiştir. Bunun yanı sıra, bağımsız devletlerin kurulmasının da toplumsal açıdan kadının erkek karşısındaki konumunun gerilemesine, erkeklik rollerinin, maskülen düşünme biçimlerinin ve maskülen değerlerin alana hâkim olmasına neden olduğu ifade edilmiştir. Kadının uluslararası politikadaki yerinin temsil ile sınırlandırılması veya uluslararası politikaya katılımına indirgenmesi de feminizm açısından yeterli görülmemiş, erkek egemen zihniyetin topyekûn dönüştürülmesi gerekliliği üzerinde durulmuştur. Çünkü kadınlar temsil hakkı elde etmiş olsalar bile maskülen değerlerin egemenliği altında maskülen davranış kalıplarıyla hareket edebilmektedirler. Öte yandan egemen maskülenlik çerçevesinde egemen birimler arasında bir mücadele olabilmekte ve daha egemen olan diğerini feminize etmektedir. Bunlarla birlikte, feminizm kadının yerinin korunaklı ev alanı olarak görülmesini, kadın ve çocukları korumak adıyla savaşların yapılmasını da eleştirmiştir. Çünkü savaşlardan en çok kadınların ve çocukların etkilendiğinin görmezden gelindiği, kadınların doğrudan şiddetin yanı sıra yapısal şiddete de maruz kaldığı ifade edilmiştir.

Uluslararası ilişkiler disiplininde güvenliğin maskülen bir alan olarak eleştirilmesinden hareketle ODGP incelenmiş, ODGP'nin bu alanda bir istisna teşkil ettiği sonucuna ulaşılmıştır. Kararların oybirliği ile alındığı, üye devletlerin veto haklarının olduğu ve bu konudaki yetkilerini bir üst otoriteye devretmek istemedikleri ODGP'de üye devletlerle AB'nin iki ayrı kutup olarak hareket ettiği, güvenliğin üye devletler tarafından ulusal çıkarlar bağlamında ele alındığı dolayısıyla ortak ve tutarlı bir dış ve güvenlik politikası oluşturulmasının mümkün olmadığı görülmüştür. ODGP Yüksek Temsilciğine kadın temsilcilerin atanmasının da üye devletlerin ulusal politikaları bağlamında onları rahatsız etmemesi adına gerçekleştirildiği, üye devletlerin maskülen tutumlarının ODGP'nin de facto feminen bir politika alanı olmasına neden olduğu ifade edilmiştir. Yine de ODGP sadece bu sebeplerden değil, saldırgan olmayan, barışa yönelik temel hedefleriyle, bireyi de ön plana alan yapısıyla ve kadınların, her ne şekilde değerlendirilirse değerlendirilsin, uluslararası politikaya katılmalarına olanak vermesiyle güvenlik alanında maskülen düzeni kırmaya adaydır.

KAYNAKÇA

Ataman, Muhittin, "Feminizm: Geleneksel Uluslararası İlişkiler Teorilerine Alternatif Yaklaşımlar Demeti", *Alternatif Politika*, Cilt 1, Sayı 1, Nisan 2009.

Ataman, Muhittin, "Feminist Yaklaşımlar ve Uluslararası İlişkiler Teorileri", içinde (der.) Tayyar Arı, *Uluslararası İlişkilerde Postmodern Analizler-1*, MKM Yayınları, Nisan 2012.

Avrupa Birliği Antlaşması ve Avrupa Birliği'nin İşleyişi Hakkında Antlaşma, T.C. Başbakanlık Avrupa Birliği Genel Sekreterliği, Ankara, 2011, www.ab.gov.tr/files/pub/antlasmalar.pdf, (20.10.2016).

Aydın, Mustafa, "Uluslararası İlişkilerde Yaklaşım, Teori ve Analiz", *Ankara Üniversitesi Siyasal Bilgiler Fakültesi Dergisi*, Cilt 51, Sayı 1, 1996.

Blanchard, Eric. M., "Gender, International Relations, and the Development of Feminist Security Theory", *Signs*, Volume 28, No 4 (Summer 2003).

Buzan, Barry, *People, States & Fear: An Agenda for International Security Studies in the Post-Cold War Era*, 2nd ed., Colchester, ECPR, 2007.

Buzan, Barry, Ole Wæver and Jaap de Wilde, *Security: A New Framework for Analysis*, Lynne Rienner Publishers Inc., Boulder and London, 1998.

Conley, John J., "Marie Le Jars de Gournay (1565—1645)", *Internet Encyclopedia of Philosophy*, http://www.iep.utm.edu/gournay/, (05.10.2016).

Connell, Raewyn, *Masculinities*, University of California Press, 2nd. Edition, 2005.

Davıes, Stephen, "Libertarian Feminism in Britain, 1860-1910", *Libertarian Alliance Pamphlet*, No: 7, http://dergipark.ulakbim.gov.tr/makusobed/article/viewFile/1098000297/1098000180, (05.10.2016).

Egbatan, Mine ve Gonca Şahin, "Uluslararası İlişkilerde Feminist Yaklaşımlar", içinde (der.) Mehmet Şahin ve Osman Şen, *Uluslararası İlişkiler Teorileri Temel Kavramlar,* Kripto Yayınları, 2014, http://www.academia.edu/14457701/Uluslararas%C4%B1_%C4%B0li%C5%9Fkilerde_Feminist_Yakla%C5%9F%C4%B1mlar_Uluslararas%C4%B1_%C4%B0li%C5%9Fkiler_Teorileri_Temel_Kavramlar_i%C3%A7inde_, (25.10.2016).

Eken, Mehmet Evren, "Feminizm, Maskülinite ve Uluslararası İlişkiler Teorisi: Uluslararası Siyasetin Toplumsal Cinsiyeti", içinde (der.) Ramazan Gözen, *Uluslararası İlişkiler Teorileri*, İletişim Yayınları, İstanbul, 2015.

Hoogensen, Gunhild and Svein Vigeland Rottem, "Gender Identity and the Subject of Security", *Security Dialogue*, Volume 35, No 2, 2004.

Galtung, Johan, "Violence, Peace, and Peace Research", Journal of Peace Research, Volume 6, Issue 3, 1969, ss.167-191.

Koyuncu, Çiğdem A., "Feminist Uluslararası İlişkiler Yaklaşımları Açısından Güvenlik Konusunun Analizi", *Ankara Üniversitesi SBF Dergisi*, Cilt 67, No 1, 2012.

Lapıd, Yosef, "The Third Debate: On the Prospect of International Theory in a Post-pozitivist Era", *International Studies Quarterly*, Volume 33, No 3, 1989.

Lawson, Stephanie, *International Relaitons, Polity Press*, Cambridge, 2009.

Leatherman, Janie, "Gender and U.S. Foreign Policy:Hegemonic Masculanity, the War in Iraq and the UN-Doing of World Order", in (eds.) Sue Tolleson-Rinehart, Jly Josephson, *Gender and American Politics: Women, Men and Political Process*, M.E. Sharpe, 2005.

Mıchel, Andree, *Feminizm*, (çev.) Şirin Tekeli, İstanbul Kadın Çevresi Yayınları, 1984.

Özlük, Erdem, "Feminist Yaklaşım", içinde (der.) Haydar Çakmak, *Uluslararası İlişkiler: Giriş, Kavram ve Teoriler*, Platin Yayınları, Ankara, 2007.

Ruız, Tricia, "Feminist Theory and International Relations: The Feminist Challenge to Realism and Liberalism", California State University, Stanislaus. 2005, https://www.csustan.edu/sites/default/files/honors/documents/journals/soundings/Ruiz.pdf, (12.10.2016).

Tangör, Burak, "Dış, Güvenlik ve Savunma Politikaları", içinde (der.) Belgin Akçay ve İlke Göçmen, *Avrupa Birliği: Tarihçe, Teoriler, Kurumlar ve Politikalar*, Seçkin Yayıncılık, Ankara, 2014.

Tıckner, J. Ann, "Gender in International Relations: Feminist Perspectives on Achievig Global Security," Colombia University Press, 1992, www.ces.uc.pt/ ficheiros2 /files/Short.pdf, (20.04.2015).

Tür, Özlem, Çiğdem Aydın Koyuncu, "Feminist Uluslararası İlişkiler Yaklaşımı: Temelleri, Gelişimi, Katkı ve Sorunları", *Uluslararası İlişkiler*, Cilt 7, Sayı 26, Yaz 2010.

Tür, Özlem, Çiğdem Aydın Koyuncu, "Uluslararası İlişkilerde Toplumsal Cinsiyet", içinde (der.) Evren Balta, *Küresel Siyasete Giriş: Uluslararası İlişkilerde Kavramlar, Teoriler, Süreçler*, İletişim Yayınları, İstanbul, 2014.

Walt, Stephen M., "The Renaissance of Security Studies", *International Studies Quarterly*, Volume 35, No 2.

Whitworth, Sandra, "Feminist Perspectives", içinde Paul D. Williams, *Security Studies: An Introduction*, Routledge, London & New York, 2008.

Wolfers, Arnold, "'National Security' as an Ambiguous Symbol", *Political Science Quarterly*, Volume 67, No 4, 1952.

Zalewskı, Marysia, "Well, What is the Feminist Perspective on Bosnia?", *International Affairs*, Volume 71, No 2, 1995.

DÖRDÜNCÜ KISIM
YEŞİL TEORİ VE GÜVENLİK

ULUSLARARASI İLİŞKİLERDE YEŞİL TEORİ: İKLİM DEĞİŞİMİ VE KÜRESEL ISINMA BAĞLAMINDA BÜYÜK GÜÇLERİN KUZEY KUTBU REKABETİ: ARKTİKA'NIN YENİ JEOPOLİTİĞİ

Hayri EMİN

Giriş

Son yıllarda giderek yaygınlaşan çevresel güvenlik kavramı, kapsamlı ve neredeyse sınırsız yorumlar içermektedir. Dünyada, insanlar her gün yeni ve zorlu çevre sorunlarıyla karşı karşıya gelmekteler – bazıları küçük ve sadece birkaç ekosistemi etkileyen, ama bazıları da şiddetli bir şekilde görmeye alışkın olduğumuz tabiyatı değiştirmektedir. Acil müdahale gerektiren planlı ve özgün savaş tehditlerinden farklı olarak çevresel sorunlar, genellikle kasıtsız bir şekilde sınırötesi alanlara ve zamana yayılan, birçok aktörü soruna dahil edip, bu aktörlerin itinalı bir şekilde müzakere etmelerini ve işbirliği yapmalarını gerektiren tehditlerdir.

Yeşil teori küresel çevre sorunları hakkında farklı bir bakış açısı sunmaktadır. İnsan'ın diğer varlıklarla olan ortak yaşamına ve doğanın kaynaklarını adil bir şekilde paylaşılması gerektiğine vurgu yapmaktadır. Yeşil teori'nin temel gayelerinden birisi, geniş kapsamlı çevresel risklerin azaltılması ve doğada yaşayan canlıların haksız olarak dışsallaştırılmalarını ve yerlerinden olmalarını önlemektir. Devletlerin kaynaklar üzerindeki kontrolünü genişleterek yerel toplulukların yerlerinden etmelerine odaklanmaktadır. İklim değişikliğinin sadece buzulların erimesine ve doğal afetlere değil, aynı zamanda toplumsal krizlerin meydana gelmesi karşısında, askeri operasyonların da gerçekleşeceğini öne sürülmektedir.

Arktik bölge, çevresel ve ekonomik olarak büyük ve hızlı dönüşümler geçirmektedir. Son yıllarda, iklim değişikliği bölgeyi derinden sarsmıştır. Buradaki sıcaklıkların, dünya ortalamasının iki veya üç katı daha hızlı artmakta olması, deniz ve karasal ekosistmeleri ve doğal yaşamı ciddi şekilde etkilemiştir. Buz ve kar örtülerinin erimesiyle bölgenin yeni ekonomik potansiyelinin, özellikle hızlı deniz nakliye rotaları, zengin hidrokarbon yatakları ve balık geçitleri açısından küresel güçlerin ilgi odağı haline gelmiştir.

Günümüz analizleri, bölgenin ekonomik kalkınmalarla birlikte birçok belirsizlikleri de gizlemekte olduğunu göstermektedir. Arktik bölgesinin bu dönüşümü bazı önemli siyasi ve güvenlik etkilerini de birlikte getirmektedir.

Bölgenin dramatik bir şekilde uğradığı çevre değişikliği ve ülkelerin ekonomik fırsatlardan yararlanma çabaları, Arktika konuları ile ilgili uluslararası işbirliğinin yanı sıra bölgede düşük düzeyli siyasî ve askerî gerilimlerin artmasına da neden olmaktadır.

Kırım, Ukrayna ve Suriye'de devam eden krizler ve Rusya ile Batı arasındaki bozulan ilişkilerin, çatışmaların kuzeye taşınmasının en güncel örneği sayılabilmektedir. Batı'nın Rusya'ya yönelik uyguladığı kısıtlayıcı tedbirler, Arktik bölgesinde petrol sanayisi sektöründe Batı ve Rus işbirliğini etkilemiştir ve başka alanlarda da gerginliklerin yaşanmasına yol açmaktadır.

Arktika bölgesindeki iklim değişimi etkilerini hafifletmek ve bölgenin sürdürülebilir ekonomik kalkınmasını sağlamak açısından yerel, bölgesel ve uluslararası işbirliğinin geliştirilmesi bölge ülkelerinin gündemlerinde de yer almaktadır. İklim değişiminin etkileri ve sonucunda meydana gelen zararların tüm Arktik devletleri için geçerlidir. Donmuş toprakların çözülmesi havadaki ve denizdeki şartları değiştirmektedir. Türlerin kaybolması ihtimali ise bölge sınırlarının ötesine geçecektir. Bilimsel araştırmalardaki geniş çaplı iklim değişimi ile ilgili bazı öngörülmezlikler bu alandaki ortak çalışmaların devam etmesini sağlamaktadır.

Yeşil Teorinin Tarihsel Gelişimi

İnsanların doğaya verdikleri zararların boyutu ve uluslararası çevresel sorunların yaygınlaşması kaçınılmaz olarak insan bilincini etkilemiş ve bunlara çözümler aranması için birçok teoriler üretilmiştir.

İlk defa 1960'lı yıllarda, Batı'nın gelişmiş ülkelerinde çevrenin örselenmesinden dolayı yaygın kamuoyu endişesi oluşmaya başlamıştır. Ekonominin hızla büyümesi sonucu çevreyi etkileyen geniş ve yaygın sosyal hareketler olarak "modern" çevre hareketleri ortaya çıkmıştır.[1] Bununla birlikte, "çevresel kriz"lerin resmen yerel, ulusal ve uluslararası sorun olarak kabul edilmeyinceye kadar, on yıldan fazla bir süre boyunca pestisitler, nükleer enerji santralleri, fosil yakıtlarının yok olan rezervleri, zehirli çöpler ve atıklar, büyük ölçekli sanayi kalkınmaları ve çevre kirliliği gibi sorunlara tepki olarak sürekli siyasi çalkantılar yaşanmıştır.[2] Ancak büyük ölçüde ekolojik düşünce, sanayileşme sürecine bir tepki olarak ortaya çıkmış ve öyle olmaya da devam etmektedir.[3]

"Yeşil", çevre konularına ve projelerine sempatizanlık göstermek amacıyla 1950'lerden beri kullanılmış ve 1970'lerin son yıllarından itibaren, ilkin Alman yeşilleri (Die Grünen) olmak üzere, gittikçe daha fazla çevreci parti tarafından benimsenmiştir. Ancak yeşil partilerin ortaya çıkması, bu kavramı geniş çevreci hareketlerin ilkeleri olmaktan ziyade bu tür partilerin belirli fikir ve politikalarıyla ilişkilendirilmiştir. 1950'lerden beri kullanılan "çevrecilik" kavramı ise insan hayatının ancak doğal çevre bağlamında anlaşılabileceği inancı ile açıklanan teori ve fikirler ile ilişkili kullanılmıştır.[4] Çevreci politikalar, kirlilik, koruma, asit yağmuru, sera etkisi ve küresel ısınma gibi konulara dikkat çekmiştir, ancak çevreciler bunların sadece tek konulu bir lobi grubu olduğunu kabul etmezler, daha geniş konu yelpazesini ele alırlar. Örneğin Almanya'daki yeşiller, kadının rölü, savunma ve silahsızlanma, refah devleti ve işsizlik gibi konulara destek kampanyaları yürütmüşlerdir.[5]

---

[1] Eckersley, Robyn, *"Green Theory"*, Chapter 14, in (ed.) Tim Dunne, Milja Kurki, Steve Smith, *International Relation Theories: Discipline and Diversity*, Third edition, Oxford University Press, 2013, s.268

[2] Eckersley, Robyn, *Envoronmentalism and Political Theory: Toward an Ecocentric Approach*, State University of New York Press, NY, 1992, s. 8.

[3] Heywood, Andrew, *Ekolojik Düşünce (9.Bölüm)*, *Siyasi İdeolojiler*, Adres Yayınları, Ankara, 2014, s.259

[4] Heywood, *Ekolojik Düşünce (9.Bölüm)*, *Siyasi İdeolojiler*, s.259

[5] Heywood, *Ekolojik Düşünce (9.Bölüm)*, *Siyasi İdeolojiler*, s.260-261

Uluslararası İlişkiler disiplininde yeşil teori, yeni ve önemli bir akım olarak kabul edildiği noktaya gelene kadar son yıllarda oldukça önemli gelişmeler kaydetmiştir. Yeşil teori'nin temel prensibi olan ekolojik düşünce kendinden önceki dönemlere ait güvenlik, sürdürülebilirlik, bütüncülük (holizm), kendini gerçekleştirme ve işbirliği gibi bazı kavramlardan yararlanmış, bunları yeniden yorumlayıp yeni anlamlar katarken, teorinin gelişim süreci içinde çevresel güvenlik (ekolojik güvenlik), çevresel vatandaşlık, çevre ahlakı ve çevresel adalet gibi bazı yeni kavramlar da üretilmiş ve tartışılmıştır.

Yine 1970'te ilk Dünya Günü kutlamaları, Batılı ülkelerde geniş kapsamlı çevre yasalarının oluşturulması, yüksek eğitim kurumlarında disiplinler arası çevresel çalışma programlarının geliştirilmesi ve 1972'de Stockholm'da gerçekleştirilen Birleşmiş Milletler İnsan Çevresi Konferansı, çevre sorunlarının kabul edilmesine ilişkin önemli dönüm noktası olmuştur. Bununla birlikte, 1970'lerin sınır ötesi çevresel sorunların artmasıyla birlikte, Uluslararası İlişkilerin alt alanı olarak, öncelikli olarak ana akarsu şebekeleri, okyanuslar ve atmosfer gibi ortak kaynakların yönetimine odaklı uluslararası çevresel işbirliği ortaya çıkmaya başlamıştır. Küresel ekonominin çevre ile karşılıklı bağımlılığının artması ve özellikle de iklim değişimi, ozon tabakasının tahribatı, küresel ısınma ve yeryüzündeki biyoçeşitliliğin erozyona uğraması gibi küresel çevre sorunlarının ortaya çıkması ile teori oldukça geniş bir hal alıyor.[6] Küresel ısınma sorununun karmaşık yapısı, çeşitli reel çevresel sorunların birbiriyle olan çeşitli yollarla bağlantıları hakkında Uluslararası İlişkiler disiplininin farklı kuramsal açıları aracılığıyla bilhassa farklı bir görüş sunmaktadır.

Belirgin olarak "yeşil" politik teori 1980'lerde ortaya çıkmış, yeşil politikaları şekillendiren çevre, barış, anti-nükleer, feminist yeni sosyal hareketlerin oluşmasına ve kaygılarını dile getirmelerini sağlamıştır. Bu tür çevreci konuları vurgulayan yeni nesil eylemci baskı grupları da oluşmaya başlamıştır (Greenpeace, Friends of the Earth ve Worldwide Fund for Nature). Bu hareketler yeşil siyasetin temel dört sütunu olan çevresel sorumluluğu, sosyal adaleti, şiddete başvurmamayı ve katılımcı demokrasiyi savunmaktadır. Bu sütunlar dünya genelindeki yeşil partilerin ortak platformu haline gelmiştir.[7]

Robyn Eckersley'e göre, yeşil siyaset teorisinin birinci dalgası, piyasa ve devletin rolleri hakkında farklı görüşlere sahip olsalar da, aynı

---

[6] Eckersley, *Green Theory*, s.266.
[7] Aynı eser, s.268-269.

endüstriyel ideolojinin iki farklı versiyonu olan Batı Kapitalizmin ve Sovyet tarzı Komunizmin irasyonalitelerine vurgu yapmaktadır. yeşil teori, Liberalizm ve Ortodoks Marksizm, dizginlenemeyen ekonomik büyümenin ve teknolojik ilerlemenin doğal kaynakları kullanarak destekleme varsayımları üzerine gelişim göstermiştir. Bu siyasi geleneklerin her ikisi de bilim ve teknoloji yararları hakkında iyimserlik göstermekte ve açıkça ya da üstü kapalı bir şekilde daha fazla gelişme adına, doğanın üzerinde etkili ve egemen olmayı insanın ilerlemesi için gerekli olduğu fikrini kabul etmişlerdir.[8] Yeşil siyaset kuramcıları bu geleneklere karşı çıkarak, modernleşme sürecinin ekolojik, sosyal ve psikolojik maliyetlerine vurgu yapmaktadır. Yeşil kuramcılar, inasnın bu konudaki duruşunu ve tutumunu eleştirmekte olup, küstah, bencil ve gözü kara olarak görmektedirler.

1990'larda orataya çıkan yeşil teori'nin ikinci dalgası ise, daha fazla eleştirel düşünce ve bazı durumlarda, birçok temel siyaset kavramları ve kurumları kapsamını çevresel sorunlarla "ulusötesileştirmektedir".[9] Böylece, çevresel adalet ve çevresel demokrasi arasındaki ilişkiyi keşfederek daha ulusötesi ve kozmopolit hale gelmiştir. Yeşil siyaset teorisi (Green Political Theory) yeni bir araştırmacı siyaset geleneği olarak kabul görmüş ve 20.yy siyaseti üzerinde belirleyici etkisi olan liberalizm ve sosyalizm geleneklerine meydan okumaktadır.[10]

Yeşil teori son on yılda önemli gelişme kaydederek, kendini uluslararası ilişkiler teorisinin önemli yeni bir boyutu olarak kabul ettirmiştir. Bu yeni yeşiller, sadece ulusal sınırları değil, aynı zamanda uluslararası arenayı da etkisi altında bırakacak çevresel adalet, sürdürülebilir kalkınma, dönüşümsel modernizasyon ve çevresel güvenliğe vurgu yapmaktadır.

Uluslararası İlişkilerde Yeşil Teori

Yeşil teori genellikle diğer temel uluslararası ilişkiler teorileri tarafından göz ardı edilen çevre sorunları ile ilgili konulara ışık tutmaktadır. Yeşil teori'nin çevre siyasetinin kuramsallaştırılmasındaki esas fikirlerin insan ve insan olmayan varlıklar arasındaki ilişkilerdeki olumsuzluklarla ve ekolojizm, çevresel adalet, insan dışı dünya, gelecek nesiller, bilim ve teknoloji ve yeşil demokrasi gibi konularla ilgilenmektedir. Yeşil teori son yıllarda ortaya çıkan "üçüncü büyük tartışma" olarak da bilinen

---

[8] Aynı eser, s.269.
[9] Aynı eser, s.271.
[10] Aynı eser, s.269.

Uluslararsı İlişkiler teorilerinin birçok özelliğini taşır (bazen "dördüncü büyük tartışma"ya da atıf yaparlar).[11]

Teorinin temel özelliklerini daha iyi anlayabilmek açısından çevrecilik (environmentalism) ile yeşil teori'nin desteklediği ekolojizm (ecologism) ideolojisi arasındaki farkı da iyi anlamak gerekir. Ekolojik düşünce insanlık veya insan ihtiyacının yola çıkmaz, doğayı insan türü de dahil yaşayan türler ve doğal çevre arasındaki değerli ama kırılgan ilişkilerden oluşan bir ağ olarak görür. İnsanoğlu artık merkezî konumda değil, doğanın ayrılmaz bir parçası olarak görülür.[12] Çevrecilik, dünya siyasetinin mevcut sosyal, politik, ekonomik ve normatif sütunlarını kabul etmektedir ve çevresel konuları bu sütunlar çerçevesinde anlamaya çalışır. Yeşil siyasete göre ise bu sütünlar, çevrsel sorunların var olma nedeni olarak kabul edilir ve bu sütunlara meydan okur, var olan düzenin, sorunların temel nedeni olduğunu ve sistemin bütünüyle değişmesi gerektiğini savunmaktadır.[13] Bu konuda Andrew Dobson, çevrecilik ve ekolojizm arasındaki farkı şu şekilde izah eder: Çevrecilik, çevre sorunlarına yönetimsel yaklaşımlarda, mevcut değerler, üretim ve tüketim modellerinde köklü değişiklikler yapılmadan sorunların çözülebileceğini iddia eder. Ekolojizm, sürdürülebilir ve tatmin edici varoluşun insanın insan olmayan doğal dünya ile ilişkileri ve insanın sosyal ve siyasal hayat tarzı gibi radikal değişiklikler öngörür.[14] Bu yüzden çevrecilik diğer siyasi ideolojilerle kolayca uyum sağlayabilmektedir.

Teorisyenler, çevresel sorunlara alternatif analizler sunan Uluslararası ilişkilerin yeşil teorisi'nin iki alt kanadı altında değerlendirilmesinin faydalı olabileceğini düşünmekteler. Robyn Eckersley bunları, rejim teorisi gibi küresel çevre sorunlarına alternatif analiz sunan Uluslararası Ekonomi Politiği kanadı ve yönetimin her seviyesinde çevresel adalet ve yeşil demokrasinin yeni normları hakkında söylemde bulunan normatif veya "yeşil kozmopolitan" kanat olarak ele almıştır. Bu alt kanatların her ikisi de eleştirel teoriye borçludur, özellikle Robert Cox'un neo-Gramscian eleştirel politik teorisinden ve Jurgen Habermas'ın Frankfurt okulundan ve kozmopolit söylem etiğinden esinlenmişlerdir. Bu nedenle, uluslararası ilişkilerde rasyonalizm-konstruktivizm

---

[11] Eckersly, Green Theory, s.274.

[12] Heywood, s. 260-261

[13] Paterson M., *Green Politics*, Chapter 10, in (ed.) Scott Burchill, Andrew Linklater, Richard Devetak, Jack Donnelly, Matthew Paterson, Christian Reus-Smit and Jacqui True, *Theories of International Relations*, Palgrave Macmillan, 2005, s.247.

[14] Dobson, A., *Green Political Thought*, Forth Edition, Routledge, London, 2007, s.2-3.

tartışmasının eleş-tirel/konstruktivist tarafında açıkça yer alabilir.[15] Dolayısıyla, yeşil teori eleştirel grupta yer alan bir Uluslararası İlişkiler teorisidir.

Ancak, rasyonalist yaklaşımlar olarak Neoliberalizm ve Neorealizm, Uluslararası ilişkiler yeşil teorisi'nin her iki kanadına da (politik ekonomi ve normatif kanat) dört açıdan meydan okumaktadır. İlk olarak, yeşil eleştirmenler, neoralist ve neoliberal analizlerinde üstü kapalı olan tartışmalı çevre varsayımları ve etik değerleri teşhir ederek normatif amaçlara kritik dikkatler yönlendirmektedir. İkincisi, yeşil uluslararası ilişkiler teorisyenleri, analitik çerçeveler ve pozitivist uluslararası ilişkiler teorilerinin açıklayıcı gücünün sınırlamalarını ortaya atan eleştirel kuramcıların ve konstruktivistlerin öncülük ettiği eleştirel akılcı yaklaşımlara ağırlık vermektedir. Üçüncü olarak, yeşil uluslararası ilişkiler teorisyenleri, çevre dostu rejimlerle müzakereleri sistematik olarak engelleyen sosyal temsilcilere ve sosyal yapılara kritik dikkatler yönlendirmektedir. Yeşil uluslararası ilişkiler teorisyenlerinin en önemli kaygıları arasında, birçok uluslararası çevresel rejimleri gölgelemek ve baltalamak isteyen küresel ticari rejimler gibi uluslararası ekonomi rejimlei vardır. Son olarak da, yeşil uluslararası ilişkiler teorisyenleri, çevreci STK'ların ulusötesi girişimlerinden, sigorta endüstrisi de dahil olmak üzere, sanayi ve finans şirketlerinin özel yönetim uygulamalarına kadar değişen devlet dışı oluşumların "yurtsuzlaştırılmış" (deterritorialized) yönetim rolünü incelemktedir.[16]

Yeşil uluslararası ilişkiler teorisi, geleneksel uluslararası ilişkiler teorisinin **devlet-merkezli** çerçevesinin ötesine geçip, küresel çevre değişimine yeni bir analitik ve normatif anlayış sunmaya çalışmaktadır. Yeşil teori, dünyayı yöneten siyaseti anlamaya çalışarak ve kavramın kendisini değiştirmek için radikal düşünme yollarına başvurarak dünyayı yaşamak için daha iyi bir mekan yapmaya çalışmaktadır. Onun odak noktası, insan ve insan olmayanlar arasındaki ilişkileri ve çevre merkeziyetçiliğini (ecocentrism) kabul etmek ve büyümeyi sınırlamaktır. Politik ekonomilerin dağılmasını amaçlamak ve böylece küresel çevre değişikliklerine yerel olarak yanıt vererek, insanlığın önünde duran çevre krizlerine açıklama getirmeyi hedeflemektedir. Çevrelenmiş ve ortak alanlara karşıdır, aynı zamanda da toplumun olmadığı yerler yaratmayı amaçlar. Douglas Torgenson'a göre, insan ve insan olmayan tabiat arasındaki ilişkilerin yeniden şekillenmesi için "yeşil kamusal

---

[15] Eckersly, *Green Theory*, s.274.
[16] Aynı eser, s.276.

alan"ın kurulması gereklidir. Eckersley, "yeşil demokratik devletin" "liberal demokratik devlet"ten daha meşru olduğunu savunmaktadır. Aynı zamanda, yeşil devletin inşası projesinin asla sonlandırılamayacağını, bunun vatandaşlık haklarının genişlemesini ve siyasi toplulukların daha kapsayıcı olmasını güven altına alma sürecinin bir parçası olduğunu savunmaktadır. Bu açıdan "yeşil kamusal alan" oluşturulmasının önemine ve "yeşil demokratik devlet" ve "yeşil kamusal alan" arasındaki karşılıklı bağımlı bir ilişkinin yaratıcı bir denge oluşturacağını vurgu yapmaktadır.[17] Bu özellikler, çevre hakkında açık görüş sergileyerek dünya politikasına yeni bir yön vermektedir. Yeşil teori dünya çapında bir siyasi dönüşüm ihtiyacından söz etmektedir. Çevresel sorunlara ekolojik modernizasyon ve ortak çözüm üretme ile yanıt vermeye çalışmakta olup, teknolojik ilerleme, inovasyon ve ekonomik büyümenin daha az enerji ve kaynak üretilen atıkların asgariye indirilmesini önermektedir.

Bu açıdan yeşil teorisyenler, gerçek dünyanın çevresel sorunlarını, Realism ve Neoliberalism veya diğer eleştirel teorisyenlere göre daha farklı algılamaktadır. Bir yandan, Realist ve Neorealist kuramcılar genellikle yeşil uluslararası ilişkiler teorisi'ni reddetmekte olup çevreyi muhafaza etme fikrini benimsememektedir, uluslararası ilişkiler teorisi'nde çevresel sorunları, eğer sorunların sonuçları doğrudan ülkenin ulusal çıkarlarını tehdit etmiyorsa, uluslararası siyasetin periferisinde tutmaktadır, daha az öneme sahip güvenlik dışı (low politics) olmalarından dolayı, umumiyetle reddetmektedir. Diğer yandan ise Neoliberaller bu fikre sıcak bakmakta olup, uluslararası işbirliğinin teşvik yapılarına uyum sağlamaları açısından çevre ile ilgili küresel sorunların çözümlenmesine yönelik tavsiyeler önermeye daha eğilimliler.[18]

Diğer eleştirel teoriler gibi, yeşil teori de ülkenin sosyal ve ekonomik yapısını dikkate almayan çözüm üretme şekillerini reddetmektedir. Yeşil teorisyenler analizleri insansız doğaya, gelecek nesillerin ihtiyaçlarına ve çevre riskinin dağılımına dayanmaktadır. Siyasi geleneklerden ilham alan ekolojk ve çevreci düşünürler çevre ve ekosistem krizleriyle ilgili çözümler sunmaya çalışırlar. Bu açıdan çevrecilik, feminism ve milliyetçilik gibi her kesime hitap eden bir ideoloji olarak kabul görmektedir. Bu bağlamda, farklı zamanlarda çevre politikalarına vurgu

---

[17] Eckersley R. *"The Green State: Rethinking Democrasy and Sovereignty"*, The MIT Press, London, 2004, s. 16.
[18] Eckersly, *Green Theory*, s.266.

yapmış ekoloji içindeki siyasi gelenekler arasında eko-sosyalizm, eko-anarşizm, eko-feminizm, sağ kanat ekolojik düşünce, eko-muhafazakarlık, eko-liberallik gibi birçok alt gelenekler bulunmaktadır.

Özellikle feminizm, sosyalizm ve anarşizm yeşil politik düşüncenin gelişmesine önemli katkılarda bulunmuşlardır. Feminizmin katkıları, 1983'teki seçim manifestosunda ataerkillikle mücadele politikalarıyla Alman yeşil partileri üzerindeki etkileriyle olmuştur.[19] Anarşistler ise devletlerin hiyerarşik kurumlarına yönelik tutumlarıyla katkıda bulunmuşlardır.[20]

Yeşil teori, dünya siyaseti ve çevre meselelerini, *ekoloji merkezli (ekosentrik) ahlak, gücün merkezsizleştirilmesi (adem-i merkeziyet) ve sınırlı büyüme* olmak üzere üç temel özelliği yeşil siyaset teorisi aracılığıyla kavramamıza yardımcı olmaktadır.

Yeşil siyaset kuramcıları *insan merkezciliğinden (anthropocentrism)*, yani insanoğlunun dünyanın değer ve anlam merkezinde bulunması ve ahlaki değerlere sahip tek varlık olduğu fikrinden şüphe duymaktadır ve *antroposentrik* dünya bakış açısını reddederek, tüm yaşam biçimlerine uygun olan yeni bir *ekoloji merkezli* fikirleri benimsemiştir.[21] Ekosentrizmin, çevreye yönelik duruşunu belirleyen ve dolayısıyla da dünya siyasetini oluşturan dört temel özelliği vardır. Bunlar, kaynakları koruma, insanların dışındaki varlıklar topluluğuna yönelik insani refah ekolojisi, kaynakların doğru bir şekilde kullanılması ve ekosistemle bağlantısı olan hayvanların korunmasıdır.

Yeşil siyasetin diğer bir özelliği olan gücün merkezsizleştirilmesi, küresel siyasetin yeşil siyaset tarafından yeniden yapılandırılmasıyla ilgilidir. Ulus devletler, sürdürülebilirlik ile etkili bir şekilde başa çıkmaları için hem çok büyük, hem de çok küçüktürler, dolayısıyla merkezsizleştirme güncel bir konudur. Böylece otoritelerin bu konulara bağlı küçük topluluklar aracılığı ile çevresel sorunların ve kaynakların verimli kullanılmasına yönelmeleri gereklidir. Bu görüş, çeşitli çevresel konular etrafında birleşen ekolojik cemiyetler konseptinde temeli olan "bioregionalism" bakış açısına dayanmaktadır.[22]

---

[19] Carter, Alan, "*Towards a Green Political Theory*" in Dobson, Andrew & Paul, Lucardie (eds), The Politics of Nature: Explorations in Green Political Theory, London: Routledge, 1993, s. 39.
[20] Steans, Jill & Lloyd, Pettiford, "International Relations: Perspectives and Themes", England, Pearson Education Limited, 2001, s. 188.
[21] Eckersley, "*Green Theory*", s.269
[22] Paterson, "*Green Politics*", s.243.

Uluslararası ilişkilerin yeşil teorisi'ne dünya siyasetine ilişkin ilham veren en bilinir sloganlarından birisi: *"Küresel düşün, yerel hareket et"*. Yeşillere göre, küresel çevre sorunları çok büyük çapta meydana gelmektedir, fakat küçük ekonomi politikaları ve özgüveni olan topluluklar oluşturup üzerinde yerel çapta çalışarak da bunların üstesinden gelinebilir. Böylece, merkezsizleştirme, yeşiller'in politik tutumlarının ana odağını teşkil etmektedir.

Yeşil teorisyenlere göre, yaygın çevre adaletsizliği daha az gelişmiş toplumlar ve uluslara göre bazı ayrıcalıklı toplumların ve ulusların çevrenin büyük oranını ele geçirerek kendi çıkarları ve ekonomik kalkınmaları için kullanarak meşrulaştırmaya çalışmaktalar. Buna göre dünya genelinde gelişmiş toplumlar dünyaya daha fazla *"karbon ayak izi"*[23] bırakır, gelişmekte olan veya az gelişmiş toplumlara karbon ayak izlerini azaltmaları yönünde baskı uygularlar. Bu nedenle, yeşil teori'nin başlıca amaçlarından birisinin, dünya çapındaki çevresel risklerin azaltılması, aynı zamanda da çevrenin ve doğal kaynakların herkes tarafından eşit ve adil bir şekilde kullanarak sürdürülebilirliğin sağlanmasını önermektedir.

Yeşil teori, dünya çapında çevre yönetimi aracılığı ile, sadece insan hayatına değil, insanın hayatta kalmasını sağlayan biyoçeşitlilik dengesini sağlayan (gen havuzları, popülasyon, türler ve ekosistemler gibi) bütün varlıklara saygı duymayı hedeflemektedir, dolayısıyla insanoğluyla birlikte yaşayan diğer bütün canlılara saygı göstermesinin bir ahlaki görev olduğunu savunmaktadır. Aynı zamanda geleneksel Uluslararası İlişkiler alanının kıyısında kalan çevresel sivil toplum örgütlerinin, yeşil tüketiciler, ekolojik bilim adamları, ekolojik iktisatçılar, yeşil siyasi partiler, yerli halklar da dahil olma üzere birçok farklı kesimlerin kaygılarını bilmek isterler, ve genel olarak küresel ticaret, yardım ve borç modellerini dönüştürmek, Kuzey ve Güneyde daha sürdürülebilir kalkınma modellerini teşvik etmek isteyenlere destek verirler.[24] Yeşil teori ekolojisi kavramına göre, çağdaş dünya siyasetinin güncel konusu sürdürülebilir topluluklar oluşturmak için geçerli olan güç yapısının nasıl değiştirilmesi gerektiği sorusudur.[25]

---

[23] *Karbon ayak izi*, birim karbondioksit cinsinden ölçülen, üretilen sera gazı miktarı açısından insan faaliyetlerinin çevreye verdiği zararın ölçüsüdür - doğrudan (birincil) ayak izi ve dolaylı (ikincil) ayak izi. Birincil ayak izi, evsel enerji tüketimi ve ulaşım (araba ve uçak) dahil olmak üzere fosil yakıtlarının yanmasından ortaya çıkan doğrudan CO_2 emisyonlarıdır. İkincil ayak izi ise kullandığımız ürünlerin tüm yaşamın döngüsünden bu ürünlerin imalatı ve en sonunda bozulmalarıyla ilgili oluşan dolaylı CO_2 emisyonlarının ölçüsüdür.

[24] Eckersly, *Green Theory*, s.274.

[25] Paterson, a.g.e, s.255.

Kısaca, insan ve insan olmayan varlıkların uygun şekilde entegrasyonu ve ortak kaynakların adil ve sürdürülebilir bir şekilde kullanılması gerekliliği konusuna dikkatimizi çekmektedir.

Sonuç olarak yeşil teori, çağdaş ekonomik, siyasi ve toplumsal etkinliğin dünya üzerindeki ilişkiler bütününde yarattığı çevresel bozulmalara tepki olarak ortaya çıkmış, bu sorunlara dair detaylı araştırmalar yapmayı ve yerel ölçekte demokratik katılımla üretilen çözüm önerilerinin küresel işbirliği ile de uygulanmasını kendine amaç edinmiştir.

Küresel Güvenlik Tehdidi Olarak Çevresel Sorunlar ve İklim Değişikliği

Soğuk Savaş sonrası güvenlik kavramının yeniden kavramsallaştırılması ile "insan güvenliği", "çevre güvenliği", "enerji güvenliği", "gıda güvenliği" gibi bir çok yeni güvenlik kavramı anlam kazanmış, önceki dönemlerde alt düzey siyaset (low politics) olarak değerlendirilen konular, üst düzey siyaset (high politics) konuları arasına girmeye başlamıştır. Böylece, realist teorisi çerçevesinde kabul edilen devletlerin güvenliği ve askerî tehditlerin dışında, çevresel sorunların da güvenlikleştirilmeye başlamasıyla yeni güvenlik konuları ortaya atılmıştır.

Çevre sorunlarının bir güvenlik kavramı olarak algılanması 1972'de Stockholm'da gerçekleşen BM Çevre Konferansı ile başlıyor. Çevre ve güvenlik arasındaki ilişki özellikle 1980'lerden sonra iki ana grup tarafından değerlendirilmektedir. Birisi, güvenlik bağlamında çevresel değişim ve güvenliği ele alan çevre politikası topluluğu, diğeri ise, özellikle Soğuk Savaş sonrasındaki dönemde ulusal güvenlik konularına yeni tanımlar arayan güvenlik topluluğudur.[26]

Çevre güvenliği ile ilgili birçok tanım ortaya atılmaktadır. Bu tanımlar bazı önemli farklılıklar arz etse de, esas konuları çevrenin bozulması ve değişimi kabul edilmektedir. Bu bağlamda, çevresel güvenlik kavramı, insanî faaliyetler sonucu veya doğal nedenlerle meydana gelen çevre üzerinde kalıcı olumsuz etkiler, farklı nedenlerle oluşan çevresel değişimler sonucu kıtlık, bozulmalar, kirlilik, küresel ısınma gibi birçok güvenlik konusunu kapsayan kaygılara atıfta bulunmaktadır. Kavram, aynı zamanda çevre meselelerinin temelini barış ile sağlanmış bir güvenlik ortamı olarak görür, gıda, su, enerji ve diğer doğal kaynakların

---

[26] Kirchner A., *Environmental Security*, Fourth UNEP Global Training Programme on Environmental Law and Policy, No. 4, 15. November-3 December 1999, s.1-5 - http://www.uvm.edu/~shali/Kirchner.pdf

temini ve korunması, kaynaklara erişimin sağlanması, sürdürülebilir kalkınma, hastalıkların yayılmasının önlenmesi, ormanlar ve balıkçılık gibi yenilenebilir kaynakların kullanılabilirliğinin barışçıl bir şekilde çözümlenmesine odaklanır.[27] Böylece çevrenin doğa ve insan güvenliği ilişkileri uluslararası çevre politikasının önemli bir odak noktası haline gelmiştir.

Çevre sorunları arasında yaşamı doğrudan doğruya olumsuz etkileyebildiği için en önemli kabul edileni iklim değişimidir. İklim değişimi, 1950'lerden sonra çevre konuları içerisindeki en önemli mesele olarak addedilmektedir. 2000'li yıllarda sık görülen doğal afetler ise devletleri iklim değişimini güvenlik meselesi olarak algılamalarını tetiklemiştir.

İklim değişikliği bilim alanı olarak henüz çok yeni olabilir, ancak küresel ısınma inkar edilemez bir gerçektir, özellikle de insan müdahalesi sonucu meydana gelen olgu ve gezegenin geleceği için ciddi tehdit teşkil etmektedir. Küresel ısınma, dünyanın ortalama sıcaklık değerlerindeki iklim değişikliğine yol açabilecek uzun vadeli artışı ifade eder. Sanayilerin ve insanların fosil yakıtları kullanımı sonucu zararlı gazların etkisiyle atmosferdeki sıcaklığın artışı sonucunda küresel ısınmadan oluşur. Atmosfere salınan, genellikle sera gazları veya sera etkisi[28] sonucunda, Dünya üzerinde kara, deniz ve havada sıcaklıklarının artışıdır. İklim değişikliği ise, doğal iklim değişikliğine ek olarak doğrudan veya dolaylı olarak küresel atmosferin bileşimini bozan iklimde oluşan değişiklik olarak tanımlanır. Belirli bölgedeki mevsimlik sıcaklık, yağış ve nem değerlerindeki değişimlere neden olmaktadır. Genel anlamda iklim değişikliği, büyük ölçekli ve önemli yerel etkileri bulunan, uzun süreli ve yavaş gelişen değişikliklerdir.

---

[27] Ak Tarık, Çevresel Güvenlik İlişkisi Bağlamında Çevresel Güvenlik Kavramı, Atılım Sosyal Bilimler Dergisi 3 (1-2), 99-115, s. 102, 2013.

[28] Sera etkisi ve sera gazları – güneşten gelen dalgalı radyasyonun bir kısmı doğrudan atmosfer tarafından uzaya yönlendirilirken, bir kısmı da yeryüzü tarafından emilir. Isınan yeryüzünden salınan uzun dalgalı radyasyonun önemli bir bölümü tekrar atmosfer tarafından emilir. Yani, atmosferdeki gazlar, yeryüzündeki ısının bir kısmını tutar ve yeryüzünün ısı kaybına engel olurlar. Atmosferin, ışığı geçirme ve ısıyı tutma özelliği sayesinde suların sıcaklığı dengede kalır, nehirlerin ve okyanusların donması engellenir. Sera gazları ise, atmosferde biriktiklerinde, seralardaki cam etkisini yaratarak enerjiyi içeride tutan ve küresel ısınmaya neden olan karbondioksit ve diğer gazlardır. Başlıca sera etkisine neden olan gazlar Su buharı, Karbon dioksit, Metan, Ozon 'dur. Sera gazlarının bir kısmı kendi kendine oluşurken, bir kısmı da insanlar tarafından üretilir. Doğal yollarla oluşan sera gazları su buharı, karbondioksit, metan, nitroz oksit ve ozon içerir. İnsan etkinlikleri sonucunda da bu gaz seviyelerine eklemeler olur ve bunun sonucunda da sera etkisi görülür. Kyöto protokolünde sera gazı olarak kabul edilen bileşikler Karbon dioksit (CO_2), Metan (CH_4), Nitröz Oksit (N_2O), Hidroflorür karbonlar (HFCs), Perfloro karbonlar (PFCs), Sülfürhekza florid (SF6) gibi gazlarlardır.

İklim değişikliğinin çeşitli zararlı etkileri vardır ve sadece küresel ısınma, kutuplardaki buzulların erimesi, mevsim değişikliği, yeni hastalıklar, sık görülen seller ve genel olarak hava değişikliği olaylarıyla sınırlı değildir. Tahminlere göre, önlem alınmazsa önümüzdeki yıllarda küresel sıcaklıklar 1,5 ile 5 derece arasında yükselmesi öngörülmektedir. Muhtemelen 20-30 yıl içerisinde kutuplardaki kıtasal buzullar erimeye başlayarak deniz suyu seviyelerinin bir metre yükselmesine neden olacağı düşünülmektedir.[29]

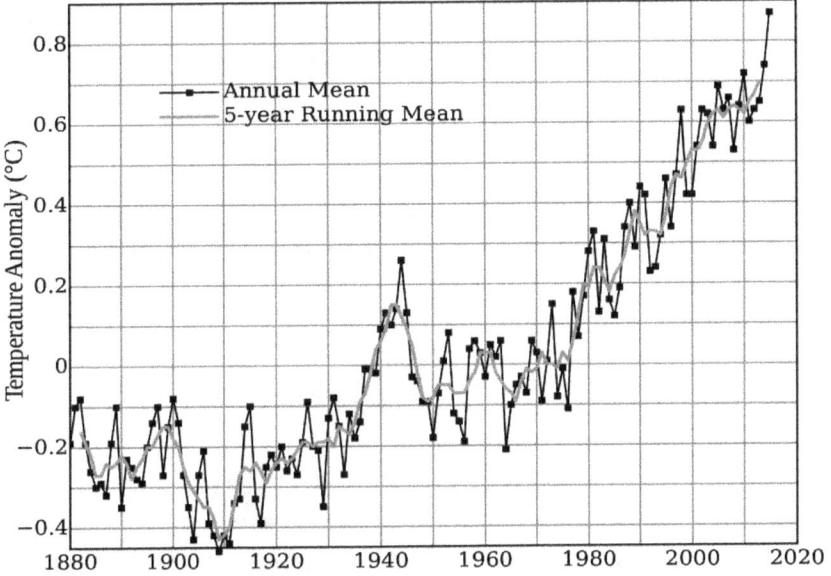

Şekil 1:*1880-2020 yılları arası küresel ortalama yüzey (kara ve okyanus) sıcaklığı seyri verileri – yıllık ve 5 yıl aralıklarla hareketli ortalama. Bu dönem boyunca yerkürenin tüm yüzeyi ısınmıştır.[30]*

Aynı zamanda, su ve gıda kıtlığı, biyolojik çeşitliliğin kaybolması gibi küresel çevre sorunlarının etkisini hissettirmesiyle birlikte, ulusal güvenlik kavramının kapsamı ulusaldan bölgesele, bölgeselden küresele doğru tehdit algıları ile birlikte değişerek, genişlemiş ve bireyin ve gezegenin güvenliği gibi konular önem kazanmaya başlamıştır. Bugün sadece düşman saldırıları ve savaşlar ile değil, aynı zamanda ulusal, bölgesel ya da küresel düzeyde yaşanabilecek herhangi bir doğal

---

[29] Goldstein, Joshua S., Pevehouse, Jon C., "Uluslararası İlişkiler", Çevre ve Nufus (11. Bölüm), çev. Prof. Dr. Halük Özdemir, BigBang Yayınları, Ankara, 2015, s.498-499.
[30] National Aeronautics and Space Administration (NASA)l Goodart İnstitute for space Studies, http://data.giss.nasa.gov/gistemp/graphs_v3/

kaynak kıtlığı ya da endüstriyel bir kaza gibi çevresel tehditler de, ülkelerin ulusal güvenliklerini tehdit altında bırakabileceği kabul edilmektedir.

Robert Keohane, iklim değişikliğinin siyasi kurumlar için ciddi bir yeni sorun teşkil ettiğini ileri sürmektedir. Bunun yanı sıra uluslararası müzakerelerin karmaşıklığı ve ulusal siyaseti yasallaştırma zorulukları kötü politikalar üretimine neden olduğuna vurgu yapmaktadır. Kyoto Protokolü ve diğer kapsamlı rejimlerde olduğu gibi, uluslararası çabaların mevcut sorunu küresel yönetim yoluyla çözmesi başarısız olduğunu ileri sürmektedir. Kehone, bu sorunların silahlanma yarışları, nükleer silahlanma ve uzayı askerileştirme gibi diğer ortak uluslararası güvenlik meseleleriyle paralel olarak var olduğunu vurgulamaktadır.[31]

Anî iklim değişikliği, büyüyen nüfus ve doğal kaynaklara olan ihtiyacının arttığı, verimli toprakların ve tatlı suyun tükenmeye başladığı bir zamanda gerçekleşmekte olup, toplumsal gerilimleri, siyasi huzursuzluk ve şiddet çatışmalarını tetikleme potansiyeli taşımaktadır. Dünyanın tek bir iklim sistemine sahip olduğu için tüm devletleri etkileyen ve tüm dünyayı ilgilendiren bir güvenlik meselesi olarak nitelenmektedir. Bu bağlamda, iklim değişikliği gibi küresel çevre sorunlarıyla mücadele konusundaki işbirliği uluslararası diplomasisinin temel meselesi haline gelmiştir.[32]

1988 yılında BM dünyanın heryerinden binlerce bilimadamını biraraya getirerek Hükümetlerarası İklim Değişikliki Paneli (İPCC)[33] kuruyor. Komite peryodik olarak iklimle ilgili raporlar hazırlıyor. 2009 yılında BM Genel Kurulu, tüm organlarına yetki alanları çerçeveisnde iklim değişiklikleriyle mücadele ve güvenlik çabalarını yoğunlaştırmaları önerisinde bulunuyor. BM Genel Sekreteri, riski çoğaltıcı unsur oalrak iklim değişikliği ve güvenlik arasırndaki ilişkiyi açık olarak belirtiyor.[34] BM Güvenlik Kurulu ise Nisan 2007'de, enerji, güvenlik ve iklim arasındaki bağlantıya vurgu yapan toplantı düzenliyor.[35]

---

[31] Keohane Robert O., "The Global Politics of Climate Change: Challenge for Political Science." PS: Political Science & Politics, The 2014 James Madisson Lectures, January 2015, s.19–26.
[32] Carter, Neil, *The Politics of the Environment: Ideas, Activism and Policy*, Second Edition, Cambridge University Press, 2007, s.3.
[33] İPCC - http://www.ipcc.ch/
[34] BM Genel Toplantısı - Climate change and its possible security implications Report of the Secretary-General, 11 Eylül 2009: http://www.unhcr.org/543e73f69.pdf
[35] BMGK – 5663rd meeting: http://www.securitycouncilreport.org/atf/cf/%7B65BFCF9B-6D27-4E9C-8CD3-CF6E4FF96FF9%7D/CC%20SPV%205663.pdf

İklim değişikliği ve küresel ısınma, savunma güçlerini, bulundukları yere göre, etkilenme olasılığı da oldukça büyük iddiaları bulunmaktadır. ABD Hükümeti 2015 yılında askeri güçlerinin iklim değişikliklerinden nasıl etkilendiklerini birçok belgede yayınlanmıştır.[36] Uluslararası İlişkiler perspektifinden bakıldığında belki de en ilginç olayın, Arktik bölgesinde buzların erimeye başlamasıyla askeri güçlerin bölgeye uyum sağlayıp çalışmalarını etkinliğini sağlamaktır, özellikle de gemilerin yeni güzergahlarının korunması gerektiğinde, yada daha önce erişilemeyen bölgelerdeki doğal kaynaklar için çatışmanın çıkması.[37] Aynı şekilde, deniz seviyesinin yükselmesi ve hava şartlarının değişmesi, elektrik, su, yollar, pist ve iletişim altyapıları için tehdit oluşturan iklim ve hava şartları askeri planlamayı da etkilemektedir. Silah sistemleri yüksek sıcaklıklar ve daha nemli ve kumlu bir dünya için yeniden dizayn edilmeleri gerekebilir.

Çevresel güvenlik, henüz yeni farkına varılan, barışı, ulusal güvenliği ve insan haklarını kapsayan uluslararası konuların son derece önemli bir boyutunu oluşturmaktadır. Yeşil teorisyenlere göre, çevre muhafaza edilmediği ve doğru bir şekilde yönetilmediği taktirde dünya arazi örtüsünün üçte birinin dönüşüme uğrayacağı görüşündedir. Günümüzde, tatlı su ve tarım arazileri gibi birçok doğal kaynakların azalması öngörülürken, diğer yandan küresel çevre değişiklikleri, Arktik bölgesinde gaz ve petrol kaynakları gibi, birçok bölgede yeni kaynakları ortaya çıkarmaktadır. Kutup buzullarının erimesi, Kuzey Avrupa ve Amerika'dan Asya'ya yapılan transit geçişleri muhtemelen haftalarca kısaltacak ve küresel iş dünyası açısından muazzam tasaruflar sağlayacak şekilde Kanada ve Rusya'nın kuzeyinden yeni denizcilik rotaları açacaktır.[38] Bu açıdan, 21. yüzyılın jeopolitiği büyük ölçüde bu kaynaklar üzerinde rekabet, erişim ve kontrol ile tanımlanması öngörülmektedir.

Büyük Güçlerin Kuzey Kutbu Rekabeti: Arktika'nın Yeni Jeopolitiği (Örnek Olay)

---

[36] The White House, *"Findings from Select Federal Reports: The National Security Implications of a Changing Climate."*, Washington, Mayıs 2015 -https://www.whitehouse.gov/sites/ default/files/ docs/national_security_implications_of_changing_climate_final_051915_embargo.pdf

[37] The White House, *"Findings from Select Federal Reports: The National Security Implications of a Changing Climate."*, Washington, Mayıs 2015 - https://www.whitehouse.gov/sites/default/files/docs/national_security_implications_of_changing_climate_final_051915_embargo.pdf

[38] Goldstein, Joshua S., Pevehouse, Jon C., "Uluslararası İlişkiler", Çevre ve Nufus (11. Bölüm), çev. Prof. Dr. Halük Özdemir, BigBang Yayınları, Ankara, 2015, s.499.

Arktika'nın jeopolitik önemi

Soğuk Savaş döneminde Arktik bölgesi, stratejik silahlarını ve deniz-altılarını yerleştirme yeri olarak kullanan iki süper güç için jeopolitik önem taşımaktaydı. SSCB'nin dağılmasıyla ABD'nin, diğer bölgelere göre, Kuzey bölgesine olan ilgisi oldukça azalmıştı.

Son yıllarda, birçok gelişmiş ve gelişmekte olan ülke Arktik bölgesine olan ilgilerinin ciddi şekilde arttığını görmekteyiz. Arktika bölgesiyle doğ-rudan sınırı bulunan Rusya, ABD, Kanada, Danimarka (Grönland) ve Norveç'in dışında, doğrudan sınırları bulunmasa da İsveç, Finlandiya ve İzlanda *Arktik Konseyi*[39] üyeleridir. Ancak son yıllarda, Arktika'ya sınırı bulunmayan birçok ülkenin de ilgi duymaya başlaması, Konsey'de gözlemci ülkelerin sayısı artmıştır. Gözemciler, Avrupa Birliğil, Çin Halk Cumhuriyeti, Japonya, Fransa, Almanya, Hollanda, Polonya, İspanya, İngiltere, İtalya, Hindistan, Güney Kore, Singapur olmak üzere toplam 12 ülkedir. Bunların yanı sıra birçok hükümetlerarası örgütler ve sivil toplum kuruluşları bulunmaktadır.

Günümüzde, ülkelerin bölgeye olan ilgilerinin artmasının birkaç temel nedeni vardır. Birincisi, zengin doğalgaz, petrol, fosil yakıtlar ve nadir mineral ve maden yatakları ve balık geçitleri gibi her devletin elde etmeye çalıştığı değerli kaynaklardır. İkinci neden altyapıdır ve daha kısa ve oldukça tasarruflu olan deniz rotalarının kullanılmasıyla ilgilidir. Kuzey Deniz rotası Süveyş kanalına göre yaklaşık 5000 km, Kuzeybatı geçidi ise Panama kanalına göre 9000 km daha kısadır.[40]

Arktika, küresel iklim değişikliklerinin hassas göstergesi ve önemli regülatörüdür. Kutuplardaki iklim değişimleri, diğer bölgelere göre çok daha fazladır. Ayrıca, Arktika'daki büyük buzul kütleleri atmosferdeki hava değişikliğine karşı çok daha hassastır. Kutuplardaki buz tabakasının altında bulunan canlılar kutuptaki besin zincirinin temelini oluş-turmaktadır. Arktik okyanusu ve Norveç denizi dünyanın en büyük ve zengin balık kaynağına sahiptir. Aynı zamanda, bölge mineral, elmaz, altın, bakır, demir, platin, kömür, uranyum vs. gibi kaynaklar bakımından oldukça zengindir. Ancak, günümüzde bölgede bulunan en büyük ekonomik kaynak doğal gaz ve petroldür. Amerikan Jeoloji araş-tırmalarına göre, Arktika'da bulunan doğal gaz rezervleri 1,670 trilyon kubik kadem (trilyon cubic feet), petrol rezervleri ise 90 milyar varil

---

[39] Bkz. Arktik Konseyi - http://www.arctic-council.org/index.php/en
[40] Navigating the Northern Sea Route Advisory: Status and Guidance, ABS - https://www. Wilson center.org/sites/default/files/navigating_the_northern_sea_route_status_and_guidance.pdf

değerindedir, yani dinyanın çıkarılmamış doğalgazının 30%'unu, petrolün ise 13%'ünü teşkil etmektedir.[41]

İklim değişikliği ve buzulların yavaş bir şekilde erimesinden dolayı, *"Kuzey kutup şapkası"* 30 yıl öncesine göre bugün 25% küçülmüştür.[42] Gelecek 60 yıl içerisinde daha da ısınması beklenen bölgede fiziksel, ekolojik, ekonomik ve sosyal değişimlerin meydana gelmesi öngörülmektedir.[43] Arktika buzullarının erimesi, okyanus sularının yükselmesi ve bölgedeki biyoçeşitliliğin değişmesine neden olmaktadır. Buzulların erimesiyle kaynaklara olan kolay erişim, bölgenin jeostratejik dina-miklerini değiştirmekte ve uluslararası güvenliği ve istikrarı etkileme potansiyeli taşımaktadır. Ülkelerin bölgede enerji ve ticaret çıkarlarını tehdit eden toprak iddiaları ve yeni ticari rotalara erişim tartışmaları gittikçe önem kazanmaktadır.

Arktika'nın tamamı Rusya, ABD, Kanada, Danimarka/Grönland, İzlanda, Norveç, İsveç ve Finlandiya gibi bölge ülkelerinin tartışmasız egemenliği altındadır. Örneğin *Spitsbergen* takımadaları 1920 Paris Anlaşması gereğince Norveç'e aittir. Anlaşmaya göre, Norveç anlaşmayı imzalayan bütün devletlere bölgede doğal kaynakları sömürme hakkı vermektedir. Arktik okyanusun ve kıta sahanlığı sınırlarının hakimiyetine gelince, hala çözülmemiş sorunlar bulunmaktadır.

Bölgesel olarak baktığımızda, Arktika'ya doğrudan sınırları olmalarından dolayı Rusya, ABD, Kanada, Norveç ve Danimarka'nın en fazla iddiaları bulunması gerekir. Ancak, 1996 yılında kurulan Arktik Konseyi üyeleri arasında İsveç, Finlandiya ve İzlanda'da vardır. Ayrıca Avrupa Birliği ve Çin, Konseyde gözlemcidir. Adı geçen ülkelerin her birinin bölgenin sunduğu fırsatlardan yararlanmak için farklı savunma mekanizmalarına başvurdukları görülmektedir.

Arktika'nın büyük bir kısmında yerleşim yeri yoktur, ancak Kutup dairesinin kuzeyinde yaklaşık 3.5 milyon kişi yaşamaktadır. Bunlar farklı yerli halklardan oluşan ve 12 farklı dil konuşan 30 kadar kavim ve ailedir. Büyük bir kısmı bölgede bulunan köy ve şehirlerde yaşamaktadır.

---

[41] Opportunities and Challenges for Arctic Oil and Gas Development, Euroasia Group Report for the Wilson Center, Washington, D.C. WC, s.6. https://www.wilsoncenter.org/sites/default/files/Artic%20Report_F2.pdf

[42] Vinas, Maria-Jose, 2015 Arctic Sea Ice Maximum Annual Extent Is Lowest On Record, (ed. Rob Garner), NASA's Earth Science News Team, 31 temmuz 2015: http://www.nasa.gov/content/goddard/2015-arctic-sea-ice-maximum-annual-extent-is-lowest-on-record

[43] Arctic Weather and Extreme Events, U.S. Climate Resilience Toolkit - https://toolkit.climate.gov/topics/arctic/arctic-weather-and-extreme-events

Rusya: Arktika'nın en önemli aktörü

Rusya, bölgede ekonomik, güvenlik ve yönetim alanında stratejik çıkarları olan şüphesiz Arktika'nın en önemli oyuncusudur. Rusya, Gayri Safi Yurtiçi Hasıla'sı (GSYH) yaklaşık 30% petrol ve doğal gazdan oluştuğu bir ülke olarak, savunma sanayisi ve altyapısının belirleyici unsurları olan mineral ve maden ihracatı ve enerji kaynakları uluslararası politikada önemli bir enstrumandır ve Arktika'nın doğal zenginlikleri Rusya ekonomisi ve güvenliği için büyük önem teşkil etmektedir. Bu açıdan Kuzey bölgeler stratejik kaynak alanıdır. Küresel ısınmayla birlikte Kuzey Deniz Yolu'nda gemi trafiğinin artması ve devam eden boru hattı projelerinin tamamlanmasıyla birlikte, Rus enerji kaynakları için pazar çeşitlendirmesi imkanı sayılır.

Rusya, *"Rusya Federasyonu'nun 2020 Ulusal Güvenlik Stratejisi Belgesi"*nde[44] Arktik bölgesinin son derece büyük öneme sahip olması, bölgeye yönelik büyük ihtirasları bulunduğunu göstermektedir. 2001 yılında Rusya hükümeti kıta sahanlığının genişletilmesi için BM'ye dilekçe sunmuştur. 2002 yılında ret kararı alınmasına rağmen vazgeçmemiş, konuyla ilgili ısrarı bir şekilde yazışmaları devam ettirmektedir.[45] Kuzey Deniz yolunu ulusal stratejik ulaştırma koridoru olarak belirleyen Rusya, başka devletlerin bu meşru statükoyu değiştirme teşebbüslerini ulusal güvenlik tehdidi olarak görmektedir. Rusya'nın bu tutumunu, uluslararası suların ve serbest deniz taşımacılığı bölgesinin genişlemesini destekleyen ABD ve Çin gibi birçok devlet kabul etmemektedir.

Rusya Arktikası, GSYH'sının 15-20%'sini ve ihracatının da 25-30%'unu sağlamakta olup, Kremlin hükümeti bu oranı yükseltme çabaları içerisindedir.[46] Ayrıca, Batı Sibirya'daki enerji kaynaklarının azalmaya başlaması bölgeye olan ilgiyi daha da anlamlı kılmaktadır. Rusya'nın yabancı enerji şirketleriyle Kuzey Okyanus ve Barents Denizi gibi bölgelerde bu alanda çalışmalar yapmaları, Rusya'nın yeni yatırımlara, teknolojilere ve uluslararası işbirliğine ihtiyacı olduğunu göstermektedir. Bunlar genel olarak, altyapı, boru hatları, limanlar, arama-kurtarma merkezleri, bu alanda idari kurumlar, buzkıranlar, doğalgaz ve petrol dökülmelerine karşı önlemler, bölgede sosyal ve

---

[44] Стратегия национальной безопасности Российской Федерации до 2020 года (No.537), 12 Mayıs 2009 - http://www.scrf.gov.ru/documents/99.html

[45] BM Okyanuslar ve Deniz Hukuku Birimi (UNCLOS) - http://www.un.org/depts/ los/clcs_new/ commission_submissions.htm

[46] Conley, A. H., Rohloff, C., The New Ice Curtain: Russia's Strategic Reach to Arctic, Report of the CSİS Europe Program, Ausust 2015i, s.XIV.

ekonomik kalkınma alanlarına yatırımlardan oluşmaktadır. Enerji kaynaklarına artan iç talebe rağmen, petrol ve doğalgaz ihracatının arttırılması, Rusya için hayati önem taşıımaktadır.

Son dönemlerde, Rusya'nın bölgedeki askerî varlığını da arttırdığı görülmektedir.[47] Moskova, bölgede nükleer denizaltıları ve balistik füzeler gibi stratejik silahlarının varlığını Soğuk Savaş'tan bu yana korumakta olduğu bilinemktedir. Birçok analist, Rusya'nın bölgedeki askerî gücü eski döneme göre çok daha az olduğunu, bu yüzden Moskova'nın savaş değil, sadece kendine ait bölgenin daha istikrarlı ve güvenli hale getirmeyi amaçladığını öne sürmektedir.[48] Rusya ekonomik faaliyetlerini genişletme amacıyla, bölgedeki askerî güvenliğini üst düzeye çıkarması anlamlı bir harekettir.

Rusya savunma bakanı Sergey Şoygu, 2015'in Şubat ayında yapmış olduğu bir açıklamada, Kremlin'in kutup ülkesi olmayan ülkelerin bölgedeki varlığından dolayı rahatsızlığını dile getirmiştir.[49] Fakat, her ne kadar Çin'in bölgeye olan ilgisinden rahatsız olsa da, pragmatik bir oyuncu olarak Rusya, bölgede uluslararası işbirliğine, BM Deniz Hukuku Anlaşması'na (UNCLOS) ve Antarktik Konseyi'nin kararlarına önem vermektedir.

Rusya'nın Arktika bölgesinde ve kıta sahanlığı çalışmaları ekonomik amaçlarladır, sürdürülebilir kalkınma konusuna, Batı ülkelerine göre, daha az ilgi duymaktadır. Çevrenin korunmasına yönelik çıkarları ise bölgenin nükleer ve buna benzer atıklardan temizlenmesiyle ilişkilidir. Yerli halkların kaderi ise, faaliyet gösteren sivil toplum kuruluşlarıyla bağlantılıdır: Rusya'nın kuzeyinde ve doğusunda birçok küçük toplulukların dernek ve kuruluşları gibi.

ABD'nin pasif gözlemciden aktif oyuncuya dönüşümü

Yakın zamana kadar Arktik ülkesi olmasına rağmen, ABD geleneksel olarak, Alaska dışındaki kuzey bölgelerine yönelik pasif politikalar izlemekteydi. Bunun, toplumun bölgeyle ilgili kısıtlı bilgisi, mesafeler, tehdit eksikliği, bütçe kısıtlamaları, daha güncel global sorunlar gibi

---

[47] Calderwood, I., The new Cold War? Russia sends troops and missiles to the Arctic as Putin stakes a claim for the region's oil and gas reserves - http://www.dailymail.co.uk/news/article-3374539/The-new-Cold-War-Russia-sends-troops-missiles-Arctic-Putin-stakes-claim-region-s-oil-gas-reserves.html

[48] Flake, L. E., *"Russia's Security Intentions in a Melting Arctic"*, Military and Strategic Affairs, Volume 6, No. 1, İnstitute for National Security Studies (İNSS), March 2014, s.99-116.

[49] Conley, A. H., Rohloff, C., *"The New İce Curtain: Russia's Strategic Reach to Arctic"*, Report of the CSİS Europe Program, Ausust 2015i, s.XI

birçok nedeninin olması, Arktika'nın Amerikan jeopolitiğinin "arka bahçesine" uzun vadeli yerleşmesine neden olmuştu. Son yıllarda ABD bölgeye daha fazla ilgi göstermeye başladığı görülmektedir. Örneğin, Arktika ile ilgili birçok stratejik belgeler yayınlaması[50], araştırmalar yapılması ve bölgenin sorunlarını çözme girişimlerinde aktif olarak yer alması gibi etkinlikler dış politika stratejisindeki yerinin değiştiğini göstermektedir.[51]

Diğer ülkeler gibi, ABD'nin Arktika stratejisinin temelinde de enerji kaynaklarının sömürülmesi ve maden çalışmaları bulunmaktadır. Alaska'daki petrol yataklarının tükenmeye başlaması ve karada yeni petrol yataklarının eksikliği, ABD için Arktik bölgede meydana gelen gelişmeler son derece önemlidir. Washington'un en son yayınladığı "21.yüzyıl Deniz Stratejisi Belgesi"nde bölgeyi "kaynaklara erişim için potansiyel rekabet ve çatışma kaynağı" olarak nitelemekte.[52] Belgede, Kuzey bölgesinin enerji kaynaklarından faydalanmak ABD'nin enerji dengesini uzun vadede korumasını garanti altına alması öngörülürken, aynı zamanda da, ekolojik dengenin korunması için bilimsel araştırmalar ve farklı mineral ve madenlerin çıkartılmasına yönelik daha dikkatli olunması gerektiğine vurgu yapılmaktadır. Büyük Amerikan ve yabancı şirketler Kuzey bölgelerinde sondajlar yapmak için lisanslarını almış olsalar da, çevresel sorunlar oluşturan geçmişte yaşanan kazalardan dolayı Beyaz Saray bu çalışmaları sıkı bir kontrol altında tutmaktadır. Ayrıca, ABD'nin dünya çapında kaya gazı ve petrol çıkarma başarıları, Arktika bölgesinde bu alanda çalışmalar yürütme hevesini zayıflattığı gözlenmektedir.

Bunun dışında ABD'nin bölgede güvenlik çıkarları da bulunmaktadır. Amerikan stratejik caydırma sisteminin bir kısmının, erken uyarı sistemleri ve küresel füzesavar savunmasının Arktik bölgede konuşlu olduğunu da unutmamak gerekir. ABD'nin bölgede başka bir çıkarı da, serbest deniz taşımacılığıdır. Ulaşılabilir uluslararası deniz rotaları ABD ekonomisinin ve deniz kuvvetlerinin can damarlarıdır. Bu bağlamda, Washington hükümeti, kuzey denizlerinde Rusya ve Kanada bölgeleri de dahil olmak üzere, serbest deniz taşımacılığını desteklemektedir.

---

[50] Bkz. The White House, "National Strategy for the Arctic Region", Washington, Mayıs 2013 - https://www.whitehouse.gov/sites/default/files/docs/nat_arctic_strategy.pdf

[51] Bkz. The White House, "Implementation Plan for The National Strategy for the Arctic Region", Washington , Ocak 2014 - https://www.whitehouse.gov/sites/default/files/docs/implementation_plan_for_the_national_strategy_for_the_arctic_region_-_fi....pdf

[52] A Cooperative Strategy for 21st Century Seapower, Mart 2015 - https://www.uscg.mil/seniorleadership/DOCS/CS21R_Final.pdf

Bölgede herhangi bir olumsuz vakanın meydana gelmesi, genel olarak serbest deniz taşımacılığı üzerinde ciddi sonuçlar doğurabilir. Bu açıdan bakıldığında, Arktik suların rotaları global öneme sahip olduğu görülmektedir. Aynı zamanda da, ABD ve Kanada arasında uzun zamandır var olan bir sorun Arktik bölgede toprak iddiaları tartışmalarıdır.[53] ABD, Kanada'nın Arktika bölgesinde sınır yönetimi potansiyelini arttırma çabalarına pasif bakmaktadır.

Washington hükümeti, çevre ve iklim değişimlerinden etkilenmemek için, Arktik bölgesinde çevre dinamiklerini izleme gibi, bilimsel araştırmalar dahil olmak üzere, ciddi gayret ve harcamalar yapmaktadır. Çevre ve iklim değişimini araştıran en gelişmiş kurumlar ve kadroların ABD'de bulunduğu ve en fazla araştırmanın da yine orada yapıldığı bilinmektedir.

ABD, Arktik bölgesinin yönetimiyle ilgili girişimlere şüpheyle yaklaşmaktadır. Genel itibarıyla BM Deniz Hukuku Anlaşması düzenlemelerine uysa da, Senato belgeyi onaylamış, böylece de serbest denizciliği garanti altına almak için hukuki mekanizmalardan ve deniz tartışmalarını çözme konusunda bölgedeki liderlik görevinden mahrum kalmıştır.[54] Belgenin onaylanmaması ABD'nin ekonomisini olumsuz etkilemektedir ve Arktika'da meşru mekanizmalardan istifade ederek ekonomik çıkarlar bölgesini genişletme imkanlarından faydalanamıyor. Ancak, ABD hükümeti kıta sahanlığında bulunan kaynakların mutlak sahibi olduğunu iddia ederek, Truman'ın tek taraflı doktrinini devam ettirmektedir.

Arktika'nın yönetiminden sorumlu kurumlara yönelik politikaları da çelişkilidir. ABD, 90'lı yıllarda Arktik Konsey'in siyasi öneminin ve statüsünün sınırlı olduğunu iddia ederken, daha sonra ekonomik perspektiflerin ve ısınan bölgenin jeopolitik öneminin farkına vararak tutumunu değiştirmiş, bölgenin sorunları ve güvenliği ile ilgili meseleler 5 üye ülke tarafından çözülmesi gerektiğini öne sürmeye başlamıştır. Ancak, bu tutum Arktik Konsey'in marjinalleşmesine yol açmıştır. Son yıllarda ABD Konsey'in kilit öneme sahip bir forum olduğu görüşündedir.[55] Uzun bir suskunluktan sonra, ABD Konsey'e Çin gibi

---

[53] Rob Hubert, Why Canada, U.S. must resolve their Arctic border disputes, The Globe and Mail, 21 Ekim 2014 - http://www.theglobeandmail.com/opinion/why-canada-us-must-resolve-their-arctic-border-disputes/article21189764/

[54] Iosif Sorokin, *"The UN Convention on the Law of the Sea: Why the U.S. Hasn't Ratified It and Where It Stands Today"*, Travaux: The Berkeley Journal of International Law Blog, 30 Mart 2015 - http://berkeleytravaux.com/un-convention-law-sea-u-s-hasnt-ratified-stands-today

[55] Ronald O'Rourke, *"Changes in the Arctic: Background and Issues for Congress"*, Congressional

ülkelerin gözlemci üye olmalarını da desteklemesi, Arktika sorunlarının çok uluslu katılımla çözülmesi taraftarı olduğunu göstermektedir.

Bölge'nin Yeni Aktörü Çin

Çin, doğrudan sınırı olmasa da, bölgeyle yakından ilgilenmektedir. Ancak dış politikasında Artktika çok önemli bir yere sahip değildir ve bunun başlıca nedeni, gelecekte bölgede ortaya çıkacak fırsatlar için hazır-lanmakta olmasıdır.

Hızlı bir şekilde büyüyen ekonomisini desteklemek amacıyla, deniz nakliyelerinde önemli tasarruflar, zaman kazanımı ve ihracat rotalarında çeşitlilik sağlayacak olan Kuzey kutup denizlerine ulaşımını garanti altına almayı amaçlamakta ve Kuzey Okyanusun kaynaklara erişim imkanları aramaktadır. Pekin hükümeti, bölgeyle ilgili söz sahibi olabilmesini garanti altına almaya çalışarak, amaçları doğrultusunda birçok projede yer almaya gayret etmektedir. Kuzey ülkeleriyle birçok ikili ticaret anlaşmaları imzalamıştır. Bunların birçoğu sözkonusu ülkelerde Çin özel sektör yatırımlarına izin veren anlaşmalardır. İzlanda ile 2013 yılında imzaladığı serbest ticaret anlaşması[56], enerji kaynakları ile ilgili Rus deniz projelerinden hisseler satın alması[57], Arktik bölgesiyle deniz bağlantısını sağlayacak Kuzey Kore'den liman satın alması bu yöndeki çalışmalarının bir örneğidir. Arktika'da bölgesel statükonun korunması veya ulus-lararası topluluk lehine değişmesi Çin için avantajlıdır. Ülkenin birçok sonuçlanmamış sorunlarının bulunmasından dolayı, Arktika'da bölgesel sahiplenme iddiaları bu aşamada mümkün olmadığını göstermktedir.

Küresel ısınma, Çin'e büyük fırsatlar sunmakla beraber, ciddi sorunları da beraberinde getirmktedir. İklim değişiminin neden olduğu deniz seviyesi yükselmesi, ülkeye gıda ürünlerinin deniz yoluyla nakliyesinin zorluklarla karşılaşma olasılığı bulunmaktadır. Bu açıdan, Çin halkına yansıyacak olan sonuçların yumuşatılması ve bunlara adapte olması açısından, Arktik bölgesiyle ilgili çevre ve iklim değişimi hakkında derin bilgiler edinmesi ülkenin yararına olacaktır.

Çin'in, BM Deniz Hukuku Anlaşmasını Arktika için kilit mekanizma olarak değerlendirmektedir ve bölgenin yönetilmesiyle ilgili de kendi

---

Research Service, 25 Mart 2016.

[56] Jonsson, Örn D., Hannibalsson, I., Yang, Li, "A bilateral free trade agreement between China and Iceland", Ekim 2013 - http://skemman.is/stream/get/1946/16786/39049/3/OrnDJonsson_VID.pdf

[57] Andreas Kuersten, "Russian Sanctions, China, and the Arctic", 3 Ocak 2015 - http://thediplomat .com/2015/01/russian-sanctions-china-and-the-arctic

görüşlerine sahiptir. Kuzey Okyanus'a doğrudan sınırının olmamasına rağmen, sınırı olan ülkelerin egemenlik haklarını kabul etmekte, ama aynı zamanda da Çin yetkilileri Arktika'nın deniz bölgesinde bilimsel araştırmalar, serbest deniz nakliyesi ve muhtemelen Kuzey Okyanus'ta da enerji kaynakları çıkarma ve balıkçılık gibi bazı haklara sahip olduğunu öne sürmekte.[58] Bunları öne sürerken, Çin, ilk önce doğrudan sınırı olan ülkelerin egemenlik haklarının önemine vurgu yapmaktadır ve bunun iki temel nedeni vardır. Birincisi, kendi içişlerine dışarıdan müdahale edilmesini önlemek amacıyla, ikinci olarak da BM Deniz Hukuku Konvansiyonu dışında kalan Güney ve Doğu Çin denizlerindeki toprak iddialarını devam ettirebilmek.

Arktika Konvansiyonu'nun uygulanmasını desteklese de, Çin'in bazı endişeleri de bulunmaktadır. Bunun başlıca sebebi Arktika'da sınırı bulunan ülkelerin lehine egemen bölgelerin genişlemesiyle uluslararası ortak suların daralıp, bölge kaynaklarından yararlanma fırsatlarının kısıtlanmasıdır. Diğer bir neden ise, Rusya'nın kontrolü altındaki Kuzey Deniz rotalarında buzulları kırma hizmetleri için uygulanan yüksek geçiş ücretleridir.[59] Dünya'nın en büyük nakliye ve ulaştırma ülkesi olarak ve GSYH'sinin yaklaşık 45%'ini denizcilik ve gemi sanayisinden elde eden Çin, Kuzey Deniz rotası potansiyelini kullanamamasından kaygılanmış ve 2012 yılında *Xuelong* adı altınaki buzkıranını bölgeye göndermiştir.[60]

Çin, uzun çabalar sonrasında Atlantik Konsey'e daimi gözlemci üye statüsü elde etmeyi başarmıştır. Her ne kadar gözlemci statüsü sınırlı haklar tanısa da, Çin, bölgeyle ilgili gelişmelere dahil olma hakkına sahip olduğuna, zamanla gözlemcilerin daha geniş haklara sahip olacaklarına inanmaktadır ve bu konuda da çalışmalar yürütmektedir.[61]

Avrupa Birliği'nin Arktik Politikasini Devreye Sokması

Son dönemlerde, Avrupa Birliği'nin Arktika'yla ilişkilerini bölgede bulunan üyeleri aracılığı ile gerçekleştirmenin dışında, bölgeyle ilgili

---

[58] *Keynote Speech by Vice Foreign Minister Zhang Ming at the China Country Session of the Third Arctic Circle Assembly, Ministry of Foreign Affairs of People's Republic of China, 17 Ekim 2015 - http://www.fmprc.gov.cn/mfa_eng/wjbxw/t1306858.shtml*

[59] Kenneth, S. Yalowitz, James F. Collins, Ross A. Virginia, "The Arctic Climate Change and Security Policy Conference", Final Report and Findngs, Carnege Endowment for İnternational Peace and University of Arctic İnstitute for Applied Circumpolar Policy, Darmouth, 1-3 Aralık 2008, .37

[60] Trude Pettersen, Chinese icebreaker concludes Arctic voyage, Barents Observer, 27 Eylül 2012 - http://barentsobserver.com/en/arctic/chinese-icebreaker-concludes-arctic-voyage-27-09

[61] Bkz. B. Feng, "China Looks North: Carving Out a Role in the Arctic", Asia Pacific Foundation of Canada, 30 Nisan 2015 - http://www.asiapacific.ca/canada-asia-agenda/china-looks-north-carving-out-role-arctic

birçok siyasi belge ve normlar kabul etmekte, çevre ve iklim değişimi, ticaret politikaları, enerji alanında çalışmalar, bilimsel araştırmalar, ulaştırma ve balıkçılık gibi konularda da çaba sarfetmektedir. AB'nin son yıllarda Arktika bölgesiyle igili yeni politikalar geliştirme gayretleri mevcuttur. Örnek olarak, 2008 yılında Avrupa Komisyonu Avrupa Birliği Konseyi'ne gönderdiği İklim Değişikliği ve Güvenlik konulu belgede, Arktika'nın değişen jeostratejik bağlamda, yeni deniz rotalarına ve kaynaklara erişime de vurgu yaparak, yeni politikalar geliştirilmesi önerisinde bulunmaktadır. Arktika bölgesiyle ilgili AB özel rapor hazırlamıştır[62]. Mayıs 2008'de Danimarka'nın inisyatifiyle Arktika bölgesi ülkeleri dış işleri bakanları toplantısı yapılmıştır. Ülke temsilcileri Arktika bölgesine ilişkin uluslararası hukuk konusundaki yükümlülüklerini taahhüt etmişlerdir. Kasım 2008'de ise, AB Arktika'ya yönelik poli-tikalarını belirleyen "AB ve Arktik Konseyi" belgesini yayınlamıştır.[63]

Aynı zamanda, AB Arktik bölgesinde söz sahibi olan bir oyuncu değildir, bölge ülkeleri de AB'yi pay sahibi meşru bir taraf olarak kabul etmemektedir.[64] AB'nin, balina avına karşı kayıtsız kalması ya da Avrupa Parlamentosu'nun Arktika bölgesinin yönetim planı ile ilgili siyasi olarak gerçekleştirilemeyecek politikalar kabul etmesi, bunun bir örneğidir.

AB zamanla, bilgi ve tecrübe birikimleri doğrultusunda daha ılımlı Arktika politikaları izlemeye başlamıştır. Bugün, bu politikalar yeni bir Arktika anlaşmasından ziyade, Arktika'nın yönetimi, Arktik Konseyi, BM Deniz Hukuku Konvansiyonu ve Uluslararası Deniz Örgütü gibi çok uluslu anlaşmalar ve mekanizmalar üzerine kurulması gerektiği fikirlerini benimsemiş görünüyor. Daha da önemlisi bölge ülkelerinin egemenlik haklarının korunması gerektiği görüşündedir.

Farklı çıkarları olan AB üyesi ülkelerin bölgede etkili olmasından dolayı, AB'nin Arktika ile ilgili kapsamlı bir politikadan ziyade, siyasi bildiri ve belgelerle yetinmektedir. Bölgesel sorunların çözümünde aktif olarak yer almak istese de, temel aktörlerin Arktik ülkelerin olduğu gerçeğini

---

[62] Avrupa Komisyonu'nun Avrupa Birliği Konseyine gönderdiği İklim Değişikliği ve Güvenlik konulu belge (S113/08), 14 Mart 2008.

[63] Avrupa Birliği Konseyi Başkanı'nın İklim değişiklikleri ve Uluslararası Güvenlikle ilgili yayınladığı öneriler (S412/08 - BG), Brüksel, 18 Aralık 2008 - http://www.consilium.europa.eu/ uedocs/ cms_data/docs/pressdata/bg/reports/104896.pdf

[64] *Kamrul Hossain*, "EU Engagement in the Arctic: Do the Policy Responses from the Arctic States Recognise the EU as a Legitimate Stakeholder?", *Arctic Review on Law and Politics, Vol 6, No 2, 2015 - https://arcticreview.no/index.php/arctic/article/view/97*

kabul edip işbirliği ve sorunların çözümüne destek vermekle yetinmektedir.

AB'nin Arktika'ya yönelik temel politikası, bölgeyi ve Avrupa'yı farklı çevresel, sosyal ve ekonomik sonuçlarla etkileyen küresel iklim değişiklikleriyle ilgilidir. AB'nin Arktika ile ilgili yeni politikalarında, Arktik çevresine yönelik yatırımlar ve araştırmaların gerekliliğine vurgu yapan iklim dinamikleriyle ilgili somut güncel veriler ve bilgileri ön plana çıkarmaktadır.[65] Bu gayretler AB ve diğer ilgili ülkelerle koordinasyon ve işbirliğini gerktirmektedir.

İkinci olarak, AB'nin Arktika'da ciddi ekonomik çıkarları bulunmaktadır. Arktika'nın önemli derecede kaynakları Avrupa'ya yönlendirilmektedir. Arktika'dan elde edilen doğal gaz ve petrol kaynaklarının 30%'una yakını, İzlanda'dan çıkarılan deniz mahsullerinin 90%'ına yakınının ve Norveç kıyılarından çıkan balıkların 70%'ini Avrupa Birliği'nin[66] tüketmekte olması, AB için Arktika'nın önemli olduğunun delilidir. AB'nin ihracat ve ithalatının yaklaşık 80%'ni deniz yoluyla gerçekleşmektedir.[67] Bu açıdan, AB için bölgenin deniz rotalarının ileriye dönük gelişmesi, güvenliği ve istikrarı önemlidir.

AB'nin en belirgin girişimlerinden birisi, Uluslararası Deniz Örgütü çerçevesinde arama-kurtarma operasyonları yürütme ve Arktika'nın deniz rotaları güzergahındaki petrol lekelerinin temizlenmesi ile ilgili anlaşmalar kapsamında *"kutup kanunu"* kabul etmesidir. AB Kuzey Kutup'la ilgili, deniz rotası güzergahı üzerinde istikrarlı bir deniz taşımacılığını desteklemeye hazır olduğunu göstermektedir.

Üçüncü olarak, bölgedeki bilimsel araştırmalara veya sınırötesi işbirliğine yatırımlar yaparak, Arktik devletlerin ve diğer ilgili ülkelerin sosyal ve ekonomik kalkınmalarını etkilemeye çalışmaktadır. Bu konuda

---

[65] Joint Communication to the European Parliament and the Council: An Integrated European Union policy for the Arctic, European Commission, High Representative of the Union for Foreign Affairs and Security Policy, Brussels, 27 Nisan 2016 - http://www.eeas.europa.eu/arctic_region/docs/160427_joint-communication-an-integrated-european-union-policy-for-the-arctic_en.pdf

[66] Gómez, C., Green, D. R., "The İmpact of Oil and Gas Drilling Accidents on EU Fisheries", European Parliament Directorate General for Internal Policies, Policy Pepartment B: Structural and Cohesion Policies: Fisheries, European Union, Brussels, 2013 - http://www.europarl.europa.eu/RegData/etudes/note/join/2014/513996/IPOL-PECH_NT(2014)513996_EN.pdf

[67] Trade, Growth and Jobs Commission contribution to the European Council, CONTRIBUTION FROM THE COMMISSION TO THE FEBRUARY 2013 EUROPEAN COUNCIL DEBATE ON TRADE, GROWTH AND JOBS, European Commission, 2013 - http://trade.ec.europa.eu/doclib/docs/2013/april/tradoc_151052.pdf

işbirliğinin daha ileri seviyeye taşınması amacıyla Rusya, Norveç ve İzlanda ile "Kuzey Boyutu Girişimi" projesini gerçekleştirmektedir.

Bunların dışında AB Arktika'nın yönetimi girişimlerinde daha aktif rol almayı arzulamaktadır. Bu bağlamda, *"Arktik Konseyi"*, *"Barents Avro-Arktik Konseyi"*[68] ve bakanlar seviyesindeki *"Kuzey Konsey"*yi[69] gibi bölgesel kuruluş ve mekanizmalarda yer almaktadır.

Arktika'da Askerî Rekabet

Yakın döneme kadar Arktika'nın askerîleştirilmesi konusu, iklim özelliği taşıyan birçok nedenlerden dolayı, oldukça teorik bir anlam taşımaktaydı. Son yıllarda, buzulların daha hızlı erimeye başlaması ve buna paralel olarak da Arktika'nın kıta sahanlığında açılan enerji kaynakları sahalarından dolayı, bu durum değişmeye başladı. Buz örtüsünün tamamen kaybolma olasılığı, Kuzey Deniz rotasının yıl boyu ticaret ve askerî gemiler tarafından kullanılması ve enerji alanlarının sömürülmesi için şartlar oluşturacaktır.

Kuzey Kutup çevresi, Soğuk Savaş döneminden beri geleneksel jeopolitik bakış açısına göre öncelikle stratejik nükleer denizaltılar ve deniz tabanlı diğer nükleer silahlar için askerî anlamda yüksek düzeyde stratejik bir bölge olup, askerî eğitim ve silah testleri için uygun bir alandır. Aynı zamanda, Arktik devletlerinin bölgeye farklı yaklaşımlarından ve sınırlarla ilgili sorunların mevcut olmasından dolayı Kuzey Okyanus suları ve kıta sahanlığının kesin çizgileri bulunmamaktadır. Örneğin, ABD ve Kanada arasında Alaska ve Yukon bölgesi, Kanada ve Danimarka arasında 950 km² büyüklüğündeki Hans adası ve çevresi gibi tartışmalı durumlar söz konusudur.

Danimarka'nın Arktika bölgesine ulaşımını sağlayan Grönland adası (*56 282 nüfuslu, 2 166,086 bin km² büyüklüğünde, 98% Danimarkaya ait dünyanın en büyük adası*)[70] ayrı bir sorun teşkil etmektedir. Tahminlere göre Grönland kıta sahanlığında 160 milyar varil petrol yatmaktadır. 2008 yılında adada yapılan referanduma göre halkın 76%'ısı daha fazla bağımsızlık ve özyönetim istemiştir.[71] Bugün Danimarka adanın yalnız dış politikasını ve savunmasını kontrolü altında tutmaktadır.

---

[68] Barents Euro-Arctic Council - http://www.beac.st/en
[69] Bkz. Nordic Council - http://www.norden.org/en/om-samarbejdet-1
[70] Nordic Council: Facts about Greenland - http://www.norden.org/en/fakta-om-norden-1/the-nordic-countries-the-faroe-islands-greenland-and-aaland/facts-about-greenland
[71] Katja Göcke, *"The 2008 Referendum on Greenland's Autonomy and What It Means for Greenland's Future"*, Max-Planck-Institut für ausländisches öffentliches Recht und Völkerrecht, 2009 - http://www.zaoerv.de/69_2009/69_2009_1_a_103_122.pdf

Grönland'ın, doğal kaynaklarını yönetme, hukuki sorunlarını çözme ve dış politika üzerinde kısmî hakları bulunmaktadır.

Genel olarak, Kanada, Danimarka ve Norveç savunmalarının zayıf olması, ABD ve Rusya gibi ülkelere ait bölgelerle ilgili baskı yapma durumları bulunmamaktadır. Ayrıca da, Kanada'ya ait savunma birliklerinin tamamına yakını ülkenin güneyinde bulunmaktadır. Danimarka kara ve hava küvvetlerine ait birliklerin tamamı ise *Yutlandiya* yarımadasında ve civardaki adalardadır.

Bölgede güvenlik sistemleri ve işbirliği kapsamında faaliyet gösteren farklı kuruluşlar bulunmaktadır. Bunların başında Sovyet tehdidinden korunma amaçlı kurulan savunma sistemi olan NORAD (North American Aerospace Defence Command) ve bölgede kolektif güvenliği sağlamak amacıyla 2008 yılında Norveç, Finlandiya ve İsveç savunma bakanlıkları tarafından kurulan, daha sonra Danimarka ve İzlanda'nın da dahil olduğu NORDEFCO (Nordic Defence Cooperation) veya yeni adıyla NORDSUP-2008 gelmektedir.

Kırım krizi ve ardından Ukrayna'da yaşanan gelişmeler Rusya ile Batı ve NATO ülkelerini karşı karşıya getirdi. Rusya ile Batı arasında yaşanan bu gerilim, doğal kaynaklara sahip Arktika bölgesine de taşındığı görülmektedir. Bu olaylar ABD ve diğer bölge ülkelerinin Arktika'da Rusya ile işbirliğini dondurmasına neden oldu.[72] Bu gelişmeler karşısında Rusya Başkanı Putin, dünyanın siyasi ve sosyoekonomik yapısının hızla değiştiğini ve bu durumun Arktika dahil, Rusya'nın ulusal çıkarlarına yeni riskler yarattığını ifade etmiştir. Arktika'ya yönelik küresel güçlerin de ilgisinin artması Rusya'nın bölgedeki etkinliğini korumak ve rakipleri karşısında önlemler alması gerektiğini belirtmiştir.[73] Aslında Rusya'nın bölgede etkin olduğunu gösteren sembolik bir eylem, 2007 yılında Kuzey kutbunda denizin dibine bayrak dikmesi olmuştur.

Vladimir Putin, 2009 yılında yapmış olduğu bir açıklamada Arktika'daki doğal gaz ve petrol kaynaklarının savaş sebebi olabileceğini dile getirmişti. 2013 yılında ise askerî yetkililerine bölgeye özel önem vermeleri konusunda uyarıda bulunmuştu.[74] Bu yönde açıklamalar

---

[72] "Relations with Russia", NATO, 15 Nisan 2016 - http://www.nato.int/cps/en/ natolive/ topics_50090.htm

[73] Aleksei Anishchuk, *"Russia's Putin wants beefed-up presence in Arctic"*, 22 Nisan 2014 - http://www.reuters.com/article/us-russia-putin-arctic-idUSBREA3L1BN20140422

[74] The Emerging Arctic: Diplomacy and Security, Council on Foreign Relations - http://www.cfr.org/polar-regions/emerging-arctic/p32620#!/?cid=otr_marketing_use-arctic_Infoguide#!

Rusya Güvenlik Konseyi başkanı Nikolai Patruşev de yapmıştı.[75] Mart 2015'te, Putin'in talimatıyla bölgeye 45000 asker, 15 denizaltı ve 41 savaş gemisi gönderilerek Arktika'da savaş hazırlığı yapıldığı imajı verilmiştir. Bu eylemin büyük ihtimalle, Norveç'in *"Joint Viking"* adı altındaki askerî tatbikat nedeniye bölgeye 5000 asker göndermesi bahanesiyle yapılmış olabileceği düşünülmektedir. Ancak, Norveç iki yıl öncesinden Rus yetkililerini tatbikatla ilgili bilgilendirdiği de bilinmektedir.[76] 2014 yılında Norveç, Rusya'ya ait 74 savaş uçağının ülke sınırlarını ihlal ettiğini tespit etmiştir.[77] Son yıllarda bu tür olayların artış göstermesi ve bölge ülkelerinin NATO'ya destek çağırısında bulunmaları dikkat çekicidir.

Kuzey bölgeleri, Rus deniz kuvvetlerinin okyanuslara açılması için de geçiş noktası olan bölge aynı zamanda güvenlik açısından da önemli bir askerî stratejik bölgedir. Doğu bölgelerinde ciddi bir askerî varlığı bulunmasa da, Kuzey Deniz filosunun tamamı Rusya'nın Avrupa kısmındaki Kolski Yarımadası'ndadır. Ülkenin en büyük deniz üslerinden olan *Murmansk* ve *Arhangelsk* burada bulunmaktadır.

Arktika aynı zamanda Amerika ve Sibirya arasındaki en kısa mesafedir ve bu yüzden de, özellikle Rusya için geliştirilmesi ve ciddiye alınması gereken öncelikli alanlardandır. Arktika'daki enerji kaynaklarının elde edilmesi ve bölgenin askerî güvenliğinin artırılması, Rusya ile diğer kıyıdaş ülkeler arasındaki jeopolitik rekabetin farklı bir boyut aldığının göstergesidir.

Rusya'nın kuzeydeki askerî varlığının anlamı, Rusya askerî yapısının kıtasal karakterinden ve kendisini deniz kuvvetleri karşısında kıtasal karargah olarak algılayışından dolayıdır. Bu askerî varlığın temel amacı, kıyı alanını muhtemel deniz ve hava saldırılarından korumak ve gerektiğinde Kuzey Kutbu'ndan Amerika kıtasına nükleer saldırıyı gerçekleştirmektir. Rusya'nın bölgedeki askerî varlığını arttırma girişimleri, Arktik bölgeye yönelik olmasından ziyade, ABD ve NATO'ya karşı denge stratejisi olduğu daha muhtemel görülmektedir. Diğer yandan, Rusya'yı tedirgin eden en önemli sorunlardan birisi NATO ve AB'nin doğuya doğru genişlemesidir.

---

[75] Dimitri Trenin, Pavel K. Baev, *"The Arctic: A view from Moscow"*, Carnegie Endowment for İnternational Peace, Washington, 2010, s.9
[76] Conley, A. H., Rohloff, C., *"The New Ice Curtain: Russia's Strategic Reach to Arctic"*, Report of the CSİS Europe Program, Ausust 2015, s.IX
[77] Aynı eser, s.13.

NATO'nun Arktik bölgesindeki en ciddi varlığı İzlanda'da konuşlu bulunan savunma sistemidir. Onun dışında, bölgedeki varlığını Norveç, Kanada ve Danimarka gibi üye ülkeleri aracılığı ile sürdürmektedir. Bölgede gerçekleştirilen tatbikatları çoğu zaman Rusya provokasyon olarak algılamakta ve karşı hareketler gerçekleştirmektedir.

ABD'nn Avrupa'ya ait Arktika bölgesinde askerî birlikleri bulunmasa da, Atlantik filosu bölgede ciddi savaş potansiyeline sahiptir. Ancak Atlantik filosunun tüm Atlas Okyanusu ve Akdeniz'den sorumlu olması ve son dönemlerde bir bölümünün Suriye açıklarına gönderilmesi, Kuzey bölgelere takviyeler yapılması ihtiyacı duyulmuştur. Rusya'nın da bölgedeki askerî varlığını çoğaltmasına karşı harekete geçilmiştir. Kara kuvvetleri ve uçak filosu dışında, ABD'nin en büyük füze kalkanı Alaska'nın *Fort Greely* üssünde bulunmaktadır. Alaska'da, yalnızca sahil güvenlik ve birkaç fırkateynin dışında savaş gemisi bulunmamaktadır. Son yıllarda ABD'nn savunma bütçesini azaltma politikaları, Alaska'daki tatbikatları da etkilemiştir.

Bölgede, çatışmayı tetikleyecek başka bir teorik faktör, Çin'in 2008 yılında *Spitsbergen* adasında kurdurğu bilim istasyonunun yanı sıra bölgede hareket eden ve daha önce de Antarktika'da kullanılan *"Xuelong"* isimli buzkıran gemisi bulunmasıdır. Her alanda hızlı bir şekilde büyüyen Çin, her çeşit doğal kaynaklar ihtiyacını karşılamak adına attığı adımlar gelecekte öngörülemeyecek gelişmelere neden olabilme potansiyeli taşımaktadır.

Arktik denizleri çevresinde uzun vadede askerî çatışmanın meydana gelmesinin en muhtemel nedeninin doğal kaynakların paylaşımı olarak görülmektedir. Ancak bu aşamada Arktika bölgesinde kıyıdaş ülkeler arasında doğal kaynaklar, toprak iddiaları veya ekonomik çıkarlar tabanlı silahlı çatışmanın mümkün olmadığı tahmin edilmektedir. Buzlu Okya-nus'un dibinden doğal gaz ve petrolün çıkartılması, işbirliği gerektiren, büyük yatırımlar, teknolojik ve finansal riskler taşıyan ve sonunun ne kadar kârlı olacağı bilinmeyen bir atılımdır. Arktika Konseyi'nin bölgede çıkarı olan ülkeler arasında önem kazanması, işbirliği seçeneklerine ağırlık kazandırmaktadır.

Sonuç olarak, Arktika'da yakın gelecekte askerî çatışma senaryolarının gerçekleşmesi mümkün görünmese de, aktör sayısının arttığı uluslararası arenada hızla değişen dinamikleri öngörmek zordur.

Sonuç Yerine

Küreselleşen Arktika'da çözüm bekleyen birçok sorun bulunmaktadır. Bunlardan bazıları, diplomatik çıkmazlar ve askerî çatışmalar doğurabilecek yeni deniz taşımacılığı rotalarının statüsü ve kıta sahanlığı sınırlarının genişlemesi ile ilgilidir. Bölgenin özellikerinden birisinin, çok taraflı işbirliği ve kolektif yönetim olması nedeniyle, çok uluslu ilişkileri destekleyen farklı siyasî çıkarlar etkindir. Rusya, bu prensipleri istikrarlı yatırım ortamı olarak kullanırken, Çin, bölge dışı bir ülke olarak Arktik kaynaklara meşru yoldan ulaşımını garanti altına almaya çalışmaktadır. Diğer yandan ABD, *"akılı güç"* (Smart Power) stratejisi[78] kapsamında mevcut çok uluslu ortamı bölgedeki varlığını güçlendirme ve çıkarlarını hayata geçirmek için fırsat bilmektedir. Avurpa Birliği, genelde olduğu gibi Arktika'da da dış politikasında çok taraflı politika yaklaşımı sergilemektedir. Bu açıdan bölgede de kilit oyuncu konumuna gelebilme çabaları göstermektedir.

Ancak, iklim değişikliği ve ekonomik kalkınmanın getirdiği belirsizliklerle bölgenin yönetilmesinin daha da karmaşık bir hal alması bekleniyor. Öncelikle, bölgenin istikrarlı ve sürdürülebilir kalkınma sorunlarının ilgi odağı, doğal kaynakları sömürme ve deniz taşımacılığını içeren ekonomik potansiyel perspektifine doğru kayması söz konusudur. İkinci olarak, yeni aktörlerin Arktika'ya gelmesiyle yerli halkları bölgedeki etkinliklerini kaybetmeleri muhtemeldir. Örnek olarak, ekonomisine, iç istikrarına ve kendi azınlıklarına odaklanmış olan Çin'in bölgedeki yerli halkların etkinliğini desteklemesi mümkün gözükmüyor. Bunlar hariç, yeni oyuncular, çıkarlar ve dinamikler mutlaka geleneksel bölge devletleri üzerinde etkisini gösterecektir. Arktika devletlerinin, Rusya hariç, etkinliğinin azalmasına neden olacaktır. Ancak, İzalnda gibi devletler için yeni oyuncuların bölgeye gelmesi fırsat olarak da değerlendirilebilir. Mesela, Çin'in bölgeye gelmesi, İzlanda'nın doğrudan yapılan yatı-rımlarının artması vs. gibi.

Çoğu ülke, bölgenin dünyaya ve serbest deniz taşımacılığına açılmasından yana olması, ABD ve Kanada arasındaki bölgedeki sınırlarından dolayı toprak iddiaları tartışmaları, Çin'in bölgeye olan artan ilgisi veya Rusya ve Kanada gibi ülkelerin transit geçiş ücretlerini yükseltmeleri bölgede olası anlaşmazlıklara yol açabilir. Bu açıdan, mevcut uluslararası hukuk normlarının işlemesi ve bölgenin ekolojik dengesinin korunması son derece önemlidir.

---

[78] Smart Power in U.S.-China Relations, A Report of CSİS Commission on China, CSIS, Mart 2009

Bölgede öngörülen ekonomik fırsatlar büyük ölçüde bölgesel siyasi gelişmelerden etkilenmektedir. Yatırım ve finansal riskleri asgariye düşürmek için elverişli ortam yaratmaya çalışan Arktik devletler için siyasi istikrar son derece önemlidir. Artan ekonomik faaliyetlerle ilişkili riskleri ve güvenlik endişelerini yönetmek için işbirliğinin ve genel olarak sürdürülebilir ekonomik kalkınma gayretlerinin önemi büyüktür.

Aynı zamanda, kaynakların bugünkü ihtiyaçları karşılaması sağlanmaya çalışılırken, gelecek kuşakların ihtiyaçlarını karşılayabilme olanakları şüphe altına girmektedir. Doğal kaynakların sürdürülebilir bir şekilde kullanılması ve ulusal sınırların ötesine geçerek çevreyi ortak çabalarla ve sosyal faaliyetlerle korumak, çatışmaları önleyip barış inşasına katkıda bulunabilir. Ekolojik dengenin korunması için en doğru önlemin küresel düzeyde çevresel bozulmayı en aza indirecek uygulamaların gerçek-leştirilmesi, çevresel değişikliklere karşı toplumların hazırlıklı olmasıdır.

KAYNAKÇA

A Cooperative Strategy for 21st Century Seapower, Mart 2015 - https://www. uscg.mil/seniorleadership/DOCS/CS21R_Final.pdf

Aleksei Anishchuk, *"Russia's Putin wants beefed-up presence in Arctic"*, 22 Nisan 2014 - http://www.reuters.com/article/us-russia-putin-arctic-idUSBREA3L1BN20140422

Andreas Kuersten, "Russian Sanctions, China, and the Arctic", 3 Ocak 2015 - http://thediplomat.com/2015/01/russian-sanctions-china-and-the-arctic

Arctic Weather and Extreme Events, U.S. Climate Resilience Toolkit - https://toolkit. climate.gov/topics/arctic/arctic-weather-and-extreme-events

Arktik Konseyi - http://www.arctic-council.org/index.php/en

Avrupa Komisyonu'nun Avrupa Birliği Konseyine gönderdiği İklim Değişikliği ve Güvenlik konulu belge (S113/08), 14 Mart 2008.

Avrupa Birliği Konseyi Başkanı'nın İklim değişiklikleri ve Uluslararası Güvenlikle ilgili yayınladığı öneriler (S412/08 - BG), Brüksel, 18 Aralık 2008 - http://www. consilium.europa.eu/uedocs/cms_data/docs/pressdata/bg/reports/104896.pdf

Bachler, G., "Environmental Degradation as a Cause of War", ENCOP – Final Report, Vol. 2, Zurich, Center for Security Studies, 1996.

Balta, Evren, *Kürese Siyasete Giriş: Uluslararası İlişkilerde Kavramlar, Teoriler, Süreçler*, İletişim, İstanbul, 2014,

Barents Euro-Arctic Council - http://www.beac.st/en

Barry, John, *Green Political Theory: Nature, Virtue and Progress*, Department of Politics University of Glasgow, 1996.

Barry, John, *Environment and Social Theory*, Second Edition, Routledge, London&New York, 1999.

B. Feng, "China Looks North: Carving Out a Role in the Arctic", Asia Pacific Foundation of Canada, 30 Nisan 2015 - http://www.asiapacific.ca/canada-asia-agenda/china-looks-north-carving-out-role-arctic

BM Genel Toplantısı - Climate change and its possible security implications Report of the Secretary-General, 11 Eylül 2009: http://www.unhcr.org/543e73f69.pdf

BMGK – 5663rd meeting: http://www.securitycouncilreport.org/atf/cf/%7B65BFCF9B-6D27-4E9C-8CD3-CF6E4FF96FF9%7D/CC%20SPV%205663.pdf

BM Okyanuslar ve Deniz Hukuku Birimi (UNCLOS) - http://www.un.org/depts/los/clcs_new/commission_submissions.htm

Borisova, Bilyana and Koulov, Boian, "Environmental Policy İntegration for Sustainable Regional Development", in (ed.) Chavdar Mladenov, Mariyana Nikolova, Rumiana Vatseva, Boian Koulov, Ilia Kpralev, Marian Varbanov, Margarita Ilieva, "Geography and Regional Development Proceedings", İnternational Conference, NİGGG, BAS, Sofia, 2010, s.61.

Calderwood, I., The new Cold War? Russia sends troops and missiles to the Arctic as Putin stakes a claim for the region's oil and gas reserves - http://www.dailymail.co.uk/news/article-3374539/The-new-Cold-War-Russia-sends-troops-missiles-Arctic-Putin-stakes-claim-region-s-oil-gas-reserves.html

Carter, Alan, "Towards a Green Political Theory" in Dobson, Andrew & Paul, Lucardie (eds), The Politics of Nature: Explorations in Green Political Theory, London: Routledge, 1993.

Chalecki, E., "Environmental Security: A Case Study of Climate Change", Pacific Institute for Studies in Development, Environment, and Security, 2009.

Carter, Neil, The Politics of the Environment: Ideas, Activism and Policy, Second Edition, Cambridge University Press, 2007.

Conley, A. H., Rohloff, C., "The New Ice Curtain: Russia's Strategic Reach to Arctic", Report of the CSIS Europe Program, Ausust 2015

Deudney, D., "Environmental Security: A Critique", in Daniel Deudney and Richard Mathew, eds. Contested Grounds: Security and Conflict in the New Environmental Politics, New York, State University of New York Press, 1999, s. 187-219.

Deudney, D., "Environment and security: Muddled thinking", Bulletin of the Atomic Scientists 47, No 3, 1991, s.22-28.

Dimitri Trenin, Pavel K. Baev, "The Arctic: A view from Moscow", Carnegie Endowment for İnternational Peace, Washington, 2010.

Dobson, Andrew, Green Political Thought, Forth Edition, London&New York, 2007.

Доурти,, Джеймс, (Dorothy, James E.), "Теории за Международните отношения", (Uluslararası İlişkiler Teorileri), Volume 1, Атика, София, 2004.

Doyle, T., McEachern D., MacGregor S., Environment and Politics, Forth Edition, Routledge, London and New York, 2016.

Dupont, A., "The Environment and Security in Pacific Asia", ADELPHI Paper 319, Haziran 1998: s.75-76.

Eckersley, Robyn, "Envoronmentalism and Political Theory: Toward an Ecocentric Approach", State University of New York Press, NY, 1992.

Eckersley, Robyn, "The Green State: Rethinking Democrasy and Sovereignty", The MIT Press, London, 2004.

Eckersley, Robyn, "Green Theory", (Chapter 14), in (ed.) Tim Dunne, Milja Kurki, Steve Smith, İnternational Relation Theories: Discipline and Diversity, Third edition, Oxford University Press, 2013.

Fauchald, O. K., Hunter, D., Xi, W., Year Book of International Environmental Law, V.19 2008, Oxford University Press, 2009.

Flake, L. E., "Russia's Security Intentions in a Melting Arctic", Military and Strategic Affairs, Volume 6, No. 1, Institute for National Security Studies (INSS), Mart 2014, s.99-116.

Gilpin, Robert, "Uluslararası İlişkilerin Ekonomi Politiği, Kripto, Ankara, 2011.

Gleditsch, N. P., *"Armed Conflict and the Environment: A Critique of the Literature"*, Vol. 35, No. 3, Journal of Peace Research, Special Issue on Environmental Conflict (May, 1998), s.381-400 - http://www.jstor.org/stable/424942?seq=1#page_ scan_ tab_ contents

Goldstein, Joshua S., Pevehouse, Jon C., "Çevre ve Nufus", (11. Bölüm), çev. Prof. Dr. Halük Özdemir *"Uluslararası İlişkiler"*, Big Bang Yayınları, Ankara, 2015.

Gómez, C., Green, D. R., "The Impact of Oil and Gas Drilling Accidents on EU Fisheries", European Parliament Directorate General for İnternal Policies, Policy Pepartment B: Structural and Cohesion Policies: Fisheries, European Union, Brussels, 2013 - http://www.europarl.europa.eu/RegData/etudes/note/join/2014/513996/IPOL-PECH_NT(2014)513996_EN.pdf

Hayward, Tim. "Anthropocentrism: A Misunderstood Problem." *Environmental Values* 6, no. 1, The White Horse Press, (1997): s. 49–63.

Heywood, Andrew, *"Ekolojik Düşünce"* (9.Bölüm), "Siyasi İdeolojiler", çev. Şeyma Akın (8-11) bölümler, Adres yayınları, Ankara, 2014.

Homer-Dixon, T., *Environment, Scarcity, and Violence*, Princeton, Princeton University Press, 1999 - http://ww.w.humanecologyreview.org/pastissues/her71/ 71book-reviews.pdf

Ian Anthony, Camille GRAND, Patricia LEWIS, Elina STERGATOU, EU - European Parliament, Directorate General For External Policies, Policy Department, "Towards a New European Security Strategy: Assessing the İmpact of Changes in the Global Security Environment", Afet Sede, 2015.

Iosif Sorokin, *"The UN Convention on the Law of the Sea: Why the U.S. Hasn't Ratified It and Where It Stands Today"*, Travaux: The Berkeley Journal of International Law Blog, 30 Mart 2015 - http://berkeleytravaux.com/un-convention-law-sea-u-s-hasnt-ratified-stands-today

Joint Communication to the European Parliament and the Council: An Integrated European Union policy for the Arctic, European Commission, High Representative of the Union for Foreign Affairs and Security Policy, Brussels, 27 Nisan 2016 - http://www.eeas.europa.eu/arctic_region/docs/160427_joint-communication-an-integrated-european-union-policy-for-the-arctic_en.pdf

Jonsson, Örn D., Hannibalsson, I., Yang, Li, "A bilateral free trade agreement between China and Iceland", Ekim 2013 - http://skemman.is/stream/get/1946/16786/ 39049/3/OrnDJonsson_VID.pdf

Kamrul Hossain, "EU Engagement in the Arctic: Do the Policy Responses from the Arctic States Recognise the EU as a Legitimate Stakeholder?", Arctic Review on Law and Politics, Vol 6, No 2, 2015 - https://arcticreview.no/index.php/arctic/article/view/97

Kaplan, R., *"The Coming Anarchy: Shattering the Dreams of the Post Cold War"*, Random House Ney York, 2001.

Katja Göcke, "The 2008 Referendum on Greenland's Autonomy and What It Means for Greenland's Future", Max-Planck-Institut für ausländisches öffentliches Recht und Völkerrecht, 2009 - http://www.zaoerv.de/69_2009/69_2009_1_a_103_122.pdf

Kenneth S. Yalowitz, James F. Collins, Ross A. Virginia, "The Arctic Climate Change and Security Policy Conference", Final Report and Findngs, Carnege Endowment for International Peace and University of Arctic Institute for Applied Circumpolar Policy, Darmouth, 1-3 Aralık 2008.

Keohane, Robert O., "The Global Politics of Climate Change: Challenge for Political Science." PS: Political Science & Politics, The 2014 James Madisson Lectures, January 2015, s.19–26

Kharecha, P. A., Hansen, J. E., "Prevented Mortality and Greenhouse Gas Emissions from Historical and Projected Nuclear Power", Environmental Science and Technology, 2013, s.4889–4895. - http://pubs.acs.org/doi/abs/10.1021/es3051197

Kirchner A., *Environmental Security*, Fourth UNEP Global Training Programme on Environmental Law and Policy, No. 4, 15. November-3 December 1999, s.1-5 - http://www.uvm.edu/~shali/Kirchner.pdf

Klein, N., *This Changes Everything: Capitalism vs. The Climate*, Simon&Schuster, New York, 2014.

Knight, C. Gregory, "Climate Change and Water: Challenges to Regional Development", *Geography and Regional Development Proceedings,* International Conference, NIGGG, BAS, Sofia, 2010.

Knutsen, Torbjorn L., "Uluslararası İlişkiler Teorisi Tarihi", (çev.) Mehmet Özsay, Açılım kitap, İstanbul, 2015.

Mazilu, Mirela-Elena, "Globalization-Environment-Tourism in the Outlook of European Integration", *Geography and Regional Development Proceedings,* International Conference, NIGGG, BAS, Sofia, 2010.

MFA of PRC, Keynote Speech by Vice Foreign Minister Zhang Ming at the China Country Session of the Third Arctic Circle Assembly, Ministry of Foreign Affairs of People's Republic of China, 17 Ekim 2015 - http://www.fmprc.gov.cn/mfa_eng/wjbxw/t1306858.shtml

Minteer, Ben A., Taylor, Bob Peperman, *Democrasy and the Claim of Nature: Critical Perspectives for a New Century*, Rowman and Littlefield Publishers, Inc. Lanham, Boulder, New York, London, 2002.

Moran D., *Climate Change and National Security: A Country-Level Analysis.* Washington, DC, Georgetown University Press, 2011.

National Aeronautics and Space Administration (NASA)I Goodart Institute for space Studies, http://data.giss.nasa.gov/gistemp/graphs_v3/

National Snow and Ice Data Center - http://nsidc.org/data/search/#keywords=ice+sheets/sortKeys=score,,desc/facetFilters=%257B%2522facet_parameter%2522%253A%255B%2522Ice%2520Extent%2522%255D%257D/pageNumber=1/itemsPerPage=25

NATO/CCMS, *Environment and Security in an International Context*, Final Report (March 1999).

Navigating the Northern Sea Route Advisory: Status and Guidance, ABS - https://www.wilsoncenter.org/sites/default/files/navigating_the_northern_sea_route_status_and_guidance.pdf

Nordic Council - http://www.norden.org/en/om-samarbejdet-1

NPR, *"Climate Change Worries Military Advisers"*, http://www.npr.org/templates/story/ story.php?storyId=9580815. July 2007.

Opportunities and Challenges for Arctic Oil and Gas Development, Euroasia Group Report for the Wilson Center, Washington, D.C. WC, s.6 - https://www.wilsoncenter.org/sites/default/files/Artic%20Report_F2.pdf

OSCE Report at Security Days Meeting on "Climate Change and Security: Unprecedented impacts, unpredictable risks", SEC.DAYS/23/15/Corr.1, Vienna, 22 January 2016.

Paterson M., *Green Politics*, Chapter 10, in (ed.) Scott Burchill, Andrew Linklater, Richard Devetak, Jack Donnelly, Matthew Paterson, Christian Reus-Smit and Jacqui True, *Theories of International Relations*, Palgrave Macmillan, 2005.

Relations with Russia, NATO, 15 Nisan 2016 - http://www.nato.int/cps/en/natolive/topics_50090.htm

Rob Hubert, Why Canada, U.S. must resolve their Arctic border disputes, The Globe and Mail, 21 ekim 2014 - http://www.theglobeandmail.com/opinion/why-canada-us-must-resolve -their-arctic-border-disputes/article21189764/

Ronald O'Rourke, *"Changes in the Arctic: Background and Issues for Congress"*, Congressional Research Service, 25 Mart 2016

Security Council Report - Maintenance of International Peace and Security: Impact of Climate Change, 2011: http://www.securitycouncilreport.org/monthly-forecast/ 2011-07/lookup_c_glKWLeMTIsG_b_7535735.php

Sharma. B., Barry, E., "Earthquake Prods Nepal Parties to Make Constitutional Deal." The New York Times, 8 Haziran 2015 - http://www.nytimes.com/2015/06/ 09/ world/asia/earthquake-prods-nepal-parties-to-make-constitution-deal.html?_r=0

Smart Power in U.S.-China Relations, A Report of CSIS Commission on China, CSIS, Mart 2009.

Steans, Jill & Lloyd, Pettiford, "International Relations: Perspectives and Themes", England: Pearson Education Limited, 2001.

Tarık Ak, *"Çevresel Güvenlik İlişkisi Bağlamında Çevresel Güvenlik Kavramı"*, Atılım Sosyal Bilimler Dergisi 3 (1-2), 99-115, s. 102, 2013.

Taylor, A. Bhopal: "The World's Worst Industrial Disaster, 30 Years Later", 2 Aralık 2014 - http://www.theatlantic.com/photo/2014/12/bhopal-the-worlds-worst-industrial-disaster-30-years-later/100864/

The Carbon Dioxide Information Analysis Center - http://cdiac.ornl.gov/ trends/emis/meth_reg.html

The Emerging Arctic: Diplomacy and Security, Council on Foreign Relations - http://www.cfr.org/polar-regions/emerging-arctic/p32620#!/?cid= otr_ marketing _use-arctic_Infoguide#!

The Little Green Data Book, The World Bank, 2008.

The Little Green Data Book, The World Bank, 2009.

The White House, *"Findings from Select Federal Reports: The National Security Implications of a Changing Climate."*, Washington, Mayıs 2015 - https://www. whitehouse.gov/sites/default/files/docs/national_security_implications_of_changi ng_climate_final_051915_embargo.pdf.

The White House, *"Implementation Plan for The National Strategy for the Arctic Region"*, Washington, Ocak 2014 - https://www.whitehouse.gov/sites/ default/ files/ docs/implementation_plan_for_the_national_strategy_for_the_arctic_region_-_fi....pdf

The White House, *"National Strategy for the Arctic Region"*, Mayıs 2013 - https://www.whitehouse.gov/sites/default/files/docs/nat_arctic_strategy.pdf

Torgerson, Douglas, *The Promise of Green Politics: Environmentalism and the Public Sphere*, Duke University Press Books, Durham ve London, 1999.

Trade, Growth and Jobs Commission contribution to the European Council, European Commission, 2013 - http://trade.ec.europa.eu/doclib/docs/2013/april/tradoc _151052.pdf

Trude Pettersen, Chinese icebreaker concludes Arctic voyage, Barents Observer, 27 eylül 2012 - http://barentsobserver.com/en/arctic/chinese-icebreaker-concludes-arctic-voyage-27-09

UNEP Annual Report 2005 - http://www.unep.org/Documents.Multilingual/Default.asp ?DocumentID=67&ArticleID=5125&l=en

Vinas, Maria-Jose, 2015 Arctic Sea Ice Maximum Annual Extent Is Lowest On Record, (ed. Rob Garner), NASA's Earth Science News Team, 31 temmuz 2015: http://www.nasa.gov/content/goddard/2015-arctic-sea-ice-maximum-annual-extent-is-lowest-on-record

Williams, D., O., "Conflict Experts Dispute Impact of Global Climate Change on National Security", Real Vail, 11 Mart 2015 - http://www.realvail.com/conflict-experts-dispute-impact-of-global-climate-change-on-national-security/a1812

World Nuclear Association, Chernobyl Accident 1986, 26 April 2016: http://www.world-nuclear.org/information-library/safety-and-security/safety-of-plants/chernobyl-accident.aspx

Браунгарт, М., Макдона, У., „От люлка до люлка: Да преосмислим начина, по който произвеждаме" (*Michael Braungart, William McDonough „Cradle to Cradle: Remaking the Way We Make Things"*), Книжен тигър, София, 2009.

Стратегия национальной безопасности Российской Федерации до 2020 года (No.537), 12 Mayıs 2009 - http://www.scrf.gov.ru/documents/99.html.

TOPLUMSAL EKOLOJİ VE ULUSLARARASI HİYERARŞİ

Emre KALAY

Giriş

Günümüzdeki çevre sorunlarının genellikle Sanayi Devrimi ile başladığı kabul edilir. Sanayi Devrimi ile birlikte başlayan ve halen devam eden hammaddeye duyulan müthiş ihtiyaç ve kitlesel üretimin sonucu ortaya çıkan her türden atığın kontrolsüzce doğaya salınması doğanın hem hammadde tedarikçisi hem de çöp deposu olarak sömürülmesine varmıştır. Dünyanın hızla kirlenmesi ve kirliliğin canlı yaşamı tehdit eder hale gelmesiyle 1960 ve 70'ler ile birlikte çevreci bir duyarlılık doğmuş ve sesini yükseltmeye başlamıştır. Ne var ki bu çevreci tepkiler tek sesli olmamıştır. Çevre sorunlarının kaynakları ve sorunların toptan çözümü veya etkilerinin en azından asgariye indirilmesiyle ilgili farklı görüşler farklı çevreci hareketler yaratmıştır. Bugün çevre sorunları ile ilgili çevre korumacılık, ekolojizm, toplumsal ekoloji, derin ekoloji, eko-feminizm, eko-sosyalizm gibi pek çok fikir sistematiğinden bahsedilebilir. Bu fikir sistematikleri ekolojik sorunlara bakışlarına göre genel olarak bütüncül (holistik) ve indirgemeci olarak iki başlık altında toplanabilir. İndirgemeci bakış, ekolojik sorunların kaynağı olarak insanların bilinçsiz üretim ve tüketim faaliyetlerinde bulunmalarını görürken bütüncül bakış, bunların yanı sıra toplumsal ve bireysel eşitsizlikler, hiyerarşi ve tahakküm ilişkileri ile kültürel ve yönetsel yapıları işaret etmektedir. "Çevre korumacılık" anlayışı indirgemeci bakış altında görülebilirken "bütüncül bakışı" benimseyenler ekolojik düşünce olarak adlandırılır.[1]

Hem indirgemeci hem de bütüncül bakış ekolojik sorunlar ile ilgilendiğinden bunları aslında aynı meselenin farklı tonları olarak değerlendirmek oldukça yanlış olacaktır. Nitekim toplumsal ekoloji düşüncesinin kurucusu Murray Bookchin, ekolojiyi çevreciliğin karşısına koyarken, çevresel tahribatı önleme konusunda "çevrecilik"in yetersiz kaldığını hatta faydadan çok zarar getireceğini öne sürer ve gerekçe olarak da çevreciliğin, toplumsal ekolojinin aksine, insanın doğaya hükmetmesi gerektiği anlayışını sorgulamadığını; *"aksine tahakkümün*

---

[1] Dr. Banu Aygün, Ahmet Mutlu, "Ekolojik Toplumun Organik Toplumla İlişkisi Üzerine", *Ankara Üniversitesi SBF Dergisi*, 61-1, s.15.

neden olacağı tehlikeleri azaltacak teknikler geliştirerek, bu tahakkümün önünü açmayı gözetmesini" gösterir.[2]

Bütüncül bakışla geliştirilen toplumsal ekoloji akımının ekolojik sorunların temelinde yattığını ileri sürdüğü hiyerarşik yapılar uluslararası sistemde de var olageldiğinden bu çalışmada, mevcut uluslararası sistemde devletlerarası ilişkiler toplumsal ekolojinin analizleriyle değerlendirilecek ve bir sonuç çıkarılmaya çalışılacaktır. Öncelikle Murray Bookchin'in geliştirdiği toplumsal ekolojinin analiz, öngörü ve önerileri aktarılacak, daha sonra uluslararası hiyerarşi hakkında bir değerlendirme yapılacaktır. Sonuç kısmında da Türkiye'deki kimi çevre sorunlarından hareketle bir öngörüde bulunulacaktır.

Toplumsal Ekoloji

Toplumsal ekoloji Murray Bookchin'in 1960'lardan itibaren toplumsal yapıyı ekolojik bir bakış açısıyla değerlendirmesi ve eleştirmesi ile gelişmiş ekolojik bir akımdır. Bookchin'in "Kıtlık Sonrası Anarşizm", "Şehrimizdeki Kriz", "Sentetik Çevremiz" (Lewis Herber mahlası ile), "Özürlüğün Ekolojisi Hiyerarşinin Ortaya Çıkışı ve Çözülüşü", "Ekolojik Bir Topluma Doğru", "Toplumsal Ekolojinin Felsefesi Diyalektik Doğalcılık Üzerine Denemeler" gibi pek çok eseri bulunmaktadır. Bookchin 1974'te kurulan "Toplumsal Ekoloji Enstitüsü"nün de kurucuları arasında yer almıştır. Murray Bookchin tüm eserlerinin amacının *"ekolojik krizin toplumsal kaynaklarına ilişkin tutarlı bir bakış açısı geliştirmek ve toplumu akılcı bir doğrultuda yeniden yapılandırmak için eko-anarşist bir proje sunmak"*[3] olduğunu söylemektedir.

Bookchin'in "Ekolojik Bir Topluma Doğru" eseri ekolojik sorunların özünü oluşturan toplumsal ilişkilerde tahakküm ve ekonomik ilişkilerde rekabet anlayışlarını kavrama çabasında ve *"geleneksel işçi hareketinin gerilemesiyle ortaya çıkan sorunlar bağlamında, devrimci bir toplumsal değişim fikrini dile getirme"* amacındadır.[4] Eserdeki ana endişenin kaynağı toplumun sahip olduğu çok büyük bir yıkıcı *"gücün neredeyse sistematik olarak tüm canlı dünya ve onun maddi temelleri üzerinde"* kullanılmasıdır.[5] Bookchin bu eserinde yer alan çalışmaların, "ya büyü

---

[2] Murray Bookchin, *Ekolojik Bir Topluma Doğru*, çev. Abdullah Yılmaz, Sümer Yayıncılık, İstanbul, 2013, s.86.
[3] Murray Bookchin, *Özürlüğün Ekolojisi Hiyerarşinin Ortaya Çıkışı ve Çözülüşü*, çev. Mustafa Kemal Coşkun, Sümer Yayıncılık, İstanbul, 2. Baskı, 2015, s.19.
[4] Bookchin, *Ekolojik Bir Topluma Doğru*, s.51.
[5] Bookchin, *Ekolojik Bir Topluma Doğru*, s.55.

ya öl" anlayışındaki rekabetçi piyasa ekonomisi varlığını sürdürdüğü takdirde, bunun görülmemiş boyutta korkunç bir çevresel tahribata neden olacağı konusunda uyarılarda bulunduğunu belirtmekte; devamında ise çevre sorunları ile ilgili öngörülerinin bu denli hızlı gerçekleşeceğini tahmin edememiş olduğunu itiraf etmektedir.[6]

Bookchin'e göre doğal dünyanın "tahakküm altına alınması" ve sonu gelmez büyüme inancı modern kapitalizmin yaşam şartı olan rekabet ihtiyacından kaynaklanmaktadır. Tahakküm ve büyüme ise hiyerarşik toplum ve kapitalist ekonomi ile iç içe geçmiş vaziyettedir. Dolayısıyla *"doğayı tahakküm altına alma"* anlayışını yok etmek için hiyerarşinin; *"kirlenme ve biyosferin basitleştirilmesinin önüne geçilmesi"* için piyasa ekonomisinin ortadan kaldırılması gerekmektedir.[7] -Devam eden analizde de, Sovyet ya da Stalinist rejim denilen devlet kapitalizminin de anti-ekolojik ve çevreye zararlı olması bakımından Avrupa-Amerika "serbest teşebbüs" kapitalizminden farklı olmadığı sonucuna varmaktadır.-

Ekoloji, feminizm ve topluluk hareketlerine özel bir önem atfeden Bookchin bunun sebebi olarak; ekolojinin, *"insanın doğa üzerindeki tahakkümünün insanın insan üzerindeki tahakkümünden"* kaynakladığına işaret etmesini; feminizmin, *"insanın insan üzerindeki hakimiyetinin erkeğin kadın üzerindeki hakimiyetinden"* kaynaklandığını ileri sürmesini ve toplumsal hareketlerin toplumsal tahakkümün yerini özyönetimin alması için *"özgür, kendi kendini yöneten yurttaşın geliştirilmesi ve devletin her yere uzanan aygıtlarına meydan okuyacak halk meclisleri gibi yeni kurumsal yapılara sokulması"* gerektiğini savunmasını gösterir.[8]

Murray Bookchin Özgürlüğün Ekolojisi'nin önsözünde *"toplumsal ekoloji terimi ile yaşam formlarının basitten karmaşığa, daha doğrusu basitten çeşitliğe doğru diyalektik açılımını"* kast ettiğini söyler.[9] Ardından toplumsal ekolojide önemli bir yer tutan birinci ve ikinci doğa ayrımına yer verir. Birinci doğadan kendi kendini yaratan insan dışı doğa anlaşılır. Bookchin ikinci doğayı şu şekilde tanımlar:

"İkinci doğa, büyük ölçüde; ilk insanların yarım milyon yıl veya daha fazla bir süre boyunca geliştirdiği aletlerden, insanların güvenlik ve esenlikleri için iradi olarak yarattıkları habitatlardan ve aile, boy, kabile,

---

[6] Bookchin, *Ekolojik Bir Topluma Doğru*, s.13-14.
[7] Bookchin, *Ekolojik Bir Topluma Doğru*, s.14-15.
[8] Bookchin, *Ekolojik Bir Topluma Doğru*, s.31.
[9] Bookchin, *Özgürlüğün Ekolojisi*, s.10.

hiyerarşi, sınıf ve Devlet biçiminde kurumsallaştırdıkları örgütlü toplumsal yaşamdan - ve son olarak; felsefe, bilim, teknik ve sanat gibi kültürel başarılardan- meydana gelir."[10]

Bu ayrım yapılırken iki doğanın birbirini etkilemeyen, birbirinden tamamen bağımsız iki ayrı ortam olduğu düşünülemez. İnsanlar düşünme, örgütlenme ve bir amaç ile biyolojik olmayan alet ve makinalar yaparak birinci doğayı değiştirirler. Özgülüğün Ekolojisi, iki doğanın bir sentezi olan üçüncü doğayı yaratma amacındadır.

Toplumsal ekoloji anlayışı ile Marksizm en temel konuda; birinci doğanın cimriliği konusunda ayrışır. Marksizm birinci doğayı "zorunluluk alanı" olarak görür. Doğa cimri ve başa çıkılması zordur; yani insanlığa faydalı olabilecek hammaddeler kıttır ve bunlar emek tarafından zorlukla çıkarılıp işlenebilir. Proleter devrim sonucunda insanların potan-siyellerini tam anlamıyla gerçekleştirebilecekleri komünizme ulaşı-labilmesi için birinci doğanın tamamen insanlığın hizmetine sokulması gerekir. Bu amaçla ayrıcılıklı yöneticiler ve sömürenler sınıfının emeği seferber etmesi komünizm yolundaki ilk adımdır. Toplumsal ekoloji ise doğayı cimri veya başa çıkılması zor olarak görmez; aksine doğanın olağanüstü bir bereketliliğe sahip olduğunu savunur. Dolayısıyla doğanın tamamen insan tahakkümü altına sokulmasına ve bu amaçla emeğin sömürülmesine gerek yoktur. İnsanların arzuları sınırız iken bunları ancak sınırlı kaynaklar ile tatmin etmek durumunda oldukları anlayış, ihtiyaçların abartılı ve akıl dışı hale gelmesi ile birleşince doğanın verimliliğini düşürebilmektedir.[11]

Bookchin, toplumsallıkla doğallık arasında yeni bir birliğe dönülmesi gerektiğini vurgularken[12] *"hayatın karmaşık bir ağ haline gelmesinin, ilksel hayvan ve bitkilerin son derece çeşitli biçimler almasının, insanlık ve doğanın evrimi ve hayatta kalması için bir önkoşul"* olduğunu ileri sürmektedir.[13] Çevresel tahribatta teknolojiye düşen payın *"makineleri ve teknik süreçleri zararlı hale getiren derinlerdeki toplumsal koşulları göz ardı etmek için uygun bir hedef haline"* getirildiğini belirten Bookchin, teknolojinin yaratıcı potansiyelinin tahrip kapasitesinden ayrılabileceğini ve teknolojiyi toplum ve doğal dünyanın ekolojik ilkelerine düzenlemek ve geliştirmek gerektiğini savunmaktadır.[14]

---

[10] Bookchin, *Özgürlüğün Ekolojisi*, s.33.
[11] Bookchin, *Ekolojik Bir Topluma Doğru*, s. 30-32.
[12] Bookchin, *Ekolojik Bir Topluma Doğru*, s.47.
[13] Bookchin, *Ekolojik Bir Topluma Doğru*, s.56.
[14] Gerçekten de teknolojiyi doğru kullanarak biyosfere devrim niteliğinde faydalı olabilecek araçlar geliştirilebilmektedir. Örneğin çok da karmaşık olmayan ve basit fakat etkili sonuçlar verebilecek

Bookchin ekolojik toplum idealini geliştirirken yazı öncesi, ilkel toplumlara, organik toplumlar olarak adlandırılan toplumlara bakar. Conrad Philip Kottak, organik toplumları avcı-toplayıcı takımlar halinde örgütlenmiş, topluluklar halinde yaşayan, takım üyelerinin hepsi akrabalık ve evlilik ilişkisine sahip bulunan 100 kişiden küçük topluluklar olarak tanımlarken[15]; Bookchin ekonomik sınıfları ve politik devletleri olmayan, doğal dünyayla kuvvetli bir dayanışmanın olduğu toplumları kastetmektedir. Bookchin organik toplumların sahip olduğu üç temel özelliğin geleceğin ekolojik toplumunda da olması gerektiğini söyler. Bu özellikler "indirgenemez asgari", "kullanım hakkı" ve "tamamlayıcılıktır". İndirgenemez asgari, herkesin yaşamını devam ettirebilmek için gerekli olan araçların tedarik edilmesi; kullanım hakkı sahiplikten ziyade ihtiyacı olanın şeyleri kullanması; tamamlayıcılık, toplum üyelerinin işlevsel olarak birbirini tamamladığı bir ilişki kalıbıdır. Bookchin üçüncü doğanın yaratılmasında organik toplumun sayılan üç önemli özelliğinin akıl, bilim ve modern dünyanın teknikleri ile bütünleştirilmesi gerekliliğinin altını çizer.

Toplumsal ekolojide ekolojik sorunların temeline konulan hiyerarşinin ortaya çıkışını basitçe şu şekilde açıklanır: Organik ya da eşitlikçi de denilen toplulukların üyeleri *"hizmet kadar ayrıcalığa da dayanan statü grupları etrafında birleşir, daha sonra yaş, cinsiyet ve aile bağları öncelikle gerontokrasiler, patriarkalar ve askeri kardeşlikler oluşturacak biçimde"* kurumsallaşır, daha sonra *"bu hiyerarşik düzenlemeler sosyal ve ekonomik elitlerin – daha sonra da, ekonomik sınıfların ve devlet bürokrasisinin ortaya çıkmasına"* varır.[16]

Toplumsal ekolojinin asıl meselesi *sömürgen, değersizleştirici ve niceliğe dayalı toplumun –yani kar peşindeki burjuva toplumu- insanları kendileri ve doğayla karşı karşıya getirmesine yönelttiği itirazdır. Bu itirazın önerdiği çözüm ise komünal olarak yeryüzü ile ilgilenmek, tüm hiyerarşileri, tahakküm tarzlarını, tüm toplumsal sınıfları ve mülkiyeti

---

iki projeden biri 'Deniz Çöp Kutusu- *Seabin-*'dir. Bu çöp kutusu okyanusta yüzerek plastik şişeleri, kâğıt artıklarını, yağı, akaryakıt ve deterjan artıklarını toplayabilmektedir. Geri dönüşümlü materyallerden üretilen ve bir pompa ve denizdeki pislikleri toplamak için bir kovadan oluşan *seabin,* bir yandan pislikleri muhafaza ederken, içine giren suyu da filtreleyerek denize geri bırakabilmektedir. Daha fazla bilgi için: http://www.seabinproject.com/ Bir diğer etkili proje ise için: http://www.ecologicstudio.com/v2/project.php?idcat=3&idsubcat=59&idproj=137 Yosun Kubbesi -*Algae Canopy-* Şehir tarımı konusunda benzeri görülmemiş değişiklikler öngörmesi yanında bu proje ile 4 hektarlık bir ormanın üretebileceği miktara eşit oksijen üretilebilecek.
[15] Conrad Philip Kottak, *Antropoloji: İnsan Çeşitliliğine Bir Bakış,* Ütopya Yayınları, Ankara, 2001, s. 274'ten aktaran Banu Aygün, Ahmet Mutlu, "Ekolojik Toplumun Organik Toplumla İlişkisi Üzerine", *Ankara Üniversitesi SBF Dergisi,* 61-1, s 6.
[16] Bookchin, *Özgülüğün Ekolojisi,* s.27.

ortadan kaldırmaktır.[17] Yönetim ile ilgili olarak toplumsal ekoloji "özgürlükçü yerel yönetimcilik"i savunur. Özgürlükçü yerel yönetimcilik, hayatın maddi araçları üzerinde halkın denetimini; halkı ilgilendiren meseleler üzerinde yurttaşların denetimini sağlamak yüz yüze toplanacak yurttaş meclislerini ve yerel yönetimlerin ve yerel yönetim ekonomilerinin bölgesel bazda karşılıklı bağımlılığını teşvik eden konfederalist bir yapıyı öngörmektedir.[18]

Bookchin, insanlığın değişmesi gerektiğini ve gelmekte olan ekolojik felaketle başa çıkabilmek için *"üretimin ve yiyecek teminin biyobölgesel tarzlarını oluşturmak ve adermimerkezileştirmek, teknolojilerimizi çe-şitlendirmek ve insani boyutlara indirmek ve yüz yüze demokrasi biçimleri kurmak"* [19] zorunda olduğumuzu söyler. Bookchin'e göre kentler top-luluklara ya da eko-topluluklara ayrılmalı, içinde yaşadıkları eko-sistemlerin taşıma kapasitesine uygun incelik ve ustalıkla tasarlanmalı; teknoloji eko-teknolojilere uyarlanmalı ve geliştirilmeli, sağlıklı bir yaşamı bir yaşamı destekleyen ve bireysel isteklerin ifadesi olan ihtiyaç anlayışı oluşturulmalı, çevrede ve toplumsal ilişkilerde insan ölçeği hayata geçirilmelidir.[20]

Uluslararası Hiyerarşi

İçinde yaşadığımız modern uluslararası sistemin temellerinin 1648 Westpahlia ile atıldığı kabul edilir. 1648'den itibaren devletler, aralarındaki ilişkilerde egemen eşitlik ilkesini kabul etmiştir. Buna göre devletler uluslararası ilişkilerde kendilerinden başka bir üst otoritenin varlığını kabul etmemektedir. Uluslararası ilişkilerin geleneksel teorileri de buna uygun şekilde uluslararası ilişkilerde temel aktörün devletler olduğu ve devletlerin başka bir üst otoriteyi kabul etmemesinin uluslararası ortamı anarşik hale getirdiği kabulleri temelinde yükselmiştir. Uluslararası ortamın anarşik yapısı devletlerin güvenlik kaygılarını arttırmakta, bu kaygılar devletleri, varlıklarını sürdürebilmek için güç peşinde koşmaya itmektedir. Uluslararası hiyerarşi söylemi, uluslararası ilişkilerin geleneksel teorileri ile çelişir görünmektedir çünkü teoriler uluslararası ortamın anarşik yapısını savunurken hiyerarşi ast-üst ilişkisi bağlamında bir düzeni anlamayı gerektirir.

---

[17] Bookchin, *Ekolojik Bir Topluma Doğru*, s.64-65.
[18] Bookchin, *Ekolojik Bir Topluma Doğru*, s.61.
[19] Bookchin, *Ekolojik Bir Topluma Doğru*, s.47.
[20] Bookchin, *Ekolojik Bir Topluma Doğru*, s.65.

Toplumsal ekoloji başlığında söylendiği gibi, Bookchin'e göre *"hiyerarşi kurumsal ve son derece ideolojik emir ve itaat sistemlerine işaret eder."*[21] Hiyerarşi *"elitlerin kendilerine tabi olanları zorunlu olarak sömürmeksizin, onlar üzerinde farklı derecelerde denetime sahip oldukları karmaşık bir emir ve itaat sistemi şeklinde tarihsel ve varoluşsal"* bir olgudur.[22] Türk Dil Kurumu da hiyerarşinin anlamı olarak "aşama sırası"nı vermektedir.[23]

Birleşmiş Milletler veya Avrupa Birliği gibi kimi kuruluş ve örgütlerin ulus-üstü nitelikleri hakkındaki tartışmalar bir kenara bırakıldığında, uluslararası hiyerarşi ile devletler arasındaki bir hiyerarşiden söz edilmektedir. Buna göre devletlerin, sahip oldukları güç ve bu güçle orantılı şekilde diğer devletlere iradelerini kabul ettirebilme kapasiteleri ölçüsünde kümelenebileceği ve zaten de kümelenmiş oldukları kastedilmektedir.

Şüphesiz günümüzde devletler arasındaki kurumsal bir emir-itaat zinciri ve/ya aşama sırası bulunmamaktadır. Hiçbir devlet bir diğerine doğrudan emir veremeyeceği gibi, bir devleti bir diğerinin iradesine otomatik olarak boyun eğmeye zorlayacak meşru bir yapı yoktur. Yine de bu, devletler arasında bir hiyerarşi olmadığı anlamına gelmemektedir. Devletler arasındaki hiyerarşi tarihin her döneminde farklı isimler ve uygulamalar altında kendini göstermiştir. İspanya'nın "encomienda" uygulaması, Milletler Cemiyeti'nin manda sistemi, daha sonra da Birleşmiş Milletler'in vesayet kurumu sözü edilen hiyerarşinin örnekleridir. -Vesayet sisteminin resmen bitişi 1994'te Palau'nun bağımsız olması ile gerçekleşmiştir[24] fakat bundan başka Sömürge İdarelerini Sone Erdirme Komitesi'nin listesinde 2016 yılı itibari ile halen 17 bölge bulunmaktadır. Toplamda yaklaşık 2 milyonluk bir nüfusa sahip, aralarında Yeni Kaledonya, Fransız Polenezyası, Tokelau'nun olduğu bölgelerin yönetimleri Fransa, Yeni Zelanda, Birleşik Krallık ve Amerika Birleşik Devletleri tarafından üstlenilmiştir.-

1960 ve 70'ler ile eski sömürgelerin bağımsızlıklarını kazanmaları ile katı ve görünür olan hiyerarşi yerini yumuşak ve gizli bir hiyerarşiye bırakmıştır. Devletler arasındaki hiyerarşinin yumuşak ve gizli olduğu söylenirken bu hiyerarşinin görünürde herkes tarafından reddedilmesi

---

[21] Bookchin, *Özgülüğün Ekolojisi*, s. 25.
[22] Bookchin, *Özgülüğün Ekolojisi*, s. 73.
[23] Türk Dil Kurumu, http://www.tdk.gov.tr/
[24] Erdem Denk, "Uluslararası İlişkilerin Hukuku: Vestfalyan Sistemden Küreselleşmeye", Evren Balta (ed.), *Küresel Siyasete Giriş*, İletişim Yayınları, İstanbul, 2014, s.60.

ve meşru bir dayanaktan yoksun olması kastedilmektedir. Yine de uluslararası ilişkiler disiplininde kullanılan pek çok terim ve tanım devletler arasındaki bu yumuşak hiyerarşiyi yansıtmaktadır. Büyük devlet- küçük devlet ayrımı yapıldığında devletler hiyerarşik olarak sıralandığı gibi büyük devlet- küçük devlet tanımları da hiyerarşi tanımının içeriği ile uyuşmuş olur. "Büyük Devlet" ya da "Süper Güç" *"sahip olduğu güç unsurları sayesinde (nüfus, ülke yüzölçümü, ekonomi, kaynaklar, askeri güç, vb.) bölgesel ve evrensel dengeleri ciddi biçimde etkileyen"* devletler iken, "Küçük Devlet" tanımı ise *"gerek bölgesel gerekse evrensel politika tarafından ciddi biçimde etkilenen ve o politikaları ve uluslararası sistemi etkileme şansı pek bulunmayan"* devletler için kullanılmaktadır. Bunların dışında *"uluslararası sisteme etkileri marjinal olan ama bölgesel politikayı etkileyebilen büyük devletlerden gelen zorlamalara bir miktar dayanabilen, koşulları (konjonktürü) iyi değerlendirerek onların kimi davranışlarını belli bir oranda etkileyebilen devletlere"* ise "Orta Büyüklükte Devlet" denilmektedir.[25] Tanımlardaki "etkileme" bir devletin iradesini belli oranda diğerine kabul ettirmesine işaret etmektedir. Emir verme ya da doğrudan kontrol altına almanın yerine "zorlama" ve "etkileme"nin geçmesi devletler arasındaki hiyerarşinin üzerinin örtülmesi ve yumuşamasını yansıtmaktadır.

"Büyük", "küçük" ve "orta büyüklükte" devlet ile kast edilen kümelenmeyi farklı nitelemeler ile de görebiliriz. Bunlardan en bilinenlerinden biri "gelişmiş", "gelişmekte olan", "az gelişmiş" devlet söylemleridir. Bu söylemler ile devletler gelişmişlik derecelerine göre yine hiyerarşik olarak dizilmiş olur. Gerçi "gelişmiş", "gelişmekte olan", "az gelişmiş" devletlerin üzerinde anlaşmaya varılmış bir tanımı yoktur fakat yapılan atıf ile okuyucu ve/ya dinleyicinin zihninde bir imaj belirmesi sağlanır. Dünya Bankası'nın yaptığı ve gelişmişlik derecesine göre yapılan sıralamalar ile örtüşen sınıflandırma somut veriler ile neyden neyi anlamamız gerektiğini göstermektedir. Dünya Bankası'nın 2016 yılındaki sınıflandırmasına göre 2014'te kişi başına milli geliri 1,045 Dolar ve daha az olan ekonomiler düşük gelir ekonomiler; kişi başı milli geliri 1,045 Dolardan fazla fakat 12,736 Dolardan az olan ekonomiler orta gelir ekonomiler; 12,736'dan fazla olan ekonomiler ise yüksek gelir ekonomiler olarak adlandırılmıştır. Bahsedilen sınırlar içinde 4,125 Dolar eşiği ise alt-orta ve üst-orta gelir ekonomilerini

---

[25]Baskın Oran (ed.), *Türk Dış Politikası Kurtuluş Savaşından Bugüne Olgular, Belgeler, Yorumlar Cilt I: 1919-1980*, İstanbul, İletişim Yayınları, 10.Baskı, 2004, s. 29-30.

ayırmaktadır. Hesaplamalara göre örneğin Uganda, Kamboçya, Afganistan düşük gelir; Ermenistan, Moldova, Senegal alt-orta gelir; Arnavutluk, Kosta Rika, Türkiye üst-orta gelir; Japonya, Umman, Birleşik Krallık gibi ülkeler yüksek gelir ekonomileri altına girmektedir.[26]

Devletler arasındaki hiyerarşi merkez-çevre analizinde doğrudan görülmektedir. Merkez-çevre analizinde devletler arasında ilk geliştirildiğinde ekonomik açıdan diğerlerinden daha güçlü olan devletler merkez, merkeze göre daha güçsüz olan devletler ise çevre olarak tanımlanmıştır. Analize göre merkez, artı değerin çevreden kendisine akmasını sağlayan koşullar ile ticaret yapabilmekteydi. Bazıları bu süreci "eşitsiz mübadele" olarak adlandırmış ve "Bağımlılık" kuramcıları da merkez-çevre analizinin farklı versiyonlarını geliştirmiştir.[27] Wall-erstein'ın analizinde merkez ve çevre ile devletler değil üretim süreçleri kastedilir ve *"merkeze özgü süreçleri çevresel süreçlerden ayırt eden kilit unsur bu süreçlerin ne derecede tekelleşmiş ve dolayısıyla karlı olduklarıdır."*[28] Merkeze özgü süreçler nispeten tekelleşmiştir ve serbest pazarda gerçekleşenlere göre çok daha karlıdır. Tekelleşmiş ürünler, pazarda pek çok üreticinin ürettiği ürünler karşısında eşitsiz güce sahiptir. Merkez ve çevrede üretilen ürünler arasındaki mübadelenin sonucunda da çok sayıda merkeze özgü sürece sahip olan ülkelere doğru bir artı-değer akışı olmaktadır.[29]

Dünya-sistemleri analizinde merkez-çevre ilişkisel bir kavram olarak kullanılmıştır yine de Wallerstein, merkeze özgü süreçlerin *"birkaç devlette bir araya gelme ve üretim faaliyetlerinin büyükçe bir kesimini bu türden ülkelerde;, çevresel süreçlerin ise çok sayıda ülke arasında dağılma ve üretim faaliyetinin büyükçe bir kesimini bu tür ülkelerde oluşturma eğiliminde"* olduğunu belirtmekte ve *"gerçekte üretim süreçleri arasındaki bir ilişkiden söz ettiğimizi hatırladığımız sürece merkez ve çevre devletlerden söz edilebileceğini; merkeze özgü ve çevresel ürünlerin eşit sayılabilecek bir karmasının"* üretildiği ülkeleri ise yarı-çevre ülkeler olarak adlandırılabileceğini söylemektedir.[30]

Devletler arasındaki hiyerarşi yukarıda söylendiği gibi yumuşak bir hiyerarşidir ve örneğin bürokratik bir kurumda olduğunun tersine bir

[26] The World Bank, World Bank Country and Lending Groups, http://data.worldbank.org/about/country-and-lending-groups
[27] Immanuel Wallerstein, *Dünya Sistemleri Analizi Bir Giriş*, çev. Ender Abadoğlu, Nuri Ersoy, bgst Yayınları, İstanbul, 2014, s.32-33.
[28] Wallerstein, *Dünya Sistemleri Analizi Bir Giriş*, s.167
[29] Wallerstein, *Dünya Sistemleri Analizi Bir Giriş*, s.42.
[30] Wallerstein, *Dünya Sistemleri Analizi Bir Giriş*, s.60.

emir-komuta zinciri barındırmaz. Devletler arasındaki hiyerarşiyi yumuşatan bir etken de kurumsallaşmamış oluşudur. Bahsedilen hiyerarşinin yazılı dayanakları ve hiyerarşiye aykırı davranışları cezalandıracak otomatik bir mekanizması yoktur. Yine de bu, hiyerarşiye aykırı davranışların cezalandırılmadığı anlamına gelmemektedir. Musaddık Darbesi söylenene iyi bir örnek oluşturur. Bilindiği üzere Muhammed Musaddık 1951'de İran'da başbakan olduktan sonra İngiltere ve ABD'nin çok büyük tepkilerine neden olmasına rağmen İran petrolü millileştirilmiştir. Sonuç ise Musaddık'ın 1953'de açıkça CIA' in organize ettiği bir askeri darbe ile devrilmesi ve 1954'te Anglo-Iranian Oil Company ve ABD şirketlerinin eşit paya sahip olduğu bir konsorsiyum ile İran arasında yeni bir petrol imtiyaz anlaşmasının imzalanması olmuş-tur.[31] Siyasi tarihte benzer daha pek çok olay bulmak mümkündür.

Bu bölümde yazılanların göstermeye çalıştığı üzere uluslararası alanda hiyerarşik bir yapı mevcuttur ve bu hiyerarşide hangi devletin nerede duracağına karar veren başlıca etmen ekonomik güçtür. Bookchin'in hiyerarşik yapıların ekolojik sorunların temelinde yattığı görüşü kabul edilirse, ekolojik sorunlarda uluslararası hiyerarşik yapının da bir payı bulunabilir mi?

Ekolojik Tahribatta Uluslararası Hiyerarşinin Rolü

Bookchin'in ekolojik tahribata yol açan insanın doğa üzerindeki tahakkümünün insanın insan üzerindeki tahakkümünden kaynaklandığı düşüncesi uluslararası ilişkilere yansıtıldığında nasıl bir tablo ortaya çıkmaktadır? Bu bölümün amacı uluslararası hiyerarşik yapının ekolojik tahribattaki rolünü ve bu rolün nasıl ortaya çıktığını tartışmak olacaktır.

Kısa ve öz olarak söylemek gerekirse uluslararası hiyerarşinin ekolojik tahribattaki payı yukarıdan aşağı ve aşağıdan yukarı hareketlere sebebiyet vermesi ile ortaya çıkar. Yukarıdan aşağı hareketler hiyerarşide yukarıda bulunan devletlerin daha aşağıda bulunan devletlere yönelik fiilleri iken aşağıdan yukarı hareketler hiyerarşide daha aşağıda bulunan devletlerin üst basamaklara sıçrama çabalarıdır.

Uluslararası hiyerarşide devletlerin güçleri ölçüsünde farklı kategoriler altında sınıflandırıldığı söylenmişti. Sınıflandırılma yapılırken kullanılan ölçüt de genel olarak güç olmuştur. Güç ile mutlak güç- göreceli güç

---

[31] Oran, *Türk Dış Politikası Kurtuluş Savaşından Bugüne Olgular, Belgeler, Yorumlar Cilt I: 1919-1980*, s.650.

ayrımı gibi derin teorik ayrışmalara sebep olabilecek tartışmalara girmeden, genel olarak devletin ekonomik ve bununla bağlantılı askeri gücü ve son tahlilde bir devletin iradesini diğerlerine kabul ettirebilme yeteneği kast edilmiştir. Bakıldığında, özellikle de günümüzde gücün temelinde ekonomik güç göze çarpmaktadır. Dünya Bankası'nın yapmış olduğu sınıflandırmada doğrudan ekonomik veriler kullanılmıştır. Merkez-çevre analizinde de ekonomik farklılıklar göze çarpmaktadır. Büyük- orta büyüklükte- küçük devlet ayrımına bakıldığında da kullanılan sıfatların devletlerin ekonomileri için de geçerli olduğu görülmektedir. Dolayısıyla devletlerin, anarşik uluslararası ortamda hayatta kalabil-meleri için ve/ya güçlü devletlerin daha fazlası için güç elde etme peşinde koşmalarında güçlü bir ekonomiye ihtiyaçları vardır. Hiyerarşide aşağıda bulunan devletler için güçlü ekonomi ile -tartışmalı da olsa- kalkınma terimi iç içe geçmiştir. Kalkınma ile büyük oranda Batı toplumlarının üretim ve tüketim seviyelerine erişmek anlaşılmaktadır.[32] II. Dünya Savaşı ertesinden itibaren kalkınma hamlelerinin en önemlilerden biri ithal ikameci sanayileşme olmuştur. -1960 ile 1980 arasında Türkiye'de de uygulamaya çalışılan- ithal ikameci sanayileşme ile bir devletin ithal ettiği malları ithal etmek yerine kendi sınırları içerisinde üretmesi amaçlanır. Öncelikle tüketim malları daha sonra ise yapılabildiği ölçüde ara mallar ve üretim mallarını da yurtiçinde üretebilecek bir sanayileşme hamlesi başlar. Bir diğer kalkınma hamlesi olan ihracat yönelimli üretim de önemli ölçüde sanayileşme gerektiren bir stratejidir. İhracat yönelimli üretim ile ihraç edilebilecek mallar üretilerek uluslararası ticaret sayesinde kar elde etme beklenir. Burada ihraç edilecek ürünlerin yüksek katma değerli ve/ya teknoloji yoğun olması önemlidir aksi halde sadece hammadde ihraç ederek yüksek kar elde etmek pek mümkün ve sürdürülebilir değildir. Bu sebeple ihraç yönelimli üretim de kayda değer sanayileşmeyi gerektirir. Her iki kalkınma hamlesinde de bu çalışma için esas olan ortak nokta sanayileşmedir. Geç sanayileşen ülkelerde, ekonomik kalkınmayı sağlayacak sanayileşme başlı başına bir amaç hale geldiğinde beraberinde getireceği olumsuzluklar göz ardı edilir. Bu olumsuzluklardan biri çevrenin sömürülmesi ile ortaya çıkacak ekolojik tahribattır. Yüksek kar getirmesi beklenen sanayilerin üretim sürecinde maliyetleri düşük tutma çabası sonucu ücretler olabildiğince kısılırken, üretim sürecinin zararlı çıktıları yani —az sonra da değinilecek olan- iktisatta dışsallıklar başlığında yer bulan atıkların kontrolsüzce doğaya

---

[32] Ali Rıza Güngön, ''Kalkınma, Eşitsizlik ve Yoksulluk'', (ed.) Evren Balta, *Küresel Siyasete Giriş*, İletişim Yayınları, İstanbul, 2014, s.436.

bırakılması doğal kabul edilir çünkü arıtma tesisleri veya geri dönüşüm sistemleri maliyetleri arttırmaktadır. Sonuçta geç sanayileşen ülkelerde maliyetlerin düşürülmesinde vazgeçilecek ilk unsurlardan biri sağlıklı çevredir. Bu aşamada bütüncül ekolojik yaklaşımlara göre daha hafif olarak değerlendirilebilecek çevre korumacı duyarlılıklara dahi tahammül edilemez. Hatta her türlü ekolojik yaklaşım "servet düşmanlığı", "dış mihrakların oyunu", hatta "vatan hainliği" gibi yaftalarla küçük düşü-rülmeye ve düşman olarak görülmeye başlanabilir.

Hiyerarşide yukarıdan aşağı doğru eylemlerin ekolojik sorunlara sebep olmasını merkez-çevre analizi anlatmaktadır. Merkez, çevre ve yarı-çevre arasındaki eşitsiz ilişkiler ve uluslararası serbest ticaret sayesinde artı değerin çevre ve yarı-çevreden merkeze gitmesi -bir anlamda çevrenin sömürüsü- sağlanırken "fabrika kaçırma" ile de pek çok maliyet çevre ve yarı-çevre ülkelere yüklenmektedir. "Fabrikaların başka yere kaçması" tanımı, işverenin üretimi, özellikle ücret maliyetlerinin yükselmesi nedeniyle artan üretimin mevcut maliyetinin çok daha düşük olduğu yerlere taşıması[33] için kullanılır. Yani fabrikalar fiziksel olarak, işçi ücretlerinin yüksek olduğu merkez –veya "büyük" ya da "gelişmiş"- ülkeden, işçi ücretlerinin nispeten düşük olduğu çevre veya yarı-çevre ülkelere – veya "küçük" ile "orta büyüklükteki" devletler ya da "az gelişmiş" ile "gelişmekte olan" ülkelere- taşınır. Fabrikanın taşınması ile üreticilerin ödemek zorunda olmadıkları üç gizli maliyetin de taşınması gerçekleşir. *"Bunlar, atıkların (özellikle zehirli maddelerin) tahliye edilmesi, hammaddelerin yenilenmesi ve genelde altyapı mali-yetleridir."*[34] Bu maliyetler iktisatta "dışsallık" terimiyle belirtilir. Dışsallık bir malın üretiminin ve/ya tüketiminin üçüncü kişilere yüklediği maliyettir. Çimento üretirken hava kirliliğine yol açan ve çevredeki tüketicilere sağlık riski biçiminde bir maliyet yükleyen çimento üreticisinin durumu negatif dışsallıklara örnek olarak gösterilebilir.[35] Wallerstein'ın bahsettiği özellikle atıkların tahliye edilmesi ve hammaddelerin yenilen(e)me(me)si negatif dışsallıklar altında değerlendirilir. Dolayısıyla fabrikanın taşınması ile negatif dışsallıklar, daha spesifik konuşmak gerekirse çevre kirliliği ve tahribatı da merkezden çevre ve yarı-çevreye ihraç edilmiş olur. Çevre ve yarı-çevre içinse fabrikanın taşınması memnuniyetle karşılanır çünkü fabrikanın taşındığı ülkede öncelikle istihdamın ve yurtiçi hasılanın artmasını ve eski de olsa teknoloji transferinin gerçekleşmesini sağlar.

---

[33] Wallerstein, *Dünya Sistemleri Analizi Bir Giriş,* s.140-141.
[34] Wallerstein, *Dünya Sistemleri Analizi Bir Giriş,* s.143.
[35] Erdal Ünsal, *Mikro İktisada Giriş*, Turhan Kitabevi, Ankara, 2003, s. 157.

Bu kısa vadeli ve ekonomik hesaplar yapılırken, uzun vadeli ve ekolojik planlar hiç hesaba katılmaz hatta kasıtlı bir şekilde göz ardı edilir. İşte merkez ile çevre ve yarı-çevre arasındaki hiyerarşik ilişkilerde yukarıdan aşağı hareket ile ekolojik tahribatın da ikincilere kaymasını böylece sağlanır.

Sonuç Yerine

Immanuel Wallerstein, kaçan fabrikalar ile ilgili makalesinde[36] kapitalizmin bir dünya-sistem olarak devrinin kapanmakta olduğunu ve kapitalizm sonrası alternatiflerden birinin kapitalizmin üç önemli unsuru olan hiyerarşi, sömürü ve kutuplaşmayı kopyalayacak bir sistem, diğer alternatifin ise görece demokratik ve görece eşitlikçi yeni bir sistem olduğunu belirtmekte ve ikincisinin tarihte hiçbir zaman var olmamış ol-masına rağmen yine de mümkün olduğunu eklemektedir. Wallerstein'ın bahsettiği ikinci alternatif Bookchin'in organik toplumundan çok da farklı bir öngörü olmasa gerektir. Peki insan uygarlığının gidişatında hangi alternatif daha muhtemel görünmektedir?

İçinde yaşadığımız modern kapitalist sistemin bizi getirdiği noktadan baktığımızda hemen herkesin açıkça görebildiği ekolojik yıkım tüm Dünya için gerçektir. Joel Kovel ve Michael Löwy kaleme aldıkları "Ekososyalist Bir Manifesto"da[37] mevcut kapitalist sistemin ekolojik krizi çözemeyeceğini çünkü bunu yapmanın birikimin önüne sınırlar koymayı gerektirdiğini, bunun da "Büyü ya da Yok Ol" kuralı üzerine kurulu bir sistem için kabul edilemez olduğunu söyledikten sonra Rosa Lux-emburg'un "Ya Sosyalizm ya Barbarlık" seçeneğini göstermektedirler. Bu seçenekteki sosyalizmi ise günümüze daha uygun düşecek şekilde yoğurarak ekososyalizm olarak değiştirmektedirler. 2009'da Brezilya'nın Belem kentinde gerçekleştirilen Dünya Sosyal Forumu'nda dağıtılan "Ekososyalistlerin Belem Bildirgesi"[38] de şu şekilde başlamaktadır: *"Bugün insanlık kati bir seçimle karşı karşıya: Ya ekososyalizm ya barbarlık"*. Murray Bookchin de "Özürlüğün Ekolojisi Hiyerarşinin Ortaya Çıkışı ve Çözülüşü" ve "Ekolojik Bir Topluma Doğru" eserlerinde insanoğlunun hayatta kalabilmesi için çevreyi

---

[36] Immanuel Wallerstein, "End of the Road for Runaway Factories?", http://iwallerstein.com/road-runaway-factories/

[37] Manifesto için: http://www.birikimdergisi.com/guncel-yazilar/55/ekososyalist-bir-manifesto#.VwJJMVSLSM8

[38] Bildirge için: http://links.org.au/node/803 (İngilizce), https://sites.google.com/site/webkeci/cevre/belem-ekososyalst-bldrges (Türkçe)

korumak ve kirliliği tersine çevirmekten ziyade mevcut toplumsal ilişkileri tümden değiştirmesi gerektiğini vurgulamaktadır. Ne var ki modern kapitalist düzenin ve mevcut bireysel, toplumsal ve uluslararası ilişkilerin hemen, bir anda değiştirilmesi yönünde evrensel bir istek görülmemektedir. Yine de bu insan uygarlığının geldiği bu noktanın ilelebet devam edeceği anlamına gelmemektedir. Toplumsal ekolojistler ve ekososyalistlerin önerileri doğrultusunda değişim bir devrim ile bir anda meydana gelmese bile uzun ve meşakkatli bir evrim süreci ile değişim bekleyebiliriz. Bookchin de her *"bireyin toplumsal politikanın oluşturulmasına doğrudan katılabilir görüldüğü bir toplum yaratmanın toplumsal hiyerarşi ve tahakkümü anında geçersizliğini"* söyledikten sonra, *"hiyerarşik olmayan bir topluma ve kişisel güçlenmeye olan bağlılığın, bu idealleri, yaşayan bir duyarlılık şeklinde tam anlamıyla geliştirmekten henüz çok uzak olduğunu"* eklemektedir.[39]

Lester Brown, "Yirmi Dokuzuncu Gün: Dünya Kaynakları Karşısında İnsan İhtiyaçları" isimli kitabında bir Fransız bilmecesi sorar: Bir nilüfer gölünde ilk gün bir nilüfer yaprağı vardır ve nilüfer yapraklarının sayısı her gün bir önceki güne göre ikiye katlanmaktadır. Eğer göl otuzuncu gün tamamen nilüfer yaprakları ile kaplanacaksa, gölün yarısı kaçıncı gün dolar? Sorunun cevabı yirmidokuzuncu gündür. Lester Brown bu metaforik anlatımla çevre sorunlarının başa çıkılamaz noktaya gelmesine aslında ne kadar yakın olduğumuzu göstermeye çalışmaktadır. Ekolojik sorunlar her geçen gün daha fazla insanı etkilemekte ve her geçen gün daha fazla insan ekolojik sorunların farkına varmaktadır. Hatta farkındalıklar daha fazla eylemlere dönüşmeye başlamaktadır. Ekolojik sorunların çok da önemsenmediği ve ekolojik bir bilincin geniş kitlelerde sahiplik bulamadığı Türkiye gibi bir ülkede dahi, son yıllarda Karadeniz Bölgesi'nde yapılmış ve yapılmakta olan hidroelektrik santrallerine karşı yürütülen her türlü kampanya ekolojik bir bilincin güçlenmekte olduğunu göstermektedir. 2016 yılında Artvin Cerrattepe'de gelişen olaylar da halkaya eklenebilir. Bilindiği gibi 2016'da Artvin Cerrattepe'de bir firmaya maden arama ruhsatı verilmesi üzerine öncelikle bölge halkı çalışmaların durdurulması amacıyla eyleme geçmiş, sonraki günlerde de kimi milletvekilleri de dahil olmak üzere Türkiye'nin pek çok yerinden eylemci Cerrattepe direnişine katılmış ve eylemciler ile güvenlik güçleri çok kez karşı karşıya gelmiştir. Bu eylemleri kısır iç politika polemiklerine girmeden değerlenmek gerekmektedir. Meseleyi devlet

---

[39] Bookchin, *Özgürlüğün Ekolojisi*, s.457.

veya hükümet veya herhangi bir siyasi parti karşıtlığı olarak görmekten ziyade insanların kendilerini doğrudan ilgilendiren meseleler, özellikle de ekolojik meseleler hakkında ne kadar duyarlı ve gerektiği takdirde harekete geçmeye hazır olduklarını göstermesi açısından önemlidir. *"Eko-sosyalistlerin Belem Bildirgesi"*nde belirtildiği gibi *"çevrenin tahribatı konferans salonlarında ve anlaşma müzakereleriyle durdurulmayacak: yalnızca kitlesel eylemler bir değişim yaratabilir."* Ekolojik duyar-lılıklarının ne toplumsal ne de siyasal düzlemde çok da yoğun olmadığı Türkiye'deki ekolojik tepkiler üzerinden konuşmak gerekirse; Kara-deniz'deki hidroelektrik santralleri ve/ya Cerrattepe konusundaki eylemler gibi ekolojik temelli eylemleri kapitalizm karşıtı devrimci eylemler olarak görmek kadar bunları "dış mihrakların oyunları" veya "vatan hainliği" olarak küçümsemek ve itibarsızlaştırmak da yanlış olur. Bu tepkileri devrim hareketi değil evrim basamakları olarak değer-lendirmek daha temiz bir görüş sağlayabilir ve bu temiz görüş ile değerlendirdiğimizde uzun vadede ekolojik sorunları da ortadan kaldıracak daha demokratik ve eşitlikçi toplumsal yapılar bekleyebiliriz.

KAYNAKÇA

Akipek, Serap, "Birleşmiş Milletler Örgütü Denetiminde Vesayet Altında Ülke Bulunmaması, Sömürgeciliğin De Sonu Anlamına Mı Geliyor?", *Ankara Üniversitesi Hukuk Fakültesi Dergisi*, Cilt 50, Sayı 4, ss.1-10.

Aygün, Banu, MUTLU, Ahmet, "Ekolojik Toplumun Organik Toplumla İlişkisi Üzerine", *Ankara Üniversitesi SBF Dergisi*, 61-1, s 3-35.

Balta, Evren (ed.), *Küresel Siyasete Giriş*, İletişim Yayınları, İstanbul, 2014.

Bookchın, Murray, *Özürlüğün Ekolojisi Hiyerarşinin Ortaya Çıkışı ve Çözülüşü*, çev. Mustafa Kemal Coşkun, Sümer Yayıncılık, İstanbul, 2. Baskı, 2015.

Bookchin, Murray, *Ekolojik Bir Topluma Doğru*, çev. Abdullah Yılmaz, Sümer Yayıncılık, İstanbul, 2013.

Oran, Baskın (ed.), *Türk Dış Politikası Kurtuluş Savaşından Bugüne Olgular, Belgeler, Yorumlar Cilt I: 1919-1980 (10. Baskı)*, İleştişim Yayınları, İstanbul, 10.Baskı, 2004.

Orhan, Gözde, "Modernizm ve kapitalizm sarmalında ekoloji: Devlet, sermaye, sivil toplum", *Praksis*, sayı 25, ss.31-47.

Önen, S. Mustafa, "Çevre Mevzuatı ve Kamu Yöneticileri: Bir Araştırmanın Bulguları", *Amme İdaresi Dergisi*, Cilt 28, Sayı 4, Aralık 1995. http://www.todaie.edu.tr/resimler/ekler/8d7f836646dfc8a_ek.pdf?dergi=Amme%20Idaresi%20Dergisi

Ünal, Feyzullah, "Toplumsal Ekoloji", *Dumlupınar Üniversitesi Sosyal Bilimler Dergisi*, Sayı 26, Nisan 2010.

Ünsal, Erdal, *Mikro İktisada Giriş*, Turhan Kitabevi, Ankara, 2003.

Yücel, Nazlı, "Ekoloji-Anarşi Ekseninde Bookchin", *Niğde Üniversitesi İİBF Dergisi*, 2009, Cilt:2, Sayı: 2, s.75-86.

Wallersteın, Immanuel, *Dünya Sistemleri Analizi Bir Giriş*, çev. Ender Abadoğlu, Nuri Ersoy, bgst Yayınları, İstanbul, 2014.

Wallerstein, Immanuel, "End of the Road for Runaway Factories?", http://iwallerstein.com/road-runaway-factories/ (05.04.2016)

http://data.worldbank.org/about/country-and-lending-groups (19.03.2016)
http://www.ecologicstudio.com/v2/project.php?idcat=3&idsubcat=59&idproj=137
    (14.03.2016)
http://www.seabinproject.com/ (14.03.2016)
http://www.un.org/en/decolonization/nonselfgovterritories.shtml (30.03.2016)
http://www.unicankara.org.tr/today/7.html (30.03.2016)
http://links.org.au/node/803 (16.03.2016)
https://sites.google.com/site/webkeci/cevre/belem-ekososyalst-bldrges (16.03.2016)
http://www.birikimdergisi.com/guncel-yazilar/55/ekososyalist-bir-
    manifesto#.VwJJMVSLSM8 (16.03.2016).

YEŞİL TEORİ EKSENİNDE KÜRESELLEŞME VE TOPLUMSAL OLAYLAR

Armağan ÖRKİ

Giriş

Toplumsal olaylar, bireylerin doğru buldukları gerçeklerin hayata geçirilmesi veya yanlış gördüklerinin durdurulması amacıyla gerçekleşen kitlesel tepkilerdir. Barışçıl anlamda gerçekleştirilen toplumsal olaylar yerine, Türkçe dilinde kendine daha geniş yer bulan "protesto" sözcüğünün Türk Dil Kurumu'na göre ilk anlamı *"Bir davranışı, bir düşünceyi, bir uygulamayı haksız, yersiz, gereksiz bularak karşı çıkma, kabul etmeme"*[1] şeklinde açıklanmıştır. Amacı, yerel veya ulusal mercilerin dikkatini çekerek kamuoyu iradesini kanıtlamak ve yapılış amacının önüne geçilmesidir. Birer sosyal hareket olarak, barışçıl, tepkiyi açıkça belli eden ve dikkat toplamak için farklı yolların denendiği toplumsal olaylar içinde protestolar, şiddet içermez.

İzmir'in kuzeyindeki Bergama'da bulunan Ovacık Köyü'nde siyanür kullanılarak altın arama işlemlerin yapılması ve altın madeni işletmeciliği, 1990'lı yılların başında çeşitli gösterilere sebep olmuş ve 2000'li yıllara dek çeşitli kapsamlarda sürdürülmüştür. Konu, yalnızca toplumsal olaylara konu olmamış, ulusal ve uluslararası mahkemelere de konu edilmiştir. Her şeye karşın Ovacık Altın Madeni işletilmiş ve tepkiler görece başarısız olmuştur. Madenin işletilmesine karşın yürütülen mücadele çevre duyarlılığı üzerine olsa da, bazı görüşler aslında bu tepkilerin yabancı kaynaklarca desteklendiği yönündedir. Buna karşın cumhuriyet döneminin en uzun soluklu çevre hareketi olarak özel bir örneği oluşturmaktadır.

Günümüz uluslararası ilişkiler yazınını en çok meşgul eden kavramlardan biri olan küreselleşme ise, gündelik yaşamda da hissedilen kimi olumlu ve kimi olumsuz etkilere sahiptir. Bu olay çalışmasında da küre-selleşmenin göz ardı edilmesi konunun tam olarak anlaşılamayacağına neden olabilecektir.

Çalışmada öncelikle yeşil teoriye ilişkin bölüm sunulmuş, temel önermelerine ve vurguladıklarına yer verilmiştir. Ardından Ovacık Altın Madeni ve burasıyla ilgili yaşanan toplumsal olaylar genel bir şekilde aktarılmıştır. Takip eden bölümde küreselleşme kavramı kısaca

---

[1] TDK, http://www.tdk.gov.tr/, (06.12.2015)

açıklanıp Bergama örneğiyle ilişkisi değerlendirilmiştir. Son olarak tüm bu veriler ışığında bir okuma yapılıp sonuca ulaşılmaya çalışılmıştır.

Kuramsal Yapı: Yeşil Teori

Başlangıcı coğrafi keşiflere uzanan doğal kaynakların sınırsızmış gibi kullanımı, günümüzdeki teknik olanaklar sayesinde yer yer haklı endişelere neden olmuştur. Hem kaynakların kıt oluşu, hem de çevreye dönük etkileri değerlendirildiğinde, sürdürülebilir bir ekonomi ve sürdürülebilir bir çevre için fikirler ortaya çıkmıştır. Devlet açısındansa ekonomik, sosyal, teknolojik sorumlulukları dışında çevreyi koruma sorumluluğunun da ortaya çıkışı, bir denge oluşturması gereğini ortaya çıkarmıştır.[2] Bu bağlamda günümüz demokrasilerinde insan hakları, çevre hakkı gibi kavramlar, anayasalarda güvence altına alınmış ve devlet tarafından korunacağı sözü verilmiştir. Buna karşın ekonomik kalkınma ve ulusal gelirlerini arttırmayı da amaçlamak durumunda kalan hükumetler, kimi zaman küreselleşmenin getirmiş olduğu tüketim kültürünün beslenmesiyle ayakta duran işletmeler lehine mevcut düzenlemelerinde değişikliklere gitmektedir ya da göz ardı etmektedir. Yasalar her ne kadar açık olsa da, uygulamalarında sorunlar olabilmektedir. Kısacası, ekonomiye ilişkin hayata geçirilen politikalar, çevreye dönük politikaları etkilemektedir.[3]

Çevreci hareketler ilk olarak 19. yüzyılda ABD, İngiltere, Almanya gibi sanayileşmiş ülkelerde ortaya çıkmıştır.[4] Bunun nedeni diğer ülke toplumlarının çevreye karşı duyarsız oluşu değil, sanayinin çevreye olan olumsuz etkilerinin bu ülkelerin sahip olduğu teknoloji sayesinde buralarda ortaya çıkışıdır.[5] Bu noktada teorinin işlevselliğini, belki de Batı kültürünün insanı tüm canlılardan farklı görüp onlar üstüne egemen olduğu anlayışında[6] aramak daha doğru olacaktır. Ek olarak

---

[2] Selim Kılıç, "Çevre Korumadan Yerel Girişimler (İnisiyatifler) ve Bergama Olayı", T.C. Ankara Üniversitesi Sosyal Bilimler Enstitüsü Kamu Yönetimi ve Siyaset Bilimi Kent ve Çevre Bilimleri Doktora Tezi, Ankara, 2002, s. 111.

[3] Selim Kılıç, *a.g.e.*, s. 138.

[4] Ayşegül Mermer, "Yeni Sosyal Hareketler Bağlamında Bergama Mücadelesi", T. C. Adnan Menderes Üniversitesi Sosyal Bilimler Enstitüsü Sosyoloji Anabilim Dalı, Yüksek Lisans Tezi, Aydın, 2016, s. 37.

[5] Zira İslam Peygamberi Hz. Muhammed'in fidan dikimiyle ilgili hadisi ve Türkiye'nin kurucusu Mustafa Kemal'in bir ağacın zarar görmemesi için köşkü kaydırması gibi çeşitli örnekler vardır. 1922 yılındaki toplanma açılış konuşmasında şu cümleyi kullanmıştır: "(...) ziraat ve gerek memleketin servet ve sıhhat-i umumiyesi nokta-i nazarından ehemmiyeti muhakkak olan ormanlarımızı da asrî tedabir ile hüsnü halde bulundurmak, tevsi etmek ve âzami faide temin eylemek esas düsturlarımızdan biridir." Atatürk Kültür, Dil ve Tarih Yüksek Kurumu Atatürk Araştırma Merkezi, *Atatürk'ün Söylev ve Demeçleri*, C: I-II-III, 5. Baskı, 2006, http://atam.gov. tr/wp-content/uploads/S%C3%96YLEV-ORJ%C4%B0NAL.pdf, s.239.

küreselleşme konusunda tekrar değinilecek olan küreselleşmenin etkilerinin de göz ardı edilmemesi gerekmektedir. Çevreci hareketler ve amaçları, en açık şekliyle şöyledir:[7]

"(...) genel olarak canlı ve cansızların tümünü koruma amacı taşıyan eylemlerdir. Bu hareketlerin temelinde, çevreyi sömüren politikaları değiştirerek çevre odaklı bir toplum, ekonomi, birey ve yönetim inşa etme amacı vardır."

Yeşil teorinin uluslararası ilişkilerdeki güvenlik konularına yaklaşımı çevresel güvenlik tabanlıdır. Bu alıntılanan ifadedeki gibi, bireyin çevre hakkına gönderme yapmaktadır. Ekonomik yaşama ilişkin kendi içinde bazı ayrışmalara da rastlanmıştır. Buna ilişkin ayrıntılı okuma Yeşil Politik Ekonomi[8] şeklinde olabilir. Çevre sorunlarının sebeplerinden yola çıkarak ekonominin hangi kuram üstüne oturması gereği yönünde farklılaşma olsa da, hareket noktaları çevresel güvenlik olmuştur. Teorinin ayrıca köktenci savunucuları (radikal çevreciler olarak çevrilen "ecoradicals") da vardır ve çıkış noktaları değerlerin ve ilkelerin siyasetle uyumlu olarak hayata geçirilememesidir.[9] Bu anlayışa göreyse, mevcut yasalara karşı gelinmesinde ve direkt eyleme geçilmesinde mahsur görülmemektedir. Teori içinde ayrıca çevreci otoriterlik gibi Türkçe'ye çevrilebilecek *eco-authoritarianism*, çevreci yenilikçilik gibi çevrilebilecek *eco-reformism* ve eco-Marxism akımları da yer almaktadır.[10]

Ovacık Altın Madeni

Avustralya menşeli Normandy Madencilik, Fransa ve Kanada'dan ortaklarıyla, Türkiye'deki 1985'te çıkartılan Maden Yasası sonrasında istenen şartları sağlamıştır.[11] Eurogold, 1989 Ağustos'ta maden arama ruhsatı almış, 1991'de tesisin inşasına başlamıştır; ancak sonrasında

---

[6] M. Aytül Kasapoğlu, "Çevresel Davranış Modeli", AİD, 30/2 Haziran 1997, s. 19 (Aktaran: Selim Kılıç, *a.g.e.*, s. 85.)

[7] Ayşegül Mermer, *a.g.e.*, s. 37.

[8] John Barry, "Green Political Economy", *Rethinking Green Politics*, SAGE Publications, 1999.

[9] Mike Mills, "Green Democracy: The Search For An Ethical Solution", *Democracy and Green Political Thought: Sustainability, Rights and Citizenship*, Der: Brian Doherty, Marius de Geus, Routledge, 1996, s. 97.

[10] Ayrıntılı okuma için: Alan Carter, "Eco-Authoritarianism, Eco-Reformism or Eco-Marxism?", *Cogito*, Cilt: 10, Sayı: 2, 1996, s.115-123

[11] Murat Arsel, "Opposition to gold mining at Bergama, Turkey", *Mining Conflicts around the World: Common Grounds from Environmental Justice Perspective, (EJOLT Report No. 7)*, Der: Begüm Özkaynak, Beatriz Rodriguez-Labajos, 2012, s. 124.

birçok kez hisseleri el değiştirmiştir.[12] Firma, 8 yıllık işletme süresince 24 ton altın ve 24 ton gümüş çıkarmayı planlamıştır.[13] Avusturalya ve Alman ortaklığındaki firmaya 1994'te Fransız ve Kanadalı ortaklar girmiş, 1999'da diğer ortaklar çekilince firma tamamen Avusturalya menşeli Normandy'ye geçip adı Normandy olarak değiştirilmiş ve 2001'de ABD menşeli Newmont tüm hisseleri satın almıştır.[14] Eurogold Firması tarafından 2001'de ilk altın dökümünün gerçekleştirildiği üç ana cevher damarı bulunan maden, 2005'te Koza Holding'in alt şirketi (Koza Altın İşletmeleri A. Ş.) tarafından alınmıştır ve iki damardan yılda 160000 ton cevher üretilmektedir.[15] Son işleten firmanın bağlı olduğu holding ise, FETÖ/PDY isimli terör örgütüyle olan ilişkisine dönük yapılan soruşturma neticesinde 2016 yılında Tasarruf Mevduatı Sigorta Fonu'na (TMSF) aktarılmıştır.

Ovacık ile birlikte çevre köylerde bulunan Çamköy ve Narlıca için de, çevresel etki raporlarına ilişkin itirazlar ideal zamanda yapılmış; ancak bir tonluk cevherden yaklaşık dokuz gram altın çıkartılmasının önüne geçilememiştir.[16] Firma da, bölgedekl madenden hem ekonomik, hem de sosyal yarar sağlanabileceğini savunmuş, ülke ekonomisine potansiyel bir kazanım olarak yorumlamıştır.[17] Projeyi sosyoekonomik bir kazanım olarak sunan firma, ayrıca köye bir cami ve bir düğün salonu yapacağını da duyurmuştur.[18]

Toplumsal olayların oluşup şekillenmesinde ve bunlara olan diğer tepkilerde çok taraflı görüşler ortaya çıkmış; ancak bugünkü durum itibariyle ocakta herhangi bir çalışmama durumu bulunamamıştır.

Madenle İlgili Toplumsal Olaylar

İnternetin erişilebilirliği ve sosyal medyanın uyandırmış olduğu ilgi, gelecekte iç ve dış politikalara daha fazla etki yapabilecek

---

[12] Elif İnce, "Bergama Altın Madeni Direnişi: Toprağın Bekçileri", http://bianet.org/bianet/siyaset/160766-bergama-altin-madeni-direnisi-topragin-bekcileri, (06.12.2015)

[13] Murat Arsel, a.g.m., s. 124.

[14] Elif İnce, a.g.m.

[15] Koza Altın İşletmeleri A. Ş., *Ovacık Altın Madeni*, http://kozaaltin.com.tr/operasyon-ve-projeler/isletme-ve-gelistirme-sahalari/ovacik-altin-madeni, (06.12.2015)

[16] Murat Arsel, "Risk Society at Europe's Periphery? The Case of the Bergama Resistance in Turkey", *Integrating and Articulating Environments: A Challenge For Northern And Southern Europe*, Der: Fatoş Gökşen, Ornulf Seippel, Martin O'Brien, Ünal Zenginobuz, Fikret Adaman, Jesper Grolin, Swets & Zeitlinger Publishers, Lisse 2003, s. 30-31.

[17] Murat Arsel, a.g.m., s. 33.

[18] Aimilia Volvouli, *From Environmentalism to Transenvironmentalism*, Peter Lang AG, Bern 2009, s. 109.

yetkinlikteyken,[19] tüm bu olanakların olmadığı bir dönemde Bergama'da gelişen olaylar gerçekten şaşırtıcı derecede kapsamlı ve uzun solukludur. Dünya'da 1960'lı yıllarda başlayan çevreci hareketler ve ayrıca 1973 Petrol Krizi'yle kaynakların sınırlı oluşunun bir kez daha anlaşılması, devletleri yenilenebilir enerji kaynaklarına itmeye başlamıştır.[20] Enerjinin önemi 20. yüzyılın ikinci yarısından itibaren daha iyi anlaşılmışken, aynı dönemlerde çevreci hareketlerde güç kazanmaya başlamış ve iki ayrı akım, birçok kez farklı tartışmaların ayrı tarafları olmuştur. Türkiye'de bunun en iddialı örneği de Bergama'da yaşanmış: Bir tarafta köylüler ve onları destekleyenler, diğer yandan altın arama ve çıkarma şirketiyle onu destekleyenler karşı karşıya gelmiştir.

Bergama'daki Ovacık Altın Madeni ekseninde gelişen olaylar üçe döneme ayrılabilir:[21] 1990'dan 1996'ya kadar geçen hareketin doğuşu, sonrasındaki iki yıllık ikinci dönem ve 1999'dan 2005'e dek gelinen hareketin zayıflaması... Dönemin Bergama belediye başkanıyla birlikte siyaset ve sivil topluma ilişkin bazı isimlerin organizasyonu veya desteğiyle doğan yerel protestolar, firmanın altın aramada siyanür kullanması ve siyanürün aynı tesisteki atık havuzuna nakli konusunda başlamıştır.[22]

Köylerde yapılan paneller, köylüleri bu çalışmaların ürünleri, kendileri ve gelecek kuşakları nasıl etkileyebileceği yönünde bilgilendirmiştir[23]; ancak asıl tepkinin doğuşu böyle başlamamıştır. Zira firma, piyasadaki fiyatlardan daha yüksek ücretler ödeyerek toprakları satın almıştır.[24] Yani firmanın bölgeye ilgi göstermesi, yerel halkı önceleri rahatsız etmemiş ve hatta çeşitli nedenlerden ötürü memnun etmiş; ancak önce sondaj için yapılan patlamada bölgenin su gereksinimini karşılayan kaynağın kirlenmesi, sonrasındaysa patlamalarda oluşan hasarlar hoşnutsuzluğun başlamasına neden olmuştur.[25] Özellikle ülkede genç, hırslı ve yurtsever bir görünüm sergileyen dönemin Bergama Belediye Başkanı Sefa Taşkın, Alman sivil toplum kuruluşlarıyla iletişime geçerek

---

[19] Eric Wilkens, "Changing Foreign Policy Through Social Media", http://wws.princeton.edu/news-and-events/news/item/changing-foreign-policy-through-social-media, (06.12.2015)

[20] Mihriban Şengül, "Türkiye'nin Su Politikası ve Köylülerin Öfkesi", Su Kaynaklarının Yönetimi Politikalar ve Sorunlar: Küreselden Yerele Panel Bildirileri, Nevşehir Üniversitesi İİBF Dekanlığı, 2013, s. 29.

[21] Hayriye Özen, "Bergama Mücadelesi: Doğuşu, Gelişimi ve Sonuçları", Atılım Üniversitesi Kütüphanesi e-Bülten, Sayı: 14, 2009

[22] Gös. Yer.

[23] Füsun Kökalan Çımrın, "Bergama Köylü Hareketinin Dünü ve Bugünü", Elektronik Sosyal Bilimler Dergisi, Cilt: 14, Sayı: 53, 2015, s. 312.

[24] Aimilia Volvouli, a.g.e., s. 109.

[25] Murat Arsel, "Risk Society at…"., s. 31.

öncüsü olarak yer aldığı oluşumun[26] geniş kitlelerce tanınmasında rol almıştır. İzmir, Ankara, İstanbul'da açılan davaların çoğunda başarısız olunmuş, söz konusu firma 2500 kadar ağacı kestikten sonra gösteriler şiddetlenmiş ve Boğaz Köprüsü, TBMM önü, madenin işgali gibi ses getiren eylemlere dönüşmüştür.[27] Artıkların ağır metaller barındırması ve bölgede tarıma dayalı ekonominin zarar görme olasılığına dayanan gelişmeler, firmanın yılda 300 ton civarında siyanür kullanmayı öngörmesiyle çevresel endişeleri arttırmıştır, ki bu tehdit, hem nüfusa, hem de vahşi yaşama karşı birer risk oluşturmaktadır.[28] 10000 kişinin 1000 traktörle toplanıp maden alanını işgal etmesi, Anayasa'nın sağlıklı çevre garantisini akla getirmiş ve tekrar hukukun üstünlüğü ve geçerliliğini sorgulatmıştır.[29] Ayrıca yerel bir toplumsal olay olarak toplantı, basın konferansı ve dilekçeyle başlayan; ancak gelişmeler sonrası mahkemelerin de devreye sokulduğu ve çeşitli profesyonel organizasyonlar, çevreci gruplar, sendikalar ve insan hakları eylemcilerinin desteğiyle ulusal bir boyut kazanan gelişmeler, bu bağlamda kapsamlı bir görünüme kavuşmuştur.[30]

Başlatılan hukuki süreçte, 15 Ekim 1997'de alınıp 1998'de Danıştay tarafından onaylanan işletmeyi durdurma kararının dönemin hükumeti tarafından uygulanmaması, AİHM tarafından Avrupa İnsan Hakları Sözleşmesi'nin 6. ve 8. maddesine uymadığı gerekçesiyle haklı bulunmuş ve 2004'teki benzer dava gibi, 2006'da da davacılar haklı bulunmuştur.[31] 1998'de onaylanan işletmeyi durdurma kararının bir süre sonra yok sayılmasının nedeni, 1999'da hazırlanan, toplamda 800 sayfa civarı olan ve Başbakanlık'a sunulan TÜBİTAK raporudur ve bu rapora istinaden takip eden süreçte ilgili bakanlıklar nezdinde madenin tekrar açılması mümkün olmuştur.[32] Türkiye'de sonuçlanmış olsa bile uygulamaya alınamayan kararlar, böylece AİHM'ye taşınmış ve orada karara bağlanmıştır; ancak buna karşın ocakta çalışmalar sürdürülmektedir.

---

[26] Murat Arsel, "Opposition to gold mining...", s. 125-126.
[27] Murat Arsel, "Risk Society at...", s. 31.
[28] Murat Arsel, a.g.m., s. 32.
[29] N. Burcu Taşatar Parlak, "Environmental Protection and Rights", *Human Rights in Turkey*, Der: Zehra F. Kabasakal Arat, University of Pennsylvania Press, Philadelphia, 2007, s. 153.
[30] Glenn Laverack, *Health Activism: Foundations and Strategies*, SAGE Publications Ltd, 2013, s. 29.
[31] NTV-MSNBC, *Bergamalılar'ın Altın Zaferi*, http://arsiv.ntv.com.tr/news/366903.asp, (06.12.2015)
[32] Türk Tabipleri Birliği, *TÜBİTAK Raporu Neden Bilimsel Değildir?*, http://www.ttb.org.tr/eweb/bergama/4.html, (06.12.2015)

Altın madenine yapılan tepkilerin zamanla azalmasında farklı nedenler bulunması olasıdır. Hem dava süreçlerinin beklenenin aksine, köylü veya çevreci lehine olsa da, yürürlüğe girememesi, hem de iç dinamiklerin çökmesi, yani ilgili köylerde ikamet edenlerin protesto ettikleri madenlerde çalışmaya başlaması bu hareketin ivmesini büyük ölçüde bitirmiştir.[33] Gayet başarılı bir örgütlenme sonucu ünü Türkiye dışına çıkan olayların bölgeye bir katkısı olmadığı anlaşılmaktadır; çünkü siyanürlü atık barajlarına ev sahipliği yapan bölgede artık:

"Tütüncülüğün tamamen son bulduğu, demografik deği-şikliklerin yaşandığı ve kırsal/geleneksel cemaat ilişkilerinin bozulduğu Bergama köylerinde yaşayan halk bahçesinde yetiştirdiği ürüne güvenle tüketmezken, evlerin çeşmelerinden akan suları içememektedir."[34]

Bunun dışında, olaylarda ön planda tutulan, yörede tanınmış ve eylemlerde üstsüz olarak giydiği çizgili pijamasından ötürü lakabı Hopdediks olan Bayram Kuzu'nun vefatı öncesinde kandırıldığını aile fertlerine iletmesi ve oğlunun da çevrecilerin vaat ettiği şeylerin gerçekleşmediği 2009'da işletmeci holdinge yakın medyada işlenmiştir.[35] Bu holding ve yakın ilişki kurdukları medya organlarının FETÖ/PDY Terör Örgütü'yle ilişkisi bilindiği için, doğru habercilik yapıp yapmadıkları da tartışmaya açıktır. (Yeşil Yol projesine karşı yapılan eylem ve gösterilerde kendisine özel tavrıyla dikkat çeken Artvinli Havva Ana gibi yöresel kişiler, doğal tavırları nedeniyle samimi görünmektedir.) Üstünden yıllar geçmesine karşın hâlen tarafsız bir fikrin bulunmaması oldukça sıkıntılı görünmektedir. İç dinamiklerin oldukça hareketli olduğu ortalama on yıl kadar kendisini hissettiren bu olaylara ilişkin hâlen farklı tutumlar bulunmaktadır. Ocakların işletilmesine sıcak bakanlar ile istemeyenler, ki istemeyenlerde gerekçeleri itibariyle gruplara ayrılabilir, mutlak bir sonuca ulaşabilmenin önünü tıkamaktadır. Şöyle ki, işletmelerin doğaya zarar verip vermediği ve bunu ne kadar yaptığı, bölge halkının görüşü ve kendilerine doğrudan olan etkileri nasıl kavradıkları gibi soru işaretleri bulunmaktadır. Bölgeye olan ilgi de şaşırtıcıdır. Gerek yabancı sivil toplum kuruluşlarının, gerekse özellikle 1990'lı yıllar için oldukça yüksek

---

[33] Füsun Kökalan Çımrın, *a.g.m.*, s. 315.
[34] Füsun Kökalan Çımrın, *a.g.m.*, s. 316.
[35] Zaman, *Hopdediks'in Çocuklarına Vasiyeti: Eylemlere Katılmayın, Başkalarına Kanmayın*, http://www.zaman.com.tr/gundem_hopdediksin-cocuklarina-vasiyeti-eylemlere-katilmayin-baskalarina-kanmayin_817412.html, (13.12.2015)

görünebilecek Türk çevrecilerin ve diğer figürlerin bir araya gelmesi, özel televizyon kanallarının çoğaldığı yıllarda oldukça rağbet görmüştür.

Küreselleşme ve Bergama

Küreselleşme, en genel anlamıyla tüm dünyanın bütünleşmesi olup toplumlar ve kültürler arasındaki farkların ortadan kalkmış olmasına dönük bir sürece işaret etmektedir.[36] Henüz işaret ettiği noktanın tam olarak gerçekleşmediği bilinse de, toplumlar arasındaki bazı ayırt edici özelliklerin ortadan kalktığı bilinmektedir. Kimi araçlar sayesinde hayata bakış, gelenek ve kültür üstünde değişiklikler yaşanmakta olup düşünce ihracatı yapılabilmektedir. Siyasal ve kültürel etkisiyle beraber, küreselleşme olgusunun en büyük vazgeçilmezi ise ekonomidir ve ekonomik bütünleşme üstüne belirgin bir vurgu yapıldığı anla-şılmaktadır.[37] Buradaki ana unsur ise küçük işletmeler, çiftçiler veya kooperatifler değildir. Temelde yatan ve itici güç olarak kabul edi-lebilecek olan çok uluslu şirketlerin temel hareket noktası, sermayenin büyütülmesi ve kazancın artırılmasıdır.[38] Çalışmada ele alınan örnek olayda da buna ilişkin bazı ipuçları madene ilişkin alt başlıkta önceden verilmiştir. Ekonomi temelli bu sürecin kaynağındaysa uluslararası politik ekonominin geleneklerinden neoliberalizm ve materyalizm yatmak-tadır.[39]

Bergama'da gelişen olaylar, dış ilişkiler veya uluslararası ilişkilerde küreselleşme kavramıyla anlamlandırılabilir. Bir süreç olarak küre-selleşme, maddelerin ve değerlerin yaygınlaşması[40] şeklinde olup çok uluslu şirketlerin politikalarına hizmet eden maddelerin yaygınlaşması örneği de, protestoların özgünlükle beraber farklı desteklerle şekil-lenmesindeki değerlerin yaygınlaşması örneği de bu olay çalışmasında görülebilmektedir. Hatta sırasıyla üstten ve alttan küreselleşmeye ilişkin de ayrı bir örnek oluşturmaktadır.

Bergama'yla ilgili 1990'lı yıllarda başlayan olaylar zincirine tepkiler de küreselleşme konusuna paralel olarak farklılık göstermiştir:

---

[36] Nihat Bulut, "Küreselleşme: Sosyal Devletin Sonu mu?", Ankara Üniversitesi Hukuk Fakültesi Dergisi, Cilt: 52, Sayı: 2, 2003, s. 181.

[37] Bulut, a.g.m., s. 183.

[38] Muhittin Ataman, Cengizhan Yıldırım, "Madalyonun İki Yüzü: Alttan ve Üstten Küreselleşme", Bilgi: Sosyal Bilimler Dergisi, Sayı: 11, 2015/2, s. 5.

[39] Cynthia Weber, International Relations Theory: A Critical Introduction, Routledge, 4. Baskı, 2014, s. 118.

[40] Mustafa E. Erkal, "Küreselleşmenin Tesirleri ve Ülkemize Yönelen Tehdit Unsurları", Sosyoloji Konferansları Dergisi, Sayı: 27, 2003, s. 3.

Bergama'daki köylülerin korunması: Köylülerin yetiştirdiği ürünleri, kendi sağlıklarını ve gelecek nesilleri tehdit eden siyanürle altın arama işi tehlikeli olarak görünmüş ve tepkiler desteklenmiştir.

Doğanın korunması: Çevreci bir anlayışla, doğadaki ağaçların ve diğer bitkilerin, vahşi yaşamın tehdit altında olduğu düşünülmüş ve tepkiler desteklenmiştir.

Hukukun üstünlüğü: İlgili mahkeme kararlarının uygulanmayarak işletmelere izin verilmesi hukukun üstünlüğüne aykırı görülmüş ve tepkiler desteklenmiştir.

Ekonominin canlandırılması: Var olan rezervlerin değerlendirilmesi, hem bölge ekonomisi, hem de ülke ekonomisi adına sevindirici bir gelişme olarak yorumlanmış ve tepkiler desteklenmemiştir.

Küreselleşmenin oluşturduğu bir tehdit olarak, Bergama'da yaşananlarla ilgili çeşitli vakıflara atıflarda bulunulmuş ve bu vakıflar aracılığıyla çevrecilik adı altında başka ülkelerin çıkarına hizmet edildiği görüşü de savunulmuştur.[41] Olaylarla isminden sıkça bahsettiren dönemin belediye başkanının, bazı Alman vakıflarıyla iletişime geçtiği ve desteklendiği belirtilmiştir. 2002 yılında faili meçhul bir cinayetle öldürülen Necip Hablemitoğlu, 2001 yılında yayınladığı Alman Vakıfları ve Bergama Dosyası isimli kitabında Bergama'da altın madeni işletilmesine karşı çıkan Türk aydın ve sivil toplum kuruluşlarının Alman vakıflarıyla olan ilişkisini irdelemiş ve neye hizmet edilmekte olduğunu vurgulamaya çalışmıştır. 2003'te Ankara'da görülen bir davada ise, maden ocağını işleten firmanın eski bir üst düzey çalışanı, kitaba finansal desteği firmanın yaptığını, böylece ocağa karşı oluşan tepkilerin azalmasının amaçlandığını ifade etmiştir.[42]

Küreselleşmenin toplumlar arasında ilettiği değerlerin yaygınlaşması durumu, Dünya'da 1960'lı yıllarda popüler olmaya başlayan "çevrecilik" hareketinin ortalama 30 yıl sonra fiilen Türkiye'ye ulaşmış olması şeklindedir. Diğer yandan, maddelerin yaygınlaşması ise, çok uluslu şirketlerin düşük maliyetler isteği ve hükumetlerin liberal veya neoliberal ekonomi programları sayesinde 1980'den itibaren Türkiye'yi ulaşılabilir kılmıştır.

Küreselleşme olgusu dışında, olayların uluslararası boyutuna ayrıca vatandaşlık, insan hakları ve hukukun üstünlüğü de eklenebilir. Şöyle ki,

---

[41] Mustafa E. Erkal, a.g.m., s. 6.
[42] Radikal, Bergama Davasında Sürpriz Tanık: Hablemitoğlu'nu Normandy Finanse Etti, http://www.radikal.com.tr/haber.php?haberno=64612, (13.12.2015)

Türkiye'nin taraf olduğu uluslararası anlaşmalar gereği, yurtiçinde tüketilen haklar yurtdışına da çıkartılmış ve böylece bağlayıcılık sayesinde, vatandaşlar haklarını arama yoluna gitmiştir. Bu durum, yalnızca insan haklarıyla ilgili değil, aynı zamanda çevre ve vahşi yaşamla da ilgili bir fikir vermektedir. Yargı sürecinin Türkiye ayağında, yalnızca bireylerin yoksunlukları ve kendileriyle ilgili olumsuz durum değil, ayrıca siyanür kullanımının çevre hakkı ve risk faktörleri ile ilişkisi de ele alınmıştır.[43] Bu bağlamda çevre hakkıyla yaşam hakkı arasında bir ilişki olduğu ve ekonomik etkinliklerde dengenin sağlanması gerektiği konusunda yasalarda da garantörlük sağlandığı görülebilmektedir.[44]

Yeşil Teori Ekseninde Örnek Olay Değerlendirilmesi

Önceki ara başlıkta değinilen "Bergama'daki köylülerin korunması" ile "Doğanın korunması" noktaları yeşil teorinin işaret ettiği çevre güvenliğine dönük ayrıntıları barındırmaktadır: "Köylülerin yetiştirdiği ürünleri tehlikedeyse, kendi sağlıklarını ve gelecek nesilleri tehdit eden siyanürle altın arama işi tehlikeliyse, doğadaki ağaçların ve diğer bitkilerin tüm vahşi yaşamla tehdit altında olduğu biliniyorsa..."

Günümüz reel politiğinde, liberal ve demokrat nitelikli hemen her hükumetin çevreye duyarlı olduğu anlaşılmaktadır. Her ne kadar uygulamalarda eksiklikler, hatalar veya görmezden gelmeler olsa da, yasal bağlamda büyük bir eksiklikten bahsetmek yanlış olacaktır. Öte yandan uygulamalar ve denetimler ile ilgili ciddi sıkıntı ve eksiklikler olduğu da anlaşılmaktadır. Ayrıca her ne kadar yeşil teoriyle beraber anılan kimi siyasi partiler kurulu olsa da, bu isimler veya programları doğrudan çevreci hareketi temsil etmemektedir ya da en azından çevreci hareketler, ülkelerdeki tek bir siyasal aktöre terk edilemeyecek kadar hayatidir. Bu sebeple ve ayrıca sürdürülebilir turizm ve ekonomi gibi farklı kaygılarla yerel, ulusal, bölgesel ve uluslararası aktörlerin üstlendiği ve yerine getirdiği uygulamalar da mevcuttur. Örneğin yenilenebilir enerji kaynağının teşvik edilmesini yalnızca çevresel kaygılarda aramak doğru olmayacaktır.

Sonuç Yerine

Bergama köylerinin bir kısmını doğrudan etkileyen siyanürle altın arama ve çıkarma işlemi, uzun süre kamuoyunu etkilemiş ve insan hakları,

---

[43] Meltem Sarıbeyoğlu, "The Right to Environment in Turkish Law and Jurisprudence", *International Environmental Law: Contemporary Concerns and Challenges*, Der: Vasilka Sancin, GV Zalozba, Ljubljana 2012, s. 573-574.
[44] Meltem Sarıbeyoğlu, a.g.m., s. 574.

çevre ve hukukun üstünlüğü konularında oldukça dikkat çekmiş bir süreçtir. Köylüler, yaşadıkları coğrafyayla kentlilerden ayrı bir ilişki kurmakta ve topraklarının çevresindeki doğa yıkımına karşı gelirken, ulusal ve uluslararası ölçekteki faktörleri görmeksizin, kendi yaşamlarıyla ilgili haklarını savunmaya çalışmıştır.[45] Bugün, hâlen ocakları eleştiren bir kesim bulunmaktadır; ancak buna karşın, geçimini bu ocaklar sayesinde sürdüren bir nüfusta bulunmaktadır. Çevreyle ilgili sivil toplum kuruluşlarıysa, içinde bulunduğumuz yıllarda bu sahayla değil, başka seçeneklerle ilgilenmekte ve bu sahanın geleceği yönünde 1990'lı yıllardakine benzer bir çalışma yürütmemektedirler.

Ovacık Altın Madeni ve onunla ilgili çevresel raporlar tartışmalıdır. Bugüne dek hazırlanan raporların bir kısmı, ilgili kurumların saygınlığı dikkate alındığında, farklı yaklaşımların benimsenerek farklı sonuçların elde edilmesi dikkate değer bir ayrıntıdır. 2000'li yıllarda madeni işleten firmanın kendisine yakın bir medya organı vasıtasıyla konuyu normalleştirme çalışması dikkat çekici bir ayrıntıdır.

Uluslararası ilişkilerle ilgili akla gelen konu küreselleşmedir. Türkiye'nin AB'ye üyelik sürecinde "Eurogold" ismi bir propaganda gibi anla-şılabilmektedir. Ayrıca söz konusu yıllarda ticaret ve ekonomik kalkınma anlayışının önceki yıllara göre değişiklik göstermesi de, parasal kaynakların nasıl oluşturulması gerektiği konusunda akıllara soru işaretleri getirmiştir. Öyle ki, bu bağlamda etik, çevre hakkı ve yaşam hakkı gibi kavramların tekrar anlamlandırılması gerekebilir. Neredeyse hepsi de ayrı bir tartışmayı ve fikri savunan kişi ve kurumların değindiği ilişkiler de, ulus üstü bir yapının varlığına işaret etmektedir. Köylü, firma, çevreci, hukukçu, yargı, yürütme, basın, yerel yönetim, akademisyen, gazeteci, sivil toplum ve yabancı vakıflar arasındaki ilişkinin nasıl olduğu ve hangisinin hangisi tarafından yönlendirildiği, etki alanları ve bunları nasıl finanse ettikleri konusunda kimi boşlukların henüz doldurulamadığı anlaşılmaktadır.

Küreselleşme gerçeği dikkate alındığında Yeşil Teori'nin mutlak surette amaçlarına ulaşması olası görünmemektedir. Öte yandan çeşitli sivil toplum kuruluşları ve belki lobi faaliyetleri aracılığıyla ulusal ve yerel yönetimleri etkileme yöntemi bir seçenektir. Zira Japonya'da yaşanan bir deprem ve onu takip eden dev dalgalar da (tsunami) ülkedeki çevrecilerin her yerde eleştirdiği nükleer santraller kapatılmış ve yenilenebilir enerjiye dönük somut adımlar atılmıştır. Altın gibi

---

[45] Mihriban Şengül, *a.g.m.*, s. 31.

madenlerin farklı yollarla ikame edilme şansı olmasa da, bölge insanın geçimini siyanürle altın arama ve çıkarma yerine ekolojik turizm, tarım, el sanatları gibi çeşitli sektörlere yönlendirme şansı bulunmaktadır.

KAYNAKÇA

Arsel, M., "Opposition to gold mining at Bergama, Turkey", *Mining Conflicts around the World: Common Grounds from Environmental Justice Perspective, (EJOLT Report No. 7)*, Der: Begüm Özkaynak, Beatriz Rodriguez-Labajos, 2012

Arsel, M., "Risk Society at Europe's Periphery? The Case of the Bergama Resistance in Turkey", *Integrating and Articulating Environments: A Challenge For Northern And Southern Europe*, Der: Fatoş Gökşen, Ornulf Seippel, Martin O'Brien, Ünal Zenginobuz, Fikret Adaman, Jesper Grolin, Swets & Zeitlinger Publishers, Lisse 2003

Ataman, M., Yıldırım, C., "Madalyonun İki Yüzü: Alttan ve Üstten Küreselleşme", *Bilgi: Sosyal Bilimler Dergisi*, Sayı: 11, 2015/2

Atatürk Kültür, Dil ve Tarih Yüksek Kurumu Atatürk Araştırma Merkezi, *Atatürk'ün Söylev ve Demeçleri*, C: I-II-III, 5. Baskı, 2006, http://atam.gov.tr/wp-content/uploads/ S%C3%96YLEV-ORJ%C4%B0NAL.pdf

Barry, J., "Green Political Economy", *Rethinking Green Politics*, SAGE Publications, 1999.

Bulut, N., "Küreselleşme: Sosyal Devletin Sonu mu?", *Ankara Üniversitesi Hukuk Fakültesi Dergisi*, Cilt: 52, Sayı: 2, 2003

Carter, A., "Eco-Authoritarianism, Eco-Reformism or Eco-Marxism?", *Cogito*, Cilt: 10, Sayı: 2, 1996

Çımrın Kökalan, F., "Bergama Köylü Hareketinin Dünü ve Bugünü", *Elektronik Sosyal Bilimler Dergisi*, Cilt: 14, Sayı: 53, 2015

Erkal, M. E., "Küreselleşmenin Tesirleri ve Ülkemize Yönelen Tehdit Unsurları", *Sosyoloji Konferansları Dergisi*, Sayı: 27, 2003

Kılıç, S., "Çevre Korumadan Yerel Girişimler (İnisiyatifler) ve Bergama Olayı", T.C. Ankara Üniversitesi Sosyal Bilimler Enstitüsü Kamu Yönetimi ve Siyaset Bilimi Kent ve Çevre Bilimleri Doktora Tezi, Ankara, 2002

Laverack, G., *Health Activism: Foundations and Strategies*, SAGE Publications Ltd, 2013

Mermer, A., "Yeni Sosyal Hareketler Bağlamında Bergama Mücadelesi", T. C. Adnan Menderes Üniversitesi Sosyal Bilimler Enstitüsü Sosyoloji Anabilim Dalı, Yüksek Lisans Tezi, Aydın, 2016

Mills, M., "Green Democracy: The Search For An Ethical Solution", *Democracy and Green Political Thought: Sustainability, Rights and Citizenship*, Der: Brian Doherty, Marius de Geus, Routledge, 1996

Özen, H., "Bergama Mücadelesi: Doğuşu, Gelişimi ve Sonuçları", *Atılım Üniversitesi Kütüphanesi e-Bülten*, Sayı: 14, 2009

Parlak Taşatar, N., B., "Environmental Protection and Rights", *Human Rights in Turkey*, Der: Zehra F. Kabasakal Arat, University of Pennsylvania Press, Philadelphia, 2007

Sarıbeyoğlu, M., "The Right to Environment in Turkish Law and Jurisprudence", *International Environmental Law: Contemporary Concerns and Challenges*, Der: Vasilka Sancin, GV Zalozba, Ljubljana 2012

Şengül, M., "Türkiye'nin Su Politikası ve Köylülerin Öfkesi", *Su Kaynaklarının Yönetimi Politikalar ve Sorunlar: Küreselden Yerele Panel Bildirileri*, Nevşehir Üniversitesi İİBF Dekanlığı, 2013

Volvouli, A., *From Environmentalism to Transenvironmentalism*, Peter Lang AG, Bern 2009

Weber, C., *International Relations Theory: A Critical Introduction*, Routledge, 4. Baskı, 2014

Çevrimiçi Kaynaklar

İnce, E., "Bergama Altın Madeni Direnişi: Toprağın Bekçileri", http://bianet.org/ bianet/siyaset/160766-bergama-altin-madeni-direnisi-topragin-bekcileri, (06.12.2015)

Koza Altın İşletmeleri A. Ş., *Ovacık Altın Madeni*, http://kozaaltin.com.tr/operasyon-ve-projeler/isletme-ve-gelistirme-sahalari/ovacik-altin-madeni, (06.12.2015)

NTV-MSNBC, *Bergamalılar'ın Altın Zaferi*, http://arsiv.ntv.com.tr/news/366903.asp, (06.12.2015)

Radikal, *Bergama Davasında Sürpriz Tanık: Hablemitoğlu'nu Normandy Finanse Etti*, http://www.radikal.com.tr/haber.php?haberno=64612, (13.12.2015)

Türk Dil Kurumu, http://www.tdk.gov.tr/, (06.12.2015)

Türk Tabipleri Birliği, *TÜBİTAK Raporu Neden Bilimsel Değildir?*, http://www. ttb.org.tr/eweb/bergama/4.html, (06.12.2015)

Wilkens, E., "Changing Foreign Policy Through Social Media", http://wws.princeton. edu/news-and-events/news/item/changing-foreign-policy-through-social-media, (06.12.2015)

Zaman, *Hopdediks'in Çocuklarına Vasiyeti: Eylemlere Katılmayın, Başkalarına Kanmayın*, http://www.zaman.com.tr/gundem_hopdediksin-cocuklarina-vasiyeti-eylemlere-katilmayin-baskalarina-kanmayin_817412.html, (13.12.2015).

Index

www.ingramcontent.com/pod-product-compliance
Lightning Source LLC
Chambersburg PA
CBHW061722270326
41928CB00011B/2082